U0956104

主力行为分析之

资金逃逸与回归理论

金 铁◎著

中国宇航出版社
·北京·

图书在版编目（CIP）数据

主力行为分析之资金逃逸与回归理论 / 金铁著. -- 北京 : 中国宇航出版社, 2022.11

ISBN 978-7-5159-2125-9

Ⅰ. ①主… Ⅱ. ①金… Ⅲ. ①股票市场－研究 Ⅳ. ①F830.91

中国版本图书馆CIP数据核字(2022)第181737号

策划编辑 卢 珊　　**责任校对** 吴媛媛
责任编辑 卢 珊　　**封面设计** 宋 航

出版发行 中国宇航出版社

社 址 北京市阜成路8号　　**邮 编** 100830
（010）68768548

网 址 www.caphbook.com

经 销 新华书店

发行部 （010）68767386　　（010）68371900
（010）68767382　　（010）88100613（传真）

零售店 读者服务部
（010）68371105

承 印 北京中科印刷有限公司

版 次 2022年11月第1版　　2022年11月第1次印刷

规 格 710×1000　　**开 本** 1/16

印 张 21.75　　**字 数** 310千字

书 号 ISBN 978-7-5159-2125-9

定 价 65.00元

序　言

股价涨跌的过程，其实就是资金不断流入流出的过程：一方看好股价上涨带来的收益，于是买入股票，这个过程就是资金流入；卖出股票的一方，或者兑现利润，或者认为未来股票将下跌而将股票卖出，这个过程自然就代表了资金流出。为了能够更形象地表示资金流出流入的性质，本书将这个过程定义为“资金的逃逸与回归”。

在一个时间段里，资金的逃逸行为占据主流而资金的回归行为呈低迷状态时，即使股价尚未开始大幅度下跌，也离下跌不会太远了。反之亦然。从供求关系上来说，市场以卖出股票为主时，则价格下跌；市场以买入为主时，则价格上涨。若从股票交易博弈的角度来分析，实际上的变化却非常复杂。

比如，某股票明显有资金回归的迹象，但是股价却不涨反跌，这种违背供求关系的走势，着实让人摸不着头脑。其实，这可能是大资金利用技术手法，在某些关键时点上，通过自买自卖的对倒行为，制造出大单卖出、股价跳水等恐慌氛围，目的是边打压边吸筹。大资金无法完全掩盖建仓资金回归的痕迹，但是却可以通过技术操作混淆盘面，让交易者难辨真伪。

这就是股票交易博弈性的一面，股票交易博弈性也是市场所有资金为逐利而展开的诡谲斗争。

在股票博弈理论中，最为人熟知的就是主力操纵理论。所谓主力，是指通过资金优势或其他方式对股票价格涨跌、走势能够直接起到影响作用的实力资金。主力资金的存在，让交易者分析资金的逃逸与回归更有针对性，毕竟一团散沙的市场资金对股价影响甚微。

市场越是成熟，博弈越是尖锐激烈。同样的K线图形，同样的成交量，股价却能够走出天壤之别的走势，主要原因就是存在主力博弈。分析主力资金的运作和资金流动过程中的博弈关系，是本书分析的重点。

本书讲述的逃逸与回归理论，是以股价即时变化和对应量能综合分析为基础的，分析的过程其实就是求证博弈关系的过程。某一根K线中，主力资金的逃逸与回归情景，并不是由K线本身的阴阳性质或成交量大小来决定的，而是由这根K线、量能等技术因素之间的逻辑关系确定的。

逃逸与回归理论的具体内容包括交易心理，逃逸与回归循环周期，发现逃逸与回归的线索、路径，主力潜在目的以及实盘案例等。逃逸与回归理论是《主力行为分析核心技术》一书的深化和补充，该理论更注重在实战中辨析主力行为，通过逻辑分析，提前预判主力资金的轨迹。希望本书能够给读者带来启发或帮助。鉴于作者水平有限，书中必有讹误，敬请读者朋友指正！

另，近期发现有不法分子盗用我的名字和作品，以QQ股票群或企业微信等不同方式行骗。我在发现骗子存在的第一时间已经报警。为避免类似事件再次发生，本人郑重声明：**金铁是核心技术系列图书的唯一作者，没有任何形式的股票群，也不做股票咨询，从不违法荐股。**请读者朋友保护好资金安全，避免上当受骗。

金铁

目 录 CONTENTS

第一章 资金逃逸与回归的理论基础

第一节 资金逃逸与回归的技术含义 /1

一、博弈性才是最真实的资金流动规则 /1

二、博弈的诡诈性与技术分析 /4

第二节 学点交易读心术 /5

一、交易与赚钱的距离 /6

二、善变 /8

三、幻想 /9

四、轻视 /11

五、收获 /12

六、跟风 /14

七、分散与集中 /16

八、愿望式交易 /17

九、建立交易系统 /18

第三节 影响股价涨跌的因素 /22

一、宏观经济的影响 /22

二、行业地域的影响 /27

三、上市公司经营状况的影响 /30
四、存量资金与增量资金 /36
第四节　资金逃逸与回归——交易资金的循环模式 /37
一、轮回之道 /38
二、低吸潜伏 /39
三、追涨 /41

第二章　资金逃逸与回归循环周期

第一节　牛熊市循环周期与实战意义 /43
一、主力资金逃逸与回归大小循环周期 /44
二、分析资金循环的技术工具 /45
三、牛市循环周期 /46
四、熊市循环周期 /50
五、盘整市、猴市、牛皮市行情 /53
第二节　波段循环周期与实战意义 /57
一、上涨行情中的波段交易 /57
二、下跌行情中的波段交易 /60
第三节　分钟系统循环周期与实战意义 /61

第三章　发现逃逸与回归线索

第一节　开盘前后关注的焦点 /66
一、集合竞价 /66
二、事件驱动型开盘 /69

三、主力驱动型开盘 /75
四、市场随机型开盘 /86
第二节 收盘前后关注的焦点 /88
一、收盘集合竞价 /88
二、尾盘急升 /88
三、尾盘急跌 /93
四、尾盘大幅折返 /96
第三节 分析排行榜找热点 /99
一、综合排名分析 /99
二、涨幅榜分析 /102
第四节 大卖单的真实含义 /104
一、卖一挂大单 /104
二、卖盘全挂大单 /106
第五节 大买单的真实含义 /108
一、买一挂下托单 /108
二、买盘全挂大单 /109
第六节 密集大单成交和稀疏小单成交 /112
一、成交大单的实战含义 /112
二、成交小单的实战含义 /115
第七节 隐藏的密集成交 /118
第八节 对峙中的大单 /122
第九节 日间振幅的奥秘 /124
第十节 撤单的秘密 /126
第十一节 外盘大于内盘的最佳比例 /128

第十二节　量比和换手率 /131

一、量比 /131

二、量比与实战应用 /134

三、换手率和实战应用 /135

第十三节　“神奇”的盘感与“护城河”/139

一、神奇的盘感 /139

二、盯盘者的护城河 /141

第四章　发现资金逃逸与回归路径

第一节　分时图基本知识 /144

一、分时图的构成 /145

二、大盘指数分时图 /146

三、日间分时图与多日分时图 /155

第二节　分时图常见形态分析 /157

一、双线顺势 /157

二、乖离与折返 /159

三、横向振荡 /164

四、缺口攻击 /166

第三节　分时支撑——资金流入还是流出 /168

一、收盘线支撑 /169

二、均价线支撑 /172

第四节　分时压制——资金流出还是流入 /175

一、收盘线压制 /176

二、均价线压制 /179

第五节 分时曲线的角度、速度 /182
一、上升的角度、速度 /182
二、下跌的角度、速度 /189
三、辨析分时图中的成交量 /194
第六节 折返——复杂盘面辨真假 /199
一、上涨过程中的股价折返 /199
二、下跌过程中的股价折返 /203
第七节 资金扫盘或者主力对倒 /206
第八节 巨量涨跌的真与假 /209
一、巨量打开涨停板 /209
二、主力诱空、诱多的手法 /212
第九节 盘中跳水——是谁在出逃 /218

第五章 分析主力资金潜在目的

第一节 K 线构成与基础知识 /223
一、K 线构成 /223
二、基础与分类 /224
第二节 大阳线不一定都是资金回归 /229
第三节 大阴线不一定都是资金逃逸 /232
第四节 分解日线的几个步骤 /236
第五节 成交量最大的那根 K 线 /245
第六节 量能催化与反催化——卖在最高点 /247
第七节 量能催化与反催化——买在最低点 /250

第六章　主力资金逃逸与回归实盘案例

第一节　冲高回落 /255

第二节　收复巨量长阴 K 线 /258

一、巨量长阴 K 线的类型 /258

二、收复巨量长阴 K 线的技术条件 /264

第三节　变量形态与密集成交 /269

一、变量的性质与交易策略 /269

二、变量的转化 /271

第四节　打破市场公认的支撑 /274

第五节　持续下跌 /276

第六节　密集成交区的交易 /277

一、在密集成交区破位 /277

二、密集成交与股价高点 /279

第七节　大卖单 /281

第八节　次高点放量 /284

第九节　影线密集 /286

第十节　挽救破位的大阳线 /289

第七章　只做看得懂的交易

第一节　看懂顺逆关系，识破主力迷局 /291

一、顺水行舟 /291

二、逆水行舟形态 /292

三、顺逆关系的转化 /295

第二节 脱离苦海选股法 /297

第三节 脱离底部 /299

一、底部构筑形态与周期 /299

二、起涨的条件 /300

第四节 涨势中的加速 /307

一、拉升阶段的加速 /307

二、加速冲顶 /310

三、加速 K 线分解方法和起涨点辨别 /311

第五节 主力送客 /314

第六节 无处可退的主力资金 /316

第七节 重温买入理由——当持仓心理将要崩溃时 /321

第八节 不必承受的心理折磨 /323

第九节 致命的量能消散 /327

第十节 厚度空间 /330

一、厚度空间的引力 /330

二、强势股的短线买点 /333

第十一节 股票放量暴跌该怎么办 /334

第一章

资金逃逸与回归的理论基础

第一节　资金逃逸与回归的技术含义

股价涨跌的过程，其实就是资金不断流入流出的过程。这里所说的资金，包含主力资金、散户资金在内的各方资金。

一、博弈性才是最真实的资金流动规则

各方资金是流入还是流出，源于股票交易的博弈性。一方看好股价上涨带来收益，买入股票的过程就是资金流入，而将股票卖出的一方，自然代表着资金流出。为了能够更形象地表示资金流出流入的性质，这里将这个过程定义为资金的逃逸与回归。

回归和逃逸总是相伴而生的，缺少其中一个，价格必将处于无波动的死水一潭状态。分析资金逃逸与回归的过程，也是对比二者孰强孰弱的过程。在一个时间段里显示逃逸或者回归现象占据主流，而资金回归或者逃逸呈抵抗状态时，即使价格尚未开始明显地回落或者上涨，也离一波下跌或者上涨不会太远。

从供求关系上来讲，若市场以资金逃逸为主，则价格下跌；以资金回归为主，则价格上涨。原理有时候仅仅是原理，实际上的变化却是无穷的。

比如，图 1–1 中某股日 K 线上收出一根放量中大阴线，似乎是以资金逃逸为主，那么后市股价也应顺理成章地继续下跌。但如图 1–1 所示，之后

股价不仅未跌，反而在 A 区由跌转涨。

同样，图 1-1 中，在 B 区收出一根放量大阳线，似乎资金以回归为主，后市应该不断地创出股价新高才对。但如图 1-1 所示，股票价格反而开始了下跌。为什么会出现这种情况呢？原因就在于：股票交易的博弈性在其中起了决定性作用。

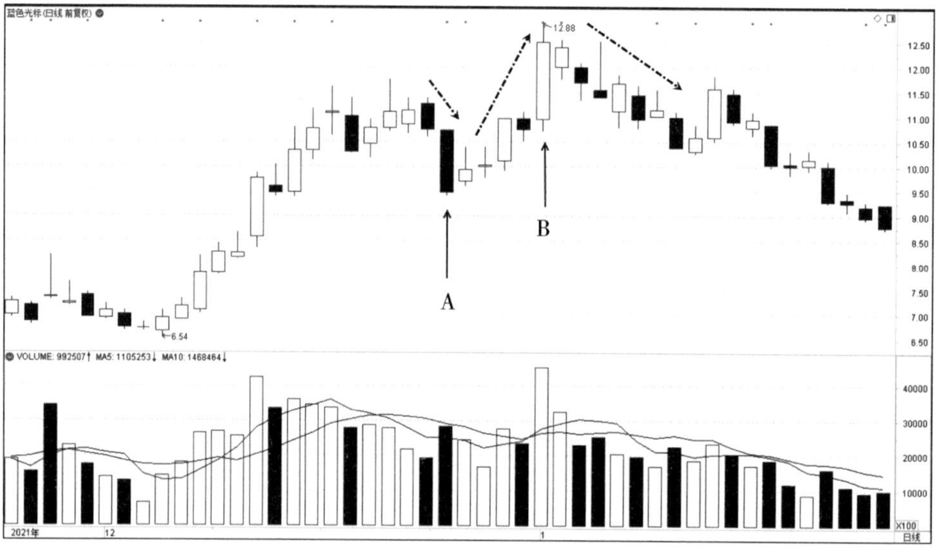

图 1-1　资金逃逸与回归的博弈

股票交易的博弈性，也就是各方资金为逐利而展开斗争，其中最为人所熟知的就是主力操纵理论。

所谓主力，是指通过资金优势或其他方式对股票价格涨跌、走势能够直接起到影响作用的实力资金。

在早年的股票市场上，谈及这类实力资金时，经常会用到“庄家”这个词。“庄家”一词出自赌博术语，意指对全局进行掌控、操纵的人或资金。现在的股票市场上，“庄家”的概念一般专指对某一股票高度控盘的资金。

随着股票市场监管手段逐渐成熟和严格，高度控盘的操纵模式已经不再具有普遍性，更多地是虽然达不到控盘的程度，但是仍能对股票价格波动起到明显的影响，即在博弈中占据明显优势，这种情况下的实力资金就称为主力。

在股票市场上，某一个股中的主力资金，相比其他各方资金，拥有资金、筹码等多方面的优势。但这些优势只是相对的，不是绝对的。主力博弈的对象，还包括市场监管、经济政策调整、经济形势变化等。

也就是说，某一实力资金入场成为主力之前，虽然对相关经济环境、宏观政策有深入的了解和预估，并确定了自己应采取的策略。但是在实际操作过程中，总会有很多意外的事件发生，这也就使博弈的天平并不总是倾向主力一方。

比如 2015 年，有关股市场外配资政策的突然调整，就使得很多主力资金始料未及，随后出现的暴跌使得大部分主力资金折戟沉沙，被套其中，只能通过后续操作来弥补和挽救。

如图 1–2 所示，2015 年深成指连续暴跌。在政府连发十六道利好后，指数在 A 区终于迎来反弹。但短暂的反弹过后，仍旧还是出现了再一次的向下暴跌。

图 1–2　2015 年 7 月深成指日 K 线

在特定环境下，某些利好政策的出现，尤其是突发性的利好，既是考验散户方向性抉择的时候，也是考验主力实力以及排兵布阵的时候。无论是主力资金还是散户资金，在特定环境（暴跌暴涨）下都不可能不受到影响。其实这也是博弈的组成部分，关键在于如何消除类似的不利影响。

主力资金并不像人们通常想象的那样，可以随意地翻手云覆手雨，其在运行过程中既有可能遇到上述案例中市场整体行情突变的情况，也有可能遭遇上市公司管理或业绩上出现的问题。

市场不会刻意区分大资金和小资金，但掌握资金的人会主动进行选择和区分。至于这种选择是否符合市场的走向，只能由时间来证明。

综上所述，资金在回归与逃逸过程中，博弈是贯穿其中并起到决定性作用的因素。在分析资金流动时，想要得到最接近真实情况的结果，那么破解资金流动过程中的博弈因素，就是一条必经之路。

二、博弈的诡诈性与技术分析

传统图形分析派用曾经出现过的数据、图形、成交量来预测未来走势，但效果总是差强人意。经验主义的按图索骥，已渐渐无用武之地。越是成熟的市场，博弈越是尖锐激烈。同样的K线图形，同样的成交量，股价也许会走出天壤之别的走势，资金流动过程中的博弈关系，才是交易者分析的重点。

逃逸与回归理论，是以股价变化和相应量能综合分析为基础的，分析的过程其实就是先假设后求证。某一根K线（股价）是否存在主力资金的逃逸与回归，并不是由K线本身阴线或阳线的性质来决定的，而是由这根K线细化分析过程来确认的。

回到案例图1–1中来，B区这根日K线，如果深入分析其分钟系统上的多层构成因素，可能会发现：其中放量的部分其实是资金在逃逸。既然资金是以逃逸为主，为什么还会收出一根中大阳线呢？这明显违背供求关系的原理。

博弈的诡诈性，也就是主力资金的运作技巧，决定了股价必然会走出尔虞我诈、波诡云谲的走势。仍然是图1–1的案例，主力资金通过对倒，在不增加仓位的前提下，做出量升价涨的盘面，吸引跟风资金入场追涨，同时自己却在暗自减仓。主力资金控制好减仓的力度和节奏，就完全可以做出B区的中大阳线。

结合以上分析可以看出，在进行技术分析和资金流动性分析时，先要从博弈对手的角度来考虑问题。比如，主力这么做是为了达到什么目的？市场大多数资金会做出什么反应？决定卖出是因为股价下跌让交易者感到恐慌，还是因为分析结论指向卖出？

如果暂时没有明确的答案，那么就先假设，后求证，通过技术分析来验证股价的走势和假设之间能不能讲得通，有没有逻辑关系。

资金流动性分析的目的，在于鉴别主力资金的流动方向，究竟是在逃逸还是回归？这一点很关键，决定了交易者是买入还是卖出。本书的大部分内容主要围绕这一问题展开，但在进入相关技术分析之前，交易者需要先让自己的交易心理过关。过不了交易心理这道关，技术分析学得再好也无用武之地。

第二节 学点交易读心术

股票交易赚钱还是亏钱，有时似乎只在一念之间。

比如，选了两只股，没买的那只股票大涨，偏偏买入的不涨反跌。交易者回想决定买入的那一瞬间，认为就是自己的一念之差。又如，交易者本想卖出持仓的股票，却因该股盘中冲高而临时改变了想法，不料该股冲高之后大幅跳水，让交易者错失了盈利卖出的时机，反而导致最后亏损出局。

一念之差，听上去轻飘飘的一句话，却可能让人在交易中始终难以稳定获利，甚至陷入亏损连续扩大的境地。

一念之差，其实就是“差”在交易技术与心态理念上。

股票交易不是一个轻松简单的赚钱游戏，更多的时候它是感受痛苦、彷徨甚至绝望的一场攻坚战和疲劳战。忍得住痛、受得了苦的人，才有资格追求丰厚回报。

一、交易与赚钱的距离

股票交易不相信眼泪，也不存在同情和怜悯，“适者生存”“弱肉强食”，才是生存的唯一法则。

想靠股票交易赚大钱的人，在这里可能会美梦成真，也可能会变得一无所有。股票市场是离金钱最近的地方，也是离金钱最远的地方。

陶渊明有诗云：“结庐在人境，而无车马喧。问君何能尔？心远地自偏。”最喜欢诗中“心远地自偏”一句，每读此句，都会浮想联翩，想象趺坐蒲团诵读黄老的陶老先生，怎样于闹市之中独辟出一份心中的宁静！

在股票交易中，越是想急切赚大钱的人，越可能亏钱，离赚钱就越远。这时候的交易者最需要体会“心远地自偏”的境界，看淡股价短期的沉浮折返，反而容易收获盈利，离赚钱就更近一步。

如图 1–3 中的宁德时代，该股股价从 60 元一直涨升至 400 余元，涨幅可谓巨大。但是在该股整个上升过程中，并不是一路坦途，仅较大级别的阶段性调整就有 4 次，短期调整更是数不胜数。

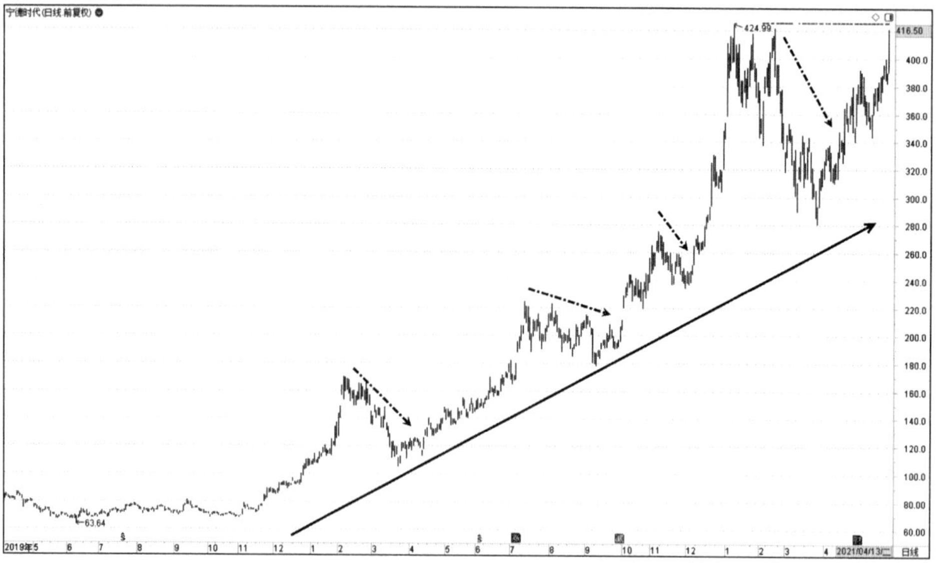

图 1–3　宁德时代日线图

一个不能做到“心远地自偏”的人，无论如何都难以在该股上涨过程中做到稳定持仓。最常见的操作是：上涨中稍遇股价回落便慌忙卖出，之后股价回升时再匆忙追高买入，使自己的持仓成本不断升高。遇到股价再次折返，依旧会重复这个循环，最终即使能够盈利，也远远比不上稳定持有者。

频繁地买进卖出，扣除手续费、印花税和误判带来的亏损，一轮行情终了，可能会发现盈利情况并不理想。在主要上升趋势维持期间，与其匆忙地追逐金钱，不如静候金钱自动增值，这样最终的利润也许会更加丰厚。

某交易者选出了低估值、高增长的潜力股，认为未来将出现大幅上涨，于是买入。事实证明该股的确出现了大幅上涨，但正确的判断并没有给这位交易者带来丰厚的利润，原因是该股上涨途中出现了振荡，让这位交易者早早卖出了持仓股票。

相信不少人出现过这种情况，尽管对个股有过详尽的分析和判断，但往往由于心态的原因而迷失在短线振荡里，忘记了买入该股的初衷。

但是，不得不说的是，坚定持仓需要相应的技术研判能力来支撑。对行情和个股没有深入研判的过程，那么盲目地“坚定持仓”可能就进入了另一个交易误区，这个误区同样会使交易者远离赚钱。

“赚了那么多钱，可惜没有卖出，最后反而亏了钱！”这是交易者最经典的叹息之一。如图 1–4 中，该股股价从不足 10 元涨升至 21 元以上，仅仅用了十几个交易日，主要升幅更是只用了 4 个交易日。然而飙升过后，接下来股价便迅速转入下跌，不久就回到了起点。

倘若不能在股价高位及时兑现利润，那么即使是低价位买入的交易者，也必然和赚大钱擦肩而过。错过合适的交易机会，暴利转瞬化为泡影。

其实图 1–4 的案例中，持仓的交易者如果对成交量理论有所了解，再结合技术环境进行分析，即使不能卖在股价最高点，也完全能够在股价相对高点获利了结。

图中 A 区标示的阴线，当日换手率已经超过 45%，这种级别的换手一旦不能持续，就意味着股价将要发生重大转折。（成交量理论的具体内容，请参阅中国宇航出版社出版的《成交量核心技术》一书）

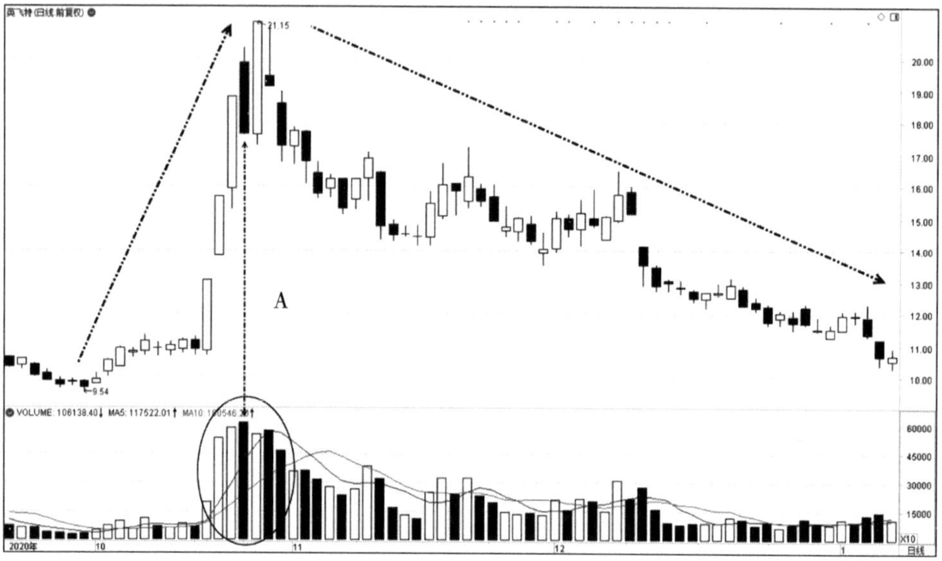

图 1-4　飙升过后是下跌

通常来说，在牛市行情中，交易者应当以坚定持仓为主要策略；在熊市或盘整行情中，应以短线操作和波段操作为主。关于交易技术和行情研判细节上的问题，在之后的内容中还将继续讲解。

二、善变

猎豹在追逐猎物时，往往会盯住最初选择的那个猎物死追不放，中途不会改变追逐对象。据说，这也是大多数食肉动物捕猎成功的关键因素之一。随意改变追逐目标，是一些幼年食肉动物学艺阶段的行为，捕猎失败是大概率事件。

记得刚入市的时候，时常会遇见一种情形：大盘飘红，大多数股票迅速上涨，可偏偏自己手中的股票“坚定不移”地继续下跌，要么就是“稳定”在不到 1% 的涨幅内。此时心里那个着急，简直是“恨铁不成钢”！烦躁情绪随后不断升温，最终还是受不住持仓个股的“懒散”表现，忿然清仓这个“瘟股”，转而去追逐那些涨得好的热门股。而当初看好该股良好发展前景而买入的理由，全部都被抛之脑后了。

然而，“不卖不涨，一卖就疯涨”的定律十有八九会在这时生效。让人无可奈何的是，这些股票卖出后，马上一改之前的“懒散”作风，迅速展开上涨走势并进入到涨幅榜前列。而自己买入的热门股票却渐渐变冷，资金却被套在已经变冷的热门股里面，只能望洋兴叹，自怨自艾。

这样的事件经历过不止一次，屡屡放跑牛股，却被套在炒作的垃圾股上。每一次事后，都会暗骂自己“手欠”，却不明白这里不仅是“手”的问题，最主要的还是“心态”的问题。

痛定思痛后，大家会发现问题的症结，并制订出解决的方案：

“不要被眼前诱人的上涨蛊惑，轻易忘记或放弃最初的买入计划和理由。只要个股的买入理由没有发生改变，绝对不因外界因素而改变自己的初衷。”

善变在股票交易中会让盈利溜走，会让交易者陷入卖也错、买也错的两难境地。

在股市中，散户不需要（也不可能）打败整个市场，只需要及时改正自己的错误，在上涨的诱惑和下跌的恐惧中不忘初心，不跟在行情后面当一个善变的人，那么盈利并不困难。

三、幻想

名著《吹牛大王历险记》一书中，主人公明希豪森可以骑着炮弹旅行，身陷沼泽时可以提着自己的头发将自己拔出来。这是一部风靡全球的幽默与幻想文学经典之作，它让读者开心一笑的同时，也使人不得不佩服作者无与伦比的想象力。

充满幻想，对醉心于文学创作的人来说是一笔财富，但对于股票交易者而言可能就是一个灾难。

股票市场是一个让人容易产生财富幻想或幻觉的地方。暴涨、翻倍这些词语搭配不时出现的个股连续涨停走势，会让人心潮澎湃，似乎一条发横财的捷径就在眼前。

A 股市场有炒作题材概念的习惯，历年来的题材概念多如牛毛，比如西部大开发、全流通、石墨烯、虚拟现实、多晶硅、充电桩、区块链等。概念股炒作的关键，就是营造关于股价暴涨的幻想空间，所以历来概念股炒作都是以股价飙升来吸引市场眼球的，随后相关概念迅速普及，追逐暴富机会的人们也蜂拥而来。

比如，石墨烯概念炒作，该概念的主要内容是：一种以石墨烯技术为基础的超级电容器，其充电速率远远高于其他电池。随着概念迅速普及升温，沪深两市所有和石墨烯沾边的上市公司，股价都一飞冲天。

如图 1-5 所示，华控赛格股价走势。该股因具有石墨烯题材，股价出现大幅飙升。事实上，石墨烯技术在世界范围内尚处于研发阶段，根本不可能在短期内形成生产力和大规模应用，更谈不上对相关上市公司业绩会产生什么样的影响。

概念股炒作，重点其实在“炒作”二字上，概念只是一个引子。既然是炒作，那么炒到大资金纷纷获利离场时，一切都会回归真实的那一面，包括股价。如图 1-5 中，一轮炒作过后，股价跌回原地。

图 1-5　华控赛格炒作期间的日 K 线走势图

概念股炒作是 A 股市场上的“特色”，这个特色行情有时候持续时间以及上涨幅度相当可观。但是，参与炒作的交易者必须有一个清醒的认识：别对行情有过高的预期和不切实际的幻想，在操作中一定要做好止损保护。

除了概念炒作，一些造假者也会用骗局来营造暴富的幻想空间。

A 股市场最有名的骗局就是“银广夏造假案”。银广夏提供的是股价无限的上升空间和暴富的诱惑力，人们宁愿放弃常识，也愿意去相信银广夏“不可能的产量”“不可能的价格”“不可能的产品”等众多疑点。最终谎言被戳穿，参与该股炒作的交易者遭受重大损失。

幻想就是一个五彩泡沫，人们宁愿相信这个泡沫会永恒存在，奋不顾身地去追逐这个泡沫，也不愿意伸出手轻轻触碰一下这个泡沫，看看它是否真的能够永恒。

在国内股票市场涨跌停板制度的制约下，今天 10 元开盘的股票，不会跌到 5 元，也不会骤升到 50 元。幻想可以无极限，但交易必须一步一个脚印、踏踏实实地来做。作为一个交易者，你可以想象美好的未来，但是不可以把梦想当成现实，更不能轻易地将自己的血汗钱投向幻觉陷阱。

四、轻视

司马迁老先生在《史记》中一语点透了金融资本或资金的特性：“天下熙熙皆为利来，天下攘攘皆为利往。”资金或资本总是向着有利可图的地方汇集。

每一轮牛市行情的造富效应，都会吸引大批新人加入到股票交易中来。这些新入市的交易者，大多是受到周围人炒股赚钱的影响，或者在网上道听途说有人炒股暴富。这类短时间内赚大钱的事例，构成了难以抵挡的诱惑，不少人就是在热火朝天的牛市进入股票市场的。

追逐暴富幻想而来的新人，虽然不具备股票基本知识和交易操作技巧，但在牛市疯狂上涨阶段，也有机会赚到丰厚的利润。于是，股票交易在交易者眼里就成了一件极其简单容易的事情，股市简直就是“提款机”。由此产生对股票交易的轻视，而且这种观点短时间内不易消除。

大多数人对于轻视的对象是不会做深入研究的，因为内心觉得“没有必有，我完全可以轻松掌控”！即便出于对赚钱的热爱，花费在股票研究上的精力也只能算是浅尝辄止。

这些都是作者曾经的经历。当看到自己账户上的资金额随着股价的快速涨升而出现跳跃式增长时，内心觉得自己在股市交易上是无敌的，甚至狂妄地认为所有的股票只要买入都会大涨。

牛市总是在狂欢中消亡，但有些人在趋势转变后，却仍旧沉浸在暴富幻想里不愿醒来，最终，惨重的持仓亏损让狂热的心猛然惊醒。到这个时候，人们才发现，所有的盈利神话都是牛市赋予的，自己就是市场中一个极其平凡的散户。之前在激情四射的大牛市中迷失了自己，误以为自己很了不起，继而轻视这个暗藏杀机的市场。牛市结束后，随之而来的熊市下跌和漫漫长夜，让轻视者开始为自己的“狂妄”付出代价。

因为不具备股票基本知识和交易操作技巧，同时还因为保持着牛市的惯性思维，所以面对股价运行节奏完全不一样的熊市下跌行情，所有交易只能用“一败涂地”来形容。到了这个时候，才发现自己对于股票交易根本就是一无所知的“小白”，完全靠牛市上涨和运气参与股票交易，还一心梦想着暴富，真是笑话中的极品笑话。

从轻视股市如提款机，到看待股市如洪水猛兽。伴随如此巨大的心理落差，还有账户上的累累亏损，让交易新手不得不重新审视自己，重新审视股票交易，重新审视这个高深莫测的市场！

股票交易的博弈特性，决定了赚钱的只能是极少数人。这个“极少数人”必然是股市中的强者。或“强”在资金优势上，或“强”在交易技术和心态上。作为散户，没有资金优势，只能在交易技术和心态上不断磨砺自己。这是唯一可通、可行的道路，尽管“夜路漫漫”。既然选择了这条路，就只能在不断反思中探索前行。

五、收获

作家阮海彪说：“据说生长人参的土地都寸草不生。你必须先经过寸草不生的考验，至于长不长人参，还是个未知数。”

股神巴菲特就是通过一次次“寸草不生的考验”，才最终赢得了赫赫声名。

20 世纪 90 年代初，美国发生严重的金融危机，很多银行出现大幅亏损或倒闭。巴菲特经过分析研究发现，富国银行估值非常低，安全边际明显。就算公司可能有较长低迷期，而且美国经济何时复苏不得而知，但凭借较强的成本控制能力和业务拓展能力，巴菲特相信富国银行未来盈利是高概率事件，于是开始大量买进富国银行的股票。但是巴菲特的介入并没有改变市场大的下跌趋势。

1992 年— 1993 年，富国银行因计提坏账，业绩差点陷入亏损，股价又一次跌至巴菲特最初买入时的水平。巴菲特不为所动，开始实施了第二次购进。一些看空富国银行股票的人，这样评价巴菲特的买进："一旦巴菲特资金不足，该银行的股票就会骤然下跌。巴菲特最好还是把钱捐赠给善事业。"

巴菲特对此回应道："我并不是想推销富国银行的股票，或抱有其他什么目的。我只是觉得它是一家非常优秀的企业，具有最好的管理模式和合理的价格。在这种情况下，通常可以赚到更多的钱。"

事实证明了巴菲特的远见卓识。2004 年，巴菲特持有的富国银行市值 35.08 亿美元，而其投入成本仅为 4.63 亿美元。

对于一个人是否适合进行股票交易，巴菲特曾说过一个标准：不能承受 50% 损失的人，不适合做股票交易。

其实在股票交易中，能够忍耐巨额亏损（寸草不生的考验），只是一个基本条件或者说排除条件，并不能证明就一定适合做股票交易。毕竟交易者做股票交易的目的是赚钱，并不是忍耐亏损。能够从亏损或失利中总结经验教训，继而学会交易技术与方法的人，才是适合做股票交易的人！

在股票交易市场上，"收获"这个词并不专指赚到钱，还应该包括反思后所得的经验和教训。

忍住了"寸草不生的考验"，也从反思中有所收获，但仍不能保证最终一定会"长出人参"。为什么会这样呢？答案是：交易成功具有概率性。

成熟的交易者都会从概率层面上做好失败的准备，并对可能发生的亏损在心理、资金和投资策略上建立预备方案。因为没有人可以百分之百地保证能够战胜概率，永远不会遭遇亏损。即便是股神巴菲特，同样也并非百战百胜，点石成金，他“埋下的种子”有时候也会“烂在地里”。

2012 年，巴菲特在致股东的信中提到：“几年前，我花了约 20 亿美元购买能源期货控股公司发行的几种债券，这是一家服务于德州部分地区的电力公司。这是一个错误，非常巨大的错误。从大的方面来说，这家公司的前景与天然气价格联系在一起，而气价在交易者购买债券后不久就下跌且持续低迷。尽管自购买债券后，我们每年收到约 1.02 亿美元利息，但除非气价大幅上升，这家公司的支付能力很快将告罄。我们在 2010 年对这笔投资减记 10 亿美元。去年，减记又增加了 3.9 亿美元。”

六、跟风

当市场上新出现一个热点概念，整个板块的个股被资金反复炒作时，必然会吸引喜欢短线跟风的交易者的关注。这些板块或者概念，在网络上被吹嘘得天花乱坠，且铺天盖地传播开来，这无疑具有极高的煽动性和诱惑力。

跟风操作的交易者不会过分关注技术分析，他们认为资金流向和市场热点是最关键的因素，对于当前股价表现迟滞的冷门股往往不屑一顾。

这些交易者在交易时间里经常处于一种非常忙碌的状态，他们目不转睛地盯盘，不断查看涨跌幅榜，生怕错过任何买入机会。空仓甚至比持仓亏损更让他们觉得恐惧，而不断地买入、卖出，使他们觉得很充实。

如图 1–6 所示，该股为曾经一度热炒的板块领头羊，在短时间内出现巨大升幅之后，股价在高点仍旧聚集着巨大的成交量。这些密集成交中，不乏跟风资金进场所致。

跟风操作，最易给交易者带来急躁的心理：难以忍受股价正常的折返波动，很希望自己买入后股价就一飞冲天。同时因为缺乏必要的持股耐心，所以一些大牛股经常从他们手中溜走。他们经常会对人宣称：某某牛股大涨之前我就曾经买过，但没能等到其开始大涨的那一天……

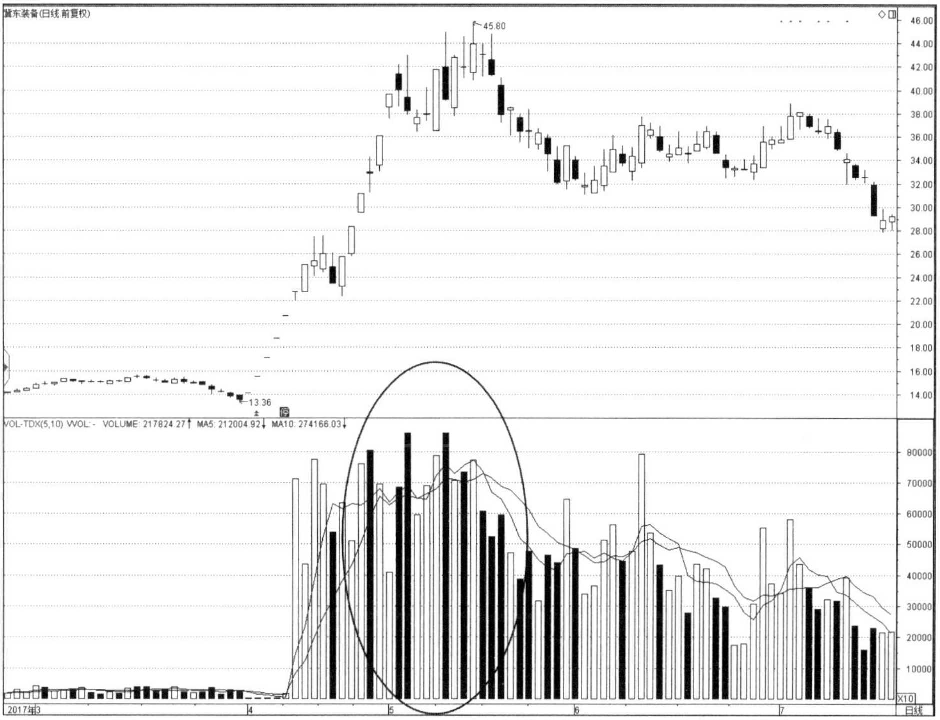

图 1-6　跟风炒作示例

跟风操作最大的弊端，就是对市场过度兴奋，对股票过度热情。即便持有的是一只稳定上涨的股票，他们仍旧难以抑制交易的冲动，而会选择卖出，再寻找新的交易机会。从某种意义上来说，这部分交易者更愿意享受交易过程本身，而不是交易结果。

当个股处于振荡盘整过程中时，交易者情绪上就会非常烦躁，持仓信心也会开始波动。如果个股这时突然出现一个急速下跌，交易者心里马上就会充满恐惧，一些灾难性的联想立即浮现在脑海里。接下来，交易者就会跟着感觉走。“卖出就可以脱离危险”的本能思维，会将所有理性分析及判断在一瞬间抛掉。

对于喜欢跟风操作的交易者而言，学会克制，懂得耐心的重要性，也许比什么都重要。

七、分散与集中

交易的风险无法消除，但能分散。

一般来说，将资金分别投放于不同的投资品种上，如股票、国债、储蓄等，可以防范某一领域发生重大风险时，不至于影响到整体资金的安全。有人以为分散投资的意思，就是尽量多地持有不同的股票，这样就能分散风险，殊不知持仓过度分散也是交易中的大忌。

美国投资大师菲利普·A. 费雪认为：不要过度强调分散投资。投资者相信把鸡蛋放在几个篮子里能降低风险，但购买太多股票的害处是不可能去观察所有篮子中的所有鸡蛋。投资者在他们熟悉的公司花的精力太少，而在他们陌生的公司上花了太多精力，这也是一种冒险。大量买入对其业务不甚了解的公司的股票，承受的风险要比分散投资风险做得不够充分的风险还要大。

英国著名经济学家约翰·凯恩斯在给商业同行的一封信中写道：通过撒大网捕捉更多公司的方法来降低投资风险的想法是错误的，因为你对这些公司知之甚少，更无特别信心。人的知识和经验都是有限的，在某一特定的时间段里，我有信心投资的企业也不过两三家。作为投资人，起码应在购买一家股票之前，对企业的经营状况有所了解。

股神巴菲特更倾向于有限分散或是集中投资。他说："不要犹豫不定，为什么不把钱投资到你最看好的投资对象上呢？"在他的投资组合中，前10只股票往往占了投资总量的90%。

持仓过度分散的交易者，没有足够的精力分析个股基本面情况，其对大盘指数和个股下跌风险的关注度也会大大降低。这些交易者手中单只股票的手数都不会太多，当大盘开始步入下跌趋势时，因不同个股的下降速率不同，交易者会因每只股票的亏损额都不大，觉得可以承受，从而忽视了整体仓位的风险。

当大盘下跌进行到一定阶段之后，个股出现暴跌，整体仓位严重亏损的事实摆在面前，交易者这时才突然惊醒，不相信账户会有这么大的亏损，可一切都为时已晚。

中小交易者的优点之一就是“船小好调头”，一旦发现大势不妙，完全可以在几分钟之内就抛空仓位，没有基金等机构那种行动迟缓的弊病。

当交易者持仓过于分散时，不但不能发挥自己的长处，还为自己增添了多余的羁绊。同时，持仓多只股票，也就等于分散了原本就不多的兵力，手中就很难再留有预备资金。当意外情况或重要机会出现时，也就无力应对，只能望洋兴叹。

交易者在实战中应避免持仓过度分散，正确的思路和做法应该是“广泛撒网，重点捕鱼”。首先通过基本面、技术面分析，广泛选择优良股票，建立自己的股票池。

建立股票池时，交易者可以选择不同行业、地域的优质股票，长期跟踪观察。不但关注其基本面的变化，同时也要注重技术面上发出的一些提示。比如有无主力、主力操盘处于何种阶段等，做到心中有数。经过一段时间的观察，剔除其中走势令人不满意的个股，最后经过优中选优，确定1～2只股票分批建仓，波段持股。

投资分散还是集中，仅就股票市场而言，笔者更倾向于费雪的理论——相对分散，反对过度分散。对于大多数资金量一般的中小交易者而言，与其分散不如集中，集中资金重点关注1～2只股票，比较有利于将自己有限的资金在配置上分批投入，从容布局。

八、愿望式交易

“我觉得它会涨，所以我就买入了！”“我觉得它会跌，所以我赶紧清仓了！”

如果这是买入或卖出一只股票的理由，那么这就是典型的愿望式交易。

愿望式交易还有其他几种形式。比如，有人之所以买入某只股票，是因为他认为主力会拉升，全然不管其间是否具备必然的逻辑关系。

愿望有时候是一剂迷药，能让本来清醒的人变得心智失常，尤其是当愿望并不是来自于观察思考和深入分析研究，而是仅仅出自于内心虚无缥缈的感觉时，那么这个愿望往往会让交易者很快就体会到失望和亏损的痛苦。

主力资金经常会利用交易者普遍存在的愿望或者说共识来布设陷阱。很多时候，交易者本来并没有交易的打算，但是主力资金通过股价暴涨、暴跌的暗示，不停地挑逗交易者的心和手，直到交易者开始相信和希望股价上涨或下跌即将出现。

实战中，经常看盘的交易者会发现，无论个股还是大盘走势，有时会显示出一副岌岌可危的形态，看上去好像马上就要崩盘。但没过多久，市场却神奇地转危为安，甚至还立即展开华丽的上涨。

如果交易者仅凭内心的愿望进行交易，十有八九会在“看上去危险”的时候卖出持仓，那么接下来必然要懊悔不已。

交易者想要在股票市场上长久生存并获得盈利，那么必须摒弃愿望式交易。从零开始，一步一步学习股票交易相关技术知识，依靠自己的分析判断进行交易，这样即使出错，你也知道错在哪里，如何纠错。这也是交易者逐步成长的必然过程。

九、建立交易系统

成熟的交易者都有自己的交易系统。可能很多人没有将这个系统书面化，但会在交易前后，自动按照系统的步骤有条不紊地进行。

建立交易系统的好处，是让交易过程进退有据，不至于让账户资金与仓位处于失控和混乱的状态，大概率避免常规性错误，尽可能地预防意外风险。尽管每个人的交易系统各有其独特的内容，但是大体上都会包含三个部分：

其一、交易计划；

其二、资金与仓位控制；

其三、买进、卖出的具体技术规则。

下面做一详细介绍。

1. 交易计划

交易计划，是交易者对整个交易过程预先进行的设定和构想，目的在于让交易顺利进行，以求达到交易成功的目的。

（1）投入资金总额

包括将要投入的资金总额和资金使用规则、交易步骤，以及预备资金的留置额度等。投入的资金最好不是借贷而来的，否则会因利息等方面的压力，影响交易者的交易决策和持仓信心。

（2）交易时机

在计划中，对买入和卖出时机、交易价格确定一个大致的范围。不同风格的交易者，会有各种不同的选择。同时，在不同的行情趋势下，交易时机的选择也大不相同。比如在牛市行情中，选择交易时机往往较为激进，而在熊市行情中，对于交易时机的选择则较为谨慎。

（3）交易周期

对于整个交易周期，应有一个明确的预期。比如，投入的总资金 5 年内以交易为主，不会挪作他用。同时，尽量把一些可能发生的意外情况考虑在内，避免在交易过程中因意外情况打乱原定的资金使用计划，致使整个交易过程受到干扰。资金上出现问题，必然会导致一系列严重的、灾难性的后果。

（4）收益预期

在每一次有计划的交易之前，对于目标个股设定盈利预期也是一个关键因素。过高或过低地设定盈利预期，都会导致在之后的持仓过程中极为被动。

一个合理的盈利预期，往往是由基本面研究和技术面研究相互结合、综合分析之后的产物。

（5）意外情况应对措施

交易计划要尽可能地全面，包括如何应对意外事件，如何应对交易失利。既然是计划，就必然要面对未来可能发生的不可预知情况，包括交易成功，也包括交易失利。有了这个计划，遇到意外情况发生时，对如何离场、如何止损都有详细的说明，交易者不至于慌不择路或是茫然无措。

2. 资金与仓位控制

资金和仓位管理，是交易者在实际操作中必然用到的风险控制手段。不同风格的交易者，实战中可根据自己的操作特点选择适合自己的资金和仓位控制规则。

资金和仓位管理包含两个方面：资金比例控制和投入风险控制。

（1）资金比例控制

资金比例控制，是指每笔交易的资金所占总资金的比例，以及借款和融资额所占总资金的比例。

对于股市新手来说，在自己的总资金中，最好不要有借款或融资获得的资金。对于经验丰富且有一定资金使用和管理能力的交易者来说，借款或融资占总资金的比重，也应根据行情发展的不同阶段，控制一定的比例和使用尺度，防止因意外情况发生而导致爆仓。

对融资资金的使用，应以易于变现和高周转率为原则。如果交易者在资金与仓位上缺乏必要的控制，很有可能市场还在牛市继续上涨阶段，你就早已爆仓出局。

在普遍开通融资融券业务的现在，主力也会适应新形势新变化，故意加大盘中振荡幅度和阶段性洗盘力度，行情的变化节奏和以往截然不同。

融资，尤其是满仓超配融资，是很容易被主力资金洗盘洗出局的。以前主力洗盘，都是用花样百出的骗线、骗量来洗盘，折腾散户出局。但是现在是“两融”时代，主力已经改变操盘策略，让散户明明知道是洗盘的情况下，也会强行将你洗掉，因为有些融资盘可能等不到主力拉升的那一天就爆仓了。就算不是超配融资，满仓融资也经不住主力的波段性洗盘，除非有更多的后续资金让你去追加保证金。

在每一笔交易中，交易者投入的资金比例，应根据市场情况、行情阶段和交易品种的不同而有所变化。比如在牛市中的短线交易，单笔交易可用30%左右甚至更多的资金，在熊市中则以10%仓位为上限。对于长线投资品种，在底部时可以多次分批吸筹，仓位逐渐增加。

一个成熟的交易者，应该习惯于限制自己每次的交易金额，毕竟股票交易的风险性就在于无法百分之百地准确预知，为了未来还能继续交易，任何时候都不能以全部身家去赌。

以风险投资著称于世的大鳄索罗斯曾说：“承担风险无可指责，但同时记住，千万不能孤注一掷。”

（2）风险控制

风险控制，是指对每一笔交易投入的资金，都应有一个防止风险扩大的手段或措施。控制投入风险，是交易者能在市场中长久生存下去的保障，也是交易中的重要原则。风险控制主要有以下几个方面内容：止损、止盈、补仓或加仓。

1）止损与补仓。有一个交易谚语："不怕错，最怕拖。"股票交易一旦出现错误，应当及时处理，不能犹豫和拖延，否则随着风险的进一步扩大，将导致无法收拾的后果。

投资界有一个"鳄鱼原则"，是以鳄鱼吞噬猎物的方式作比喻：猎物越挣扎，鳄鱼的收获就越多。如果鳄鱼咬住你的脚，你唯一的选择就是断掉一只脚以求逃命。在股票交易中，当对趋势判断出现错误的时候，最理性的做法就是马上止损，无论你亏了多少。

很多交易者被套后，往往盲目地逐次补仓。如果行情是趋势性变化，则补仓就是越套越深，自寻死路。当然，不能完全否定补仓的作用，在非趋势性变化的前提下，补仓摊低成本也是一个不错的方法。

止损也一样，在趋势性转折带来的下跌行情中，止损是唯一的选择。这时候应该明白，赔钱和赚钱都是交易的组成部分。

正如停损转向操作点指标（SAR）发明人威尔斯·韦尔德先生所说："我看待损失就如同商人看待费用一样，损失是做生意的成本。许多小的损失并不难对待，它们是交易商的生意费用。我控制损失所运用的最好的也是唯一的技巧，就是在交易前决定此项交易中我最多能承受多大的损失。一旦我的订单已满，我就定好损失限度，只有在对交易有利时才会做调整，我从不愿意承受重大损失。"

2）止盈。止盈，是一种懂得收获的智慧。当行情连续暴涨时，交易者应该考虑的不是如何赚得更多，而是如何保证浮盈落袋，不让到手的利润变成纸上富贵。这就是止盈。

很多人都在牛市中赚过钱，但往往都是纸上富贵，还未来得及收获，便随着行情的下跌化为乌有。止盈是交易者收获成功、保住胜利果实的有效手段。贪婪和恐惧都会使人发疯，让人不能以正常的心态和心智应对出现的变化。执行止盈，从交易心理的角度来说，比执行止损操作困难得多。

3）加仓。加仓和补仓都是增加仓位的手段，二者的不同之处在于：加仓是在原有仓位已经盈利的基础上加大仓位数量，以求利益最大化。补仓则是原有仓位处于亏损的状态加大仓位，目的是为了降低持仓成本，以求早日挽回损失。

加仓的前提是，行情或股价处于稳定的上涨趋势中，并未出现过长时间、大幅度的暴涨，行情仍旧处于上涨的初中期阶段。在实际操作中，很多人只看到盈利，却看不到风险，往往习惯在连续暴涨后加仓，希望增加盈利。但多数情况下，这种情形下的加仓往往都会适得其反。

资金与仓位管理是投资者取得成功的关键因素之一。在股市搏杀中，既会有所得，也会有所失，其中的关键在于：得到时，应懂得及时收获；失去时，应及时认输出局。

（3）买卖时机

建立交易系统的第三点，即买进、卖出的具体技术规则。这个问题涵盖的内容较多，包括 K 线、均线、成交量以及技术指标等，交易者依据这些技术规则来把控具体个股的买进和卖出时机。交易者可以参考本书后面内容以及中国宇航出版社交易核心技术系列书籍，用来建立自己独特有效的买卖规则。

第三节　影响股价涨跌的因素

对股价涨跌具有重要影响的因素很多，但最主要的无外乎以下几种：宏观经济、行业地域、上市公司经营状况、市场存量与增量资金状况等。

一、宏观经济的影响

股市被称为宏观经济的“晴雨表”，宏观经济发展的状况，以及对宏观经济发展有重要影响的因素，都会对股市产生重大的影响。

宏观经济发展战略决定经济发展的大方向。宏观经济的发展过程，总是呈现波浪式前进，螺旋型上升的，不可能没有结构性的调整，总是直线上升。

将宏观经济分析方法应用于股票市场，就是要分析整体经济与证券市场之间的关系，其主要目的是分析将来的经济情况及前景是否适合当下进行股票投资。

宏观经济分析大致包括以下几个方面。

1. 经济周期对股市的影响

经济周期包括复苏、繁荣、衰退、萧条四个阶段。

当经济处于复苏阶段时，投资者信心逐步恢复，股票市场开始活跃，股价出现回升；在复苏阶段后期，股票市场早于实体经济升温。

当经济进入繁荣阶段的初中期时，投资者热情倍增，预期收益进一步提高，市场乐观情绪较为浓厚，股价快速上升。到了繁荣阶段后期，由于宏观经济政策的调控，企业收益相对减少，在危机到来之前，股价出现滞涨、振荡甚至下跌。

在萧条阶段，金融环境恶，投资收益明显减少。投资者出现分化：实力资金已经逐步退出，中小投资者仍旧犹豫不决或者割肉离场，股价会进一步下跌。在萧条阶段，股价会在历史低位区振荡盘跌，寻求底部。

股票市场受经济周期的影响而变化。但股票市场的波动和变化往往提前于经济周期的波动和变化：即在衰退以前，股价已开始下跌；在复苏之前，股价已经开始回升；经济周期未步入高峰阶段时，股价已经提前见顶；经济仍处于衰退期间，股市已开始从谷底回升。

有一些例外现象需要投资者关注：例如实体经济萧条时期，一些资金不愿投资实体经济，而是流进股市投机获利，由此造成股票市场逆实体经济的方向出现大幅上涨。但是股票市场这种没有实体经济支撑的“虚胖”式大涨很难持久，最终仍将向实体经济运行的主要趋向回归。

根据经济循环周期来进行股票投资的策略选择：经济周期处于衰退、萧条阶段，投资策略以稳健、保本为主，投资者在此阶段宜采取持有现金（储蓄存款和国债）等形式，避免造成投资损失，等待经济复苏时再适时进入股市。在经济周期处于复苏、繁荣阶段时，投资策略以积极参与、稳定持有为主，投资者应以股票、期货等证券形式的投资为主。

2. 政治因素对股市的影响

政治因素是指那些可能对股票价格具有一定影响的国际政治事件等。政治因素对股票市场的影响主要表现在以下方面。

（1）国际关系的影响

国家之间签订的政治、商务条约和合约，会广泛地影响到一国经济的各个层面，从而给相关上市公司带来不同的影响；国际组织（如联合国、世贸组织、国际货币基金组织等）的一些报告，某些重要新闻及重大政治事件，也会对国内股票市场造成不同程度的影响。

（2）战争的影响

战争使各国政治经济不稳定，人心动荡，股价下跌，这是战争造成的广泛影响。但是战争对不同行业的股票价格影响又不同，比如，战争会使军需工业兴盛，所以凡是与军需工业有关的公司，股票价格必然上涨，投资者应适时购进军需及其相关工业领域的股票。

（3）重大政治事件的影响

如国家领导人变更，重大政治风波，关乎民生的政策调整等，也会对股票产生直接或间接的影响。

3. 通货膨胀对股市的影响

通货膨胀对股票市场的影响比较复杂，它既有刺激股票市场的作用，又有压抑股票市场的作用。

通货膨胀主要是由于过多地增加货币供应量造成的。货币供应量增加，一开始能刺激经济，增加企业利润，推动股票价格上升。但是，当通货膨胀发展到一定程度时，就会推动利率上升，从而又会使股票市场收缩，股票价格下跌。

货币供应量的增减，是影响股价的重要原因之一。货币供应量增加，增加的社会购买力出于保值和增值的需要，就会投资于股票等有价证券，从而把股价抬高。反之，如果货币供应量减少，社会购买力就会降低，投资欲望也会降低，进而影响股票市场走低。

4. 利率对股市的影响

利率就像刹车，它可以用来调节经济增长速度的快慢。

当银根紧缩、利率提高时，此时企业的融资成本提高，投资利润下降。利率高，投资者就会把大量的闲置资金存入银行，获得利息，用于实业投资和股票投资的资金会大大减少。特别是在储蓄和投资股票之间进行选择时，多数人会选择储蓄。

当利率下调到一定程度时，部分资金为保值增值目的，会流入股市等投资市场。利率下调直接促进上市公司经营状况改善，利息降低会大大减少企业的利息支出，从而增加企业利润。

投资者应密切关注利率的升降，并对利率走向进行必要的预测，以便在利率变动之前，抢先一步买卖股票。

5. 汇率对股市的影响

如果一国的货币处于升值周期，股价便会上涨；一旦其货币贬值，股价亦会随之下跌。所以汇率会给股市带来很大的影响。

任何一国的经济都在不同的程度上受到汇率变动的影响，首当其冲的是进出口贸易企业。本国货币升值，受益的多半是进口企业，亦即从国外采购商品的企业。出口业务则由于以外币表示的商品价格上涨，导致竞争力下降，企业会受到一定程度的冲击。当本国货币贬值时，情形与之相反。

无论一国货币升值或是贬值，对公司业绩以及经济局势的影响都各有利弊。所以，不能单凭汇率升降决定买入还是卖出股票，而应区别对待，观察具体公司是受益还是受损。

如果公司产品主要销售地为海外市场，则本国货币升值时，公司利润难以乐观，股票价格可能会出现下跌。

如果公司主营进口业务，进口的商品或者以进口原料生产的产品主要在国内销售，则本国货币升值时，公司进口成本降低，盈利上升，股价可能出现上涨。本国货币贬值时，情况则相反。

投资者可根据汇率变动对具体上市公司的影响，并参考其他因素进行正确的投资选择。

6. 国际收支对股市的影响

国际收支项目包括经常项目和资本项目。

经常项目主要反映一国的贸易和劳务往来状况；资本项目则集中反映一国同国外资金往来的状况，反映一国利用外资和偿还本金的执行情况。

现代经济日益国际化、一体化，因而一国国际收支状况也是影响股市的一个重要因素。一般情况下，当国际收支处于逆差状态时，意味着进口多，出口少，致使国内一部分资金从股市中流出，股票价格下跌。反之，股价将看涨。

7. 财政政策对股市的影响

财政是国家为实现其职能而对一部分社会产品进行再分配的活动，它体现了国家与有关各方面发生的经济关系。

国家采取积极的财政政策，股价可能就会上涨；相反，国家财政规模缩小，或者显示将要紧缩财政，股价可能就会下跌。投资者可根据财政规模的变化，预估股票市场运行的方向。

8. 货币政策对股市的影响

货币政策工具可以分为一般性政策工具（如存款准备金率、再贴现政策、公开市场业务）和选择性政策工具（包括直接信用控制、间接信用指导等）。

货币政策可以分为从紧的货币政策和宽松的货币政策。从紧的货币政策手段包括减少货币供应量，提高利率，加强信贷控制等。如果市场物价上涨，需求过度，经济增长过快、过热，社会总需求大于总供给时，中央银行就会采取紧缩的货币政策以减小需求。宽松的货币政策手段则恰好相反。

9. 失业率对股市的影响

失业率是指劳动力中失业人数占总劳动人口的百分比，其本身则是现代社会的一个主要问题。

当失业率很高时，人力资源被浪费，人们收入减少。在此期间，经济问题还可能影响人们的情绪和家庭生活，进而引发一系列社会问题，资本市场不可避免地要受到一定程度的冲击。

二、行业地域的影响

在宏观经济运行速度增长、效益提高的良好态势下，一些行业的增长与国民生产总值、国内生产总值的增长同步；但另一些行业的增长可能高于或低于国民生产总值、国内生产总值的增长。选择在宏观经济中表现较为突出、增长较快的新兴行业，继而选择出这些行业中具有代表性的上市公司，这就是行业分析的目的所在。

1. 行业类别分析

以经济周期的影响程度为标准可以分为以下几类。

（1）高增长型行业

高增长型行业当下极少会受到经济周期变动的影响，因为其主要依靠的是技术升级、产品创新及优质的服务为原动力，从而使其能够保持增长的常态。

这些行业相对于经济周期性波动来说，为投资者提供了一种财富升值和保值的途径。这些行业的股票价格一般不会随着经济周期的变化而变化，是投资者重点选择的对象之一。

（2）周期型行业

周期型行业，即指直接受到经济周期的影响，其行业扩张和利润构成随着经济周期的变化而变化的行业。当经济处于上升期，这些行业会得到长足的发展；当经济处于衰退期时，这些行业则随之进入萧条期，甚至出现倒退。

产生这种现象的原因是，经济的繁荣或者衰退，对这类行业相关产品的购买力有直接的影响。投资者选择投资这类行业的股票，应首先考察经济周期的运行阶段，以及其他相关因素，然后再确定投资策略。

（3）防御型行业

防御型行业是指产品需求和盈利状况相对稳定，不受经济周期所处阶段影响的行业。例如，食品业和公用事业属于防御型行业，因为它们的需求弹性较小，所以这些公司的收入相对稳定。投资者介入这类行业的股票时，其风险较小，但同时其股价波动也相对较为平稳。

2. 行业生存周期分析

由于行业生存周期的存在，使行业内各公司的股票价格深受行业发展阶段的影响。行业生存周期大致有三个阶段。

（1）开创期

行业尚处于开创期，往往是技术革新时期，由于前途远大，吸引了大量资本投入该行业，投入到新技术、新产品的创新和升级改造进程中。

处于开创期的行业，技术进步的速度非常迅速，利润极为可观。但行业处于摸索期、试水期，其中的不确定性也使得风险因素难以预防和估算。处于开创期行业的公司股票，往往会出现频繁波动和大起大落的现象。投资者参与这类行业公司股票的投资时，需要对该类股票的运行特征有较为清晰的认识。

（2）成长期

在这一阶段，经过创业期的资本累积和技术上的不断改进，部分在技术上、资本上、人才储备上领先的大公司，已基本掌握了该行业的话语权。公司利润的提高，主要取决于公司经济规模的扩张和产品销售的平稳增长。

处于这一时期的公司股票，是投资者重点关注和分析、选择的对象。投资者如能在企业的成长期择机介入，其收益会随着公司不断的发展壮大而提高。

（3）衰退期

在这个阶段，由于市场竞争进入白热化，行业利润大幅缩减，市场渐渐趋于饱和，使行业的扩张规模出现停滞，甚至出现收缩和衰退。

处于衰退期的行业的股票行情，往往表现疲软。其股票在行业、公司盈利能力逐步下滑的背景下，已渐渐失去了投资价值，所以在大趋势上很难有长期和上佳的表现。投资者应尽量避免介入衰退期的行业、公司股票。如果介入，也应以短期炒作为主。

3. 地域分析

我国幅员辽阔，各地区经济发展水平很不一致，所在地上市公司的经营情况也有很大差异。在股票价格上，这种差异性也会有所体现。同时，近年国家出台一些地区扶持政策，对相关地域的上市公司具有较为深远的影响。

可以通过以下三个方面对上市公司进行地域分析。

（1）自然环境特色

自然环境特色，主要是指地域内拥有丰富的、可利用的自然资源，如矿产资源、水资源、旅游风景区、能源等。

如果上市公司从事的行业与当地的自然环境特色项目能够有效融合，该公司的发展就可能得到极大的促进。例如，在煤炭主要产地从事采掘业，公司的盈利前景就有极大的保障；在风景名胜地从事旅游业，公司发展就有较大的增长潜力。

（2）地域经济优势

简单地讲，处在经济较发达地区的上市公司，因相关人才集聚，信息流和物流顺畅便捷，融资渠道宽泛，该地域内的相关上市公司，在同等条件下比其他地域主营业务相同的上市公司具有更大的竞争优势和发展空间，所以一般都具有较好的盈利能力和较高的投资价值。

而处于偏远、经济欠发达地区的上市公司，则受自然条件、交通运输、融资平台等方面的限制，公司的经营和发展都会略弱于经济发达地区的上市公司。投资者分析地域经济优势的同时，也要注重参考行业类别和经济扶持政策对具体上市公司的影响力度。

（3）产业政策和经济支持

为了促进地域经济的发展，政府一般都相应地制定了经济发展的战略规划，提出相应的产业政策，确定优先发展和扶持的产业，并给予相应的财政、信贷及税收等诸多方面的优惠措施。这些措施有利于引导和推动相应产业的发展，相关产业内的公司将因此受益。

如果地域内的上市公司主营业务符合当地政府的产业政策，一般都会获得诸多政策支持，对上市公司本身的进一步发展有利。近年国家先后出台多种地域扶持政策，对相关地域和城市的经济产生了极大的促进作用。

三、上市公司经营状况的影响

上市公司的投资价值是由其基本面决定的。影响上市公司基本面优劣的因素，既包括宏观经济、行业发展等各种外部因素，也包括公司净资产、盈利水平等内部因素。

1. 竞争能力分析

“优胜劣汰、适者生存”是市场经济无情的竞争法则，缺乏竞争能力的公司终将会消失在竞争激烈的市场浪潮中。唯有不断地通过技术进步、产业升级、产品更新等各种措施来稳固自身竞争优势的公司，才有可能长期生存并得到发展壮大的机会，其股票才具有长期投资价值。

确立公司核心竞争能力的首要因素，是公司的技术创新水平和市场开拓能力，其次是公司的管理水平和人才储备。另外，公司的规模效益和项目储备也是决定公司长期竞争能力的重要因素。

对公司的竞争能力进行分析，可以使投资者对公司的未来发展前景有一个感性的认识。对于在市场竞争中不具备优势地位的公司，投资者对其股票不应该抱有过大的期望。

2. 公司经营管理情况分析

（1）管理人员素质和能力分析

投资者可以在上市公司年报中了解管理人员的基本情况，在这部分内容中，都会有高层管理人员的简历和其他情况介绍。通过分析这部分内容，可以了解公司高层管理人员的背景资料，从而对公司的管理风格、管理能力等做出一个初步的判断。

投资者还可以通过媒体报道、网络查询或走访等间接或直接的方式，多方面了解公司高层的动态和具体情况。

（2）经营理念分析

经营理念是公司发展一贯坚持的一种核心思想，是公司员工坚守的基本信条，也是公司制定战略目标及实施战术的前提条件和基本依据。一些在事业上获得巨大成功的公司，管理风格及经营理念几乎都兼具稳健和创新两个基本要素。

（3）公司经营战略分析

投资者对上市公司经营战略分析可从以下几个方面着手。

第一，通过媒体报道或调查走访等途径，了解公司是否有较明确和具体的经营战略。

第二，分析公司高级管理层的稳定性及其对公司经营战略的影响。

第三，公司在人力、财力、项目、科研能力等资源上，是否符合经营战略的要求。

第四，公司具有的竞争能力、市场地位、管理能力、主营项目生命周期，和与之对应的经营战略是否匹配。

通过对公司竞争地位和经营管理情况的分析，交易者可以对公司基本面有比较深入的了解，这一切对投资决策很有帮助。

3. 公司财务状况分析

分析上市公司的财务状况，很多投资者靠阅读股票软件 F10 中的每股收益、净利润增长率、每股净资产、净资产收益率等简化后的财务指标数据，如果某公司有意做假账，则以上那些数值都可能被修饰，投资者就无法通过这些孤立的数据分析出上市公司的真实情况。如果投资者想全面、详细地了解上市公司的财务状况，财务报表分析则是较为理想的途径。

（1）年度财务报

年报是上市公司上一年度的生产经营情况的总结，也是对外披露公司财务状况的窗口。通过上市公司的财务报表，投资者能够借机了解企业的基本情况以及未来发展空间，年报是检验上市公司盈利能力与成长性的最好窗口。

按照有关规定，上市公司年报的格式是固定的，分为以下几个部分：A. 重要提示。B. 上市公司基本情况简介。C. 会计数据和财务指标摘要。D. 股本变动及股东情况。E. 董事、监事和高级管理人员。F. 公司治理结构。G. 股东大会简介。H. 董事会报告。I. 监事会报告。J. 重要事项。K. 财务报告。L. 备查文件目录。

另外，投资者也可跟踪分析上市公司的季报、中报以及其他公告信息。通过这些连续性的分析，更容易发现上市公司生产经营的真实情况。

（2）财务报表分析方法

一些公司出于种种目的，会对财务报表进行修饰或做假账，但投资者只要肯多下点功夫，加上有效的分析方法，还是能够辨别出其中真伪的。

具体分析方法有：A. 综合分析法。对一家公司财务报表之间的关联项目进行综合对比，看是否有出入 . B. 纵向分析法。对公司多个年度的报表进行动态分析，判断其资产负债结构、盈利能力的变化趋势是否合理。C. 横向分析法。与同行业其他上市公司财务情况进行对比，看有无重大异常。

（3）财务报表分析内容

上市公司年度报告中都会披露资产负债表、利润表和现金流量表这三张主表。这三张主表反映了上市公司基本面，是投资者的重要分析对象，投资者应结合这三张主表和报表中其他重要指标来分析财务报表。

1）“重要提示”。这是整个报表的提要，是披露报告期内重大事件的地方。

2）“会计数据和财务指标摘要”。这里可以看到最常用的每股收益、每股净资产、净资产收益率等数据，这些数据可以看出公司的基本盈利能力。在这些数据中，有一条叫“每股经营活动所产生的现金流量净额”，这一指标可以体现出公司在经营过程中是否真的赚到了利润。

3）“股本变动及股东情况”。从中找到一条“报告期末股东总人数”，还可以用流通股数量除以股东人数，看看每一个股东的平均持股量，分析是否存在主力活动。

4）“董事会报告”。这是公司管理层对于本年度的经营管理工作的回顾，包括募集资金的投资情况介绍，以及对未来的展望、新年度的发展计划等，投资者可以从中分析出管理层对公司未来的发展态度和发展趋向。

5）“财务报告”。主要包括资产负债表、利润表、现金流量表和所有者权益变动表。

资产负债表分析：

其一、查看其存货和应收账款。如果其增长较营业收入的增长快得多的话，往往意味着公司在销售方面可能存在一定的问题，需要引起投资者的注意。

其二、银行借款也是反映公司质量的一个重要指标。资产负债表中货币资金越多，银行借款越少，意味着公司质量越好。如果银行借款相对于公司的销售收入、利润总额等指标偏大，说明公司在应收款项、存货、固定资产等项目上可能占用资金比例偏高，其盈利及未来的偿债能力存在一定问题。

利润表分析：

其一、利润表中的营业收入和营业成本应有合理的对应关系。对营业成本的分析可以结合资产负债表中存货、预付账款、应付账款和现金流量表中购买商品接受劳务支付的现金等项目进行，以判断其变化及合理性。

某些公司为使利润表中的营业收入出现大幅增长，会有意从事一些交易金额很大但无盈利或利润很低的商品流通或交易代理业务，制造营业收入大幅增长的假象。

其二、利润表中的销售费用、管理费用、财务费用。通过“三费”可以考察公司的内部管理能力。可以把“三费”的同比变化与净利润增长率加以对比，如“三费”的增幅高于净利润增幅，说明公司的管理尚待加强。

其三、对公司报告期内取得的净利润，还应分析其中有多少是由非经常性损益所形成的。这样可以判断公司正常经营情况下的盈利能力，防止被一些公司靠非流动性资产处置、债务重组、政府补助、投资收益、资产减值准备巨额冲回等方式产生巨额利润或扭亏为盈所误导。

现金流量表分析：

通过现金流量，投资者可以轻易分辨出企业盈利的具体情况。现金流量表是综合反映企业一定会计期间内现金和现金等价物来源和运用及其增减变动情况的报表。哪家公司赚到了真金白银，哪家公司就拥有持续发展的原动力。

其一、如果利润表中的营业收入增加，但是从经营活动中实际收到的现金额却比以前少，说明公司的部分收入还挂在应收账款中，有发生坏账的可能，且存在虚增或使用非常手段期末突击销售的可能，这样下期收入就可能减少。

其二、如果净利润增长速度明显高出经营活动产生的现金流量净额的增长速度，而之前两个数据增长速度相似，说明净利润的增长率实际上可能并没有那么高。

其三、经营性活动现金流量净额真实地反映出企业通过自身经营活动获得现金的能力。如果企业经营活动产生的净现金流量为正数，说明企业产品销售情况较为理想，资金回笼较快；如果企业经营活动产生的净现金流量为负数，说明企业经营上存在一定的问题，资金上有较大的压力。

其四、投资活动产生的现金流量。投资活动产生的净现金流量为负数，表明企业可能采取了扩大生产或参与了其他投资活动；投资活动产生的净现金流量为正数，则说明企业相关投资取得了明显的收益。

其五、融资活动产生的现金流量。如果融资活动的净现金流量为正数，表明企业通过融资拥有一定数量的资金，要关注融资资金的运作。如果融资活动的净现金流量为负数，一方面可能是企业资金周转进入良性循环，现金需求压力减轻，另一方面可能是企业融资出现困难，企业面临缺少资金的窘境。

对现金流量进行分析，应当综合其他财务指标进行对比分析。其他财务指标的相关数值是否和企业现金流量相符合，从中可以分析出企业真实的财务状况，为投资其股票做好策略性研判。

财务报表重要指标分析：

其一、净资产收益率是净资产创造价值能力的体现，也是真正如实反映企业经营情况的指标。高净资产收益率表明企业具备获取超额利润的能力，这种情况如果能持续，说明企业拥有一定的竞争壁垒，未来持续获得超额利润的可能性也较大。

其二、净利润增长率是反映企业成长性的重要指标之一。高净利润增长率并不代表股东一定能获得高回报，要结合其他方面综合分析，才能较好地进行判断。

其三、毛利率是考察企业盈利能力的一个重要的指标，能直接反映企业的盈利能力和竞争力。毛利率较高，一般都是行业壁垒较高的象征。

（4）公司成长性分析

公司成长性分析的目的，在于观察企业在一定时期内的经营能力以及发展状况和持续增长的潜力。通过对公司成长性分析，投资者可以选择目前被低估、未来可能会出现高成长的公司，提前从投资策略上做好布局准备。

公司成长性分析主要从以下几个方面着手。

1）公司的规模扩张，是由供给推动还是由市场需求拉动，是通过公司的产品创造市场需求还是生产产品去满足市场需求，是依靠技术进步还是依靠其他生产要素进行扩张等，以此找出企业发展的内在原动力，进而分析原动力的生存周期。

2）分析公司历年的总资产增长率、固定资产增长率、主营业务收入增长率、主营利润增长率、净利润增长率等数据。通过公司连续的经营情况和运行趋势，来判断未来的发展趋势是处在上升趋势还是持平，或是处在下降趋势。

3）将公司经营数据及其增长率与行业平均水平及主要竞争对手的数据进行比较，了解其行业地位的变化趋向。

4）公司通过重组、收购、兼并能够快速实现规模扩张，但扩张之后，公司的运营状况具有一定的不确定性，需要通过一段时间的观察来做具体分析。

（5）公司重大隐患分析

投资者在选股时，除对公司经营管理情况、财务情况进行详细分析外，还必须对公司已有或潜在的重大隐患做分析和考证，以便及时调整投资策略，回避风险。

一般公司的重大问题多数出现在以下几个方面。

1）公司生产经营存在极大问题，难以持续经营，甚至资不抵债，濒临破产和倒闭。

2）公司发生重大诉讼案件，严重影响公司利润，对生产经营将产生重大影响，公司信誉也可能受到很大损害。

3）公司投资项目失败，业务遭受重大损失，对公司未来的生产经营情况造成重大影响。

四、存量资金与增量资金

无论是主力资金、散户资金，还是增量资金、存量资金，“资金”这个词，并非仅指一定数额的现金货币，而是一个概括性的称谓。“资金”既有可能是个人，也有可能是各类机构。

股票市场的存量资金，是指目前存在于股票市场内的资金。存量资金既可能具有活跃的属性，也可能具有呆滞或单一目的指向的属性。

具有呆滞或单一目的指向属性的资金，比如某些资金专门用于新股申购，不会频繁进行连续竞价操作。还有部分资金，只对某一阶段行情进行操作，其他时间段则保持呆滞休眠的状态。

具有活跃属性的存量资金，比如短线交易频繁的资金，这部分资金在持仓和变现之间来回周转，这可以从每天的成交量上看出有多少存量资金处于活跃状态。在缺乏增量资金入场的情况下，行情的热度主要依靠这部分存量资金来维系。

当市场环境渐趋恶劣，赚钱效应大幅降低，场内的存量资金必然会逐步减少操作，也就使得市场的成交量不断减少。当市场环境逐渐向好，场内的存量资金必然会逐步增加操作。

随着场内越来越多处于休眠状态的存量资金复苏，市场的成交量会越来越大，行情开始呈现明显的旺盛势头。赚钱效应是最好的说教方式，市场外的资金会被吸引进来，这些新入场的资金就是增量资金。

股票市场的增量资金，是指从市场外新加入到市场内的资金。当然，增量资金的来源和目的也是多种多样，并非都为行情短期赚钱效应所吸引。例如险资、养老基金等，可能出于长期投资或者其他原因。另外，2015 年股灾期间入场救市的证金公司、中央汇金等，则是以维护金融市场稳定为目的。

由赚钱效应吸引而来的增量资金，有散户的储蓄、四方汇集的各路热钱、游资等，这些增量资金组织松散，不具有统一的计划和行动指令，往往会随着市场的炒作热点转移，一哄而上是其最大的特点。

市场长期没有增量资金持续进入，必然会萎靡不振，甚至逐渐走向萧条，但是增量资金过度加入，也会让市场陷入疯狂并走向极端。

有增量资金、存量资金，就会有离场资金。三者之间的比例关系，决定着市场的兴衰。当增量资金成为市场中的主体时，行情必然朝着越来越火热的程度发展。当存量资金是市场的主体时，多数情况下行情不温不火，保持在振荡的格调中。当离场的资金成为市场主体时，预示着行情已经发生重大转折，上涨的好日子已经到了尽头。

资金是交易的基本条件，也是衡量主力以及市场趋向和趋势的重要砝码。当一个市场中很少有资金愿意大规模入驻，或者说不愿意成为中长期操作的主力，而仅偏好以主力资金的方式进行短期操作，那么这个市场必然处于下跌或振荡的阶段中，市场将渐渐趋于乏人问津的萧条态势。

当一个市场中的资金尤其是大资金以掠夺的方式争抢筹码时，那么这个市场必然处于不断上涨、热火朝天的状态中。极端情况下，甚至出现某股主力获利出局后，另有资金大举介入成为新主力的现象。

第四节 资金逃逸与回归——交易资金的循环模式

研究资金逃逸与回归的目的，在于通过分析大资金的流进和流出，进一步把握交易的方向，为自己的盈利增添一份重要的保障。交易过程中，有人成功卖出，那么必然有人买入，有流出就有流进，这也是一次交易完成的整个过程。

在这个过程中，交易者研究的重点在于流出或流进的是大资金还是小资金，换句话说，主要研究主力资金的流动方向，毕竟能够影响股价走势的是大资金。这里所说的大资金包含主力资金，但并不限于主力资金。

从大局上来说，大资金纷纷从股市中逃离，那么接下来必然是一轮熊市；大资金逐渐回归到股市中，那么一轮牛市可期。从细节来说，大资金某一阶段执行减仓计划，那么个股股价必然会一路下跌；大资金开始建仓或回补，那么个股股价必然开始筑底回升。

有逃逸便有回归，这是所有交易资金的循环模式，包括大资金。

一、轮回之道

佛教中有个术语叫轮回，意思是众生死了又生，生了又死，生死不已，像车轮一样转动不停。

股票市场中，行情大势就在上涨趋势（牛市）和下跌趋势（熊市）之间不断“轮回”，而操控个股股价的主力资金，也会在出货—建仓—拉升—出货周期中不断“轮回”。

股价的涨跌起伏，同样是一种“轮回”。跌久了，就会涨；涨久了，就会跌。体会此中真意的交易者，往往能够处变不惊，淡看股市风云跌宕。

主力资金选择目标个股后，会反复参与炒作。某一波段获利减仓后，并不像市场资金那样，马上就加入到另一热门个股的追逐中，而是耐心等待目标个股下跌。如果跌势并不理想，那么就利用砸盘助推一下。当个股跌到相应的价位后，那么下一波炒作就又开始了。

市场上也会反复炒作几个概念或板块，即所谓的“热点切换”。有时是因为事关某一行业的新闻或利好消息进行炒作，有时却并无任何资讯，纯属资金蜂拥炒作。

主力资金的“轮回”之道，使得行情运行在不断转换的过程中，交易者也应以不同技术方法予以应对。比如在明确的跌势行情中，如果交易者仍不改短线追涨的交易方式，在跌势中过多参与股价的弱反弹操作，那么很快就会累积成大幅亏损。

二、低吸潜伏

跌势行情中，较为适合的交易方式，是寻找波段低点进行低吸潜伏。低吸技术的本质，其实就是等待和寻觅市场或主力露出破绽时，悄然买入，然后潜伏等待。如果说追涨需要交易者具备一定程度的果敢，那么低吸则需要交易者具有超强的耐心。

人，总是会犯错。在股票运作的整个过程中，无论是多么高明的主力，也不可避免地会露出破绽。何况有些破绽也是不得不露、势在必露。发现潜藏的主力，只要识别一些细节就可以做到。

寻找波段低点低吸潜伏，技术上的难度并不大，难在逆市交易的心理掌控上。心理一旦失衡，所有正确的理论和行为都会灰飞烟灭。

实战中的心理要素主要包括以下几点。

1. 耐心等待时机到来

猎豹是世界上奔跑速度最快的动物，但猎豹不会随意发起攻击，因为那样做不一定会有收获，而且自己的体能很快就会被消耗殆尽。猎豹最善于等待时机，一旦发现目标就不会轻易放弃，往往一击必杀。

等待时机，也是积蓄动能的时候。一旦时机成熟了，市场会加倍偿还你等待时所付出的耐心和承受的煎熬。比如，个股在下跌途中出现横向振荡，如果交易者不能耐心等待局势进一步演化和明朗，而是急于介入，那么当股价向下挖坑跳水时，很有可能会因恐惧而选择止损操作。倘若交易者拥有足够的耐心，善于等待时机的到来，那么股价的急跌就意味着低吸机会来临。

2. 寻觅主力犯错和市场破绽

不但主力会犯错，市场有时也会。当市场上大多数参与者都被恐慌情绪或者过度乐观情绪感染，做出一致的决定和行动时，市场必然会犯下大错，这个时候就是清醒的交易者最佳的出击时机。

如图 1–7 为某日沪指大盘的分时走势。在连续下跌 4 天，尤其是前一交易日大跌 –8% 的前提下，大盘当天又一度暴跌超过 –6%，市场的恐慌气氛达到了极限。

这时候即便是仓位被套，交易者也不能盲目跟风杀跌，而应该控制情绪，冷静分析。无论何种事件造成的大盘连续大幅暴跌，都只说明一个问题：市场上大多数参与者都在恐慌情绪的支配下大肆抛售筹码，也就是说市场正在犯错，而且这个错误正在继续扩大。

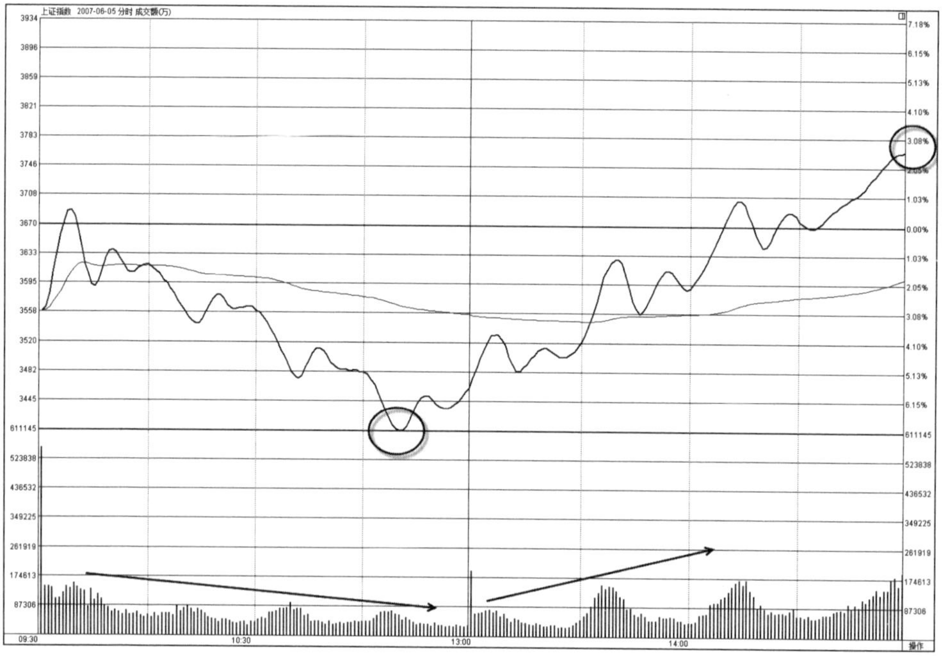

图 1–7　上证指数分时图

这种情况已经连续出现了 4 天，第 5 天仍在持续。但当每一波次下跌时的成交量都呈缩减趋向时，说明跟风杀跌的筹码正在减少，指数可能正处于惯性下跌的过程中。盘口出现这种情况，意味着市场在错误的方向上继续狂奔的动力已经削弱。

这就是市场所犯的错误之一。交易者的任务就是克服自身受到的不良心态的影响，寻觅和发现这类错误，然后耐心等待时机的到来。

交易者必须让自己明白一点：当市场中多数人都在卖出，小资金疯狂逃逸时，那么是谁在买入，谁敢在此刻回归？想到这一点，就要管住自己的手，不要让恐慌替代自己进行交易，否则之后必然后悔不已。

3. 确认目标后重拳出击

静静漂浮在水面的巨型鳄鱼，会耐心地观察着猎物的动向，寻觅进攻的机会。没有任何捕猎的机会时，它会一直等待，等待猎物犯下致命的错误。当猎物兴奋地跳进水中，不知危险为何物时，它才迅猛而凶悍地出手，并且不会仅仅撕下一两块肉就满足，它要的是饱餐一顿的机会。

当交易者经过深思熟虑，反复分析研究后，发现获利机会时，千万不要畏缩不前，畏首畏尾。当你对一笔交易有把握时，要敢于重拳出击！仅仅做多还不够，还要尽可能多地获取利益，只有这样才能收获市场回报给你的重礼。

4. 发现失误时及时撤出

世上并没有百分之百安全又能收获大利的投资，股票交易更是如此。不管你有多高的智商，多么精于分析研究，百战百胜的交易只存在于故事中。

股神巴菲特在 2012 年致股东的公开信中，总结了公司 2011 年度的业绩表现和功过得失。提及自己所犯下的错误，巴菲物并不讳言："几年前，我花了约 20 亿美元购买能源期货控股公司发行的几种债券，这是一家服务于德州部分地区的电力公司，但这也是一个非常巨大的错误。"巴菲特表示："这家公司的前景与天然气价格联系在一起，而天然气价格在我们购买债券后不久就持续低迷。我们在 2010 年对这笔投资减记 10 亿美元，去年又增加减记 3.9 亿美元。"

三、追涨

追涨，仅指操作股价目前的上涨能够确认是启动升势的个股，而不是所有正在上涨的股票都可以追。追涨，追的是股票上涨的连续性。

能帮助交易者区分哪些股票可以追涨，哪些不可以追涨的工具，就是起涨结构分析。起涨结构是确定一只股票是否具有追涨价值的关键因素，具备起涨结构或者说起涨结构刚刚构筑完成的股票，才是交易者追涨的目标。追涨不是买入那些目前涨得非常好的股票，毕竟能够给交易者带来利润的是买入之后涨得好的股票，而不是买入之时或之前涨得好的股票！

起涨结构内在构筑模式通常是三段式：A. 初起阶段，B. 确认阶段，C. 起涨阶段。很多个股在确认阶段会走出失败形态，随之股价进入下跌或振荡走势。还有一些个股在起涨阶段会出现假突破或挖坑等复杂变化。个别极端强势的股票只存在一段——直接拉升至涨停并连续涨停，这种极端形式存在但不常见，详细内容请参阅《短线追涨与低吸技术》。

从资金逃逸与回归的角度来说，其实无论哪一种起涨结构或方式，变化的只是形式，内涵依旧是大资金逃逸，后市看淡；大资金回归，后市看多；大资金不动，交易者静观其变。

第二章

资金逃逸与回归循环周期

第一节　牛熊市循环周期与实战意义

交易的过程是资金逃逸和回归的过程，也是博弈双方或多方斗智斗勇的过程。真实和虚假总是相伴相生，恐惧和兴奋时常在瞬间变幻。

从资金流动的角度来说，资金的逃逸与回归没有真假之分，一根阴线必然有资金的逃逸，一根阳线也必然有资金的回归。但这些不是关键，也不必然决定价格后期走势的因素。

能够决定价格后期走势的是：界定逃逸与回归资金的性质和程度，毕竟只有主力资金才能决定股价走向何方。

实战中，交易者分析的内容主要有以下两点。

其一、哪些逃逸或回归行为可能是主力资金参与的，即性质的认定。

其二、主力逃逸或回归的资金达到何种数量，即程度的认定。

确认逃逸或回归资金的性质和程度，对于判断价格后期的运行趋势和趋向具有决定性的作用。资金逃逸或回归的性质认定并不复杂，但必须明确一点，主力资金才是价格涨跌的主要动力，市场资金（包括但不限于散户）大多时候处于跟随的地位。当然，不能否认某一阶段市场资金处于疯狂状态时，其迸发出的能量也很惊人。但在大多数正常情况下，一盘散沙的市场资金难以形成合力，也就难以对价格涨跌带来方向性的影响。

也就是说，只有主力资金的逃逸或回归，才值得交易者关注。但只有达到一定程度的主力资金逃逸与回归，才是决定市场趋势的关键。

一、主力资金逃逸与回归大小循环周期

从大循环周期上来说，如果市场上多数主力资金开始买入建仓（回归），那么一轮牛市必然处于萌发或拉升阶段。经过一段时间的炒作后，市场上的主力资金纷纷开始卖出离场（逃逸），那么一轮熊市几乎不可避免地将要开启。牛市与熊市不断转换，也就是主力资金回归与逃逸反复循环的过程，这是大循环周期。

小循环周期则贯穿于大循环周期之中。

作者习惯将主力资金逃逸与回归的步骤进行分解，也就是分解成通常所说的主力资金建仓、洗盘、拉升、出货四个阶段。在这四个阶段之中，都分别存在着小循环周期。

比如，在建仓阶段，主力资金建仓的过程并不是简单地一直买入，那样的话，目标个股的股价必然会在短时间内一飞冲天，主力哪里还能买得到足够的低价筹码。

建仓期的主力资金，往往会采取让股价来回折返的方式运行。即收集一段时间的筹码后，股价多会出现一定幅度上涨，这时选择某个时间点集中抛出一定数量的筹码故意打压股价。当市场恐慌性杀跌盘一涌而出时，主力资金再悄无声息地在低价区域再次开始收集筹码。

随着主力资金买入（回归）与卖出（逃逸）行为的持续，股价必然时涨时跌。不明所以的交易者在这个阶段会来回“坐电梯”，多数交易者因为禁不住折腾，导致最终低价卖出所持仓位。

在建仓期，主力资金主要处于买入和资金回归的过程中，但其中包含着很多次逃逸与回归的小循环。不仅在建仓期，出货期的主力资金也并不是一直在卖出，期间也包含着很多次诱多性质的小循环。

区分大循环与小循环，有利于交易者更好地理解主力资金流动的特点，也利于交易者在交易过程中保持心态稳定，不在恐慌中卖出，不在兴奋中

买入。

当蚂蚁面对一堆“熊熊烈火”心生恐惧时，天空中的飞鸟看到的，不过是一根即将熄灭的火柴发出的微弱火光。

投资大师彼得·林奇说：“每当我对现状感到怀疑和沮丧时，我就把注意力放到更大的画面上。”看懂大势，才有赚大钱的可能。这个大势，就是指股票市场的运行趋势。

二、分析资金循环的技术工具

对大小循环进行分析和判断，离不开常用的系统设置。月线是较为适宜的长期系统（另有更长期的季线、年线等），周线为中长期系统，交易者最常用的日线应为中短期系统，还有多个以分钟为时间周期的短期系统。

1. 月线系统

月线，是指每根 K 线的时间周期为 1 个月。月线系统的优异之处在于其稳定性，不易为短期价格波动影响，大多能够反映出行情的基本趋势。月线系统的优异之处也是其缺憾处，即不能及时反映行情的最新变化。

月线系统的每根 K 线反映的是 1 个月行情变化，也就说包括四个星期（周）和大致 20 个交易日。这是分层透视的长期系统。

2. 周线系统

周线，是指每根 K 线的时间周期为 1 周。周线系统包括 5 个交易日，是分层透视的中长期系统。

3. 日线系统

日线，是指每根 K 线的时间周期为 1 个交易日。日线系统最常用，能及时反映出行情的最新变化，但也因此最容易出现骗线。日线为分层透视的中短期系统。

4. 分钟系统

分钟系统，是指每根 K 线的时间周期为分钟。最常用的包括 1 分钟、5 分钟、15 分钟、30 分钟、60 分钟等，交易者可按照自己的交易习惯自行设定。

这些分钟系统对于分析小循环中主力资金逃逸与回归的真实性具有很重要的作用。具体内容详见第五章。

三、牛市循环周期

行情的大趋势，是指在一个相对较长的交易时期内，价格整体运行于一个相对稳定的方向上，道氏理论将其称为主要趋势。主要趋势包含着不同运行方向的价格趋向，这些趋向依照时间周期的长短可以界定为次级趋势和短期趋势。

主要趋势可以分为长期上涨趋势，也称牛市；长期下跌趋势，也称熊市。

牛市，是指市场价格普遍上涨，长期延续波动上升的整体行情趋势。如图 2-1 中 A 区所示，一轮长期上涨趋势运行期间（主力资金回归），会多次出现次级下跌趋势和短期下跌趋势（主力资金逃逸）。

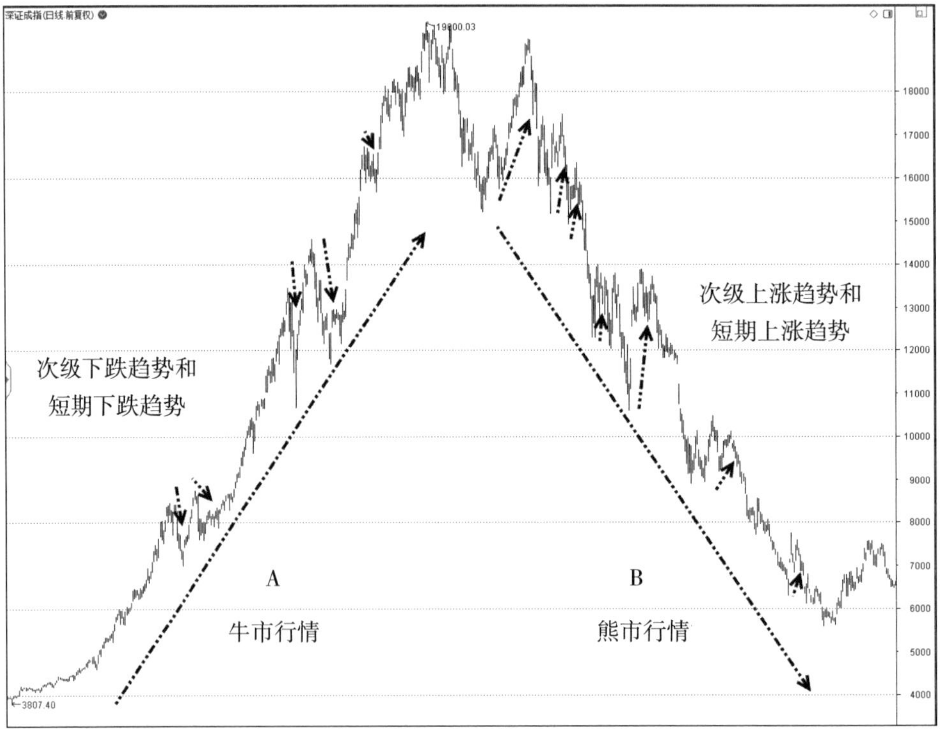

图 2-1　上涨趋势与下跌趋势

熊市，是指市场价格普遍下跌，长期延续波动下跌的整体行情趋势。如图 2-1 中 B 区所示，一轮长期下跌趋势运行期间（主力资金逃逸），同样也会多次出现次级上涨趋势和短期上涨趋势（主力资金回归）。

在长期上涨趋势即牛市行情中，交易者应以持仓和积极做多为主要的交易策略。长期上涨趋势并不意味着市场一直上涨，其运行过程中，会有很多次级别较大的回调（即次级下跌趋势）以及不间断的短期回调（短期趋势）来制造恐慌，以清洗不坚定的持仓者，减轻上行的压力。

1. 牛市初期

经过长期下跌和无数次反弹夭折的打击，大部分交易者对市场心灰意冷，即使市场出现利好消息并开始上涨，也会成为很多人抛售股票的机会。只有少数交易者通过观察和分析技术面的变化，可以发觉下跌趋势即将终结，上涨趋势正逐步形成。

牛市初期技术特征主要有：个股或大盘成交量逐渐摆脱前期地量的状况，市场上开始涌现出活跃的概念板块和领涨个股；越来越多的个股告别跌势，转向构筑底部或开始上涨趋势。如图 2-2 所示。

一些主力机构往往在这个时候开始或者完成建仓。市场在上涨过程中，回调不再创出新低，且出现低点逐步上移的态势。这时候经济环境出现回暖，上市公司的经营状况和公司业绩开始好转，不断有新的资金相继进场。

在这个阶段，中长线投资者应选择公司基本面优良、股价尚处底部构筑中的个股，分批建仓。此时建仓有成本低的优势，但投资者必须做好股价反复折返振荡的心理准备。

不准备中长线持有的短线投资者，则不宜选择底部构筑阶段的个股建仓，而应选择此时已经开启上涨趋势的个股进行操作。不同的操作风格，选股上也大相径庭。

2. 牛市中期

处在牛市中期阶段，行情已经脱离下跌趋势的影响，但大部分交易者仍旧心态犹豫，对行情运行前景并不乐观，操作上不敢重仓持有，只是轻仓或

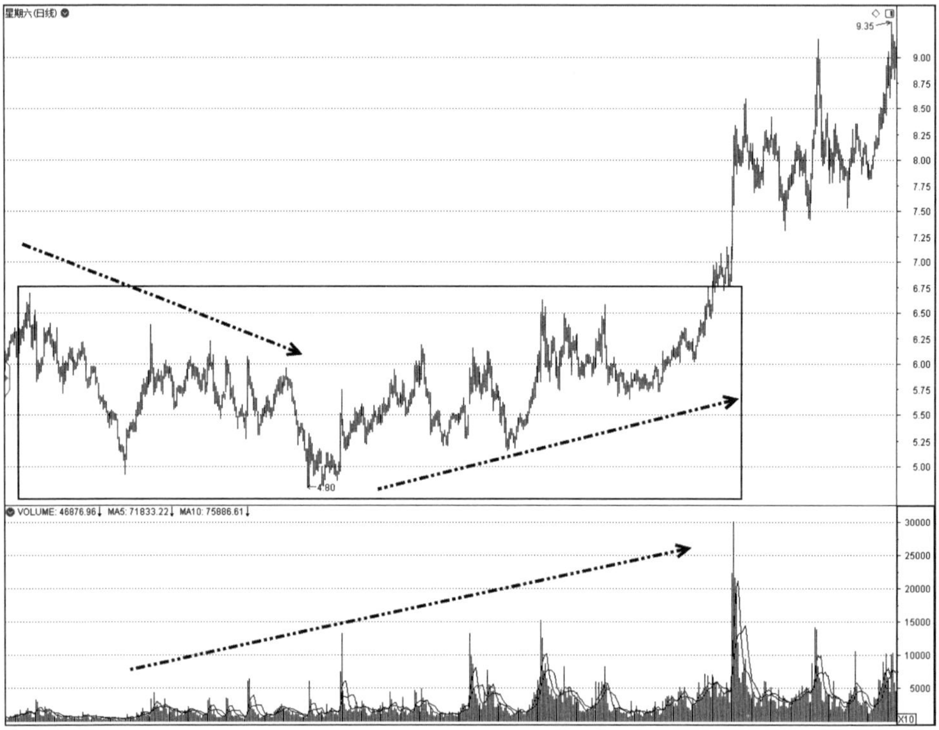

图 2-2　低点逐步抬高

短线操作来搏取微利。

市场上已经有领涨的板块和龙头品种，但是长期熊市造成的心理阴影，让大部分交易者不敢触碰这类疯涨的股票。

随着行情逐步上涨，交易者渐渐敢于加大仓位，但仍非常谨慎，一旦大盘出现回调，交易者便蜂拥出逃。随着大盘继续上涨，踏空的交易者只能加价买入。如此多次反复，不少交易者的持仓成本随着股价的上升而上升。

如图 2-3 中 A 区所示，在这种次级回调中卖出持仓后，多数交易者不敢在回调低点再买回来，往往都是等到股价再度涨升到一定高度，涨势非常明确后，才选择买入。

到了这个阶段，交易者主要的盈利模式就是：重仓稳定持有质地优良的个股，轻仓短线捕捉波动幅度较大个股的折返机会。

大仓位稳定不动，是为了坚守低价、低成本的优势不被改变，这也能为交易者最终收获牛市红利提供坚实保障。轻仓短线出击，其实是为了满足部分闲不住的交易者做做短线，聊以自慰。

图 2-3 冀东水泥日线

3. 牛市末期

随着市场人气不断高涨，成交量持续增加，以及个股股价持续和大幅上扬，这时的交易者大多持有重仓，同时越来越多的新手和新资金涌进市场。

市场每次回调，都吸引更多的交易者加入。市场对利空消息无动于衷，看空的声音很快就会被淹没在狂热的看多情绪里。交易者情绪高涨，看多氛围浓厚，大部分人对后市走势极度乐观。

牛市末期，很多人已经将股市视为“取款机”，认为赚钱很容易，仍能够保持冷静分析的交易者不会很多。这个阶段却正是大部分主力资金大肆逃逸的时候，错过这个阶段，主力资金想要在短时间内减掉大部分仓位，就会变得很难。

此时，交易者切勿被狂热买进情绪干扰，不要轻易融资操作，反而应对中长期大幅上涨之后在股价高位振荡的个股分批减仓，一旦大盘出现下跌且迟迟难以回归涨势，或者涨势明显弱于前期，交易者应及时减掉大部分仓位。

四、熊市循环周期

在长期下跌趋势即熊市行情中，交易者应以空仓和分阶段交易为主要的交易策略。长期下跌趋势也同样并不意味着市场一直下跌，熊市运行过程中会有很多次级别较大的反弹（即次级上涨趋势）以及不间断的短期反弹（短期趋势）来诱使资金介入。

1. 熊市初期

因为牛市的氛围尚未完全消散，市场人气仍然较为充沛，交易者对后市并不悲观。随着主力资金逐步撤离，无论是大盘还是部分个股，盘面上每一波上涨的高点都会出现大成交量，但下跌时成交量相对缩小；股价不但无法创出新高，每一次涨升后的下跌，还会变得越来越迅猛。

如图 2-4 所示，A 区是该股见顶前后的量价表现，成交量在股价涨升时放大，在下跌时缩小。见顶后的反弹一旦结束，下跌不但迅疾，跌幅往往也不小。

熊市初期，下跌仍旧被很多人视为低价买进的机会。这个阶段的交易者仍旧沉浸在牛市情绪中，对指数或股价的见顶信号视而不见。

到了这个阶段，交易者的盈利模式其实就是守住牛市的胜利果实！已经减掉大部分仓位的交易者，要控制住交易的冲动，绝对不再重仓买进。如果实在难以忍住手痒，那就轻仓短线搏一把，不管是赚是亏，都必须及时出局，不可再有牛市捂股不动的思维惯性。

2. 熊市中期

到了熊市中期，下跌趋势已经非常明确，市场人气出现较大幅度的降温，但仍有不少交易者不愿意相信熊市已经来临，更不愿意抛售手中被深套的股票。

图 2-4 A 区之后涨势减弱

经过大幅度的下跌之后，不少交易者相信底部已经出现，进场抢反弹的机会到了。部分交易者本来已经卖出股票，空仓观望，但当反弹来临时，牛市情结未消的交易者极度害怕踏空，于是瞬间满仓买进。还有的人是为了尽快解套而加仓。

一轮反弹适时发生，但反弹的过程中，很多交易者会发现虽然大盘上涨，但手中的股票却难以达到自己期望的上涨幅度。

不久反弹结束，迅速下跌的情况再度来临。刚刚买入的交易者正期待牛市重来，很难接受需要止损出局的现实。虽然有些交易者意识到短时间内已经不可能再有牛市行情，但仍心存侥幸，持仓等待出现能够让自己解套的机会。

在熊市中期阶段，很少有值得参与做多的机会。对于多数交易者来说，参与短线反弹，能够获利的概率实在太低，不做也罢。这个阶段唯一值得参与的行情就是次级反弹行情，但对于新手来说，技术难度相对较高。

如图 2-5 中 A 区所示，该股下跌趋势中的一波次级反弹行情，如果交易者不能在相对低点介入的话，那么盈利空间极为狭小，一旦介入较晚，反而会被套在反弹高点区域。

图 2-5　博反弹示例

3. 熊市末期

在熊市末期，市场弥漫着悲观气氛，市场成交清淡。股价一再下跌后，大部分交易者已经丧失信心，交易行为大幅减少。

股价下跌方式已由前期的暴跌转化为长时间的阴跌，之前较为抗跌的板块个股开始出现补跌，整个市场似乎看不到一点生机。但牛熊转换的契机，却在此时悄悄临近。

持仓的交易者，此时多数已是深套。经历了长时间的大幅下跌后，选择在低位割肉出局并不可取。如果下跌初中期你没选择割肉止损，那么经过那么长时间的大幅下跌后，再选择简单的出局方式并不理智。

熊市末期阶段，在横向振荡和阴跌为主的运行形态被市场大众逐渐接受后，往往都会有一波打破市场心理底线的最后暴跌出现，这个阶段却正是主力资金悄然回归建仓的时刻。

很多交易者本来想，既然拿了那么多年都没卖，深套更不会卖！但突如其来的暴跌，会让他们的心理崩溃，从而改变死捂不放这种想法，不少人的筹码就是这样抛在了最后一跌中。

既然选择持仓，就需要有市场多次暴跌的心理准备，若能以平常心对待，你就挺过了这一关。

空仓的交易者，在市场最后一跌出现后，可以选择分批介入的策略。在这里买到的低价筹码，在行情进入到牛市初期时，多数都会有不菲的盈利。

五、盘整市、猴市、牛皮市行情

在牛市、熊市的循环周期中，大盘或者个股走势并不一定都会呈现明显的上升或者下降趋势，也存在着不同幅度和振荡速度的横向运行趋势。这种横向运行趋势，在判断主力资金逃逸与回归时难度更高。

1. 盘整市

盘整市，是指大盘或个股在一段时间内维持在一个横向振荡的局势中。

盘整市的技术特点是，股价多次上涨的高点都在相近价位，多次回落的低点也在相近的价位。在这种运行趋势中，一般缺少主力资金运作，多为热炒资金短线为之。或者虽有主力资金参与，但出于多种原因，主力资金在操作上也以控盘折返为主，目的在于降低持仓成本或减仓出货。

如图 2-6 所示，A 区和 B 区构成盘整的高点和低点，之后股价大致运行在这个范围内。虽然图中后面的上涨高点都超过了 A 区，但股价很快就回落到盘整区域内，说明这个区域上沿存在的压制是有效的。

在低点选择上，也可以选择 C 区作为区域下沿，尽管 B 区和后面的回落低点超过了 C 区，但股价很快就回到盘整区域内，说明下沿的支撑也是存在的。选择 B 区画线，是因为能够更有利于实战中捕捉低点。

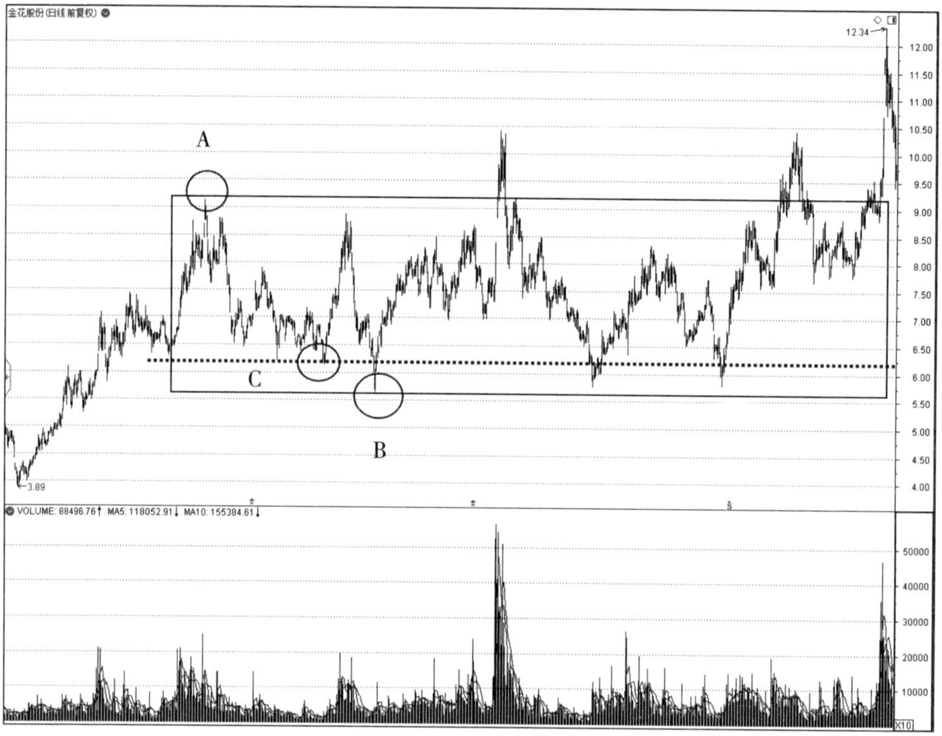

图 2-6 盘整走势示例

实战中，交易者可以以盘整区域上沿为卖出目标位，判断上应以尖顶形态为主，不要幻想其他复杂形态。

图 2-6 中，股价突破上沿继续上涨的情况下可继续持仓，一旦股价以尖顶回落，就要及时减仓。股价下跌到区域下沿时出现买点，这个位置同样以尖底为主要形态。如果个股跌至区域下沿时走势犹豫，形态复杂，没有尖底形态的迅捷升势，交易者应尽快止损离场。

在盘整市中，交易者应采用短线操作的方式，个股选择上应以振荡幅度大的股票为目标。振荡幅度大，才有足够的利润空间；空间大，股价的运行时间相对较长，比较有利于操作和交易。

鉴于盘整市的趋势方向为横向运行，之后行情必然会选择最终的运行方向。交易者如果对趋势运行的判断不是很有把握，那么在参与时应设立止损保护点。

2. 猴市

猴市，是指大盘没有一个明确的上涨或下跌方向，市场分化比较严重，展开的波段也较多，反复大幅振荡。猴子总是上蹿下跳的，所以就用它来形容股市的大幅振荡阶段。

猴市行情也是盘整市的一种形式，只不过在振荡幅度、速度上都相对较为剧烈和快速。从大趋势上看，应是上涨或下跌趋势的一个阶段，或者说是整个趋势的延伸变化形态。

实战中，出现猴市行情时，会让人误以为这是一个上涨或下跌行情。如图 2-7 所示，在行情的开始阶段，一个急速下跌后，紧接着一个同样迅疾的上涨。这时市场大众多会认为这是一轮上涨行情的开端。但是接下来的行情发展出乎意料，市场多次出现较大幅度的迅速折返，行情整体趋势逐渐失去向上的方向。

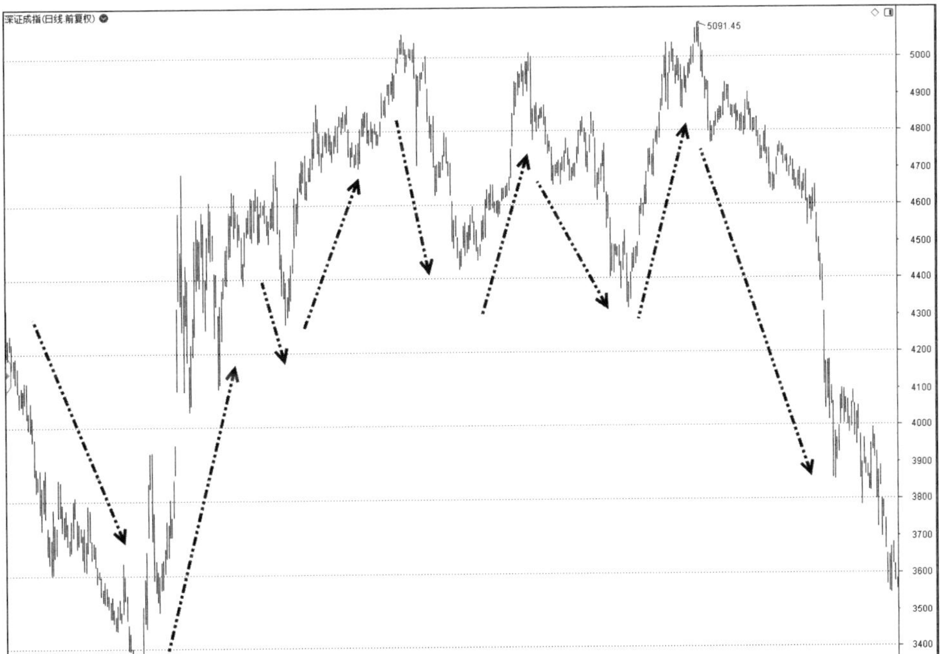

图 2-7　猴市走势示例

在猴市行情中，最适宜短线操作和波段操作，但对于长线投资者来说则是一种极为难熬的折磨。

3. 牛皮市

牛皮市，是指大盘运行没有明确方向，但振荡幅度很小，价格变化不大，行情像被限制在狭小的空间范围内，像牛皮一样扯不断，打不破。多空双方似乎力量均衡，谁也无力打破这种状况。

牛皮市也是盘整市的一种形式，可谓最磨人的行情。它与猴市行情的惊心动魄正相反，走势拖沓，一步三回头，在狭小的空间里振荡，消磨持仓者的耐心。

如图 2-8 所示，该股在一年半的时间里，大多数时间运行于不超过 1 元价差的狭小空间中。即使偶尔有几次单日暴升，脱离了这个空间，但是很快又跌回来。整体走势上，显示很难摆脱当前的局势。

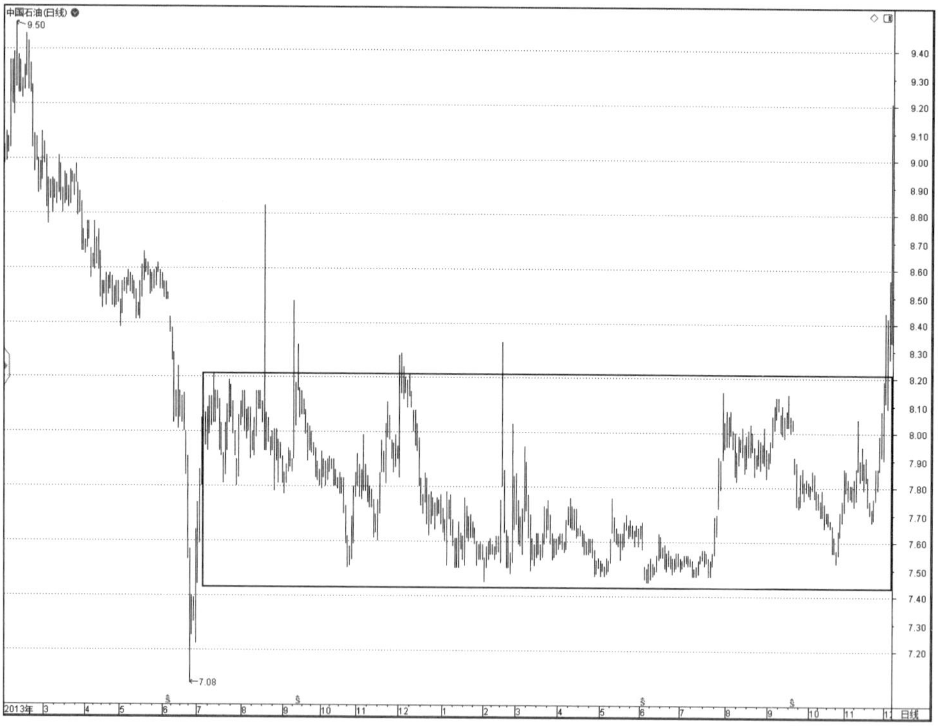

图 2-8　牛皮市示例

多数牛皮市出现在底部构筑阶段，适宜长线投资者择机介入。在这个阶段，短线操作几乎无用武之地，因为没有足够的盈利空间。一旦买入价稍高，卖出时机稍晚的话，算上手续费用等，不出现亏损就已经很不错了。

牛皮市如果出现在股价高位，则是一个较为危险的形态，多数情况下股价最终会出现向下崩塌的走势。

第二节　波段循环周期与实战意义

在道氏理论中，主要趋势（牛市或熊市）下包含着不同运行方向的价格趋向，依照时间周期的长短，可以分为次级趋势和短期趋势。

从循环周期上来说，即使牛市上涨行情，也存在大级别的回落走势，也就是次级下跌趋势。至于短期下跌趋势，更是贯穿牛市行情的始终。熊市下跌行情也是如此，只不过次级趋势表现为强反弹行情，短期上涨趋势多表现为相对弱反弹行情。

从交易者的角度来说，如果仅仅参与牛市上涨行情，那么可参与的时间实在太少，相信大部分交易者都做不到这一点。不少交易者参与短线交易，终日不辍，认为短线交易快进快出，能够回避大跌的风险。其实，短线交易操作难度非常高，并不适合缺少盘口分析经验，也无充足看盘时间的交易者。

对于多数交易者来说，波段交易是非常适合的交易方式。不论牛市还是熊市，总是有涨升波段可以做。

一、上涨行情中的波段交易

在整体上涨的行情中，交易者可以采取中长线持仓的交易策略。但是交易者如果发现自己做不到持仓不动，缺乏长期持仓的耐心，那么不妨试一试波段交易。

所谓波段交易，大致是指交易者低位买入，然后等待一波升势结束时卖出，也就是只做一段上涨行情，回避调整回落阶段。

比如，在牛市上涨行情中，不论大盘指数还是个股都不会一直上涨，期间会发生多次大级别的回落调整。这些深幅调整，则为交易者提供了极佳的低位介入和波段交易良机。

当然，这些深幅调整发生时，市场氛围必然十分恐慌，很多人认为涨势已经到了尽头，主力资金则正在大幅出货。

什么是主力资金出货？

出货，是主力资金完成相应卖出筹码步骤、兑现利润、准备逃逸离场的最后阶段。

谈到出货，就会有人想到“减仓”，很多人容易将二者混淆，甚至完全将之等同一个概念。二者虽有相同的部分，但并不完全相同。

交易中的减仓，是指以降低仓位为目的的卖出操作，而出货是以逃逸离场为目的的卖出操作。出货必然会减仓，但减仓未必就是出货。

之所以要区分减仓与出货，是因为这对波段交易来说至关重要。上涨趋势背景下，主力资金出货的股票，不能作为波段交易的选择对象。尽管这些股票在下跌初期也时常会有强反弹出现，但多数维持时间较短，买卖点往往稍纵即逝，极难把握，所以比较适合短线交易，不能以波段交易的方式进行操作。

排除主力资金出货的个股，那么适合进行波段交易的，就是因主力减仓而使股价大幅回调的股票。

什么是主力资金减仓？

减仓操作，是普遍存在的一种交易行为，其主体既包括主力资金，也包括市场各路资金。一轮行情总是由价格的上涨和下跌阶段构成的，无论是价格上涨阶段，还是下跌阶段，总会有人采取减仓操作。

例如，跌势中，持仓者担心价格持续大幅下跌，于是选择降低仓位的操作，以减少亏损面，或者期望未来在更低的价格上把减掉的仓位再买回来。

涨势中，持仓者在价格急升时降低仓位，兑现盈利，以期降低持仓成本，在价格冲高回落后，可以再度补回仓位。

减仓，总会有这样或那样的原因。主力减仓大致有以下几个方面的原因。

1）诱空式减仓：即减仓打压股价，诱使散单杀跌，之后再予以回补。

2）阶段性减仓：即兑现部分利润，减仓后有的不再完全回补，之后主要通过对倒伪造虚假成交量来拉升价格。

实战中，主力减仓行为无所不在。无论实力多么雄厚的资金，在操作个股的过程中，也不可能只买进而不减仓。减仓，大多数时候是操作个股必要的技术手段，也是逃逸与回归的必要步骤。

可以这么说，个股一轮涨势行情中的阶段性高点，大多数是主力主动减仓造成的。至于减仓制造的短期高点，更是不胜枚举。通过不断地减仓、振荡、回补、拉升的循环过程，主力的持仓成本能够持续得以降低。

如图 2-9 所示，该股在一轮升势中，出现了三次大级别的回落调整，短期调整更是比比皆是。这些回落调整并未改变股价的总体升势，但是无疑会持续降低主力资金的成本。交易者如果抓住这些回落的机会进行波段操作，不但能够保持盈利的持续性，还可以让自己的持仓成本也得以降低。

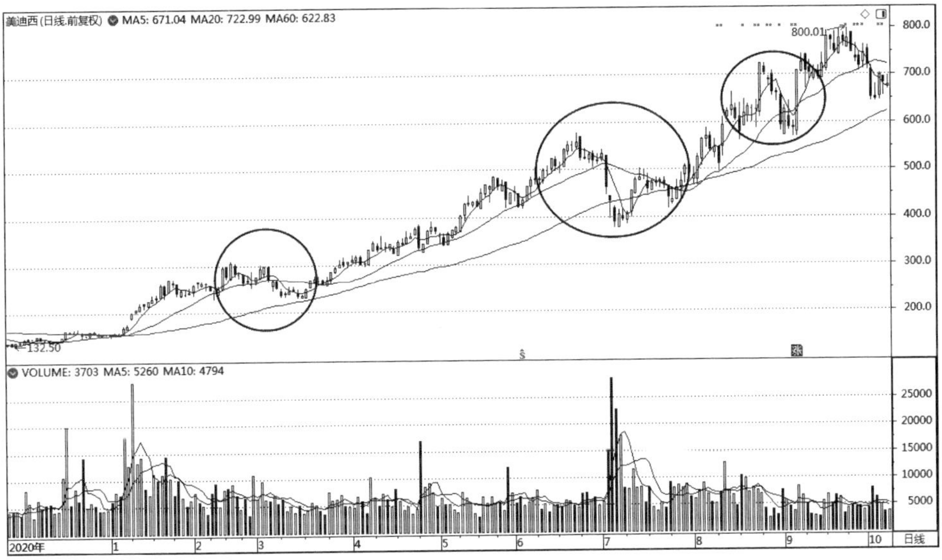

图 2-9 减仓走势示例

如何寻找回落调整的买点，也就是波段交易的介入点，主要在于分析主力资金减仓逃逸后，再一次开始买入回归的价位。这个具体内容，将在本书多个章节逐步展开讲解。

二、下跌行情中的波段交易

波段交易不以主力资金出货的个股作为操作目标，但并不排斥下跌趋势运行到中后期出现的交易机会。前面一节中讲过牛熊市资金逃逸与回归循环，即使是在趋势性下跌的熊市背景下，也会出现级别不等的逆势上涨行情。有些级别较大的反弹行情，往往会让交易者误以为是趋势扭转。

这些在下跌趋势背景下出现的波段交易机会，大致有如下几种。

1）主力资金被套，营造反弹行情来减仓或出货。

2）经过长期或大幅下跌后，个股股价已经具有投机或投资价值，市场短炒资金入场炒作。

3）经过长期或大幅下跌后，主力资金开始建仓。

如图 2-10 所示，该股经过长期大幅下跌后，于 A 区出现一波幅度较大的涨升行情。该股在 2014 年至 2015 年有过大幅上涨，主力资金获利极为丰厚，但是随后遭遇突发性股灾而出现大暴跌，主力资金并未能在高位完成出货任务。

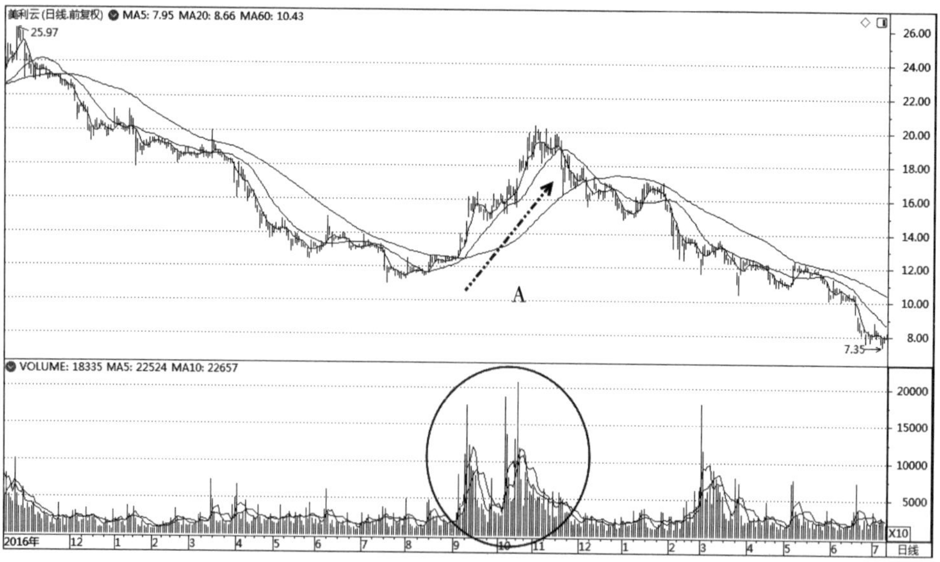

图 2-10 主力资金操作手法示例

之后，主力资金只能采取多次折返、逐渐兑现的方式来完成出货，图中A区即为主力资金营造的反弹行情。在A区这个反弹行情中，最为显著的就是突兀的成交量，成交量明显大于之前数倍，显示出主力资金通过对倒等手法，吸引市场买盘入场和急于出货逃逸的情景。

对于图2-10的案例，因为主力资金是以急于出货为目的制造的反弹，所以这种个股在下跌初期阶段应该尽量避免介入，即使参与，也只能是短线交易。当个股如案例所示那样经过长期大幅下跌后，交易者才可以将其列为波段交易对象。

一般来说，跌势到了中后期，随着股价的大幅下跌，参与者越来越少。主力资金想要吸引足够多的资金进场承接，就不得不维持涨势的强度和运行时间，这就为交易者提供了进行波段交易的时间和空间。

操作下跌趋势中出现的涨势波段，交易者不可过度追求盈利幅度，也不可有了不错的盈利却贪恋不走。当卖出信号出现后，要及时兑现盈利，完成波段交易的整个过程。具体的买入点和卖出信号，本书后文将会一一讲解分析。

第三节　分钟系统循环周期与实战意义

从牛市到熊市的大循环周期，到涨势回落、跌势中反弹的中等循环周期，交易者能基本明了股价运行的基本波动规则，这些内容对于中长线交易者或者波段交易者来说有一定的参考价值。但对于短线交易者来说，分钟系统循环周期或者说小循环周期，则更具有实战指导意义。

大循环都是从小循环开始的。

资金逃逸与回归的循环，都是从最细微的卖出或买入开始，逐步形成趋势性的熊市或牛市，所谓“不积跬步，无以至千里”。对于交易者来说，分析主力资金的“跬步”，非常有利于及时准确地判断主力资金是回归还是逃逸。尤其是短线交易者，能够判断出这一点，就能保证自己短线交易的成功率。

分钟系统循环的优势是：盘中每一分钟资金的进出，都会通过 K 线等形式展示出来，交易者可以从极细微处观察分析盘中资金流进流出的方向。

如图 2-11 中是 1 分钟系统的 K 线图，图中每一根 K 线代表了 1 分钟交易的过程。图中 A 区的每一根 K 线实体很小，成交量柱状图也反映出交易清淡、少人关注的情况。

至 B 区，成交量柱状图明显放大，K 线实体迥异于 A 区时的情况，显示出有资金正试探性地流入该股。随后的 C 区 D 区，主力资金逐步分批加仓。虽然在 K 线和成交量柱状图上，主力资金加仓迹像表现得并不明显，但股价运行重心慢慢提高则说明了这一点。

到 E 区时，出现成交聚量形态，说明主力资金已经明确进入到回归阶段，股价也随着主力资金的大幅回归展开一波升势。

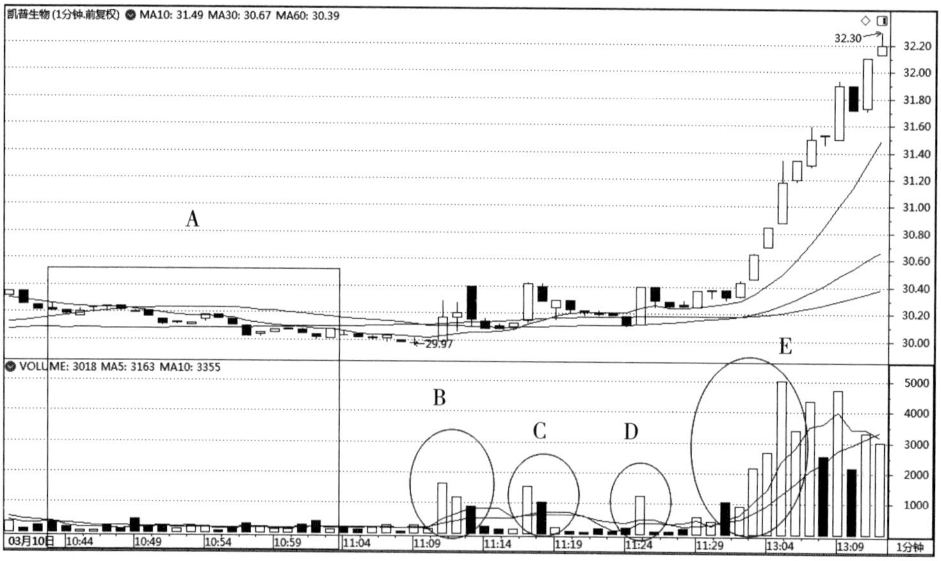

图 2-11　1 分钟线 K 线分析示例

优势的另一面，可能就是劣势。

对于成交活跃的个股来说，每时每刻都有资金进进出出。如果对每一笔成交都进行分析的话，海量的数据会让人不胜其烦，同时分析的效果也必然会大打折扣。这不是分析分钟系统资金循环的有效方法。

交易者观察分钟系统资金循环的目的，是从中发现主力资金的踪迹，由此判断其行为方向。那么，只要剔除市场其他资金大手数的交易数据，就可以得到想要的结果。

分辨市场其他资金与主力资金成交手数的关键，其实只有一点：能够对股价运行带来迟滞或者助益作用的资金，可以先将其全部视为主力资金。

实战中，某些资金的大成交单会被误计入主力资金的数据中，但是这部分成交单总量不会很多，而且这些大成交单通常不具有连续性。同时，这部分大成交单的出现，有时也会让主力资金被动做出反应，这也正好为分析主力资金的意图提供了条件。

综上所述，交易者主要观察和分析能够引起股价加速上涨或者打压股价的大成交单即可。可能有人会有疑问：有时主力资金不想过早被市场发现痕迹，也会悄悄地以小单进行交易，这样的话岂不是发现不了主力资金的动向么？

主力资金行为具有连续性和逻辑性，无论多么狡黠的操盘手，一旦有所行动，总会有痕迹留下。虽然高明的操盘手会尽可能地掩盖痕迹，但无法抹去行为上的可推理性。

图 2–12 是 1 分钟系统 K 线图。如图中 A 区所示，当日开盘 1 分钟形成了高开低走的长上影阴线和“巨大”成交量。A 区这根带量阴线，必然存在主力资金逃逸行为。为什么这么判断呢？盘面上 A 区之后，股价虽有下跌，但最终还是出现了又一次快速上涨，也就是 B 区之前的升势。

虽然 A 区的阴 K 线并没有直接证据说明主力资金在逃逸，但通过推理可以得出这个结论。

其一，该股是当时热门概念——元宇宙的热炒股之一。热炒股涨势终结，多数都是因为主力资金大幅逃逸。由散户资金逃逸带来的涨势终结，不敢说市场中完全没有，但确实罕见。原因不是因为主力资金持仓份额多，而是主力资金行动较为统一，对趋势运行最具杀伤力。

其二，A 区之前，股价刚经过一个折返调整，应该说形态上有利于继续涨势。但 A 区 1 分钟阴 K 线爆出“巨量”成交显示的逃逸行为，不符合市场资金各自为战的行为特征，反而更具有主力资金统一行动的行为特征。

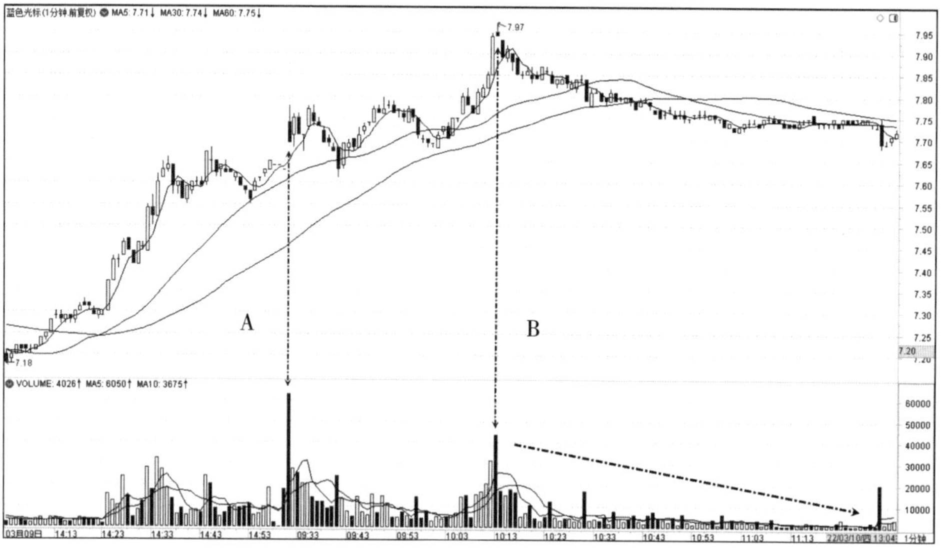

图 2-12　从 1 分钟 K 线上发现主力痕迹

其三，A 区至 B 区之间，股价（K 线）经历了涨—跌—涨—跌—涨的折返（循环）过程，但股价低点并没有将下方的均线系统全部击破。

这就说明主力资金控制了逃逸力度，并没有继续大幅逃逸，否则股价不可能维持不下破均线系统。不下破均线系统，也是主力资金避免市场出现恐慌氛围，挽留市场资金的有效手段之一。

其四，到达 B 区之前的这波升势最凌厉，但和 A 区如出一辙的是，B 区也是一个长上影高开阴线，只是实体较小而已。成交量上也同样出现 1 分钟级别的“巨量”。

结合 B 区之前是一根大阳线进行分析，B 区长上影高开阴线和“巨量”成交，一样具有行为上的突然性和集中统一性。当然，不能排除市场上的短线交易高手在这一点上选择卖出，但是能够带来系统上“巨量”成交的，必然还是主力资金。

1 分钟系统上主力资金逃逸说明不了趋势的问题，因为这是一个小级别的循环周期，几分钟后可能主力资金又会回归。

但是，前面提到过，大循环都是从小循环开始的。如果在小循环周期上，主力资金连续显示出逃逸行为的迹象，那么交易者就要重视起来，反推更高级别的系统是否也有主力资金逃逸的痕迹。由此，可以在第一时间发现主力资金的真实动向。

比如，图中 B 区之后，成交量一直处于量能消散态势中，显示主力资金逃逸后，暂时并未大幅回归，股价处于振荡盘跌的态势中。

这种成交量形态在作者出版的《成交量核心技术》一书中讲过，是一种最让人无奈的形态，因为它意味着主力资金处于无所作为的蛰伏期，股价如无人操纵的小船，随意漂荡，不知归处。

在分钟系统循环周期上，主力资金的逃逸与回归繁杂多变，所以更适用于短线交易者捕捉短线买卖时机，并不适用于波段交易者。从这里可以看出，交易者既要学会分析细微处的变化，也要从自己的交易特点上审视这些变化的意义。

第三章

发现逃逸与回归线索

第一节　开盘前后关注的焦点

每个交易日正式进入交易时间之前，都会有一个集合竞价的过程。这个集合竞价过程并不是食之无味、弃之可惜的“鸡肋”，其中也有许多玄机需要交易者逐一分析，或许能从中发现主力资金逃逸或回归的线索。

一、集合竞价

集合竞价，是指在规定时间内接受的买卖申报一次性集中撮合的竞价方式。集合竞价期间未成交的买卖申报，自动进入连续竞价阶段。证券竞价交易按价格优先、时间优先的原则撮合成交。

1）每个交易日的9时15分至9时25分是集合竞价时间。如图3-1所示。

2）每个交易日的9时15分至9时20分可以挂单也可以撤单。

3）每个交易日的9时20分至9时25分则只接收申报，不能撤销申报。想撤单必须在9时20分之前完成，否则就只能等9时30分开盘之后了。

4）集合竞价先以价格优先原则撮合，然后才是时间优先原则撮合交易。如果力求集合竞价阶段成交，那么最好在接近9时25分时，迅速申报一个比即时报价有价格优先权的价位，以确保集合竞价成交。

某些主力资金在9时15分至9时20分期间虚挂大买单抬高竞价，同时吸引市场资金注意，然后在9时20分之前突然把买单撤掉，那些来不及撤单的市场资金就会在这个期间被迫成交。

对目标个股集合竞价期间的挂单数据，交易者需要进行谨慎、细致的分析，也许能够发现主力当日的一些操作意图。

图 3-1　集合竞价交易

每个交易日的 9 时 25 分后，集合竞价结束，个股开盘情况都已显示出来。这时离 9 时 30 分开盘有 5 分钟的等待时间，可以利用这个短暂的时间重点关注以下几点。

1. 挂单

集合竞价结束后，几档买卖盘挂单数量都很稀少，说明该股缺乏资金追逐，市场交易热度不强。当然，主力高度控盘个股除外。

集合竞价结束后，几档买卖盘挂单数量都很多，说明该股可能受到资金高度关注，市场交易热度较高。

挂卖单多，说明市场资金多希望沽空该股。反之，挂买单多，则说明市场资金希望买入该股。实战中，有些主力资金会通过集合竞价以及开盘阶段的挂单来迷惑市场资金，交易开始后，反而开始逆向操作。

2. 低开或高开

集合竞价结束后，大多数个股当日开盘价就会显示出来。开盘价比昨日收盘价高，即为高开；比昨日收盘价低，即为低开。

高开，说明多方稍占上风；低开，说明空方暂时领先。开盘后多空双方还会有一番较量，最终确定当日行情走势的主导一方。

3. 第一笔成交数据

竞价结束后，个股大都会出现当天的第一笔成交数据，个别交易极度冷清的股票会出现零成交的情况。

无成交数据的个股，说明可能是无资金关注的冷门股或主力蛰伏的个股。如图 3-2 所示，该股开盘并无第一笔成交数据，也就看不到开盘价；只能等到 9 时 30 分后进入交易时间，有了第一笔成交，才会出现开盘价。

卖五	8.12	20	
卖四	8.11	4	
卖三	8.06	20	
卖二	8.05	22	
卖一	8.00	163	
买一	7.93	30	
买二	7.91	57	
买三	7.90	171	
买四	7.88	63	
买五	7.87	30	
现价		今开	
涨跌	0.00	最高	
涨幅	0.00%	最低	
昨收	7.95	均价	7.95
总量	0	量比	0.00
外盘	0	内盘	0

图 3-2 集合竞价盘口无成交

第一笔成交数据较大的股票，说明资金关注度较高，有可能成为交易的热门股票。进入连续竞价交易时间后，多数股价会有异动。

第一笔成交数据较小的股票，说明市场资金未热切关注或主力未主动参与。

分析第一笔成交数据，有利于对准备买入和已经持有的股票做一个前瞻性判断，结合其他预测性指标，大致可以对目标股票做出买入、卖出、等待等不同的决策。

集合竞价结束（9 时 25 分）之后，大多数个股的当日开盘价就会显示出来。开盘的方式无外乎高开、低开或者平开。但同样是高开或低开的个股，却会在之后的连续竞价交易中表现迥异。原因在于，在集合竞价中促成开盘价的资金及其目的并不完全相同，在进入连续竞价交易时间后，个股股价的运行轨迹也就必然会发生较大的差异。

从这个角度上分析，开盘可以分为：事件驱动型、主力驱动型、市场随机型。

二、事件驱动型开盘

事件驱动型开盘，是指由于受到利好、利空消息或政策的影响，市场资金在集合竞价阶段就积极竞买或竞卖，使得股价以高于或低于前一交易日收盘价开盘。

1. 高开

个股受到利好消息或政策的影响开盘高开。这种类型的高开有两个分析点：其一，利好的性质是否是实质性的，或是否符合市场炒作热点；其二，在个股的技术环境上，主力所处的操盘阶段是否适合顺势拉升。这两个分析点，对于高开之后的股价走势具有极大的影响。

（1）高开高走

利好消息或政策对于个股有重大、实质性的影响，比如某上市公司发布公告，称旗下主要产品销售价格提升，产量大幅提高等；或者利好消息虽然不是实质性的，但符合当前市场炒作热点，该股也会受到资金的追捧。

如图 3-3 所示，该股当日发布业绩预增公告，开盘高开超 4%，之后又逐波上升，直至封住涨停板。

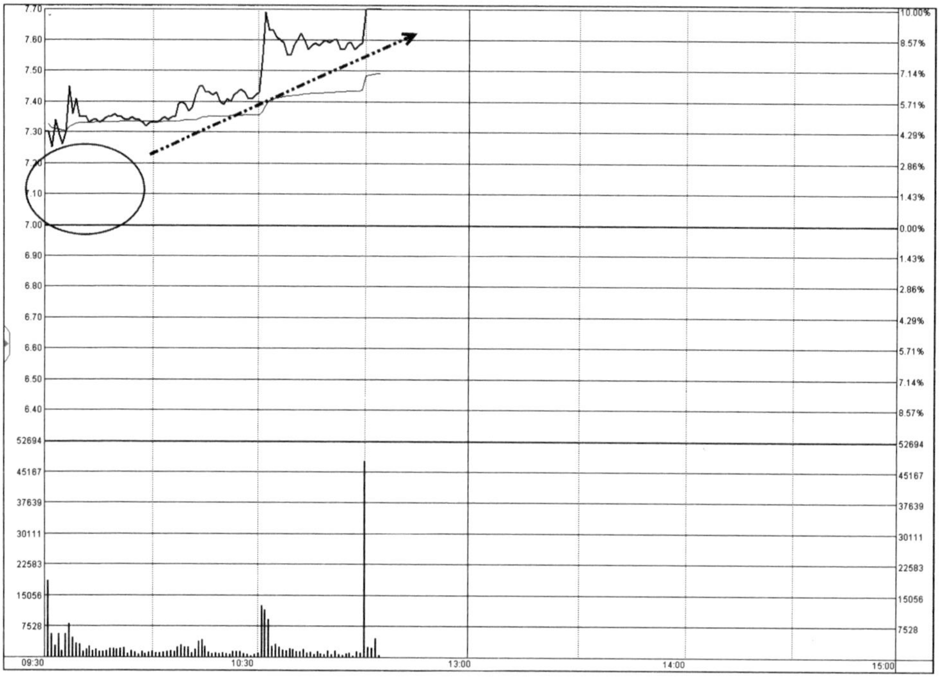

图 3-3 高开高走示例

上面提及的一些利好因素，都可能使高开的个股出现高开高走的走势，但最终能够确定走势的，无疑是主力资金的态度。

从技术环境的角度来说，个股处于不同的运行阶段，主力资金会采取不同的操作策略运作。利好消息或政策的出现与主力意图或所处操盘阶段并不相悖时，那么股价上涨就会顺风顺水，否则的话，高开低走或振荡几乎不可避免。

（2）高开低走

在实战中，交易者有时会发现，某股发布了实质性利好，但并未给股价带来相应的涨幅，反而却出现了下跌。这种情况多数是因为主力资金并不处于顺势拉升股价的运作阶段。

如图 3-4 所示，该股当日公告称上调主营产品销售价格，但从图中可见，当日股价高开后便一路低走。此后的交易日该股又继续下跌了较大的幅度，这个利好便成为主力阶段性减仓的工具。

图 3-4　利好减仓、高开低走示例

比如，某主力刚完成一波拉升，已经进入降低仓位、提高市场资金介入成本的阶段时，突然遇到政策性或其他意料之外的利好消息。这时主力可能会借用这个利好加快减仓，完成自己降低仓位并提高介入者成本的目标。之后当股价跌落一定程度之后，再从低位慢慢回接筹码。

另如，对于主力资金建仓并不充分的个股，或未完成某些运作过程，并不想让股价过早起涨以打乱操盘计划，那么主力资金就会反向打压。这也是有些个股逢利好不涨反跌的原因之一。

（3）高开振荡

事件驱动型开盘高开之后的走势，还包括股价高开后振荡的形式。

如图 3-5 所示，该股当天公告称公司收入增长，但股价高开后不久便出现迅速回落，一度跌至昨日收盘线下方，之后才被再度拉起。

大部分交易时间里，股价在当天高位振荡，尾盘又一次出现回落。虽然该股最终收盘仍旧微涨，但全天大幅振荡的格局也会令交易者倍感煎熬。

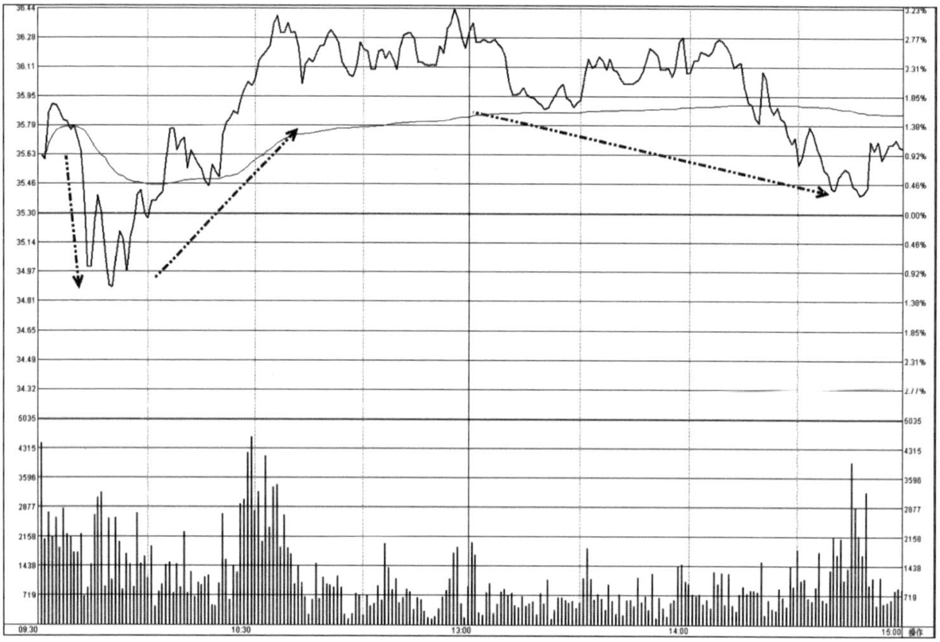

图 3-5 借利好高开振荡示例

股价高开后振荡，也是股价运行中一种常见的形式。不同技术环境中，主力资金出于洗盘等目的，往往会采取高开后振荡的方式控盘。分析盘口股价走势的含义，根源在于分析技术环境，搞清楚个股所处的阶段，主力资金的意图也就相对容易辨别了。

以上谈及高开后股价的不同走势，主要看开盘后的交易过程中资金是否能够持续流入，并推动股价稳定上升。一旦做多资金后继无力，或有主力资金减仓迹象及故意打压，则往往会形成高开低走或振荡的局面。

2. 低开

事件驱动型开盘有高开也会有低开，突发性利空消息或事件，往往会带来次日股价低开。

低开后的走势，也具有不同的形式：低开低走、低开后振荡、低开高走等。和利好消息一样，利空消息也可具体分为是否是实质性利空，即是否对上市公司具有重大的不利影响。比如某上市公司公告称，受到自然灾害损失较大等。

当然，股价对利空消息做出怎样的反应，既要看利空消息本身具有的危害程度，同样也要看主力资金的态度。

（1）低开低走

实战中，总有部分短线交易者会受到利空消息的影响，恐慌性地低价抛售持仓，导致利空个股股价低开。如果盘中主力资金不主动参与维护股价，那么多数都会出现低开低走的局面。如图 3-6 所示，该股当日公告业绩预亏，股价开盘低开后，便一路走低。

对于案例中这种类型的个股，利空出来后，主力资金并未积极参与护盘，可能后市仍有一定的跌幅，交易者应保持谨慎，不要轻易抄底抢反弹。

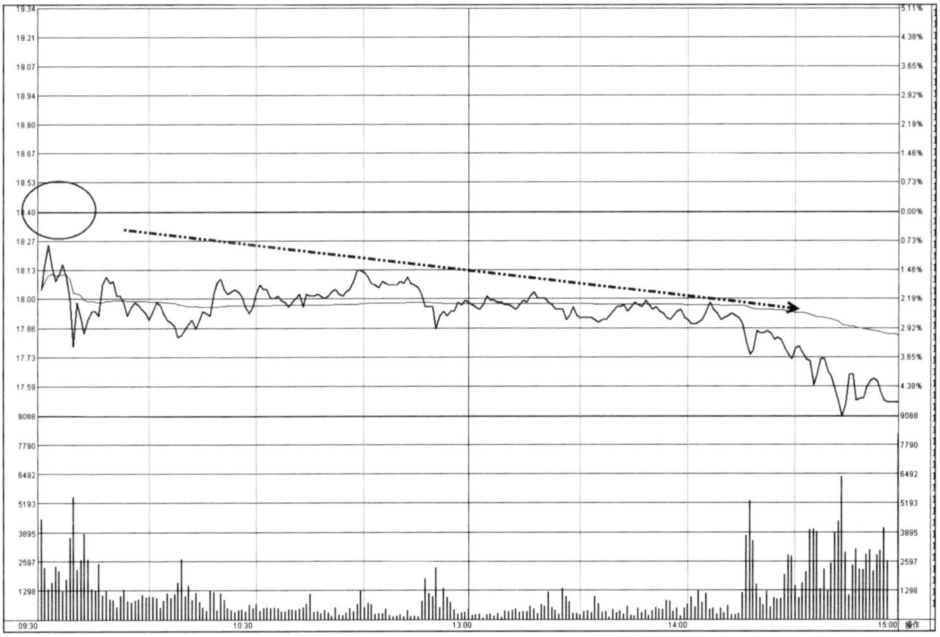

图 3-6 低开低走示例

（2）低开振荡

对比低开低走，低开振荡也是股价遭遇利空时的一种弱势表现。只不过，低开振荡至少不像低开低走那样表现得毫无抵抗，全天都被利空因素困扰，甚至是过度放大利空的影响。

低开振荡在技术意义上表现出消化了一定程度的利空，出现微弱的盘中抵抗，但仍未能全部脱离利空因素的影响。

如图 3-7 所示，该股公告称遭受自然灾害影响，经济损失数千万元。股价开盘低开后振荡走低，尾盘有所回升，全天交易呈低开振荡的局面。

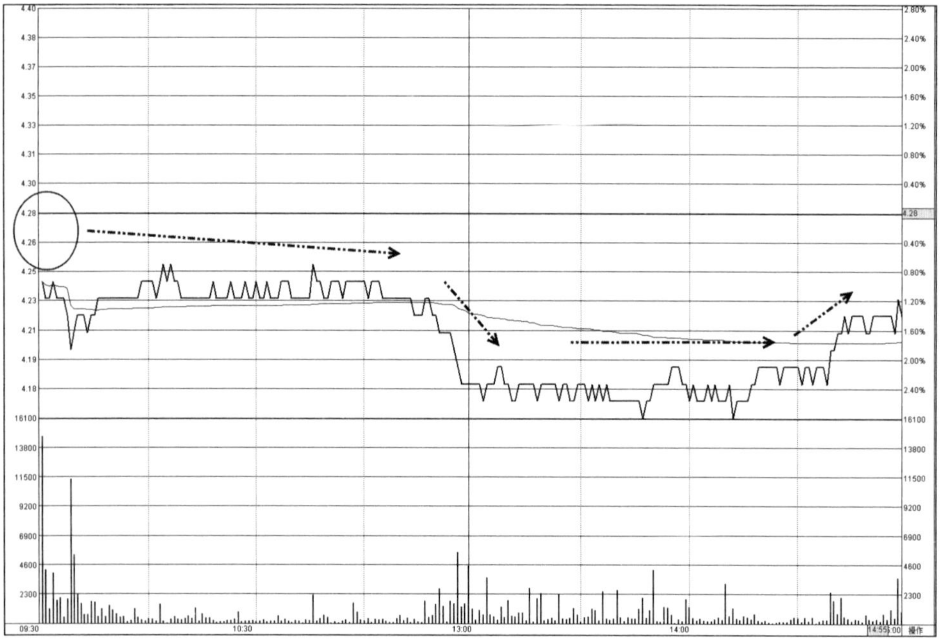

图 3-7 低开振荡示例

这种情况多出现在主力出手适度维护股价的个股。但出于某种原因，股价并未能止跌转升，或者个股经过长期大幅下跌后，本身下跌动能并不强烈。

（3）低开高走

低开高走是事件驱动型开盘中低开的最强表现形式，主要由以下几个方面的原因导致。

其一、主力全力维护股价。

其二、资金疯狂追逐的热门股。

其三、消息和事件对个股无实质性的影响等。

如图 3-8 所示，该股当日公告称，可能被实施退市风险警示。但股价低开后，瞬间便被资金疯狂拉高，随后封住了涨停板。该股之所以有如此表现，原因就在于当时市场热炒“雄安概念”，而该股正是其中的热门品种。案例中个股低开高走，就属于被资金疯狂追逐的类型。

事件驱动型开盘，虽然表面上被利空或利好因素所主导，但真正起作用的还是主力资金。

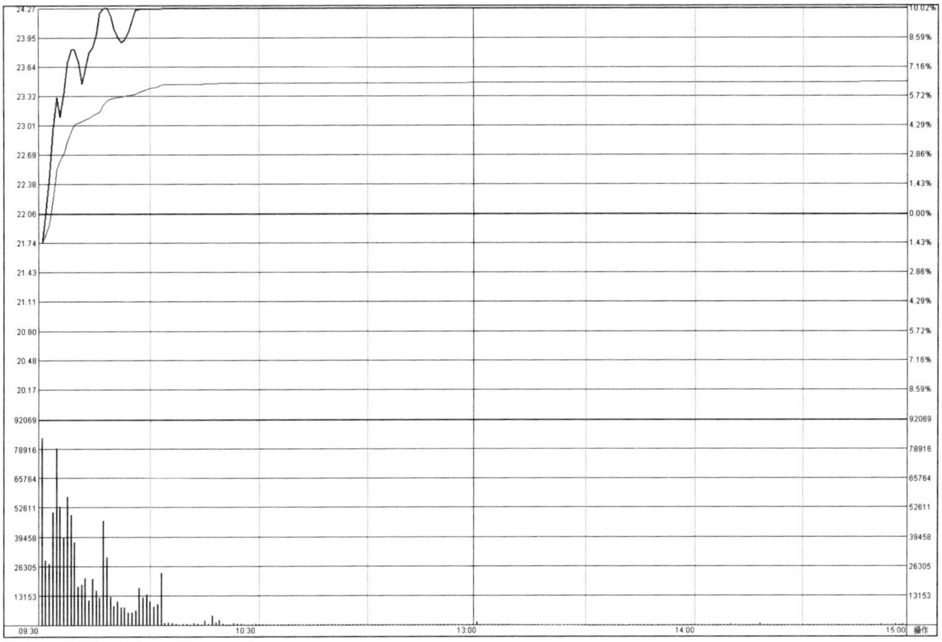

图 3-8　低开高走示例

三、主力驱动型开盘

排除事件驱动型开盘，大多数个股的开盘，并没有受到相关利空或利好消息的影响，但其中必然有些个股的开盘是由主力资金主动参与并影响到开盘后当天交易走势的。

事件驱动型开盘很容易辨别，以当天相关个股有无公告消息为标志，而主力驱动型开盘并不是那么容易辨别，主要通过竞价以及开盘挂单和开盘后的交易情况进行判定。

1. 高开

主力主动参与竞价买入，促使个股开盘高开。高开之后，仍旧需要根据主力资金的参与程度来确认当天交易中的走势。

（1）高开高走

个股高开后盘中继续上涨，即为高开高走。在主力驱动型开盘的情况下，高开高走至少在当日的分时走势上，意味着主力资金在积极做多。

如图 3-9 所示，该股开盘高开后，股价一路振荡上涨。还有些较为强势的个股，可能在高开后直接急速上涨封住涨停板。

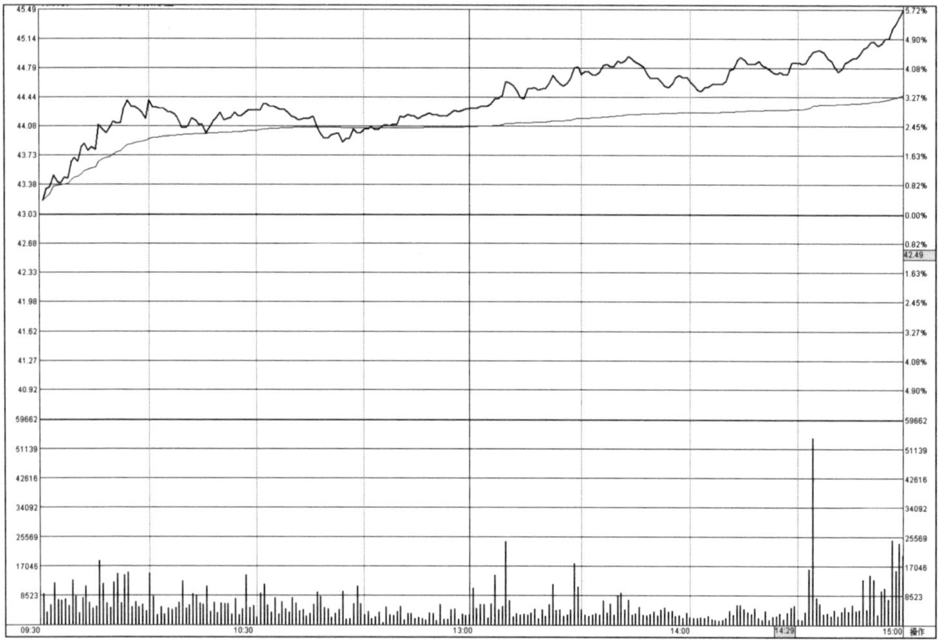

图 3-9 主力驱动型高开高走示例

说到高开高走，可能有人会想到“量价齐升”这个词。诚然，在多数情况下，股价的稳定上涨需要资金的不断维护，股价和成交量会出现同步上升的形态。但有一点必须明确，“量价齐升”不是股价上涨的必然条件。

有经验的交易者会发现，某些个股不存在“量价齐升”的形态，股价也照样走势强劲。而某些具有“量价齐升”形态的个股，却可能突然出现跳水走势。

实战中，真正能够高开高走的个股，并不一定需要有多么招眼的量能。但量能是吸引眼球的手段，如果主力资金需要的话，通过对倒做大成交量并不困难。否则，在升势过程中，量能将会保持稳定增加的状态。

（2）高开振荡

高开振荡和高开高走很相似，就是高开后股价的振荡走势。与高开高走不同的是，高开振荡主要是指股价高开即开始在最高点之下振荡，或高开后横向展开振荡。

高开振荡走势，必须分析个股所处的技术环境和主力所处的阶段，因为在这种走势下，既有主力高位诱多的可能性，也有正常盘整清理浮筹的可能性。

如图 3-10 所示，该股开盘高开后股价直奔涨停板，但好景不长，涨停板很快就被打开，之后股价在当天相对高位展开振荡。

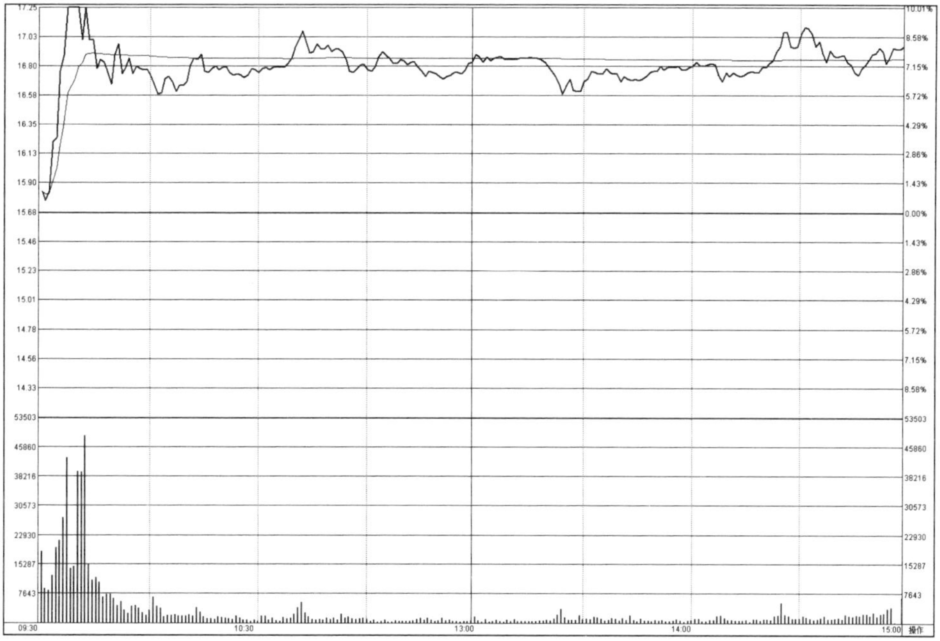

图 3-10 主力驱动型高开振荡示例

想要相对准确地判断该股当天这个高开振荡的技术含义，那么就需要从技术环境上完整分析。

如图 3-11 所示，图中 A 区，即为图 3-10 当日分时走势形成的 K 线和成交量形态。从图 3-11 中可以看到，A 区之前的 B 区已经出现过量能突增的情况，但股价当天收出一根较长上影的 K 线，说明 B 区已有资金借助股价冲高时流出逃逸。

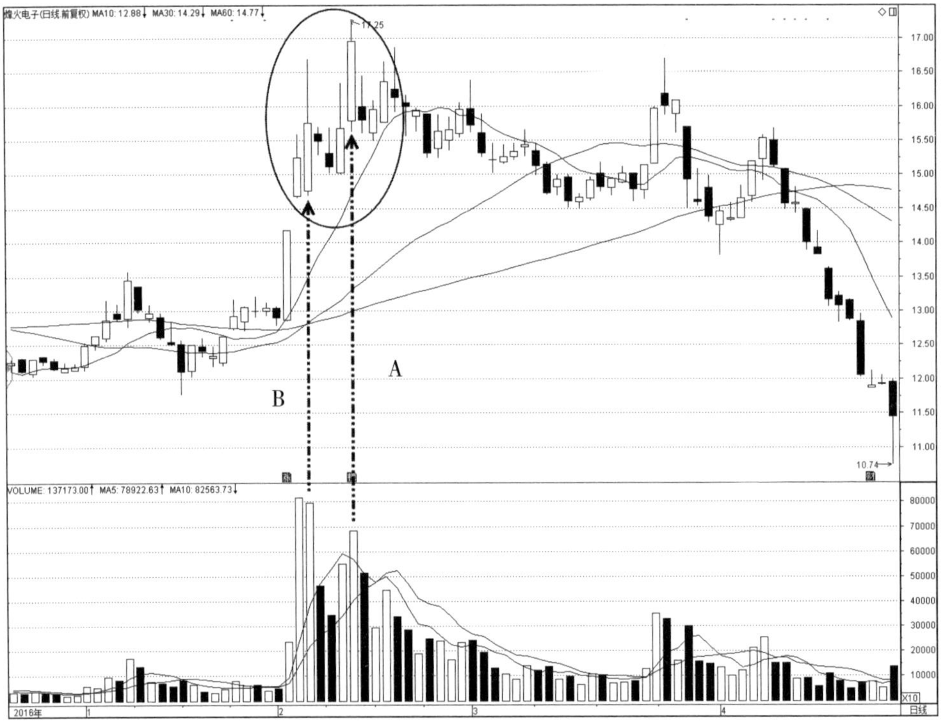

图 3-11　高开高走技术环境分析

当实战中出现 B 区这种情况时，并不一定意味着股价不会进一步走高，也并不确定就是主力资金在进行阶段性减仓。因为在股价上涨过程中，解套筹码仓皇出逃或各路资金原因不明的减仓行为，都是可能出现这种 K 线情况的。

但是 B 区之后，从 A 区 K 线分时走势来看，就可能不再是一种正常情况，基本可以确认是主力资金在“搞怪”。为什么这么说呢？

设想 B 区不是主力减仓，那么看看 A 区的走势，如图 3-10 所示，当天股价高开后冲击涨停板时成交量巨大，之后股价在高点之下横向振荡，振荡期间成交明显小于早市开盘的半小时。

这样，就可以问下自己，图中早市开盘半小时的巨量成交，是谁在买，又是谁在卖?

如果是主力资金大量买入回归，那么股价就不可能打破涨停板，而后在高位振荡，除非主力资金遇到势均力敌的对手盘。真是这样的话，那么这波拉高走势必然会走出失败形态。

如果主力资金并不是真正的买入，而是通过对倒拉升做大成交量，并借机减掉仓位，那么打破涨停板后，在高位振荡就显得非常合情合理。

高明的操盘者，可以在减掉仓位的同时，并不让股价出现明显的回落。总之，图 3-10 中分时走势绝不是一个正常高开振荡、清理浮筹的形态。发现了图 3-11 中 A 区不正常的量价表现，再来反推 B 区走势，也就容易理解盘中的含义。

技术环境分析，可以让你相对完整地理解股价运行的潜在意义。

（3）高开低走

股价高开后，略经振荡后下跌或开盘后直接下跌，即为高开低走。高开低走在技术上是一种股价弱势的表现，至于出现这种走势的原因，不同的技术环境下各有不同。

例如，连续大幅上涨过后的高开低走，可能是主力资金阶段性减仓的开始；连续大幅下跌过后的高开低走，可能是反弹前制造恐慌的最后一跌；在下跌或上涨中途出现高开低走，则有可能仅是主力资金的震仓行为。

如图 3-12 所示，该股当日高开后略经振荡便跌破昨日收盘线，之后的时间里股价更是一路下跌。

分析该股所处技术环境，如图 3-13 所示，刚经过一个时间较长的下跌过程，在 A 区该股当日高开低走，下跌幅度达到 -6% 以上，K 线上形成一根高开低走的大阴线。对于部分准备买入做多的交易者来说，这根极具恐吓性的 K 线，足以让人望而却步。

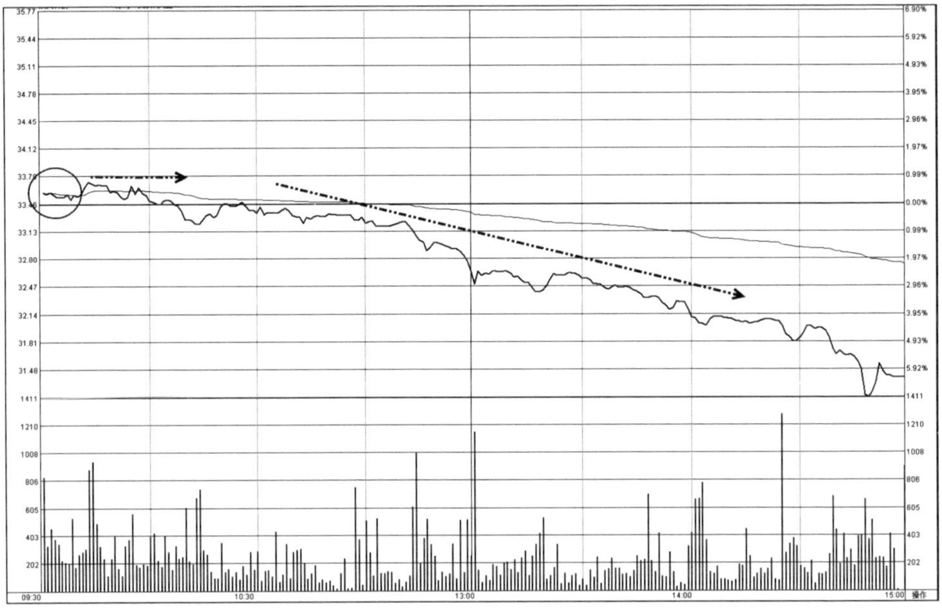

图 3-12　主力驱动型高开低走示例

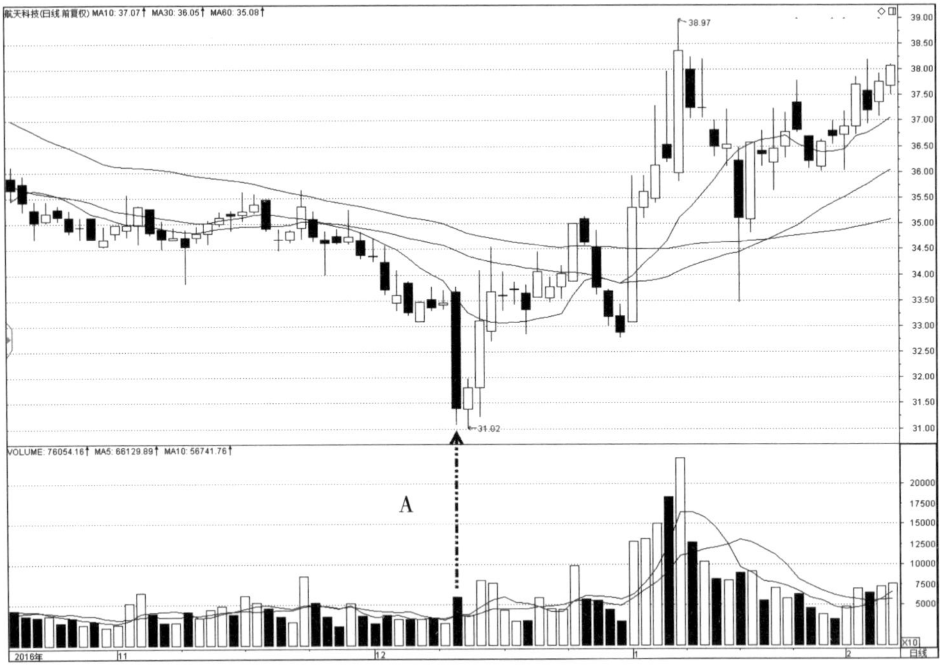

图 3-13　最后一跌示例

然而，最恐惧的时候，出逃往往并不是好的选择。实战中，股价多日下跌后，如果出现一个明显催化恐慌的大阴线时，至少说明短期反弹已经离你很近了。

2. 低开

主力驱动型开盘出现低开，是指主力主动参与竞价，导致开盘低开。低开和高开一样，开盘后股价的方向会有多个选择。

（1）低开低走

在主力资金的影响下，股价低开并持续下跌，既有锁定被套筹码的可能，也有故意制造恐慌，逼迫持仓者跟风杀跌的可能。

将某一种分时走势形态定义为股价运行定式，不涉及或不分析其所处的技术环境，并不是适合实战的技术分析方式。但若想将某一静态分时走势后期变化的可能性毫无遗漏地一一道来，也是难以完成的任务，实战中的变化，毕竟是难以穷尽的。

正如低开低走，不同技术环境下，分别具有不同的含义。不能武断地认为，这就是一种将会让股价持续下跌的形态，因为实战中的事实并不全是这样。虽然这里不可能讲尽所有变化中的含义，但会选择具有代表性的情况予以讲解。大部分读者希望参考的是一种分析和判断的方法，而并不是按图索骥。

言归正传。如图 3-14 所示，该股处于下跌初期阶段，当日低开后股价便一路下跌。整个交易日中，现价线大多数时候远离均价线和昨日收盘线，盘中显示空头主导股价的运行势态。这种情况下，任何抄底抢反弹的做法都不是一个好的选择。

当个股经过一段时间的大幅下跌后，如果某日出现幅度较大的低开低走，则有可能引发反弹的出现。上涨途中某日出现的低开低走，则有可能只是主力的一次洗盘行为。在跌势初期出现低开低走，可能就是跌势展开的开端。

可能有的初学者经验不足，对于“大幅下跌”的尺度感到难以把握。在短线交易中，当个股连续一个波次的下跌达到 20%～30% 时，即可认为达到“大幅下跌”的标准。当然，经历过股灾的朋友可能会说：我就是在下跌达到 20%～30% 时买的，然后大幅被套！

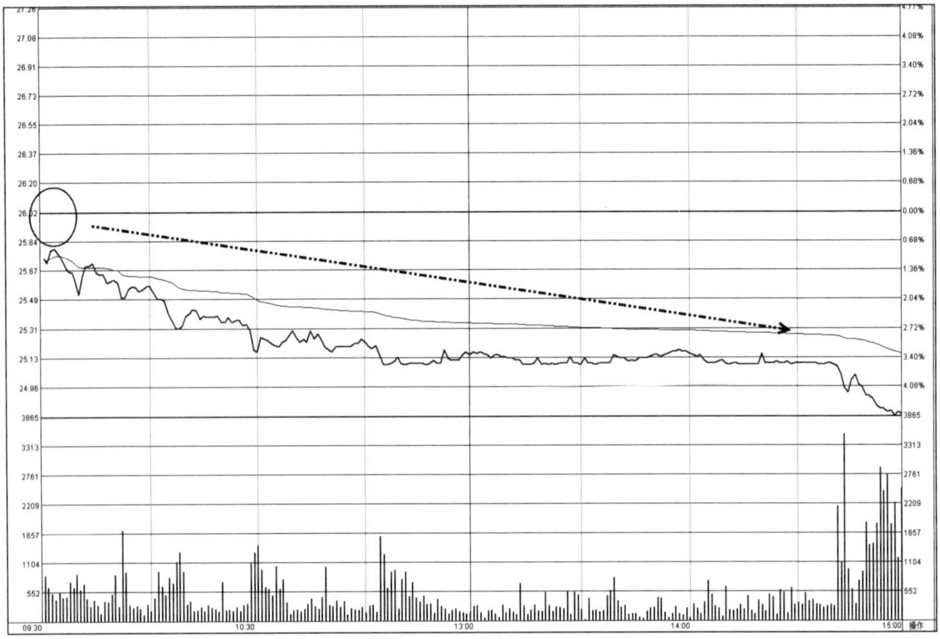

图 3-14　主力驱动型低开低走示例

技术环境不一样，选择的尺度也必然有异。股灾或受到实质性利空影响的个股，都不是常规状态。连续一字跌停的个股，若以常规状态分析、界定并进行操作，当然结果会很悲惨。

那么，什么又是常规状态？搞明白这个概念，会对交易者的选择大有裨益。

技术环境上的常规状态，是指目标个股的走势、量能与大盘和大部分个股（主要是同板块）大致相同，不存在趋势上的相逆态势，同时要求市场整体并不处于某种极端状态之中。

（2）低开振荡

低开振荡，是指开盘低开后股价反复振荡。虽然整体下跌幅度并不太多，但对于交易者来说颇受煎熬。股价忽上忽下，无论是准备卖出还是准备买入，都会很难选择。心态把持不稳的交易者，极易形成忽而懊悔，忽而兴奋，前一分钟想卖，后一分钟却想买的矛盾心理中。

如图 3-15 所示，该股开盘低开下行，午盘后股价却振荡上行，全天形成一个振荡走势。跌势时卖出的交易者，到午盘回升时必然后悔不迭。低开振荡的形式有很多，并非仅案例中所指的这一种。

对于类似低开振荡格局的个股，无论是准备卖出还是准备介入，都不可跟随股价的波动进行选择。对于低开振荡的个股，可细心分析其在振荡中股价是否有得到支撑或受到压制的迹象，尤其是在一些重要的技术点位上，分时走势往往最先显示出股价得到支撑或受到压制的细节。

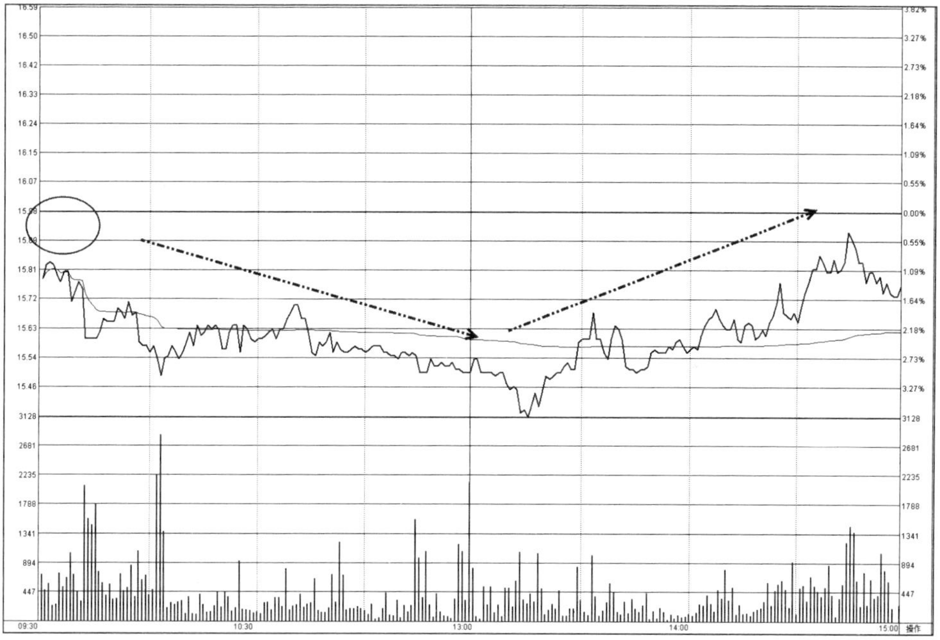

图 3-15 主力驱动型低开振荡走势中的压制与支撑

（3）低开高走

低开高走是较为强势的股价转势形式，在主力驱动型开盘的情况下，低开高走至少在股价层面上代表着转强。

在早盘的交易中，大家并不知道股票全天会走成何种形态。比如图 3-16 所示，该股开盘低开后，股价很快就被拉起。如果身临其境，当日股价低开，虽然很快拉起，但并不知道会在收盘后形成低开高走走势，也许盘中会形成低开振荡，甚至是低开振荡后继续低走。

那么早盘时，该如何分析判断可能出现的走势？技术环境分析不可或缺，但盘中分时走势分析也不可忽视。

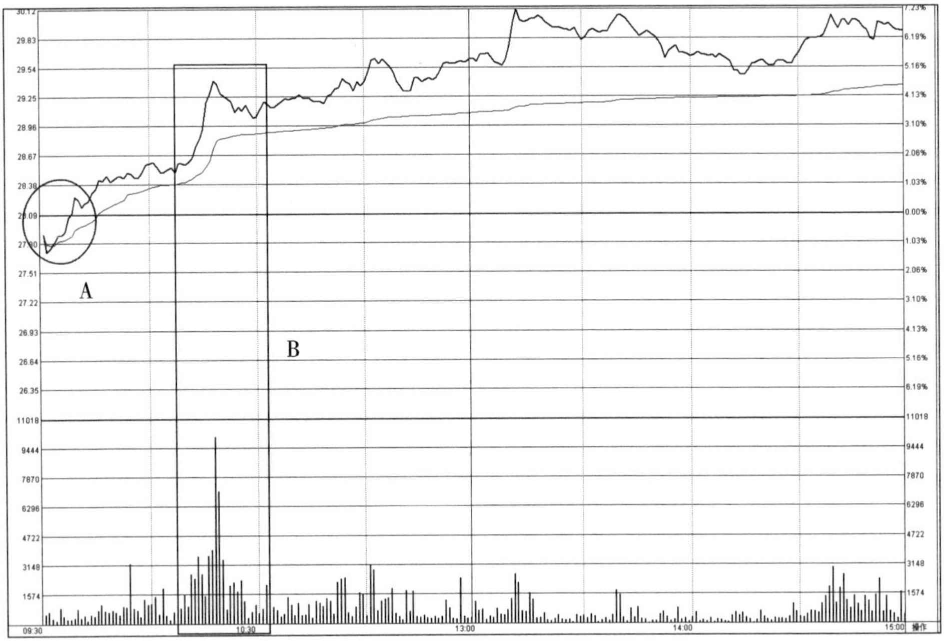

图 3-16　主力驱动型低开高走

图 3-16 中，A 区虽然开盘低开，但是开盘后现价线迅速突破均价线和昨日收盘线的双重压制，彰显出股价盘中的即时强势。实战中，这种即时强势并不罕见，但即时强势往往会“来也匆匆，去也匆匆”，即引诱到资金跟风后，股价忽然又重回弱势状态。

所以问题的关键是，即时强势是否能够维持并转化为持续强势。

图 3-16 中，现价线突破均价线和昨日收盘线后，稳定运行在其上方并和这两条线具有一定的厚度空间。

在中国宇航出版社出版的《均线核心技术》一书中，有相关均线间厚度空间的理论，这个理论也适用于此处的分析，有兴趣的朋友可以参考。

厚度空间对于股价具有相应的支撑，当股价保持在厚度空间上方运行时，支撑力度就是一种强势状态。图 3-16 中 A 区过后，现价线与均价线、收盘线形成稳定的厚度空间，已经说明开盘后的即时强势具有一定的持续性。

图中 B 区，现价线放量上冲，这个上冲既是考验支撑，也是测试放量之后有多少抛盘流出。现价线在 B 区之后依然和均价线保持着完美的厚度空间，也就显示出了主力资金的意图何在。

经过对图 3-16 中早盘的 A 区、B 区分析，对当天走势和之后交易日可能出现强势，已经有了基本了解。再结合技术环境分析，可以相对准确地测算出目标个股的运行趋向。

即时强势表现之后不能持续，弱势表现之后也不能持续，那么这种“转强或转弱”不能在之后延续，就应当对此多留一份心，毕竟在尔虞我诈的博弈中，主力资金的“谎言”是处处存在的。

如图 3-17 中 A 区所示，同样是低开后上冲现价线、昨日收盘线，但即时强势难以持续，最后形成低开低走的局面。

图 3-17　主力驱动型低开复合型走势

上述各种高开或低开模式，有时在实战中是相互混杂的。比如图 3-17 中，即混杂了低开高走、低开振荡、低开低走等形式。形式并不重要，重要的是要读懂其背后的技术含义。

四、市场随机型开盘

市场随机型开盘，是指没有主力资金参与的一种市场自然开盘形式。这个类型的开盘，一般开盘几档买卖盘挂单极为稀疏，有的甚至难以形成开盘价，更不会有大单成交数据，多为市场上零散资金参与交易。

必须说明，市场随机型开盘并不意味着个股必然没有主力资金参与，多数情况下只是主力资金并未主动或被动参与其中。这种开盘形式如果主力不在盘中参与的话，则门庭冷落的局面不会改变，股价很难有较好的表现。

如图 3-18 所示，该股开盘高开后全天振荡，但振荡幅度几乎就在 1% 的幅度。对于这种走势类型的个股，仅从分时走势上来说，要么是无主力，要么就是主力仍旧处于潜伏期，不愿过早显露头角。

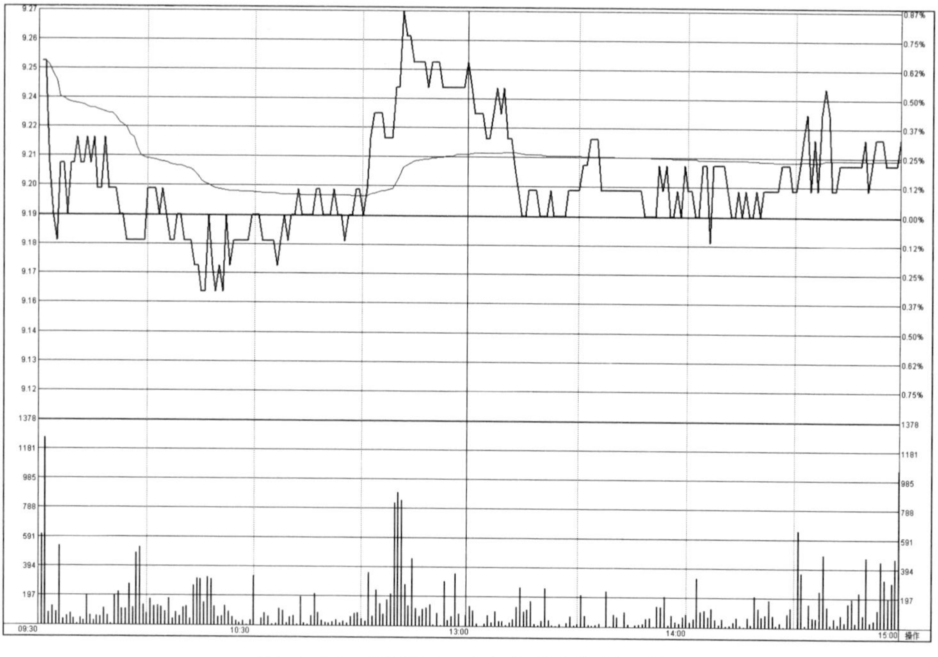

图 3-18　开盘后无主力资金参与的走势

图 3-19 中该股开盘低开后振荡，同样，全天的振荡幅度也就在 1% 左右。

在市场随机型开盘的个股上，无论是高开还是低开，在其打破这个格局之前并不存在过多的分析意义，尤其是在分时走势上。

在无主力参与或主力参与程度较低的市场随机型开盘的个股上，无方向感的开盘及之后的走势弱势明显，至少在主力开始“刷存在感”之前，不是短线交易者关注的对象。

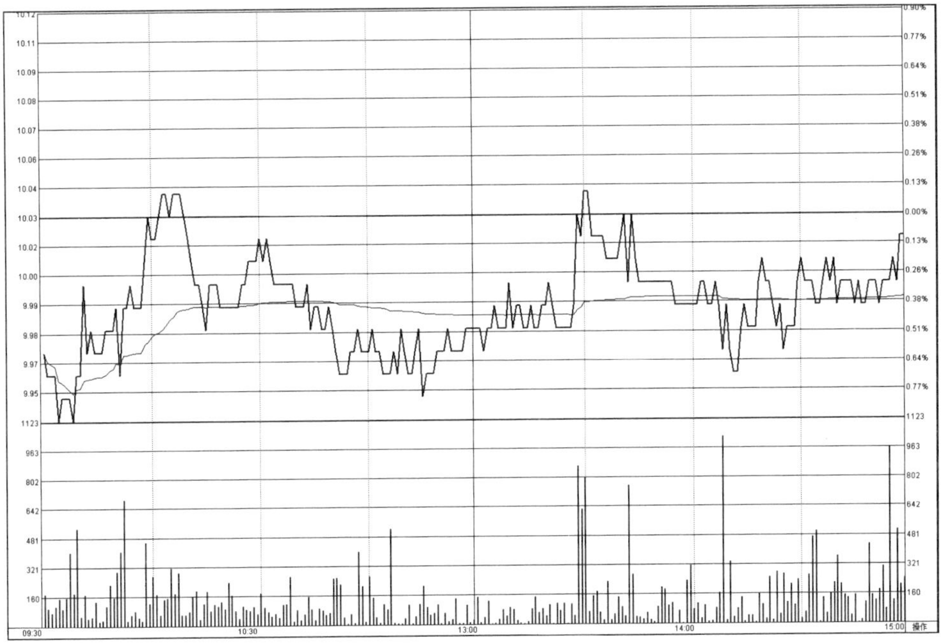

图 3-19　开盘振荡，无主力参与

还有一种开盘形式也很常见，这就是平开，作者特意将它放到本节的最后来讲解。

平开，是指开盘价格和昨日收盘价格一样。

平开说明市场资金对目前的大市或者个股行情持观望态度，这种没有方向感的开盘，大多数是市场随机的结果，主力出于各种原因未主动参与。

值得注意的是，开盘平开，不等于主力盘中不参与运作。有时候一笔大成交单突然出现，会搅动一池春水，使股价开始蠢蠢欲动。

对于这个类型的个股，应结合技术环境分析，再加上盘中观察分时走势的异动，提前确定自己是做低吸还是追涨。

第二节　收盘前后关注的焦点

和开盘相似，沪深市场的收盘也有其规则。收盘规则采取集合竞价交易，这一点和开盘竞价一样。

一、收盘集合竞价

每个交易日的14时57分至15时这最后三分钟，是集合竞价时间。

收盘价会在最后3分钟的集合竞价后产生。

集合竞价不能产生收盘价的，以当日该证券最后一笔交易前1分钟所有交易的成交量加权平均价（含最后一笔交易）为收盘价。

当日无成交的，以前收盘价为当日收盘价。

二、尾盘急升

所谓尾盘，通常是指每个交易日进入到14时或14时30分以后的时间段。尾盘的表现直接影响到接下来的收盘价，所以尾盘也具有主力驱动型、消息驱动型、市场随机型的特征。

个股股价收盘前后的异动，多是由主力驱动型或消息驱动型引发，由市场随机型引发的可能性非常小。

弱势行情中，有经验的短线交易者，都喜欢14时30分以后入场交易。有的时候，甚至要等到当天交易的最后几分钟，才在自己一直盯盘的股票上下单交易。

在尾盘这个时间段，大盘以及大部分个股已基本确定当天的大体走势，交易似乎进入“垃圾时间”。某些有图谋的个股，往往会在这个时间段启动“秒杀眼球”的行动。

对尾盘异动的股票，需要注意以下事项。

其一、弱势不追尾盘急升股。

其二、弱势不抢急跌股的反弹。

其三、尾盘交易心理：戒急躁、戒从众、戒幻想、戒贪婪。

尾盘个股异动主要包括三种形式：尾盘急拉、尾盘暴跌、尾盘折返。

本节先讲尾盘急拉的形态。

尾盘急拉，可以肯定是主力驱动型或消息驱动型的结果，但是尾盘急拉所带来的技术含义却不尽相同。尾盘急拉，并不必然意味着下一个交易日的股价还会继续上涨。

1. 上涨造势

尾盘急拉，同时成交量增大，如果出现在非热门的股票上，那么在没有消息刺激的情况下，则可能是主力大幅拉升的前奏。这种股票的尾盘拉升幅度都相当惊人，甚至会出现从跌停到涨停的极端形式。

主力选择尾盘急拉这种方式，有多方面的考虑。

其一、有利于短时间内迅速脱离启动低位，做高次日开盘价；

其二、勾起市场资金的好奇心，吸引尾盘和次日跟风盘参与助涨；

其三、尾市急拉既节约拉升成本，又能起到良好的造势效果。

如图 3-20 所示，该股当日低开后一路下跌，最大跌幅超过 -4%；至午后 14 时以后，股价突然放量急拉，并在 14 时 30 分后封住涨停板。

案例中个股尾盘急拉直封涨停板的动作，为之后的上涨营造了极好的强势氛围。

2. 护盘

熊市或个股大级别下跌过程中，在跌势最凶悍的阶段，主力的日子也不好过。其往往会利用尾市瞬间急拉的方式来护盘。这样的做法，一是能够节省护盘成本；二是可以利用股价大幅急升的强势，吸引抄底资金，锁定部分仓位，或寻找短线减仓机会。

如图 3-21 所示，该股当日低开后振荡下跌，在尾盘最后 3 分钟的集合竞价时间里，出现大单收复当日跌幅，并使股价的收盘价定格在微涨的状态。

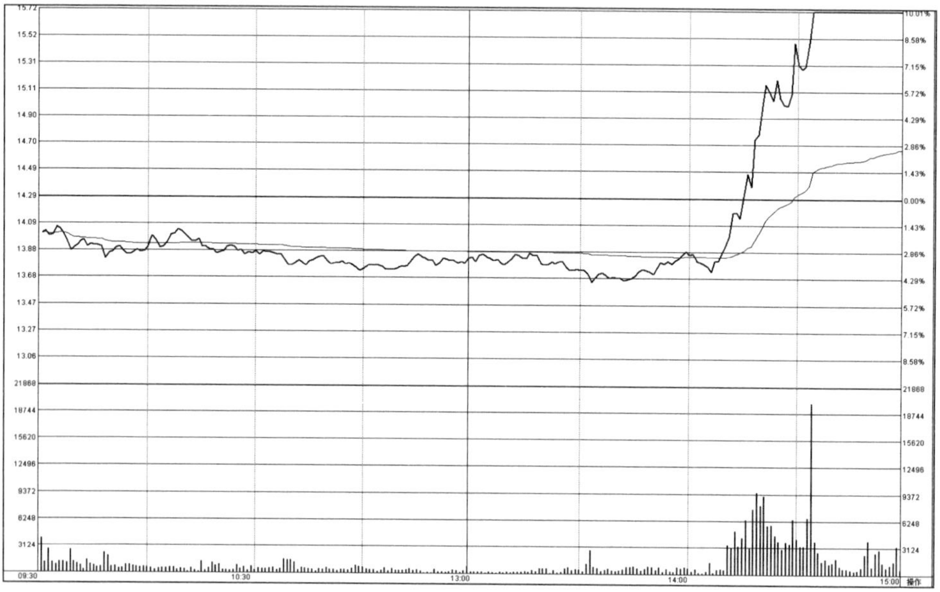

图 3-20　尾盘急剧拉升示例

图 3-21　护盘模式下的尾盘急剧拉升

这种尾盘急拉是利用集合竞价时间来完成的，具有很大的掩护性，也具有突然性，使得大多数交易者没有时间做出反应。无论是想卖出还是想买进的，都只能等到下一个交易日。

案例中这种尾盘急拉，在市场整体处于下跌弱势时，是较为常见的主力护盘方式。

3. 减仓

某些个股的尾盘急拉，只是主力为市场资金营造的一场“春梦”，这种以诱多减仓为目的的急拉，通常是以对倒的手法来做大成交量，吸引跟风资金进场抢筹。

如图 3-22 所示，该股大部分交易时间都处于振荡之中，尾盘突然放量急拉 5% 以上。

技术环境分析得知，该股处于下跌途中。当日急拉的量能超过之前的多个交易日，但因其是尾盘急拉放量，对倒的概率非常高，所以对于这种放量形式理应保持警惕。

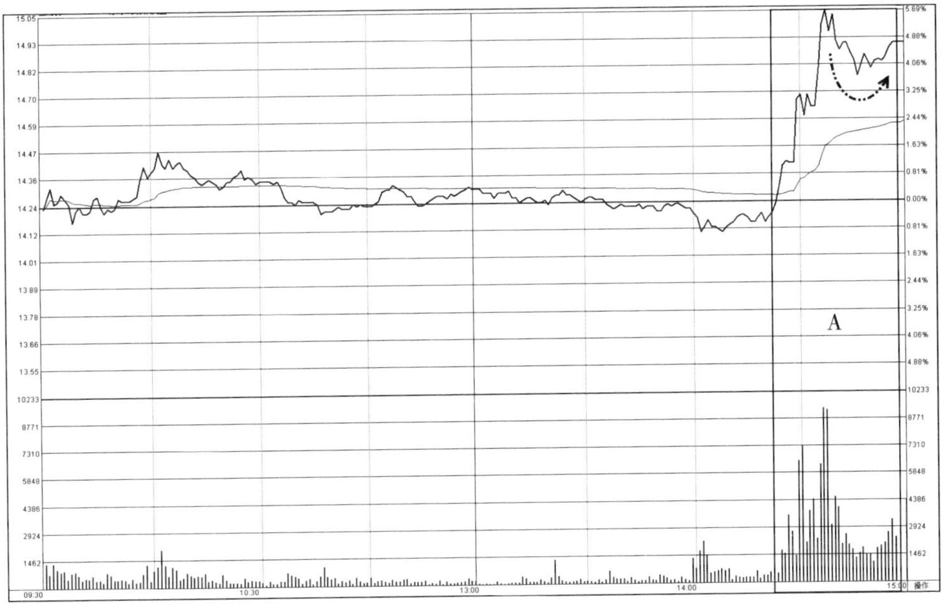

图 3-22 疑似对倒形式的尾盘放量急剧拉升

对倒，是指主力资金自买自卖的行为。

急拉的情形下，依据价格优先原则，主力资金在对倒的同时，不可避免地会买入卖盘上的自然挂单。

以减仓为目的的主力资金，急拉过程中被动接掉这些挂单后，必然会尽快还给市场并夹带大量减仓筹码。见图 3-22 中 A 区虚线标示处。

如果主力资金对倒急拉的意图在于减仓，那么当日急拉到一定价位后，可以看到成交大单依然不断，但某一价位却很难被攻破。或者虽然攻破这一价位，但很快就会滑到这一价位之下。

这个时候的量能，虽比最大值有所减少，但比起急拉前却仍大幅增加。

这就是在对倒急拉过程中，主力减仓带来的现象。如果这种现象持续，你还是控制不住手想进场买股的话，至少短线大概率被套。

图 3-23 是图 3-22 中该股次日的分时走势。

图 3-23 中，该股低开后再次出现放量急拉，但早盘的这个急拉维持时间极短，之后便迅速回落，当日形成振荡下跌的走势。

图 3-22、图 3-23 是连续两个交易日的走势，一个尾盘急拉，一个早盘急拉，二者之间在时间上具有延续性，显示的是主力资金通过对倒急拉来借机减仓的过程。

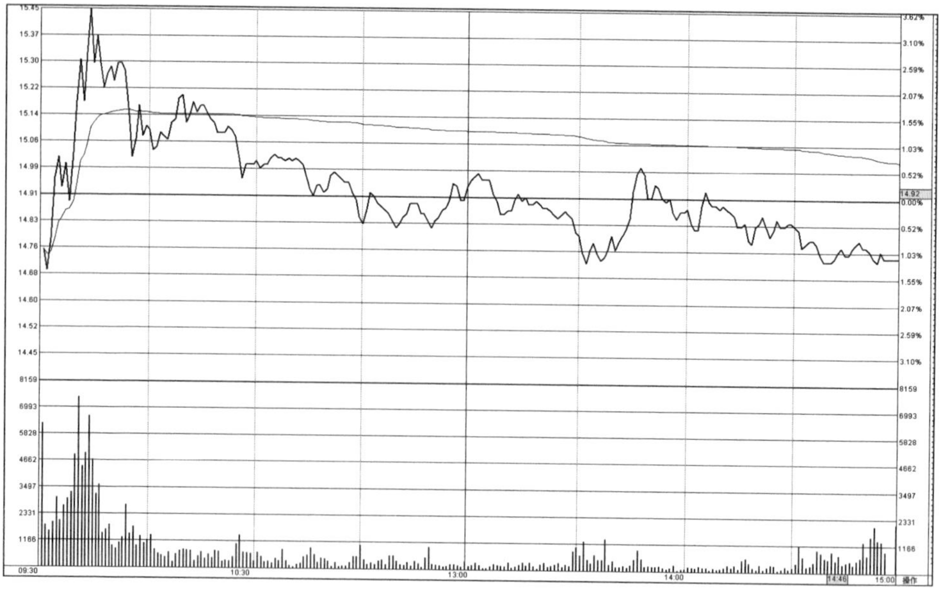

图 3-23　主力资金早盘急剧拉升走势

三、尾盘急跌

尾盘的时间段内，既有急拉的形式出现，也就会有急跌的形式出现。

尾盘急跌的具体原因林林总总，但大多是由主力驱动型或消息驱动型引发的，它们分别具有不同的技术含义。

1. 洗盘

个股全天运行状况都很平稳，但临近尾盘突然出现急速下跌。如果加入技术环境分析，则会因个股所处的不同技术环境，得出不同的急跌含义。

比如在长期或大幅下跌低位，或上涨趋势正常运行期间，这种尾盘下跌大多是为制造恐慌情绪引发抛售。这种以洗盘为目的的尾盘急跌，既有单日下跌的形式，也有多日连阴的下跌形式。

如图 3-24 所示，该股当日开盘后，大部分时间处于振荡的态势中，但在临近尾盘时间段，股价发生突然性的急跌。

分析该股尾盘急跌的含义，进行技术环境分析是最佳的选择。

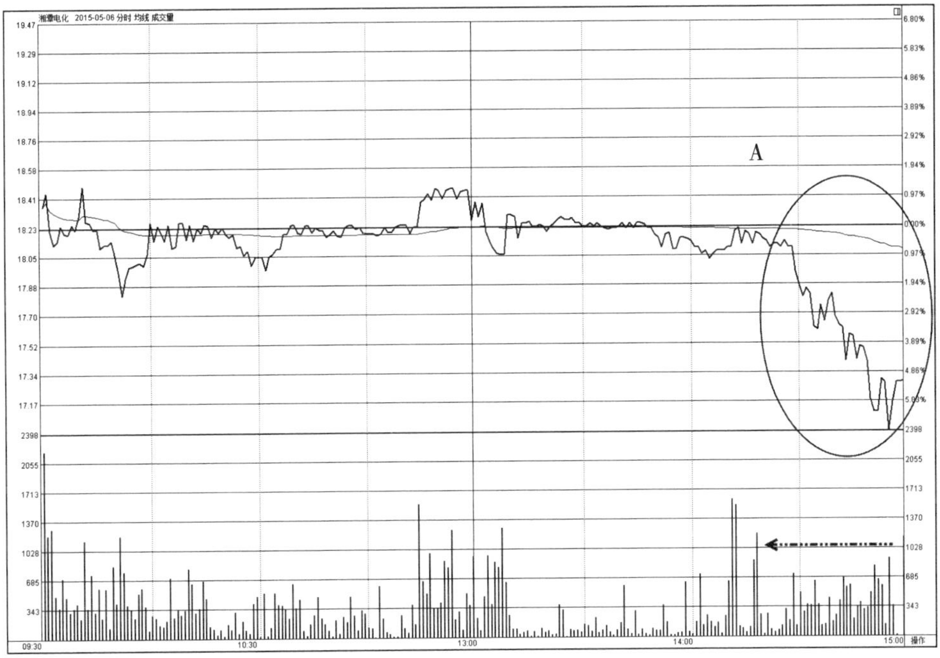

图 3-24 湘潭电化尾盘急跌分析

图 3-25 是该股的 K 线图，图中 A 区即为图 3-24 分时走势形成的 K 线。从图 3-25 中可到，该股处于上涨趋势中，A 区只是涨势中的正常回调。

可能有的初学者不明白，为什么说图 3-25 中 A 区只是涨势中的一个正常回调?

其实读过《均线核心技术》的朋友都知道，图 3-25 中的均线与 K 线整体形成“顺水行舟”形态，而 A 区以及之前两根阴线，与均线间是短期的“逆水行舟”形态。

“逆水行舟”，意味着需要耗费远远大于常态的能量，当这种超常能量不能持续补给的话，也就到了行情停止前行甚至逆转的时刻。通常情况下，“逆水行舟”这种形态持续的时间都较为短暂。

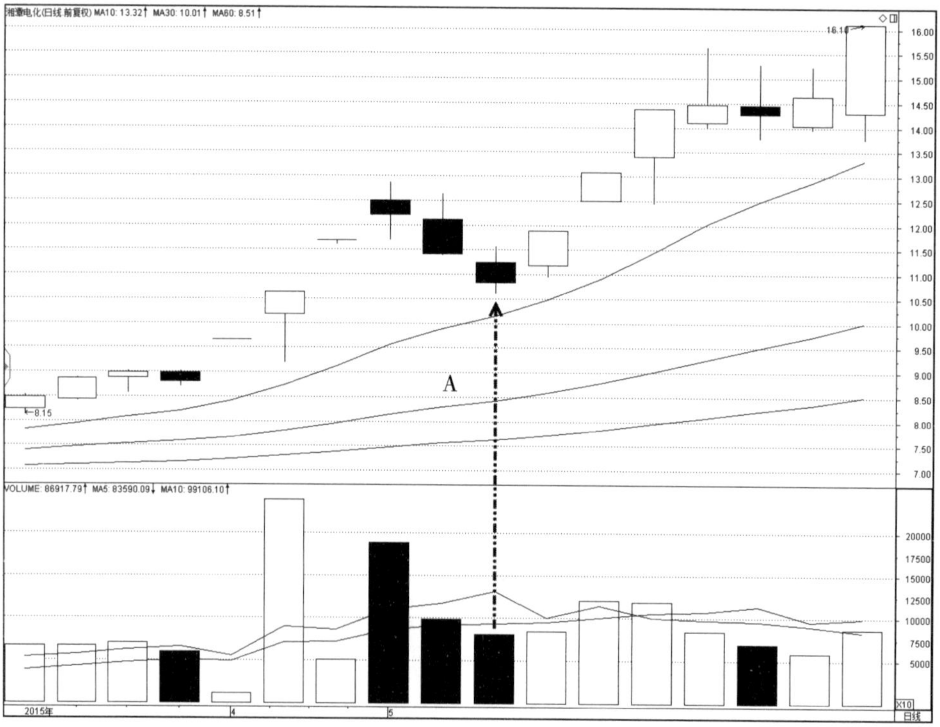

图 3-25 湘潭电化相应 k 线走势

技术环境上证明图 3-24 中当日分时走势的尾盘急跌，大概率只是一次技术上的正常回落调整，也就是洗盘的过程。

其实在上涨趋势相对明朗的情况下，类似的尾盘急跌恰恰给了有足够耐心和技术能力的交易者一个极佳的介入时机。

2. 减仓

在长期或大幅上涨的后期，行情振荡频繁，但整体趋势尚未明显出现转折，个股主力往往借助尾盘暴跌减仓。

大部分交易者仍然是涨势思维，对于个股尾盘大跌不以为然，习惯性地认为每次大跌都是加仓买进的机会。这种惯性思维不仅仅存在于牛市，在连续长时间上涨、级别较高的中级反弹行情中也会存在。

主力就借助大多数人这种心理倾向，运用尾盘大跌的手法，轻松将获利筹码大幅转移到尾盘追买的人手中。

如图 3-26 所示，该股当日大部分时间保持振荡下跌的走势，尾盘阶段股价突然急跌。

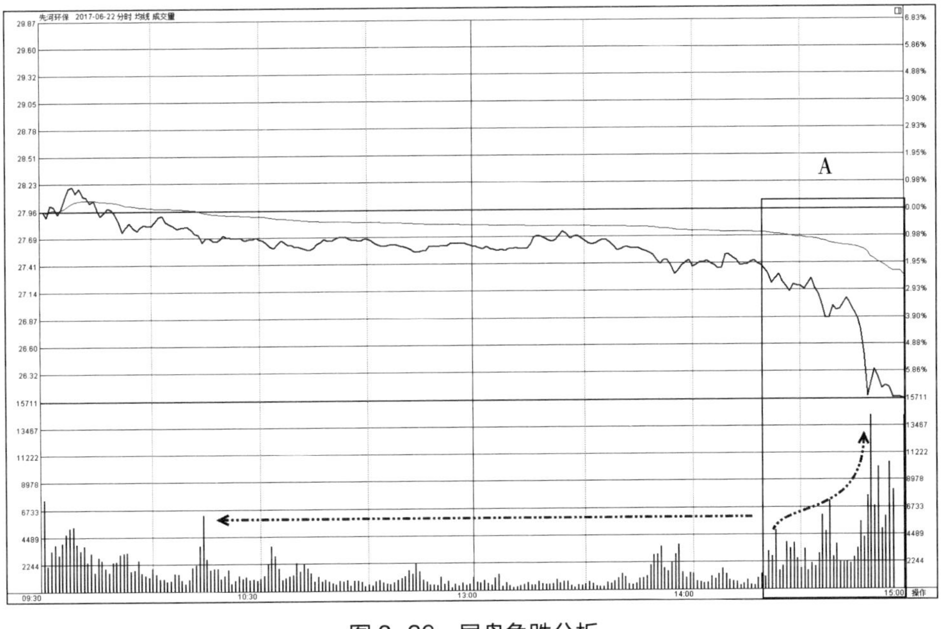

图 3-26　尾盘急跌分析

将图 3-26 中尾盘急跌和图 3-24 中的尾盘急跌相比较，至少在成交量上就具有相当大的差异。

图 3–24 中尾盘急跌发生时的量能，和之前的成交量并无太多的变化，显示主力虽然制造了急跌的恐怖场景，但已经很少有跟风盘杀跌了，这也就基本达到了主力资金洗盘的目的。

而图 3–26 中尾盘急跌，成交量则明显异于之前的量能，尤其是尾盘急跌时量能呈放大的势头，显示抛盘非常坚决且具有连续性，更愿意相信图 3–26 中尾盘的抛单主要来自于该股的主力资金。

有时候主力减仓，目的并不在于当前能够减掉多少仓位，而在于将股价打下一个台阶，也就是常说的“砸盘”。股价连续下跌后，会逐渐变得对市场资金具有吸引力，也就更利于主力减仓或进入另一个循环操作中。

主力行为的林林总总，以及具体盘中技术含义分析，请参阅《主力行为分析核心技术》。

主力“砸盘”，多会选择在一些重要的技术点上，这样会造成技术分析上所谓的“破位”，也就能够起到事半功倍的效果。

如图 3–27 所示，从图中的 C 区（为图 3–26 中分时走势形成的 K 线）可以看到，该股在 A 区经过包括连续一字线涨停在内的大幅涨升过程，B 区股价开始转势下跌，而图中 C 区属于下跌途中的弱势反弹阶段。

C 区的下跌打破了均线支撑和反弹形成的趋向，势必会引发部分持仓者“逃亡”。而在图 3–26 中的分时走势上，尾盘突然放量急跌带来的恐惧感，则远远大于下跌本身的幅度。

毕竟，大多数的恐惧都源于未知。

四、尾盘大幅折返

尾盘的异动还有一种形式，即尾盘大幅折返。

尾盘大幅折返，是指个股在尾盘突然出人意料地急升或急跌，势头很迅猛，但随后又迅速回落或回升，甚至可能回到启动的位置。

尾盘折返，在一些个股上可能是主力的试盘动作，还有可能是减仓或利益输送行为。出现尾盘折返，至少能够说明该股有主力正在运作。

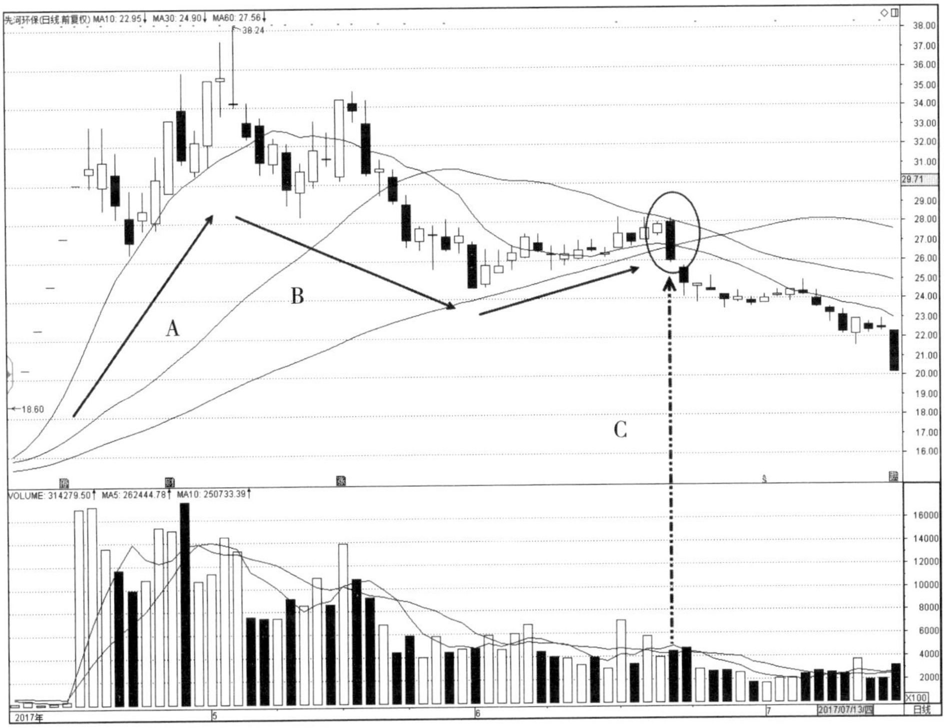

图 3-27 先河环保 K 线关键点位分析

如图 3-28 所示，该股当日振荡上涨，至尾盘时股价突然急升，但随即又急跌返回，甚至跌倒午盘振荡低点以下。

从技术环境分析，该股处于下跌中途的反弹阶段，当日换手达到 17% 以上，接近股价最高点的换手率。该股尾盘的折返走势，非常符合主力急拉诱多后减仓逃逸的行为特征。

在某些个股上，尾盘折返可能是主力在试盘或洗盘，在拉升之前测试上方的压力或者洗掉持仓并不坚定的交易者，为正式拉升减轻负担。

还有一种情况，即主力和某些利益关联方约定，盘中在某一价位上将筹码转移给关联方，随后就进入拉升阶段，即利益输送行为。

尾盘折返的形式也是多样化的，不限于案例的形式。比如一些个股尾盘急跌后拉回，如图 3-29 所示。该股当日大部分时间呈振荡走势，尾盘时向下跌落，但很快股价就放量回升，不但收复失地，还创出当日新高。

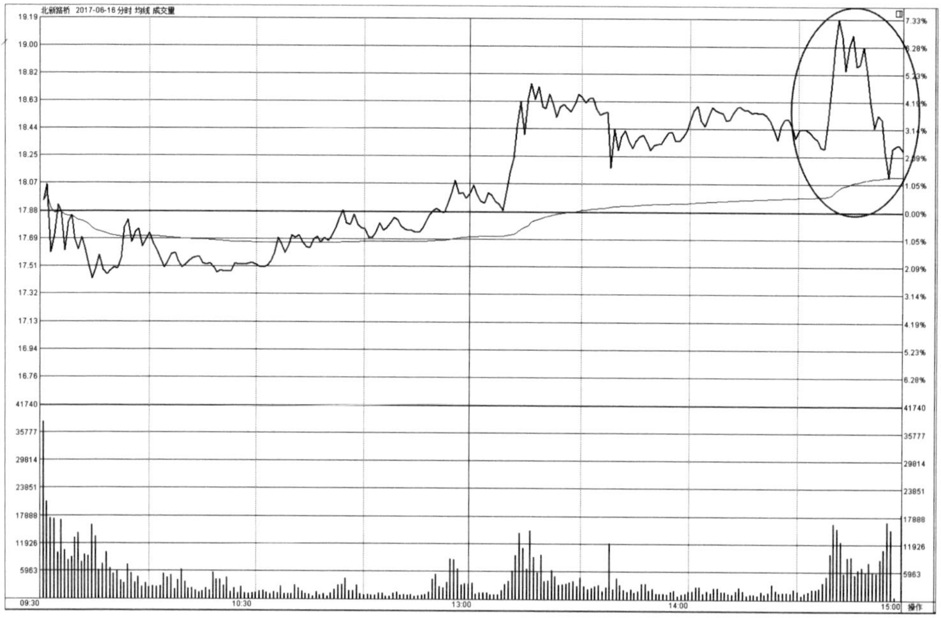

图 3-28　股价折返分析

图 3-29　股价尾盘折返分析

这种尾盘折返的走势，仍旧需要关注技术环境分析，不同环境下的个股，技术含义必然各不相同。

一些长期下跌的个股出现这种走势，意味着空方已到灯枯油尽，个股至少面临一个短期反弹走势。

第三节 分析排行榜找热点

一、综合排名分析

在大多数行情分析软件上，点击 81 或 83，就可以在软件上看到沪市或深市的综合排名情况。点击 80，则可看到沪深两市合计的综合排名。图 3-30 所示为沪深两市综合排名。

基本栏目 资金栏目　　综合排名 - 沪深A股

今日涨幅排名			5分钟涨速排名			今日委比前排名		
诚达药业 Z	133.97	20.00%	森赫股份 Z	10.80	3.25%	宁水集团	21.87	100.00
德石股份 Z	41.40	20.00%	青海春天	9.99	2.57%	长久物流	9.33	100.00
海锅股份 Z	44.64	20.00%	曲江文旅	11.32	2.44%	百傲化学	13.21	100.00
迈威生物-UK	23.70	13.94%	钧达股份	81.87	2.27%	海鸥股份	18.12	100.00
先进数通	22.47	12.24%	佛慈制药	12.48	1.88%	天目湖	21.93	100.00
中达安	16.10	12.27%	国旅联合	6.50	1.72%	合富中国 N	17.18	100.00
今日跌幅排名			**5分钟跌速排名**			**今日委比后排名**		
万隆光电	47.00	-11.87%	中核科技 R	14.85	-2.17%	*ST银亿	1.63	-100.00
翔丰华 Z	56.14	-8.57%	众生药业 R	13.00	-1.59%	*ST明科	1.90	-100.00
中鼎股份 R	17.99	-8.17%	舒泰神	22.65	-1.48%	*ST拉夏	1.58	-96.97
中科电气	29.32	-7.51%	先进数通	22.47	-1.45%	口子窖 R	76.00	-94.12
三孚新科 K	49.18	-7.05%	四方精创	26.95	-1.28%	中农立华	26.73	-93.75
沪电股份 R	16.02	-6.91%	海联金汇 R	10.40	-1.23%	金地集团 R	14.00	-93.57
今日量比排名			**今日振幅排名**			**今日总金额排名**		
*ST银亿	1.63	72.37	诚达药业 Z	133.97	21.92%	盐湖股份 R	34.91	39.9亿
中达安	16.10	24.48	先进数通	22.47	20.68%	紫金矿业 R	11.87	36.9亿
宁水集团	21.87	19.05	中达安	16.10	20.15%	贵州茅台 R	1803.69	33.9亿
多伦科技	7.32	15.22	华康医疗 Z	54.89	20.04%	中国铝业 R	7.04	30.7亿
海锅股份 Z	44.64	14.82	粤海饲料 N	15.55	16.62%	铜陵有色 R	4.30	29.7亿
宁波色母 Z	41.24	13.90	迈威生物-UK	23.70	16.39%	亿纬锂能 R	80.05	28.1亿

图 3-30 沪深股市综合排名

综合排名的内容非常丰富，对于短线交易者来说，是不可错过的分析市场和强势个股的窗口。

下面将综合排名各栏的分析重点作一说明，其中振幅、量比等内容后文将有涉及，此处不再重复。

1. 今日涨幅、跌幅排名

综合排名中的今日涨幅、跌幅排名，是当日即时交易中涨幅最大的个股和跌幅最大的个股排名情况。见图 3-31 所示。

今日涨幅排名			
诚达药业	Z	133.97	20.00%
德石股份	Z	41.40	20.00%
海锅股份	Z	44.64	20.00%
迈威生物-U	K	23.66	13.75%
通源石油		8.11	12.64%
中达安		16.07	12.06%
今日跌幅排名			
万隆光电		46.98	-11.91%
翔丰华	Z	56.10	-8.63%
中鼎股份	R	17.99	-8.17%
中科电气		29.32	-7.51%
中信博	K	109.08	-7.23%
三孚新科	K	49.12	-7.16%

图 3-31　沪深股市涨跌幅排名

分析今日涨幅、跌幅排名，能够较直观地了解当前交易时段市场个股的强弱分布情况。例如，今日涨幅排名中涨停板个股的数量是否超过跌停板个股的数量，也就是说，当日表现最好的股票是否比表现最差的股票多。

涨停板多，说明市场处于强势。涨停板家数如果随着交易时间的推移仍在不断地增加，则市场趋势呈现单边上扬的局面无疑。

如果随着交易时间的推移，涨停板家数逐渐减少，或者跌停板家数增加，则说明市场走势正在发生逆转。如果当日跌停板个股多，涨停板个股少，则市场必然处于弱势之中。

今日涨幅、跌幅排名，能够让交易者在极短的时间内了解强弱个股的分布，可及时对自己的交易策略作出调整。

2. 5 分钟涨速、跌速排名

5分钟涨速、跌速排名，是指市场上5分钟内涨速或跌势最快的个股排名。见图 3-32 所示。

5分钟涨速排名			
曲江文旅		11.46	3.34%
安旭生物	K	296.00	2.32%
贵绳股份		13.74	2.16%
佛慈制药		12.60	1.94%
奇信股份		9.17	1.89%
津膜科技		10.60	1.83%
5分钟跌速排名			
康芝药业		9.91	-1.49%
数字政通		21.04	-1.36%
横河精密		9.78	-1.31%
金圆股份		16.70	-1.24%
新晨科技		17.80	-1.22%
金刚玻璃		36.01	-1.21%

图 3-32 沪深股市 5 分钟涨跌速排名

5 分钟涨速、跌速排名也可以在软件中进行设置，可将其改为 1 分钟或 3 分钟等。

对于短线交易者来说，5 分钟涨速、跌速排名可以说是件利器，运用这个排名，可以在极短的时间内发现市场上活跃的股票或出现异动的股票。

利用 5 分钟涨速、跌速排名，还可以第一时间发现热点板块的异动。比如，数只同一板块个股同时或先后出现在排名中，则说明该板块正受到资金青睐，或遭到资金打压。

一些长时间走势低迷的个股，偶尔出现在 5 分钟涨速排名中不足以为奇，但是若在连续几个交易日中都曾在排名中出现，则可能正被资金关照，交易者可积极追踪观察。

一些热门大涨后的个股，连续多日闪现在 5 分钟跌速排名中，虽然当日其整体跌幅并不大，但应警惕主力资金可能正在寻机逃逸。

3. 今日总金额排名

分析今日总金额排名，可以知道即时交易金额最大的股票是哪些，收盘后全天交易金额最大的股票是哪些，盘中显示即时交易金额最大的股票在收盘后是否有变化，交易金额较大的股票是处于上涨还是处于下跌的态势中。如图 3-33 所示。

今日总金额排名			
盐湖股份	R	34.99	40.1亿
紫金矿业	R	11.86	37.4亿
贵州茅台	R	1801.25	34.3亿
中国铝业	R	7.05	31.1亿
铜陵有色	R	4.29	29.8亿
亿纬锂能	R	80.25	29.0亿

图 3-33　沪深股市资金排名

通过上述观察可以分析，当日主力资金攻击方向和热门目标个股是哪些。但是总金额排名高并非都是上涨的。总金额排名高，并不一定就是可以买入的股票，还需要分析其技术环境，比如，是在价格高位还是低位，近期是否经过大幅炒作等。但总金额排名高的，有一点可以确定，资金进出极其活跃，而且多空双方对于当前的价格分歧较大，正处于激烈交锋中。

充分利用综合排名的多项功能进行分析，能够更清晰地看出市场的真实面目，从而使交易之路走得更顺畅。但要注意，不要把成交量和成交金额混淆。在谈及大盘成交时，习惯说的是成交金额，比如某天成交多少个亿；而说到个股时，习惯说成交量（成交量以手为单位，1 手 =100 股）或者换手率。

二、涨幅榜分析

涨幅榜也就是涨幅排名，是指当日沪深市场中所有股票的涨跌幅排名。在大多数软件中，交易者按下 61 或 63，就可以看到沪深两市的涨跌幅排名，或者按下 60，可以看到沪深合计的涨跌幅排名。这个排名能够较直观地反映出当日整体行情的强弱度，以及某些板块的异动表现。

涨幅排名和综合排名的今日涨幅、跌幅排名有重复之处，但更为全面、完整，能够看到市场上所有个股的情况。

实战中可从以下几个方面来分析涨幅排名。

1）查看涨幅排名靠前的个股是否具有热点板块特征。如存在明显热点板块特征，应及时评估其对行情的影响，并关注其中的领涨个股。在行情运行到一些特殊时期时，热点板块的涨跌对于整体行情的趋势具有极大的影响力。见图 3–34 所示。

交易者需要注意一点，热点板块并不等于热门板块。热点板块在尚未被市场充分认可之前，其对市场行情的影响力很有限。当热点板块为市场认可，就会成为热门板块，其对行情的影响力才能发挥出来。

2）分析涨幅排名靠前的是大盘股还是小盘股，以确定当日行情的性质。市场存在“二八”跷跷板的运行特点：当大盘权重股启动时，小盘个股往往偃旗息鼓；当大盘权重股下跌时，却又存在变数，有的时候小盘股转而开始活跃，有的时候市场整体一起下跌。区别大盘股和小盘股比较简单，看其总股本或流通股本就可以了。

3）强势股数量分析。早盘看涨幅榜排在前列的股票涨幅能达到多少，如果涨停板很少，则说明市场走势相对疲弱，资金活跃度不足，不太适宜短线追击。

	代码	名称		现价	涨幅%↓	涨跌	换手%	量比	现量	总量	买价	卖价	昨收	最高	最低	市盈(动)	细分行业
1	301201	诚达药业	Z	133.97	20.00	22.33	44.47	1.81	1	97919	133.97	--	111.64	133.97	109.50	137.80	化学制药
2	301158	德石股份	Z	41.40	20.00	6.90	39.53	1.72	1	140926	41.40	--	34.50	41.40	36.88	166.42	专用机械
3	301063	海锅股份	Z	44.64	20.00	7.44	44.36	11.95	4	88582	44.64	--	37.20	44.64	38.60	42.92	电气设备
4	301235	华康医疗	Z	56.43	14.93	7.33	29.77	2.23	5	69255	56.43	56.45	49.10	58.20	48.36	139.07	医疗保健
5	300164	通源石油	·	8.20	13.89	1.00	42.40	3.39	1548	189.2万	8.13	8.17	7.20	8.58	7.45	204.96	石油开采
6	688062	迈威生物-U	K	23.64	13.65	2.84	16.91	4.98	28	150404	23.64	23.66	20.80	24.52	21.11	--	生物制药
7	300635	中达安	·	16.07	12.06	1.73	11.72	20.12	1	112384	16.05	16.07	14.34	17.21	14.32	52.54	建筑工程
8	002379	宏创控股	·	3.70	10.12	0.34	2.29	2.84	5	212378	3.70	--	3.36	3.70	3.35	--	铝
9	600724	宁波富达		4.68	10.12	0.43	2.63	4.58	5	379407	4.68	--	4.25	4.68	4.23	22.01	水泥
10	600575	淮河能源	R	3.60	10.09	0.33	4.66	2.72	1	180.9万	3.60	--	3.27	3.60	3.24	27.86	铁路

图 3–34　沪深股市涨幅榜

4）分析涨幅榜涨跌停板股票家数，预测大盘当天走势的强弱度，确定当天是否适合进行追涨交易。在行情处于极端运行阶段，这种分析方法能够及时发现行情转折的迹象。

比如，某日涨停板家数为 20，而跌停板家数为 0，下跌幅度超过 –7% 的寥寥无几，那么当时大盘行情即便处于跌势中，也很难出现暴跌，反而是转跌为升的概率相当大。

第四节　大卖单的真实含义

买卖盘口挂单，是主力运作股价的重要方式之一，也是观测主力资金逃逸与回归的重要窗口。

通过行情分析软件可以看到盘口买卖盘，大多是买盘 5 档，卖盘 5 档。一些软件还提供 10 档甚至更多档买卖盘挂单信息。

无论是 5 档还是 10 档买卖盘挂单，其实分析起来效果并无太大区别。太多档的挂单信息，有时反而会给交易者分析带来困扰。其实在实战中，大多数时间前三档买卖挂单信息往往是观测的焦点。

一、卖一挂大单

经常看盘的交易者，对于卖一挂大卖单的盘口情景不会太陌生。这种挂单方式也称为“上压单”。

个股卖盘上出现上压单，会延缓上涨的速度，股价如果想继续上涨，就必须放量吃掉大卖单，或者这笔大卖单被主动撤掉。

如果上压单没有被撤掉或者没被迅速打掉，股价大多会出现回落调整。

如图 3–35 所示，卖一上挂着近二百万股大卖单，而买盘每一档挂单都不超过十万股，卖一就是一个标准的上压单。图 3–36 为该股当日分时走势图，当日该股股价上下振荡，尾盘明显受到上压单的影响出现杀跌。

个股股价长期处于低位时，出现上压单大多缘于主力压盘吸筹的需要。个股股价处于高位时，这种挂单方式就比较少见，除非个股处于火热交易中，大卖单出现就会被打掉。

个股处于盘整阶段时，情况较为复杂，需要具体情况具体分析，某些个股主力可能意在减仓，还有些则可能是正常的振荡洗盘。

过大的上压单（如图 3–35 所示），可以肯定有主力资金参与，不必对此心有疑虑。需要做的是分析和判断主力挂单的意图。

卖五	22.79	280
卖四	22.78	380
卖三	22.77	241
卖二	22.76	1608
卖一	22.75	19974
买一	22.74	105
买二	22.73	591
买三	22.72	55
买四	22.71	213
买五	22.70	741

图 3-35 盘口买卖股挂单

图 3-36 中兴通讯受挂单影响的分时走势

图 3-35 中，数量过大的上压单，势必给市场带来压盘极大、股价难以继续上涨的感觉，这种感觉明显不利于主力资金出货，所以即使主力的最终目的确实是出货，这里也不会是“一泻千里”式暴跌的启动点。

也许有人会说：“会不会是其他持仓者处于恐慌之中或出于其他目的的集中挂单？”这种可能性小到可以忽略不计。

有过实战经验的交易者都知道，恐慌之中的抛盘，几乎都是采用价格优先原则，以图 3-35 中上压单的数量，如果是恐慌性抛盘的话，那么该股的股价至少会出现瞬间重挫，而图 3-36 中分时走势中并未出现这种情况。

这种有节制的、具有恐吓性的挂单，只能是主力资金为达到某种目的使用的一种手法。

当然，并不是具有这种形态和含义的挂单，就必然意味着主力资金并不想谋划出货逃逸，这一点必须明确！

比如实战中，主力资金再三使出某种恐吓性手段之后，市场会认为主力不过就是在振荡洗盘，反而就到了主力资金真正出货或阶段性减仓的时候。

二、卖盘全挂大单

还有一种大卖单挂单方式，与卖一挂大压单不同的是，卖盘上几个档位全部都是大单。这种挂单方式也被称为下空。

下空是指买盘与卖盘挂单相比，上方的卖盘挂单明显大于下方买盘，且卖盘挂单都非常整齐划一。

如图 3-37 所示，该股五档卖盘上都是三位数卖单，而五档买盘上，只有个位和十位数买单。买卖盘挂单数的差距非常明显。可以肯定地说，下空形态的存在决不是市场的随机行为，和主力资金的参与脱不开关系。

002609 捷顺科技		
卖五	15.28	317
卖四	15.27	132
卖三	15.26	128
卖二	15.25	118
卖一	15.24	219
买一	15.23	1
买二	15.22	39
买三	15.21	43
买四	15.20	53
买五	15.18	9

图 3-37 捷顺科技盘口挂单情况

这种挂单既然不是市场随机行为，那么主力这样挂单意欲何为？

下空，给交易者的第一感觉是买盘很小、卖盘很大，股价很可能承受不住上方的压力。主力采用这种方式挂单，就是要让市场产生类似的想法。

这种想法，有时候并没有什么不对，但如果出现下空形态，并没有大单抛出打破这种形态的话，这说明什么？说明市场并没有太多的大抛单，或者即使有，也不愿意这时抛出。

实战中，分时图一波上涨走势后，出现下空挂单形态，股价多半会开始横向盘整。主力资金加挂卖盘的目的，一般来说有以下几种可能：

其一、测试或引诱大抛盘；

其二、逼迫或恐吓其他筹码低价减仓；

其三、诱使资金进场接盘，等等。

前两种的技术意义很接近，技术环境上，主力资金运作的个股处于做多趋向中，目的就是清洗浮筹、减少拉升阻碍。主力资金完成相关操作后，股价一般会出现一定幅度的拉升。

第三种情况相对特殊，首先技术环境上，主力资金有减掉仓位的打算，而外部市场环境相对平稳或狂热，市场资金有追逐走势良好个股的倾向或习惯。

在这种情况下，主力资金营造下空形态，会吸引到短线实力资金的关注。如果这些资金认可个股各方面条件，则会展开对个股的攻击，该股主力正好借此减仓。

下空出现在分时走势一波急速拉升时，也可以给市场资金以“主力资金全力拉升”的错觉，很可能吸引资金追高买入。

仅就某一日某一时间段的下空形态来说，新资金进场攻击，会使下空形态就此消失，但股价并不见得当日就会上涨很多，但成交量往往却很大。接下来的一段时间，个股走势会偏于大幅振荡。

没有实战经验的交易者看到卖盘挂着大单，会以为主力要出货；见到买盘上出现大买单，会以为主力在大力买入。在这种情况下，散户不是恐慌性地抛售，就是冲动买入，但买入后的结果往往与自己的预期相差甚大。

异常的挂单形态，可以确认存在主力资金参与；市场散户资金不可能做出如此有组织、整齐划一的挂单排列形态。也许这就是技术分析唯一可以告诉的确定性。

第五节　大买单的真实含义

在 K 线图上，有时很难判断个股是否有主力或主力处于何种操盘阶段，但分析盘口挂单，有时却能够轻易发现主力的踪迹。

一、买一挂下托单

当价格处于刚刚启动拉升阶段时，买一出现较大的买单，往往是主力吸筹或为了保证拉升的连续性，避免大单砸盘影响拉升效果。这种情况下，说明主力资金并不怕增加筹码，手里有较为丰裕的资金，后市股价升幅可以期待。买一挂的大买单，也被称为下托单。

在大幅上升之后股价处于高位时，买一出现下托单，但股价的表现迟滞难涨，则要警惕可能来临的下跌。这种情况下的下托单，极有可能只是主力资金吸引市场资金入场的道具。

如果个股在盘整阶段出现了下托单，而股价却不涨反跌，则后市继续振荡的可能性较大。这种情况下的下托单，既有主力振荡吸筹的可能性，也有借机减仓的可能性，具体要根据技术环境分析判断。

如图 3-38 中，该股处于振荡盘整过程中，于某个交易日尾盘时，买一挂单出现明显的大单，而买盘其余各档挂单都较小，买一挂单就是一个标准的下托单。卖盘上，卖一、卖二挂单较小，之后各档挂单稍大。

案例中这种下托单，可以肯定必有主力资金参与，市场资金不太可能都不约而同地把买单挂在买一上，毕竟买盘下方挂单不多，不急于买入的人完全可以将买单挂在下方等待。

而急于买入的人，是不会挂在买一的大单后面等待成交的，大多会利用价格优先原则直接在卖一、卖二上交易。

卖五	17.75	165
卖四	17.74	123
卖三	17.73	139
卖二	17.72	99
卖一	17.71	33
买一	17.70	5062
买二	17.69	21
买三	17.68	6
买四	17.67	131
买五	17.66	41

图 3-38 买一下托单示例

可以想象一下，图 3-38 中，如果卖一、卖二的挂单和卖三等以上各档卖盘挂单相似，那么盘口上是不是给人以重石压顶的印象，市场资金可能就会因此保持谨慎，减少交易。

鉴于该股在尾盘出现下托单，而卖盘的卖一、卖二挂单要小于卖三等以上各档，主力资金的意图可能是：让活跃和激进的市场资金尽可能地在卖一、卖二上成交。

分析买盘上各挡的挂单，买一的挂单数量显得尤其大，会让等待买入者失去排队等候的信心，所以主力资金借买一的大挂单进行异常撤单的可能性也不大。

综上所述，主力资金买一的挂单更像是为维护尾盘收盘价而为，同时借机减掉部分筹码。

图 3-39 中为该股当日的分时走势图，早盘收盘前股价有过一波冲高，午盘后出现回落。

至尾盘时股价又一次回升，但幅度较为孱弱。成交量上可以看出，尾盘还是出现过较大成交单，说明主力持下托单还是为其减掉了一定的仓位。

二、买盘全挂大单

卖盘挂单较小，而买盘几个档位上全部都是大单。这种挂单被称为上空，即买卖盘挂单对比，上方的卖盘挂单明显小于下方买盘的挂单，且买卖盘挂单都非常整齐划一。

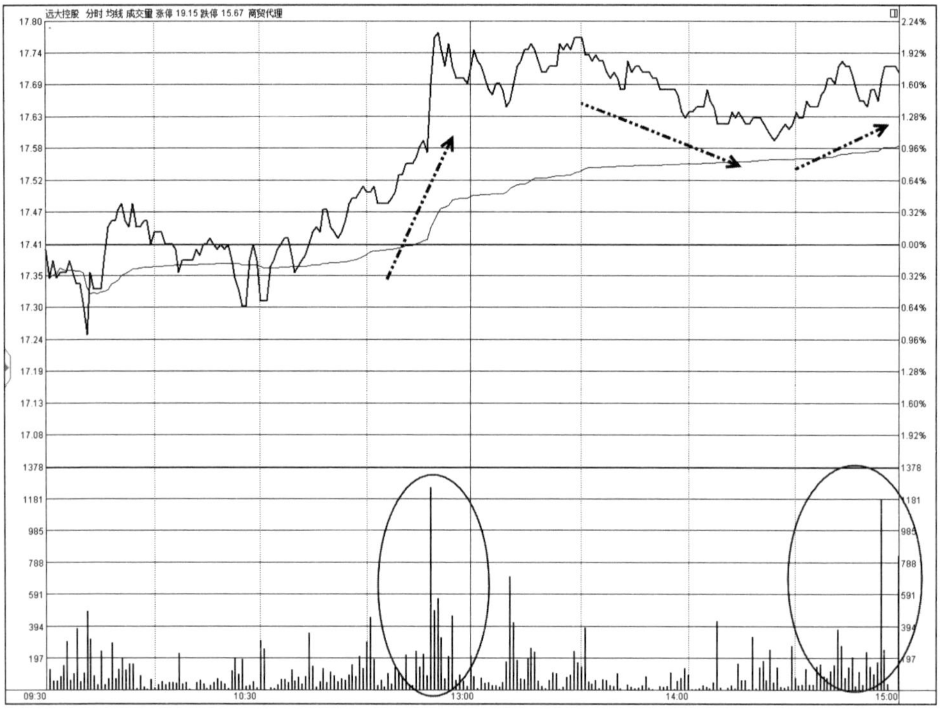

图 3-39 远大控股下托单股票分时走势

如图 3-40 所示，该股卖盘五档挂单都是十位数（即几千股，1 手 =100 股），而下方的买盘挂单却都是百位数，买盘和卖盘挂单数的差距可以说非常大。

上空，给交易者的第一感觉是卖盘很小、买盘很大，似乎股价很快就会向上发起冲击。但在实战中，出现上空时，却很少会有向上扫空卖盘挂单的情况（很少，并不代表绝对没有），最常见的是，股价在卖一和买一之间来回波动。

即使卖一的挂单被打掉，也会很快有新的挂单出现，买一的挂单也会被不断地消耗。想象中的股价快速上冲，可能迟迟都未出现。

上空形态不会总是持续不变，变化的方式非常多。比如，突如其来的大卖单，直接将下方买一的挂单打掉，甚至是直接将买一、买二、买三等挂单全部打掉。这种情况下，挂单的形势会出现很大的变化，极大可能是上空形态就此消失，卖盘上开始出现较大的挂单。

600242 中昌数据		
卖五	17.79	31
卖四	17.78	24
卖三	17.77	25
卖二	17.76	17
卖一	17.75	83
买一	17.74	134
买二	17.73	116
买三	17.72	115
买四	17.71	105
买五	17.70	119

图 3-40　中昌数据盘口挂单对比

主力资金通过上空形态想要达到何种目的，则需要具体到个股不同的技术环境中进行分析。

例如，某主力资金意在阶段性减掉部分仓位，于是撤掉卖盘挂单形成上空，再用大买单扫掉两三个价位的散单，造成股价大单成交、迅速上涨的假象，用以吸引市场跟风资金。当市场资金闻风而动追高进仓后，却发现股价开始裹足不前，大单不再继续扫货，随后股价又再度跌至之前起涨的位置。

如图 3-41 中 A 区所示，股价瞬间大幅上涨 4% 左右，量能也随之大增，但很快股价就从高点逐波回落，回落的低点几乎就在起涨点不远的价位上。似乎一切都没改变，股价还在延续全天振荡的格局，但追高瞬间就被套 4% 的人，则会有欲哭无泪的感受。

上空形态下，如果走出图 4-41 中 A 区的走势，那么主力资金至少阶段性减仓的意图就会很明显了。当然，上空形态下，也并非全都是主力资金在减仓。某些情况下，也会成为主力资金测试上方抛压和引诱大卖单打压的手段，目的是为之后的拉升提前扫清障碍。

例如，在上空形态下，下方的买一或买二突然被大卖单打掉，虽然很快买一或买二的挂单又被挂上，但很快又被打掉，或挂单明显较之前少。也就是说，上空的形态遭到了破坏，已经不复存在。这时候，一些持有大仓位的市场资金，或许就会失去耐心，开始跟风杀跌。主力资金通过类似对倒的手法，完全可以将这些并不稳定的大单清洗出来。

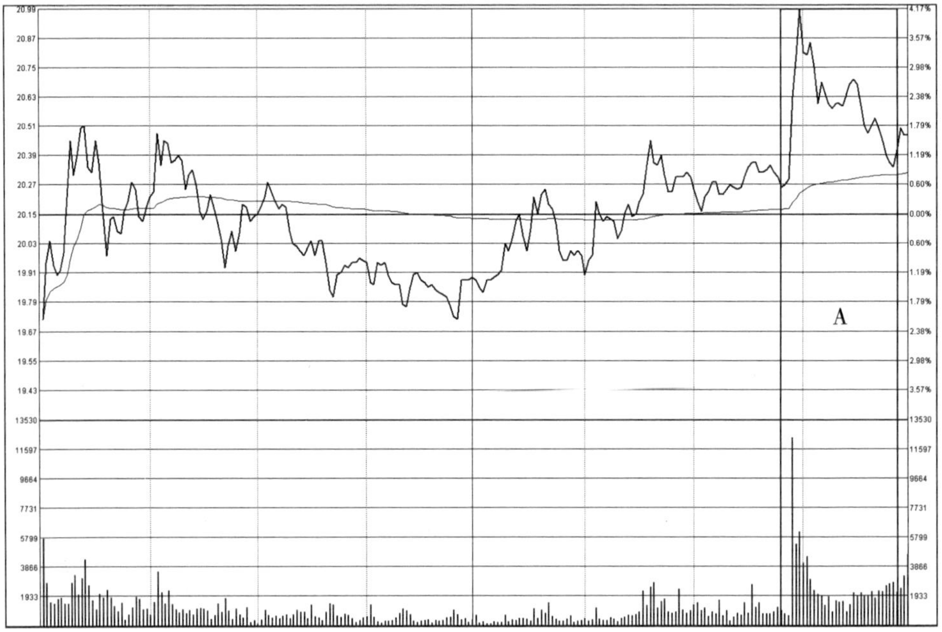

图 3-41　瞬时大单拉升后续走势

上空形态，多数情况下都是一种等待形态。可以反问一下：买盘那么多大买单，卖盘挂单无几，主力为什么宁愿挂在下面，也不主动去成交？原因也许有很多，但答案可能只有一个——主力并不急于拉升股价，至少现在不想投入资金增加仓位。

第六节　密集大单成交和稀疏小单成交

一、成交大单的实战含义

成交大单，通常是指大于千手以上的成交单。

盘面上突然出现成交大单，有时会改变或引导股价的运行方向。确认成交大单的性质，对于判断主力资金的逃逸与回归，以提前应对股价可能出现的变化，无疑具有重要意义。

交易者分析成交大单的前提，首先要对目标股有一个盯盘的过程，熟悉个股日常交易中的成交单数据，同时对目标个股的技术环境，也要有一个全面的分析和了解。

这样，当目标个股盘中出现大单时，最低限度可以知道这是一种偶然现象还是常规现象，以及大单出现后股价可能出现的相应变化。

并不是所有大单都是主力资金的行为，也可能是其他资金的行为。比如，1）某机构操盘手为尽快完成买入任务，采取机械性大单买入的行为；2）某机构看好个股后的试盘行为；3）盘中多个实力资金的博弈行为等。

如果是上述几种情况，大单消失后，股价多数都会随之回落。

实战中的成交大单，更多的可能性是盘中主力行为。主力大单需要区分是真实的扫单拉升，还是对倒做盘。

如图 3-42 中，该股午后开盘，股价直接被大单封上涨停板。图中 A 区所示，主要由 4 笔数千手的成交大单将股价封板。分时图的量柱接近 3 万手。

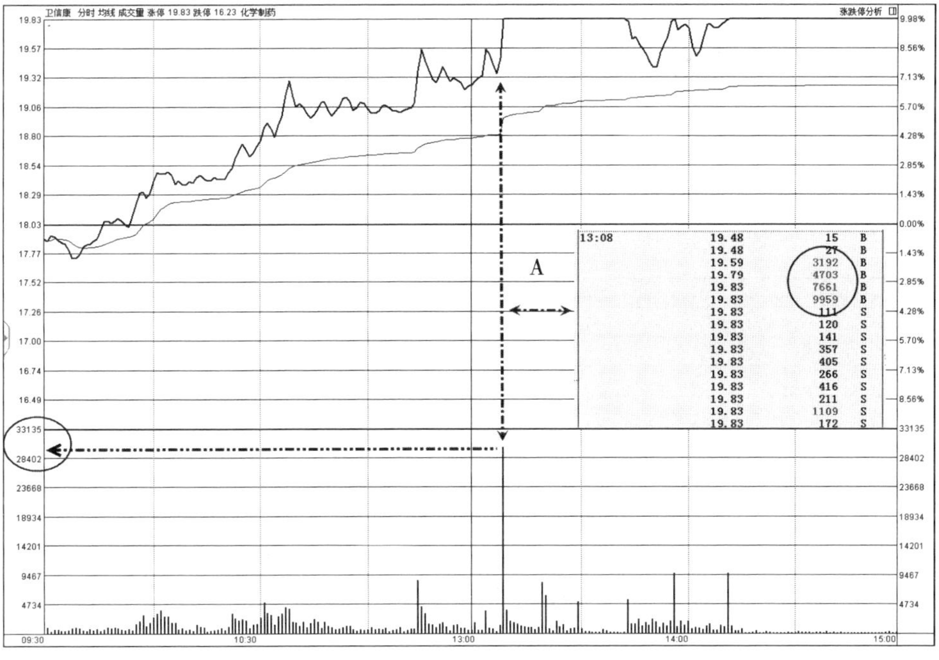

图 3-42　大单拉升

案例中这种情况，就是主力资金真实扫盘的类型，股价升势凌厉，扫单坚决，没有拖泥带水的多余折返。

技术环境上，经过急速上升或长时间涨升的个股，如果突然出现成交大单，股价却没有相应大涨，那么主力对倒减仓的可能性较大。

主力大单如果是对倒做盘，那么即使瞬间现价线被笔直拉起，但很快就会出现折返，走势上拖泥带水，股价之后的变化或者说升幅并不明显，即使有所上涨，也会在之后或次日发生折返。

如图 3-43 中 A 区所示，现价线笔直拉起，虽然分时图量柱达到 3 万多手，但升幅并不大且很快就出现折返。尽管午后开盘该股股价出现一定幅度的上升，但振荡回落的走势还是反映出后市存在较大的隐忧。

图 3-43 主力意图分析

图 3-43 中即为主力大单对倒做盘的类型，这种盘局下，对倒的目的已经不言而喻。

技术环境处于低位，经过长时间大幅下跌的个股，突然出现成交大单，意味着主力资金至少开始“活动筋骨”了。这种技术环境下，主力如果采用对倒拉升的话，那么后市可能只是一个短期强反弹。只有主力愿意重兵投入的个股，才会具有时间和幅度上的优势。

二、成交小单的实战含义

在多数个股的日常交易中，大于千手以上的成交大单并不是常见现象，尤其是密集出现的成交大单相对更少。

交易中，中小买单通常为人们所忽视，认为是散户的交易行为，没有分析的意义。其实，中小单成交才是日常交易中的主体，而有些小买单，不能忽视它们背后蕴藏的含义。

主力资金并不是万能的，可以通过对倒的方式做大成交量，但是却不能做小成交量。所以，成交小单更能反映出市场真实的多空倾向。

有的短线主力资金以急拉建仓，然后在拉升过程中振荡、出货等环节一气呵成，等市场因其凶悍的涨势开始关注这只个股时，孰不知已经到了出货的时节。

但是，多数意在长远的主力资金，在建仓阶段多以小单耐心吸筹。当出现成交大单时，往往建仓已经完成或接近完成。

因主力小单建仓的隐蔽性极高，市场有时会错认为这是某一短期资金的炒作，却不知在寂寥冷清的股价常量运行阶段，该主力为潜伏建仓费了多少小单吸筹的水磨功夫。

实战中，曾遇到过处于建仓期的某股，全天交易时间内有不少交易单是以 1 手的形式连续出现的。

可能有人会说：“是散户在买吧！”确实有散户会以 1 手（100 股）买入，但连续以 1 手买入，且在同一个股、不同时间段上经常出现这种情况，还能认为是散户的操作吗？

笔者想，即使是某一个散户的误操作，也不可能多日连续出现；散户难道不怕自己这样买股增加的费用会垫高自己的持仓成本吗？虽然买入股票不收印花税，但券商的那份钱，普通的散户可是一分钱也不会少的。

那么只能是潜伏期的主力。违反常规出现成交小单，有时也会告诉大家很多奥妙！

对此有人会有疑问："主力要都是以 1 手的方式建仓，那得到猴年马月才完成建仓！"

主力当然不会以 1 手的方式来完成主要仓位，但会以这种方式让市场以为或主要让持仓者认为，"此股无主力，属于冷门股，没有什么涨升前途"，最终让持仓者因对该股绝望而放弃持有。同时，市场上的跟踪者也会因该股交易冷清，走势乏善可陈，最终放弃关注该股。

这种个股的 K 线图上，K 线实体极小，走势以横向振荡为主，往往大盘跌时跟跌，大盘涨时却不跟涨。这种走势会让持仓者悲苦交加，眼见其他个股飞一般上涨，手中的"瘟股"却如死一般寂静。

但是这种个股有一个不同的特性，即遭遇大盘暴跌时，往往跌幅远小于其他个股，且很快又会回到横向振荡区域。

分时图上，下跌总是比上涨时快，折返频繁出现，偶有高开也必然低走。盘中放量拉高，你若追高，不是当日被套，就是次日被套，总之很难获利。

如图 3-44 所示，该股高开后略有急冲便迅速下跌，之后反复以锯齿状的折返走势振荡，这种个股的走势让人昏昏欲睡；持仓者恨其疲软，追踪者放弃希望。

此类股不适合短线交易者，只适合波段或中长线交易者，一般来说耐心持有多有厚报。

违反常规出现的成交小单，能让交易者发现主力潜伏的痕迹。但还有些成交小单会以诱多的方式请君入瓮。

涨势中，某日股价在连续小买单的推动下小幅上冲，上冲一定幅度后开始盘整。这时在买盘挂单上有数个大单挂在不同的价位上，而卖盘挂单的几个价位却都相对稀少。

虽然上面的卖单不大，但卖一挂单被小单买空后，立即又有新挂单出现，随即小单不断攻击卖一，如此轮回。分时成交明细上，显示连续小买单成交。

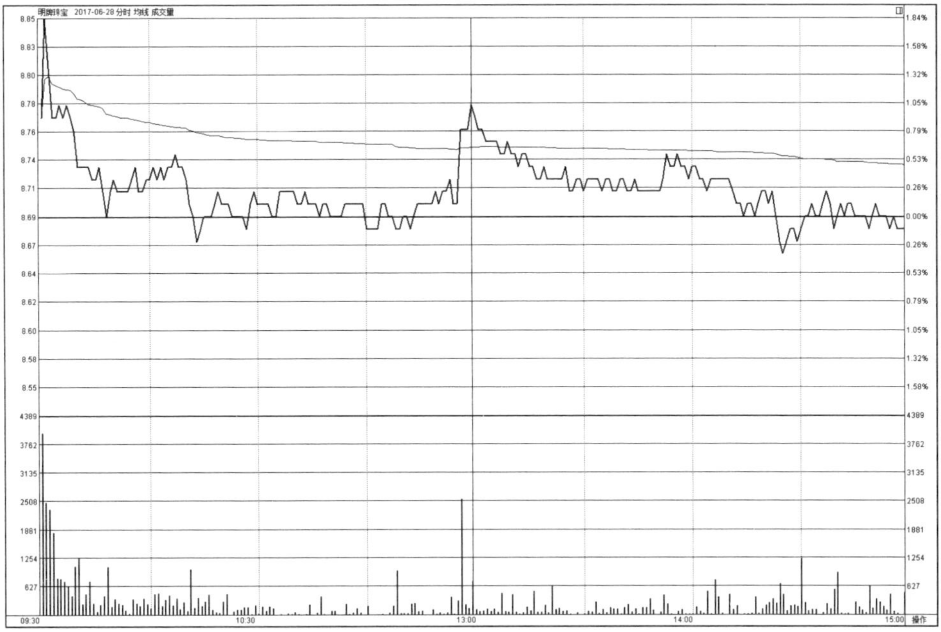

图 3-44 主力建仓阶段个股走势示例

因为该股小买单密集出现，交易似乎比较活跃，又有大买单在买盘几个档位挂着，形如托盘。这种盘面给市场的感觉就是：下跌不可能，因为有大买单托着。而密集的小买单之后，就会有大买单向上扫盘。

忽然间出现一张大卖单，将股价瞬间打低好几个价位。交易者懵懂之间，忽然发觉下面挂的大买单被扫掉之后，却再也没有新的大买单挂出来，随后股价开始迅速向下滑落。

其实这种盘面还是有很多纰漏的，只是买入者会选择性忽视。

其一，小单密集攻击卖一并不大的挂单，却总也买不完，或者买空后又有新卖单迅速挂出，同一价位始终攻不破。

其二，买盘的大单其实并非一直挂着不变，而是在默默地进行着“乾坤大挪移”。不少挂单靠后的交易者，最后被成交也会让人觉得好奇：“咦，这也能轮到我，我以为很靠后？”

第七节　隐藏的密集成交

实战中，交易者如果发现分时成交明细中出现一些成交大单，而买一或卖一上的挂单却没有明显的变化，那么就说明可能有隐性买卖盘存在。

这些不想被市场注意到、依照价格优先原则成交的成交数据，通常被称为隐性买卖盘。

在行情火爆的时候，会有很多以散户为主的市场资金主动性追买，其买入价往往高挂数个价位，大多立即就会成交，所以不会显示在买盘挂单的行列。同样，在行情暴跌时，也会发生相似的情景。这类市场资金主动性追高或杀跌的挂单交易，并不属于这里提及的隐性买卖盘的范畴。

隐性买卖盘应该是未出现在盘口几档买卖挂单中，仅仅在分时成交明细中可以看到的成交数据，即隐性买卖盘主要是指主力不想被市场觉察到的一些交易行为的总称。

隐性买卖盘形式多变，实战中，对于并不是集中出现的隐性买卖盘，或者主力资金化整为零的隐性买卖盘，较难辨别。经常盯盘、有经验的交易者，能从价格微弱的、违反常规的变化中感觉出来。

例如图 3-45 中，棕榈股份当天高开低走，午盘跌破昨日收盘线，一切迹象都显示，股价即将向下突破。但最后的半小时时间，该股并未下跌，而是在昨日收盘线上下盘整。

有经验的交易者从该股最后半小时的走势中，能够感觉到股价受到一股潜在的支撑，但盘口挂单上并没有什么明显的变化，当日的分时成交明细中，这个时间段也没有大单出现。这就是主力资金不愿意过早暴露意图，而以小单形式悄悄维护股价。图 3-46 为该股次日的分时走势。

类似案例中提及的这种形式的隐形买卖盘，具有较大的分析难度，需要交易者积累看盘经验，才有可能发现其中的异动。

还有一种隐性买卖盘中较为常见、也是较容易发现的形式，即突发性密

图 3-45 棕榈股份主力暗中护盘分析

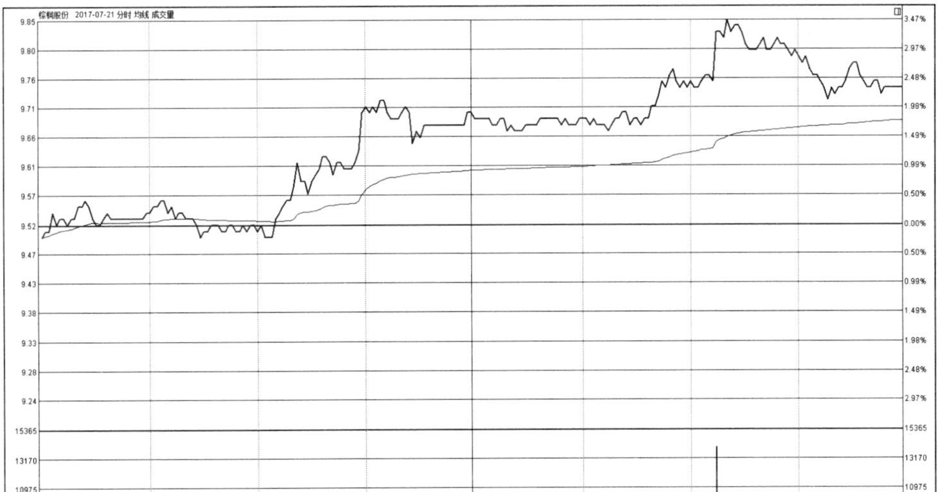

图 3-46 棕榈股份次日分时走势

集大单。

主力资金出于运作的需要，往往会利用突发性大单造成股价飙涨或急速下跌的场面，来诱惑或恐吓交易者跟风，以便趁机达到自己减仓或震仓等目的。这种隐性买卖盘不会在买卖盘挂单中出现，而是以价格优先原则攻击股价。

如图 3-47 所示，该股早盘低开后，股价受到突发性大单攻击，瞬间大幅上升。这种突发性大单最吸人眼球，更为短线追高者所青睐，但突发性大单往往不能持续。

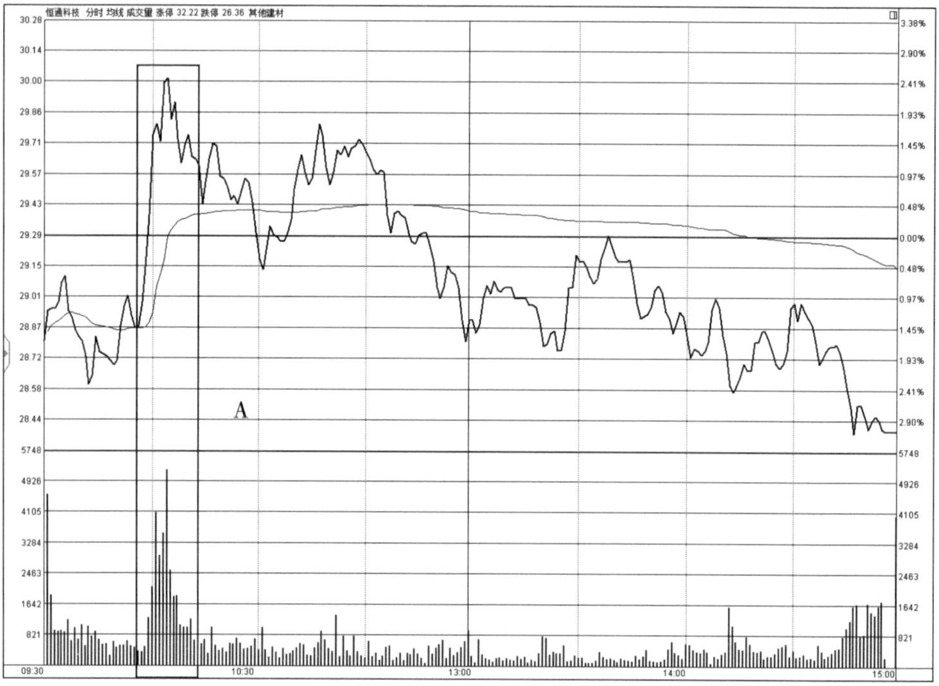

图 3-47　突发性大单拉升示例

实战中，一旦股价失去大量买单的攻击，便会逐波回落，这次攻击极有可能只是主力资金的一次诱多行为。

在盘口分析判断中，甄别隐性买卖盘，对于交易者在操作上具有极其重要的参考作用。比如，某主力想通过对倒来拉高股价、制造量价配合良好的假象，有的就会采用隐性买卖盘的操盘方式。

当主力拉高股价后，在出货时，为避免引起市场交易者的恐慌，会利用成交回报的时间差将大的卖出单和小的买入单撮合成一笔大的买入单出现在分时成交明细里。

这样做不但不会引起交易者的恐慌，还会制造大单买入的假象，欺骗性极高，而一些交易软件会将这些数据统一计入买方数据，所以对于一些交易软件或网站提供的主力买入与卖出统计数据，交易者不可过于迷信。

对于隐性买卖盘，最简单的甄别方法就是：当分时成交明细里出现连续性的成交大单时，观察股价变化的方向，大单成交是否具有持续性。例如，如果连续出现大买单，股价却原地踏步或开始下跌，就应该明白这是主力资金利用隐性买卖盘在借机减仓。

如图 3-48 所示，该股午后开盘略经振荡后股价大幅拉升，至 A 区尾盘时再次冲高，成交大单极为密集，但股价却并未能稳定在高点，而是出现了向下回落。A 区的成交大单，很明显是主力资金的阶段性减仓。该股当日创下的这个高点，也成为后期短期反弹的高点。

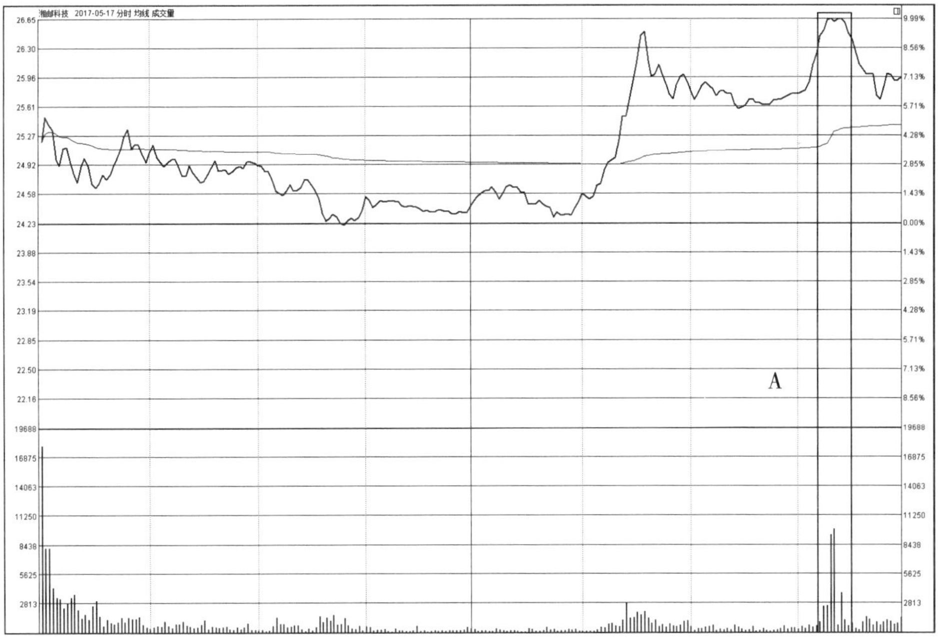

图 3-48　分时图成交大单分析

第八节 对峙中的大单

经常看盘的交易者，有时会看到某些股票的盘口上出现大单对峙的情况，即卖一挂着较大的卖单，而买一或买二上也挂着相应的大买单。上下都有大单，显示多空处于对峙的状态中。

交易者知道，卖盘上的大单称为上压单，而买盘的大单称为下托单。同时具有上压单和下托单的挂单形态，则称为夹板或夹单。

夹板，是指买一和卖一同时都出现大单，形成多空对峙的局面。如图 3-49 所示。

夹板是一种买卖盘相持形态。表面上看，多空交战双方都把重兵排在最前沿，似乎大战一触即发。但在实战中，这种盘口往往走势胶着，股价表现凝滞。

卖五	11.77	194
卖四	11.76	141
卖三	11.75	241
卖二	11.74	287
卖一	11.73	1053
买一	11.72	2160
买二	11.71	112
买三	11.70	569
买四	11.69	146
买五	11.68	356

图 3-49 盘口多空对峙分析

夹单，是指买卖盘的几档挂单上，存在比较大的买单和卖单，而只有卖一或买一上挂单较小，这个较小的挂单似乎被上下大单夹住。见图 3-50 所示。

出现夹板或夹单，可以肯定不是市场随机形成的，而是主力资金的行为。多数情况下是主力资金为稳定股价或诱引交易者参与，以达到自己控盘的目的。

主力资金运作股价，在不同的阶段有不同的手法。在建仓吸筹阶段，主力深水潜伏，唯恐露出蛛丝马迹，不会用夹板或夹单这种招眼的操盘手法。

卖五	8.88	905
卖四	8.87	340
卖三	8.86	969
卖二	8.85	1899
卖一	8.84	1236
买一	8.83	22
买二	8.82	1148
买三	8.81	2768
买四	8.80	1954
买五	8.79	764

图 3-50　夹单举例

排除了主力建仓吸筹的可能，那么就是主力处于洗盘、拉升或出货等阶段。

出现夹板或夹单，意味着卖盘的大单对股价形成压制，买盘的大单对股价形成支撑。股价处于上有压力、下有支撑的局，但股价波动范围极为狭小，分时走势上股价呈现似乎凝滞不动的态势。

主力资金肯定不会真的不动。交易者可以追踪观察盘中有没有主力撤单又挂单的现象。若有，是发生在买盘还是卖盘？如果有异常撤单的现象，依据异常撤单的方向，就可以初步预估主力资金短期的意图何在。

如果盘中并没有发现主力资金明显的异常撤单现象，那么就要注意观察盘中会不会有突发性密集大单出现。

突发性密集大单会瞬间打掉上压单或者下托单，夹板或夹单消失。出现这种现象，说明主力开始主动打破这种盘面上的平衡，股价选择运行方向的时候到了。

第九节　日间振幅的奥秘

振幅，是指价格在一定周期内的振荡幅度。振幅是一种判断价格活跃程度的指标。

振幅可分为日振幅、周振幅、月振幅等类型。

振幅的计算方法为：

振幅 =（当期最高价 – 当期最低价）/ 前收盘价 ×100%；或以最高点的幅度 + 最低点的幅度 = 振幅

振幅大，则价格表现活跃，有利于交易者观测主力资金的逃逸与回归行为。

如图 3–51 所示，该股当日振幅 12.50%。分时走势中也可以看到，当日早市开盘出现下跌后，之后股价振荡回升，尾盘出现一波拉升。

图 3–51　日间振幅较大的振荡

对于短线交易者来说，振幅大的股票远比振幅小的股票具有吸引力，也较容易获利其中的差价利润。

振幅较小的股票一般都是冷门股或交易清淡的权重股，较难寻找其中的短线机会。

如图 3-52 所示，该股当日振幅仅为 0.57%，分时走势上，现价线、均价线以昨日收盘线为中心进行微幅振荡。这种振幅的个股，明显不具备短线套利空间，不适合短线交易。

交易软件的综合排名上有振幅排名一栏，显示当日市场上振幅最大个股的排名情况。如图 3-53 所示，即为当日交易的某一时段市场中振幅最高的个股。排名第一的个股振幅达到 16.08。

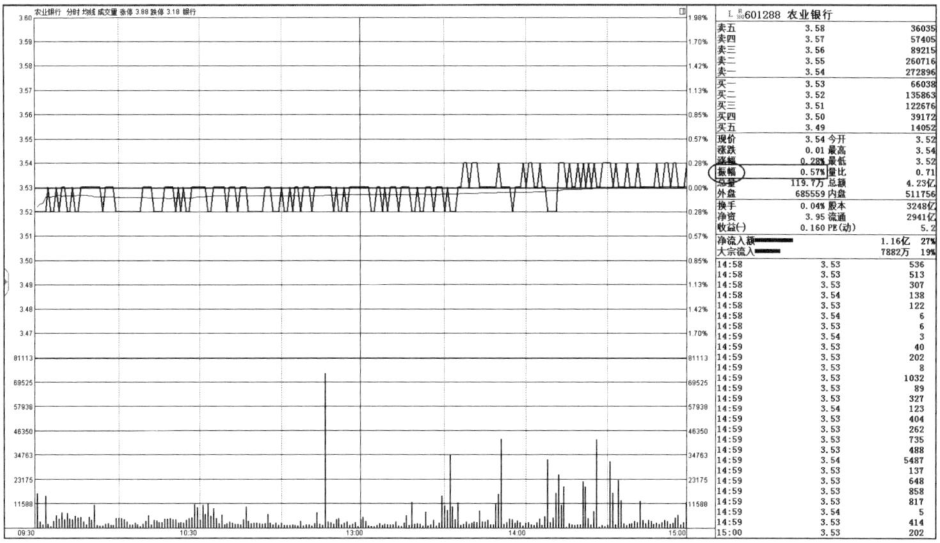

图 3-52　窄振幅示例

今日振幅排名		
华北高速	10.21	16.08
美年健康	16.50	12.08
九洲电气	10.72	11.80
青山纸业	5.15	11.75
雅化集团	11.48	11.27
民和股份	14.81	11.04

图 3-53　沪深股市振幅排名

凡事不可走极端。

必须明确一点，并不是振幅越大的股票，就是可以买卖的好股票。很多即将见顶、主力资金寻求减仓的股票，通常会出现极大的振幅。利用大幅振荡，主力资金一是可以借机减仓，二是通过大幅振荡吸引市场资金的注意力，引发更多的资金进来逐利。

同样，振幅小的股票，虽然走势相对呆滞，但如果处于筑底阶段，非常有利于主力资金收集筹码。当主力建仓完毕，逐步进入振荡拉升阶段时，个股就会告别小振幅和呆滞的走势，华丽转身，成为升势凌厉、股性活跃的大振幅个股。

总之，大与小、强与弱，总是处于变化之中。从技术环境的角度来分析和认识价格所处的不同阶段，才能够真正理解未来价格的趋向或趋势。

第十节　撤单的秘密

前面提到过异常撤单，本节将讲解一下什么是异常撤单及其技术意义。

撤单，是指在某个价位上挂出买单或卖单，在成交前就主动取消买卖指令的行为。

交易者常常看到在卖一或买一上出现大单，而且这些大单不会纹丝不动地挂在那里，除去被市场成交的部分外，这些大单时常会主动撤掉，然后再度挂上或者在几个临近价位上来回变动，但总的手数相差不大。这种现象是主力资金行为，非市场随机行为。

根据价格优先、时间优先的原则，买一或卖一出现的挂单，将根据报价的时间顺序先后成交。如果主力资金把自己排在前面的单子撤掉，那么先成交的毫无疑问是市场单子。主力频繁挂单撤单的目的是什么呢?

如果反复撤的是买一、买二的大单，说明主力并不想真的买入，挂大买单的目的是为了吸引更多的买盘或主动性买入。

不管主力是不是想大规模减仓，至少交易者知道主力已经不想增加仓位了!

缺少主力主动性买入，意味着股价不太可能继续大幅上涨，交易者即使不卖出，也不适宜再增大仓位。

如果反复撤的是卖一、卖二的大单，说明主力并不想真的卖出，挂大卖单的目的是威逼失去信心的持仓者尽快离场。

在实战交易中，撤单的情况比比皆是。交易者分析的重点是：通过分析主力撤单的情况和原因，判断主力所处的操盘阶段，进一步侦知主力资金是想逃逸还是回归。做到知己知彼，才能有的放矢。

处于建仓吸筹阶段的主力资金，想要在底部尽可能多地吸纳筹码，必须在盘面上营造恐怖气氛，吓退想买入或持仓的人。通常在股价已经跌无可跌的情况下，卖盘上仍旧经常性地挂出大量的卖单，似乎有很多筹码正排队等待出货。如图 3-54 所示，卖盘挂单每一档都在几万股，而买盘挂单明显要小得多。

卖五	17.20	419
卖四	17.19	125
卖三	17.18	197
卖二	17.17	138
卖一	17.16	323
买一	17.15	83
买二	17.13	31
买三	17.12	6
买四	17.11	52
买五	17.10	109

图 3-54 买卖盘挂单对比

类似于图 3-54 中的这些大卖单，会给盯盘的短线交易者带来巨大的压迫感，一旦股价有个风吹草动，很多人就会不计代价地抛出手中的筹码。

如果注意观察卖盘上挂出的大卖单，就会发现这些大卖单时常被主动全部或部分撤掉，主力这样做的目的是让那些排在后面的市场散单能够成交，同时也为了防止其他机构趁火打劫。

处于清仓出货阶段的主力资金，想要在高位成功出货，必须在盘面上烘托出一切都好的氛围，诱导市场资金追高买入。

通常来说，在股价涨幅巨大的情况下，买盘上依然挂出大量买单，似乎有大批资金正热情高涨地准备入场。

买盘上的那些大买单，也在时刻变动：撤掉一部分，让市场买单先成交，然后再度挂上，等市场买单再次排队买入，主力资金会再度撤单。同时，为防止市场上大抛单趁机卖出，主力也会适时撤掉一些大买单。

举个例子：某主力当天有一个阶段性减仓计划，在盘中交易时间内，主力在买一挂单 2000 手，这时市场买单跟着挂了 500 手，买一上挂单这时是 2500 手。主力随后撤掉 2000 手买单，随之再挂 2000 手，买一还是保持着 2500 手，买单总数并无变化，但市场资金挂上的 500 手买单排在了前面，必然先于主力的挂单成交。

频繁运用类似挂单再撤单的手法，主力完全可以轻松减掉需要减掉的仓位，并且通过买盘挂单不断有大买单出现的假象来稳定市场情绪，避免引发恐慌盘大批出逃。

这里所举的例子只是异常挂单一个简单的片段，意在使交易者举一反三，在实战中学会读懂盘口，读懂主力行为。

第十一节　外盘大于内盘的最佳比例

看不懂盘口数据，不知道盘口数据具体含义的交易者，就好像拿着一把没有准星的枪上战场的新兵，能打得准目标，才是一件奇怪的事。这些看起来平淡枯燥的盘口数字，其实隐藏着很多有关主力资金的秘密。

盘口数据中，有内盘和外盘这两个对应的数据，初学者往往搞不清其具体含义，容易忽视其存在，不做深究。其实内盘和外盘这两个对应的数据，在盘口分析中的作用不可小视。很多宣称监测主力资金流动的软件，其基本原理就是根据内盘和外盘来设计和应用的。

什么是内盘和外盘？

以买入价成交的交易，成交现手数量相加的累计数量即内盘。换句话说，主动性卖出的数量，就是内盘数据。

以卖出价成交的交易，成交现手数量相加的累计数量即外盘。换句话说，主动性买入的数量，就是外盘数据。

举例而言，如图 3-55 中盘口挂单：卖一为 23.76 元，买一为 23.75 元。

如果交易者想卖得高一点，则可以在卖一 23.76 元或更高价位上挂单等待成交；如果急于卖出，则会以买一的 23.75 元或更低价位为卖出价，这就是主动性卖出。成交之后，这笔交易的成交现量就会计入内盘。

卖五	23.80	191
卖四	23.79	139
卖三	23.78	199
卖二	23.77	222
卖一	23.76	31
买一	23.75	246
买二	23.74	8
买三	23.73	10
买四	23.71	30
买五	23.70	197

图 3-55 内外盘数量说明

搞清楚内外盘的概念，也就明白了其中的含义。

简单地说，外盘数据较大，说明资金看多该股，主动性买入较多；内盘数据大，说明持仓者人心浮动，看空后市，主动性卖出较多。

需要注意的是，这是内外盘的基本含义，“简单地说”不等于就是这么简单！否则，做股票也太容易了——盯住内外盘就足够了。

永远都别忘了交易的博弈性和诡诈性！

例如：主力资金在卖一上挂上足以让市场资金产生联想的大卖单，那么想卖出的就只能照着买一上的价位抛。

这种大卖单至少告诉市场两层含义：其一，在卖一挂单你是卖不掉的，因为这么大的卖单排在你前面；其二，尽快往买单上抛，说不定一会儿就会出现更低的价位。

于是很多想卖出的筹码，就会按照主力资金的暗示，往下寻求尽快成交。这种情景就会使内盘变大，看起来主动性抛盘较多。其实这只是市场资金的盲动，和主力资金的真实动向并无关系。

如图 3-56 所示，卖一上挂卖单 2579 手，下方几档买盘挂单最大的也不过几百手，这种情况无疑会使想卖出的人颇为焦虑，很有可能会选择尽快低价了结。

卖五	11.52	139
卖四	11.51	36
卖三	11.50	1046
卖二	11.49	1241
卖一	11.48	2579
买一	11.47	662
买二	11.46	97
买三	11.45	150
买四	11.44	53
买五	11.43	100

图 3-56　卖盘挂大单示例

分析内外盘要结合盘口综合运用。另外一点要注意的是，内外盘数据是动态的，会随着行情的发展而改变。早盘内盘大的个股，也许到了午市收盘就会变成外盘大。

对于一些经过长期大幅下跌之后走势低迷的冷门股，如果发现其外盘在连续多日的交易中都明显大于内盘，但股价上变化并不明显，交易者可以买入潜伏，这种现象意味着有资金悄悄进场吸筹。

那么，外盘大于内盘多少为最佳呢？

涨停板上的个股，如果外盘大于内盘接近一倍，那么涨停被打开的可能性就比较低，反之，要注意涨停板可能随时被打开。

同样，上涨的个股外盘明显大于内盘（接近一倍），则即使回落调整也多无大碍。另外，下跌的个股，如果外盘一直大过内盘，而且接近一倍的值，那么即使当日不反弹，次日多数会反弹。

下跌的个股跌幅超过 -3% 的幅度，那么外盘不太可能大过内盘 1 倍，否则股价就不会有这么大的跌幅。这个比例应为：外盘减去内盘所余的数值，达到即时总成交的 5%～10% 为宜。

跌幅不大，或者涨升过程中的个股，内外盘必需在 1 倍以上，否则没有参考价值。原因在于：这是观察有没有大资金借股价下跌暗中吸筹的一个有效指标。

第十二节　量比和换手率

一、量比

量比，是以成交量为衡量对象的指标，是指开市后每分钟的平均成交量与过去 5 个交易日每分钟平均成交量之比。量比，是解读盘面、解读股价不可或缺的一项数据。

量比在解读盘面中最为突出的作用，就是能够及时发现哪些个股在成交量上出现了突变的情况。量比的这个特点有利于交易者及时发现主力资金的动向。

成交量突变，意味着交投活跃度增加，虽然并不必然有获利的机会，但量能的变化总会额外告诉交易者一些关于价格的线索。

量比的计算公式为：量比＝现成交总手 /（过去 5 日平均每分钟成交量 × 当日累计开市时间，时间单位为分钟）。

量比分析的基本法则如下：

1）当量比小于 1 时，说明现在的成交量比不上过去 5 日的平均水平，多数时候价格处于微幅上下振荡中。如价格大幅上涨，则意味着盘口压力极小，后市出现增量后还会有高点；反之，价格大幅下跌，则说明多空双方对下跌没有太大的争执，后市还将继续下跌。

2）当量比大于 1 时，说明当日每分钟的平均成交量大于过去 5 日的平均数值，交易量比过去 5 日稍强。这种情况实战中最为常见，多为相对平衡的市道。

3）当量比在 1.5～2.5 之间时，则为温和放量，现在的价格运行趋势仍将维持。

4）当量比在 2.5～5 之间时，则为明显放量，价格趋势得到明显强化。

5）当量比在 5～10 之间时，则为剧烈放量。价格处于长期低位时，则是关注入场的信号；价格在高位则关注回落的信号。下跌趋势中个股短时反弹时，量比时常也会达到这一数值，但之后就会结束反弹，重新回归下跌趋势。

6）当量比达到10或20以上时，价格高位运行趋向可能随时会发生逆转。

被资金狂热炒作的个股，其量比指标的数值可能会达到惊人的数百倍，这种量比数值已经失去基本分析意义，代表的是一种热炒资金击鼓传花的游戏。

以图 3-57 中该股举例说明，该股在 A 区打开连续涨停板，当日量比达到 359 倍。图 3-59 是其当日的分时走势，通过分时走势可以看到，A 区涨停板开盘后不久即被打开，量能大幅增加。量能大幅增加，说明有大量筹码兑现离场，但也同时说明有大量资金蜂拥买入。

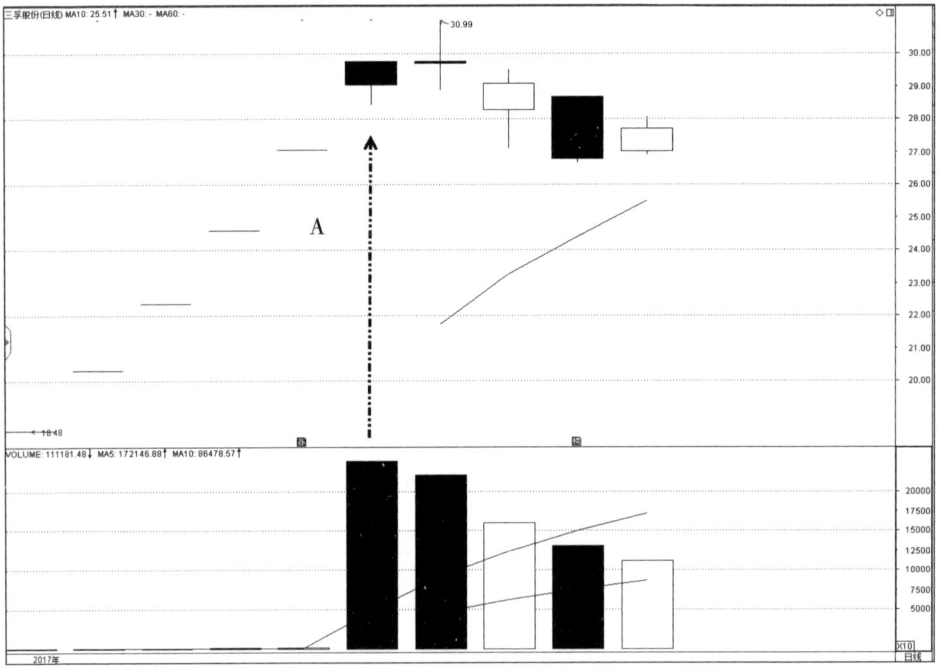

图 3-57　量比示例

图 3-58 中，该股主要的跌幅出现在 A 区，即早盘的前 30 分钟，量能也最为集中。之后的时间段中，股价虽有所回升，但量能并未能再现早盘的

高涨程度。

单独分析某一技术细节时，交易者很容易进入到“死循环”中，并导致“无解”的结论避免发生这种“死循环”，就需要技术环境分析。

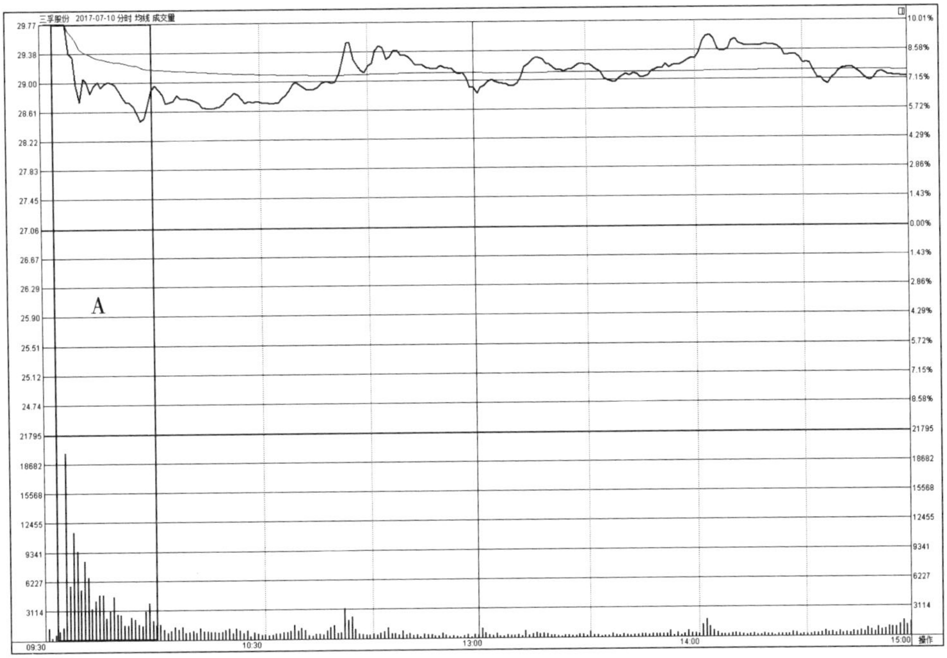

图 3-58 分时走势量比分析

根据该股所处市场技术环境等多个因素分析，当时市场习惯热炒开板新股，即上市后第一次打开涨停板的新股。不少个股打开涨停后，会被资金再次大幅拉高。这种曾经发生过的案例，会给市场资金带来无限的想象空间，直至这种惯性思维方式被无数失败的案例打破，热炒资金才会重新变得谨小慎微。

这就是图 3-58 中该股早盘涨停板打开后，市场资金愿意蜂拥买入的原因之一。在之后的时间段，并未再次出现量能集中，也就告诫市场资金，目前入场的资金很可能只是一帮乌合之众，尽管总量不小，但缺乏主力资金参与，难以形成合力。

图 3-58 中 A 区之后，股价略有上冲便开始回落，也证明了这种判断。

通过以上案例，交易者可以发现，量比过度激增是一种极端情况，大多数都是资金击鼓传花的游戏。当然，当“鼓声”未止时，“花”还会继续传下去，参与者只能希望最后一棒别砸在自己手里。

二、量比与实战应用

1. 价格上涨，量比保持较低数值

价格开始反弹时，如果量比仍旧保持在1倍以下，说明当前主动性积极交易的资金较少，与其说是资金主动性买入带来上涨，不如说是更多的人不愿意卖出造成上涨。对于量比低迷时股价的微弱上涨，交易者不可抱有过多的幻想。

2. 价格上涨，量比出现突发性增长

当价格大幅下跌之后或者是低位蓄势已久，量比大增预示着价格重获资金的青睐，发力上涨的可能性较大。如果价格处于一波短期反弹或次级反弹相对的高位区域，那么这个时候量比突增，则极可能就是反弹行情结束的信号。

3. 价格下跌，量比低迷或增长

价格下跌，量比低迷，这种情况说明对于当前的下跌，市场各方并无太大的争议。价格缺乏吸引力，下跌仍将继续。如果经过大幅下跌之后，价格略作盘整再次下跌时，量比开始激增，交易者可以适当关注，这是价格下跌加速的特征。在恐慌性抛盘告一段落之后，价格将迎来一次极佳的反弹或反转行情。

一般来说，下跌途中量比激增的个股，已经在孕育一定的机会，但是这个机会也同时隐藏着一定的风险。介入时点的把握存在较大的难度，过早介入必然要遭受价格继续下跌所带来的亏损，过晚介入很容易落入主力的陷阱。

稳健的做法是：等待这类个股的量比恢复到一个相对稳定的数值，不再激增也不再继续萎缩，但数值明显强于之前的低迷期间，当量比再次随着价格的上升而再度放大时，可以适量介入。

三、换手率和实战应用

换手率，是指在一定时间内市场中股票转手买卖的频率，是反映个股流动性强弱的指标之一。其计算公式为：换手率 = 某一段时期内的成交量 / 发行总股数 ×100%（成交量 / 流通总股数 ×100%）。

换手率是成交量的一种分析方式。成交量是指多空双方在某个时间单位内对某项交易成交的数量，计算单位为股和手；1 手等于 100 股。

成交量和换手率都是反映量能变化的指标，但是在实战应用中，二者所起的作用还是有所不同的：成交量更有利于对个股行情趋势性的研判上，而换手率的优势在于对个股活跃程度的分析上。

换手率，可以看成是成交量的细节分析和个性化分析，不同股本个股的换手率，其蕴含的技术意义具有较大的区别。

如图 3-59 所示，该股为蓝筹权重股，流通股本为 2696 亿股。该股在图

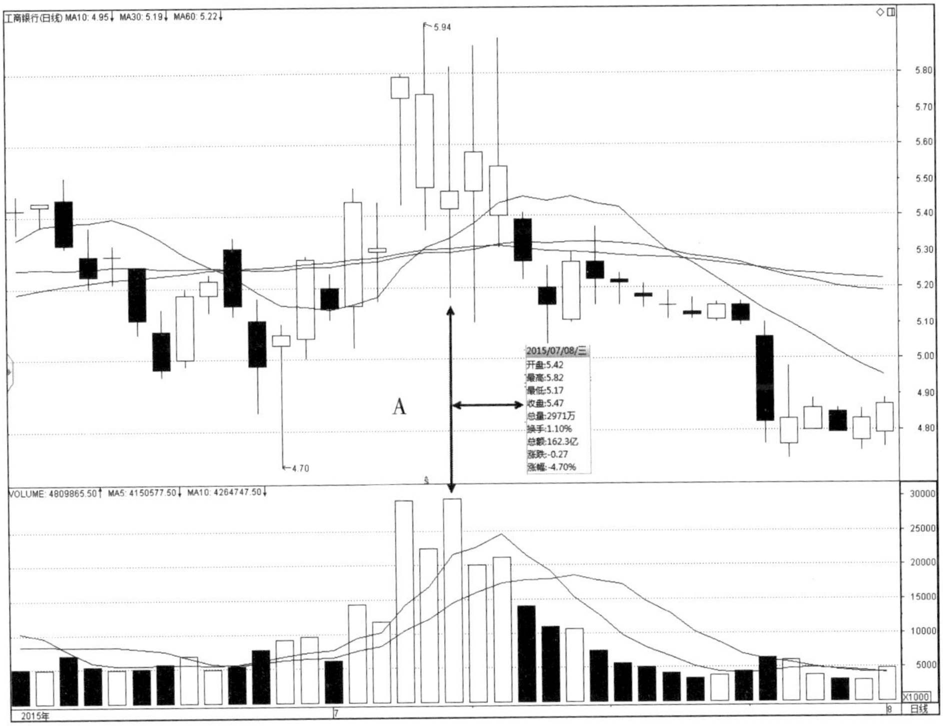

图 3-59　不同流通盘换手率分析（一）

中 A 区升至股价高位，当时的换手率为 1.1%，这个换手率已经处于其历史高值区域，在此之后触发股价发生重大转折。

图 3-60 中 A 区，该股在高位的换手率为 22.36%，经过下跌后，该股盘整阶段的最低换手为 1.14%。该股流通股本为 2.2 亿股。

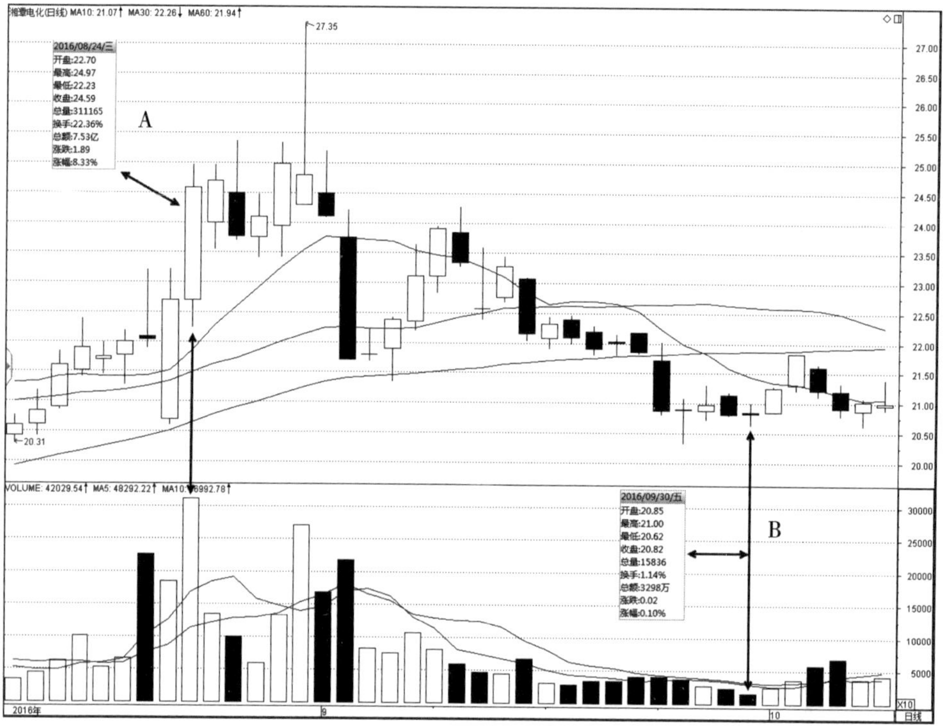

图 3-60　不同流通盘换手率分析（二）

通过上述两只股票换手率的对比，交易者可以看到：相近的换手率，在股本较小的股票上，股价往往表现得极其孱弱，而在股本较大的股票上，这个换手率却代表着股价呈现高度活跃的交易情况。

实战中关注的应该是换手率过高和过低这两种极端表现。当然，换手率的高和低，因个股股本的不同而应有不同的认定尺度。

过低或过高的换手率，在多数情况下可能是个股趋向转换的信号。而呈常规或略增、略减的换手率，一般都显示为趋向继续的含义。

短线交易者应以换手率较高的个股为目标，即交易活跃、变现性好的个股，只有这些个股才有可能出现幅度较大的差价，短线交易者才有机可乘。

但是，过高的换手率和在前节讲过的量比指标一样，大部分都是资金击鼓传花的游戏，不是绝对不可以参与，而是需要参与者在量价分析上具有一定的敏锐嗅觉，能够及时发现价格的风险因素是否正在大面积扩散。

如图 3-61 所示，在 A 区，该股当日换手率达到 61.41%。图中可以看到，自连续涨停板开板之后，成交量一直处于极高的水平上。粗略估计该股开板后 5 个交易日，换手率至少达到 300% 以上。也就是说，该股所有不受限制的流通股本，在短短的 5 天内，被交易了至少 3 次以上。

图中 A 区之后，量能不断下降，股价也逐步走低，短时间内股价就出现了较大幅度的下跌。而在游戏中接下最后一棒的人，只能止损或者继续顽抗并期待奇迹出现。

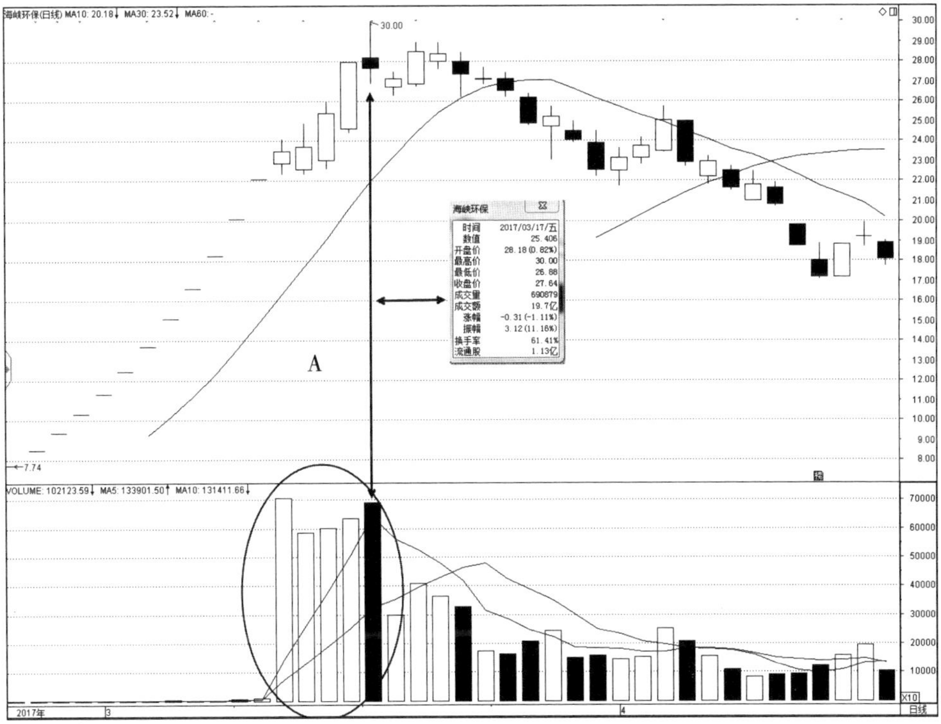

图 3-61　换手率对股价走势影响的分析

过高的换手率不可能持续存在，相应的价格趋向也会与之联动。而过低的换手率，却有可能长期存在，反映的是价格低迷、交易冷清的状况。

冷门股长期低迷的换手率也是和价格对应存在的。

如图 3-62 所示，该股股价在 A 区高开低走，当天换手率达 22.59%，随后股价回落调整。股价经过大幅下跌后，量能不断萎缩，至 B 区时当日换手率仅为 2.57%。

B 区的换手率仅为 A 区换手率的十分之一，可谓大幅萎缩，通常说明主力早已完成大规模减仓，目前只是散仓的恐慌性抛盘。这种情况也就是阶段性换手率过低的类型，至少意味着股价可能已经接近反弹的节点。

实战中，需要注意类似图 3-62 中 B 区的缩量，如果之后股价反弹而换手不能持续放大，则可能多为短线反弹，后市继续振荡下跌的可能性非常大。

如图 3-63 所示，A 区换手率出现过低的情况后股价反弹，但量能不能持续放大，于是股价继续下跌；B 区再次反弹，换手率仍旧难以持续放大，反弹的高度也就可以预期了。

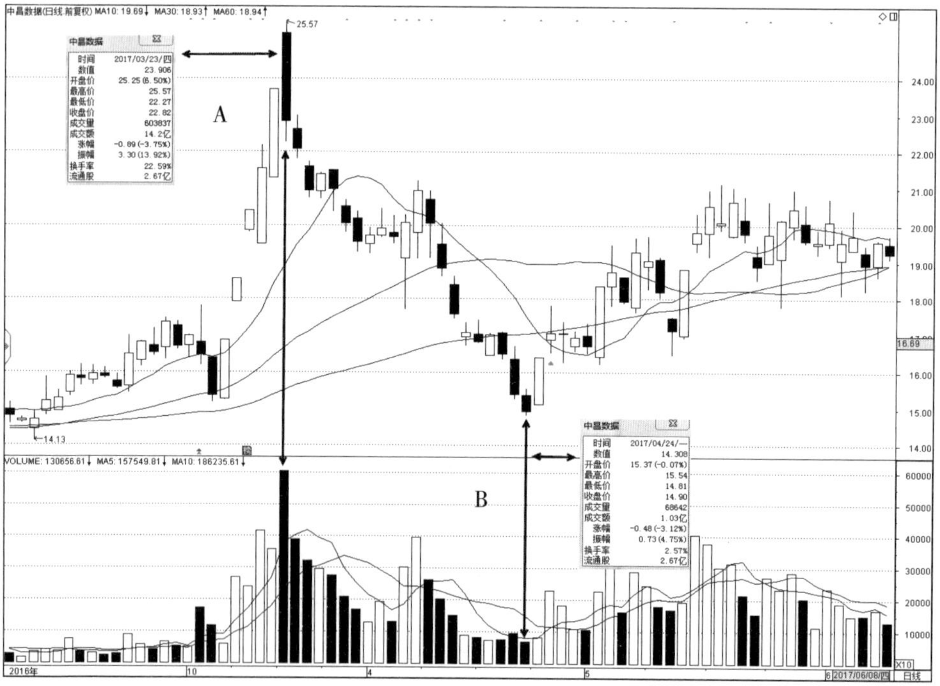

图 3-62 换手率与股价走势的关系

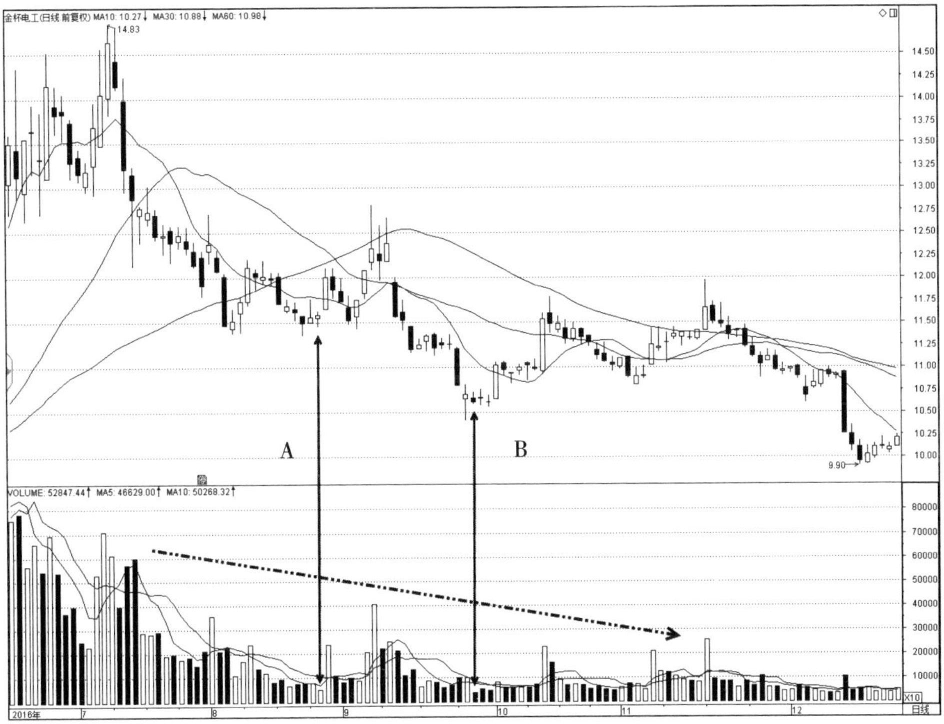

图 3-63 换手率与反弹高度的关系

第十三节 “神奇”的盘感与“护城河”

一、神奇的盘感

有“金融大鳄”之称的投资大师乔治·索罗斯曾说，每逢自己的投资组合存在问题时，他总是会感觉到背痛；当这些问题得到解决时，背痛就会不治而愈。

这种神奇的感觉，也就是预感或“第六感”。其实是人的潜意识对大量不同信息合成的结果，在股票市场上也称为“盘感”。

盘感，能让交易者对未来行情运行产生预判，而这种“盘感”并无逻辑推理或分析的过程，但行情往往会验证“盘感”的正确性。有些人在关键时刻往往会因为这种神奇的“盘感”而逃脱劫难。

盘感神奇，却并不神秘：它来源于社会实践，人们把自己的主观意图施加于客观事物，当主观意图符合客观规律时，行动取得成功。人们对客观事物本质属性的辨别、判断，就可以不必样样都要经过思维活动的复杂分析、综合、归纳、演绎等加工过程，只须在感知过程中将储存在大脑神经网络中的理性意象与特征相应的某一事物感觉印象相比较，便能直接做出判断。

盘感形成于股票操作中，是交易者对自身操作经验和交易理念综合积累以及长时间亲身感受市场“综合交易信息”的沉淀。

盘感是在交易操作中实践、体验得来的，没必要把它当成超凡入圣、高不可攀、不容窥测的“武功秘籍”。经过一些必要的步骤和一段时间的强化训练，大部分人也可以拥有它。

总而言之，“盘感”有一个从量变到质变的过程，在这个过程中，既需要交易者下功夫做足功课，也需要勤于思考与感悟。

1. 每日复盘训练

应该把复盘当成每天收盘后必须完成的一项工作。复盘的意义在于：结束一天的实时交易后，重新浏览个股走势，重温当天重要的盘面信息。有些内容在实时交易时限于时间，不便于深入分析，而复盘时则可以好整以暇，从容不迫地静下心来仔细研究。在复盘过程中对当天市场热点、板块动向、大盘总体趋势等都应有一个细致的回顾，并以交易日志的方式认真记录。

2. 盘面速判能力训练

交易时间看盘时，要注重训练自己对于涨跌幅榜上的个股走势、板块发展情况以及大盘、个股分时走势的变化，即时做出趋向性判断，并随时验证自己判断的正确性；判断错误时，立即诊断原因或记录下来，等待复盘时分析。每天多次重复进行这种即时判断、即时验证的训练。

3. 盘面记忆能力训练

实时交易时，对重要目标个股的盘口数据特征认真观察和记忆。比如，对分时走势特点，开盘、收盘有无异常，盘中最高价、最低价出现时的盘面特征，量价关系正常与否以及盘中有无出货、护盘等主力运作情况，需要认真仔细地观察和记忆。实时交易结束后，将目标个股的这些重要信息，在脑海中反复回忆。

4. 交易信息的条件反射训练

对大盘及个股一些重要底部、顶部的分时图、K线图、成交量以及技术指标的特征，反复研究，细心揣摩，并逐步拓展到次级行情、短期行情的高点和低点技术特点的研究分析中去。读懂这些行情特殊阶段的技术含义，并强化记忆这些技术细节。

利用交易软件的回放功能，逐一分析一些重要点位出现时的技术环境。和即时交易的盘面速判能力训练一样，交易者可以在分析技术含义的同时不断地进行预判，再利用回放来验证自己的判断是否正确，以此不断储备盘面信息，强化条件反射和盘面速判的能力。

“神奇的盘感”，来自于投资者的勤奋与刻苦，当然，还需要一份持之以恒的耐心。

二、盯盘者的护城河

盯盘者，是指交易时间内密切关注股价波动的交易者。这部分交易者大多以短线交易为主，容易受到股价短期波动的影响。盯盘者需要具有强大的自控力和相应的操作纪律，才能在股价的跌宕起伏中寻觅到盈利之机。

1. 操作纪律

德国哲学家黑格尔曾说：“纪律是自由的第一条件。”没有纪律约束的所谓自由，其实是放纵。肆意妄为的放纵带来的只能是破坏和毁灭，自由又从何谈起？

在股票交易中，交易者的一切操作行为如果没有纪律的约束，而是仅凭个人好恶或别人的建议来决定，那么炒股将会变成极其危险的游戏。

有些人往往并不信任操作纪律，认为操作纪律是对自己的一种羁绊，却并不明白正是这些“羁绊”，在行情发生意外情况时能够保护自己的资金不受较大侵害。

在股市上，所有的人都会出错，关键在于不重复犯同样的错误以及一些低级错误。做到这一点看似简单和容易，但却是大多数交易者亏损的主要症结所在。

其中的原因在于，当行情如火如荼时，最容易忘记曾经有过的伤痛，把风险抛在脑后，眼里看到的只有暴利。能帮助交易者克服这一心理弱点的，就是操作纪律。

一些交易者漠视操作纪律的原因，在于某些偶然性的机会里，不守纪律并获取了暴利，而守纪律却常常坐失良机。其实这种现象本身就是股票市场上诸多诱惑之一，也是人性弱点的体现。即只看到“成功和暴富”，却看不到或不愿意看到“失败和惩罚”。

以纪律的形式来规避不必要的错误，无疑能使交易者迅速撇除股市上诸多杂波的干扰，能够更为清晰地感受和捕捉市场运行的主动脉。

成功者的操作纪律，是在股票市场上经历过多次成功和失败后，对经验和教训的高度总结，是由无数金钱和血泪凝成的。借鉴成功者的操作纪律，用心体会自己的得失成败，是交易者建立自己操作纪律体系的最佳手段。

操作纪律的建立和执行，可以落实在一份股票投资计划中。通常来说，这份计划应该具有以下内容：

1) 资金控制。包括投入的总资金额度和资金的使用步骤以及预备资金的留置额度等。

2）交易目标、时机、周期以及收益预期。在交易计划中，对为什么买入目标个股，应有一个充分的说明。在之后的持股过程中，因股价波动发生疑虑时，回过头来看看，当初买入理由是否有变，这非常有助于交易者耐心持仓。

同时，对买入和卖出时机、价格，应确定一个大致的范围，确定整个交易周期的长短和交易次数。同时预期收益要合理，不能太高，否则会影响心态，本来的盈利也会变为亏损。预期收益的具体额度要根据市场情况而定。

3）纠偏手段。交易计划要清晰明确，同时要根据市场变化的情况，确定非常规的纠偏、纠错手段，意外情况发生时不至于手足无措。

赢家，不一定是通晓整个市场秘密的人，却一定是一个了解自己、能够掌控自己心灵的高手。交易者并不需要打败整个市场，能够战胜自己的弱点，在股票市场将无往而不利。

2. 别用自己的希望去交易

投资大师罗杰斯曾告诫投资者：别用自己的希望去交易。

这句话的意思是说，交易者在决定买入或卖出时，不能把内心的希望作为交易的理由和依据。比如，我觉得这只股票会涨或者会跌等。

有些人在熊市中买入一些横向盘整的个股，内心期望这些个股会在不久之后向上突破，给自己带来丰厚的利润。然而，这类个股盘整结束后，多会选择向下运行。交易者的愿望和幻想中的利润，被现实击得粉碎，唯一真实存在的就是资金的亏损。

盯盘者的任务在于解读盘面的潜藏含义。在这个过程中，决不能让主观愿望掺杂其中，否则在分析和判断时，结论必然和真实情况存在较大的出入。

比如，某股突然连续出现较大买单，持仓做多的交易者如果从主观愿望的角度来理解，其结论必然是：该股即将出现快速飙升；空仓交易者的理解可能就是：这是主力的诱多，后市肯定下跌。

这就是典型的用主观希望来分析和看待盘面变化，全然不考虑技术面上的客观情况和其他因素的影响。如果盯盘者仅从主观希望的角度来分析和研判盘面的变化，那么可能永远也读不懂主力资金的真实“心跳”。

第四章

发现资金逃逸与回归路径

第一节 分时图基本知识

在对个股进行分析和研判的过程中，分析分时图是一个不可或缺的内容；尤其对短线或波段交易者来说，能够反映价格即时变化的分时图，是一扇了解股价强弱、股性呆滞还是活跃的窗口，非常有利于发现主力资金潜在的操作思路。

必须说明一点，分时图有其优越处，也有其缺憾处。某一日分时走势的强，并不能代表这种强势必然具有延续性，尤其是在大市处于振荡阶段或个股逆势运行时。

应用分时图时，交易者要明确分时图仅是技术分析的一个点，并不能全面替代技术分析的所有方面，毕竟技术环境分析才是保证结论正确的有效方式。

实战中应用分时图，主要是从形态和量价匹配的角度展开的。

谈到量价，可能有人就会说“上涨放量、下跌缩量”，并将这种量价匹配当成唯一正确的原则。“上涨放量、下跌缩量”是一种最常见，也最为大众所认可的量价匹配方式或原则，但正因为其在市场上广泛流传和高度认可，往往成为主力最喜好的诱多或诱空手段。

其实在实战操作中，股价上涨一旦放出大量，往往就到了折返的拐点。

有经验的短线交易者都知道：放大量急涨后要抛出，当日低价买回或次日低价买回的成功率极高。

灵活认识量价变化，不能人云亦云，也不能按图索骥；真实的量价匹配原则是，探知并理顺量价变化之中的逻辑关系。

一、分时图的构成

分时图的坐标可以选择普通坐标、10% 坐标、满占坐标等，通常使用默认的普通坐标，交易者也可根据自己的看盘习惯和喜好来选择。

分时图上的横线代表价格和相应的涨跌百分比，竖线代表交易时间，通常每一条竖线的时间间隔为 30 分钟。

从整体上来说，分时图可以分为三块来分析。

1. 即时走势

即时走势由三条线构成，即昨日收盘线、均价线、分时价位线。其中分时价位线也称为分时线、股价线或现价线。

昨日收盘线，是以前一交易日的收盘价所画的横线。若现价线低于这条线，则股价在下跌，高于这条线则股价在上涨。

均价线，是指由每分钟的平均成交价格相连构成的曲线。

每分钟的成交均价 = 每分钟的累计成交金额 ÷ 每分钟的累计成交量。均价线在个股分时图上一般用黄色来显示。

现价线，是指由每分钟最后一笔成交价格相连所构成的曲线。在个股分时图上一般用白色来显示。见图 4–1 所示。

2. 成交量柱线图

即时走势图的下方，是成交量柱线图，用来显示盘中即时成交的情况。见图 4–1 所示。

3. 技术指标图

分时图左下侧边框可选择不同的技术指标来进行辅助分析，包括量比、成交量、资金博弈、资金驱动力和竞价图等几部分。图 4–1 所示为量比曲线。

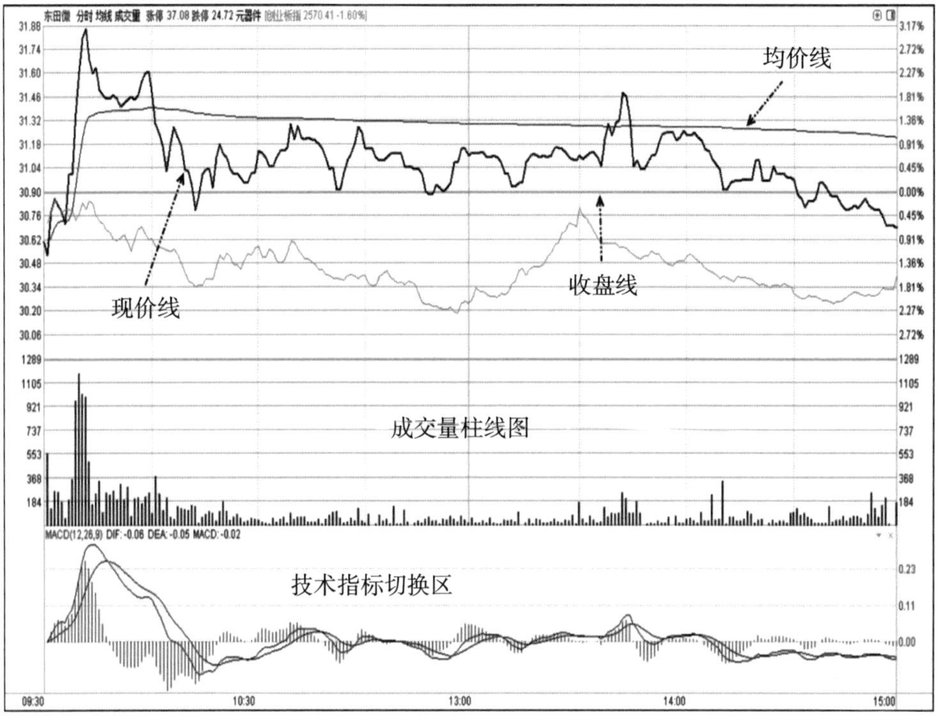

图 4-1　个股分时图各元素的意义

对于技术指标图，交易者可选择使用或隐藏，毕竟过度关注指标变化，反而容易忽视价格的真实波动。通常来说，技术指标图在验证判断结论或监测技术共振时使用。

二、大盘指数分时图

除了个股分时图，各类大盘指数也有即时分时走势图，比如上证综指、深证成指、创业板指、科创 50 指数等。这些指数每天在盘中的走势，对于个股和板块具有不可忽视的影响，也是交易者研判资金流动的重要依据之一。下面以上证综指为例进行讲解。

1. 黄线和白线

大多数软件上的上证综指分时图上，都有黄白两条线。

上证综指分时图上的白线，是上海股市所有股票的加权平均指数，由上海证券交易所发布并编制。当媒体报道上证指数时，所报的点数就是白线的即时点数。该指数受权重股走势的影响较大。

分时图上的黄线，是上证领先指数，即沪市所有股票的平均指数。其含义是，所有上市公司不分股本大小，对指数的影响是一样的。

两者的差异体现在：一个是加权平均指数，另一个是简单平均指数。实战中，通常认为白线代表大盘股走势，黄线代表中小盘股走势。见图 4-2 所示。

当指数上涨时，如果白线在上方，说明上涨主要是由于大盘股引领，大盘股的整体涨幅要比中小盘股的整体涨幅大。相反，如果黄线在上方，说明大盘的上涨主要是中小盘股上涨引领，中小盘股的整体涨幅要比大盘股的整体涨幅大。

当指数下跌时，如果白线在下方，说明大盘的下跌主要是由大盘股所引领；相反，如果黄线在下方，说明大盘的下跌主要是由中小盘股引领，中小盘股整体跌幅要比大盘股的整体跌幅大。

2. 涨跌强度

在上证综指分时图的中间，以昨日收盘线为基准，在其上显示的是红色柱线，在其下显示的是绿色柱线，见图 4-2 所示。这些红绿色柱线反映指数当时上涨或下跌的强弱程度。

当红色柱状线的长度向上拉长时，表示此时上涨的强度正在逐渐增强；当红色柱状线的长度向下收缩时，表示此时上涨的强度正在逐渐减弱。

当绿色柱状线的长度向下拉长时，表示此时下跌的强度正在逐渐增强；当绿色柱状线的长度向上缩短时，表示此时下跌的强度正在逐渐减弱。

如果绿色柱状线长度向上缩短后，并没有出现明显的红色柱，就又开始向下拉长，则意味着连绵的下跌行情即将来临。

当红色柱状线的长度向下缩短后，并没有出现明显的绿色柱，就又开始成为红色柱状线并向上拉长，则意味着连绵的上涨行情即将来临。

无论是红色柱还是绿色柱，长时间过度拉长后，都意味着至少有一个短期反向休整要出现。强度到了极点，就是向弱转化的开始。

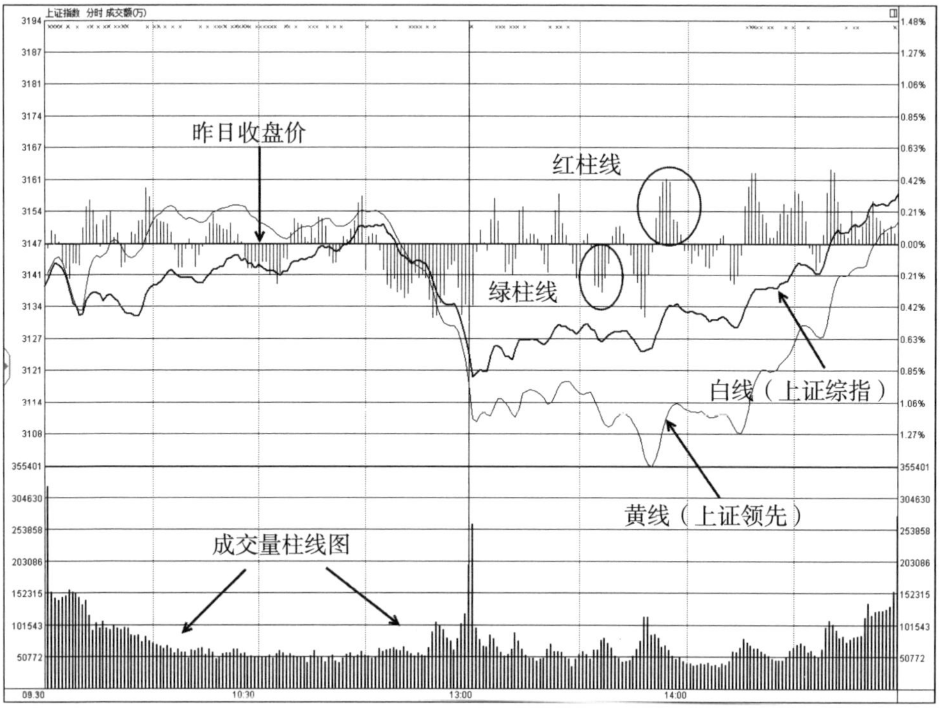

图 4-2 上证大盘分时图元素意义

实战中注意背离的出现，即红色柱极长，但指数却滞涨；绿色柱极长，但指数却并未明显下跌，这种情况下，指数可能会出现短期逆向拐点。

3. 成交量柱线图

在上证综指分时图下方，如图 4-2 中所示，是“成交量柱线图”。每一条长短不一的柱状线，代表每 1 分钟上海证券交易所 A 股和 B 股的累积成交之和。

柱状线越长，表明在这 1 分钟里，上海证券交易所 A 股和 B 股的总成交量越大。

4. 指数的盘口数据

大多数行情软件中，在大盘分时图的右上角，是当日指数相关的盘口数据（行情信息区）。在这里，交易者可以看到当日开盘、收盘、涨幅、最高指数、最低指数、总成交量、上涨家数、下跌家数等数据，如图 4-3 所示。

指数盘口的这些数据，能够让交易者在短时间内对即时整体市场行情有一个相对全面的了解。比如：图 4-3 中的最低指数为 3118，而最新指数为 3157，昨日收盘为 3147，今日开盘 3138，通过这几个数字，交易者可以判断出当日大盘出现过下跌，然后回升并出现小幅度的上涨。

G ≡ 999999 上证指数	$G2
	51.0亿
	33.0亿
A股成交	1753.7380亿
B股成交	1.9472亿
国债成交	10148.8257亿
基金成交	337.3201亿
最新指数	3157.87
今日开盘	3138.44
昨日收盘	3147.45
指数涨跌	10.42
指数涨幅	0.33%
指数振幅	39.96/1.27%
总成交额	1755.6852亿
总成交量	154843648
最高指数	3158.05
最低指数	3118.09
指数量比	1.06
上证换手	0.51%
涨家数 586	跌家数 632

图 4-3　上证指数盘口参数

指数盘口数据中还有一个涨跌家数，其数值随着当日行情的发展不断变化，显示当日整个市场个股涨跌数量，对于判断日间大盘波动具有参考作用。

如图 4-3 所示，上涨家数和下跌家数较为接近，表明即时大盘走势以波动盘整为主。

涨跌家数的数值是即时的，不断变化的。某一时间段上涨家数多、大盘指数上涨，说明目前市场资金做多积极性普遍较高。上涨的家数多，大盘却下跌，说明市场中的权重股处于下跌态势，市场资金存在分歧。下跌家数分析亦与此相同。

在指数盘口数据栏（行情信息区）下方，交易者可以选择不同的即时数据进行分析，比如分价表、分时成交明细等。如图 4-4、图 4-5 所示。

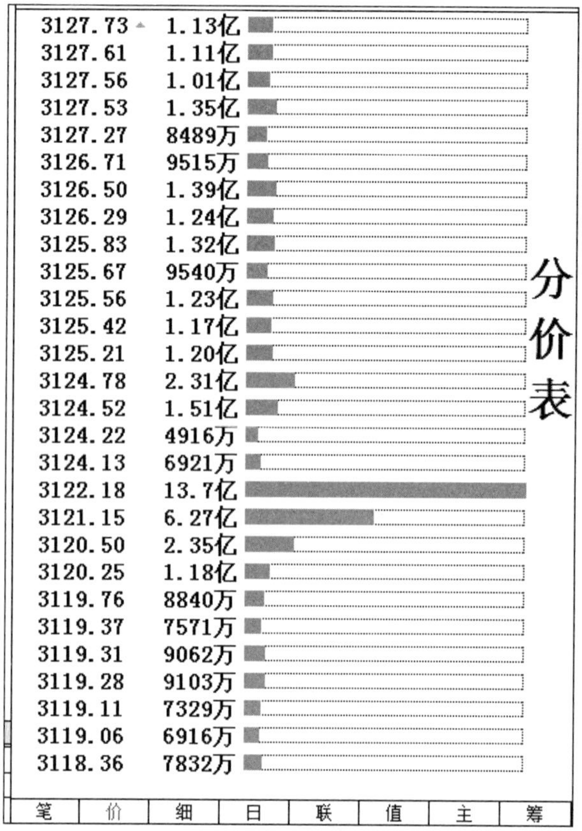

3127.73	1.13亿
3127.61	1.11亿
3127.56	1.01亿
3127.53	1.35亿
3127.27	8489万
3126.71	9515万
3126.50	1.39亿
3126.29	1.24亿
3125.83	1.32亿
3125.67	9540万
3125.56	1.23亿
3125.42	1.17亿
3125.21	1.20亿
3124.78	2.31亿
3124.52	1.51亿
3124.22	4916万
3124.13	6921万
3122.18	13.7亿
3121.15	6.27亿
3120.50	2.35亿
3120.25	1.18亿
3119.76	8840万
3119.37	7571万
3119.31	9062万
3119.28	9103万
3119.11	7329万
3119.06	6916万
3118.36	7832万

图 4-4　分时成交明细（一）

分价表是将不同时间段在某一点位成交情况的汇总，从中可以看出哪些点位资金出现过较为密集的成交。分时成交明细是将每 1 分钟成交情况进行即时回报。

5. 指数分时图的即时变化

盘中指数分时图的即时变化，有时会对当天运行趋向产生极大的影响，关注并分析这些变化，对于提前预判当日行情以及行情后续走势具有重要参考作用。

当日大盘高开或低开，跳空缺口回补与否，能够显示出大盘强势程度和市场大部分资金的倾向性。这里仅列举几个典型案例予以分析，实战中的变化较多，不可按图索骥。

分时成交明细

14:57	3155.99	1.42亿
14:57	3156.65	1.09亿
14:57	3156.14	1.32亿
14:57	3156.59	1.58亿
14:57	3156.46	1.26亿
14:57	3156.03	1.39亿
14:57	3157.08	1.35亿
14:57	3156.56	1.20亿
14:57	3156.64	1.41亿
14:57	3157.21	1.48亿
14:57	3156.76	1.58亿
14:58	3157.07	1.06亿
14:58	3157.05	1.56亿
14:58	3157.15	1.71亿
14:58	3157.05	1.37亿
14:58	3156.84	1.79亿
14:58	3157.39	1.61亿
14:58	3157.62	1.68亿
14:58	3157.61	1.68亿
14:58	3157.15	1.85亿
14:58	3157.63	1.61亿
14:58	3156.91	1.94亿
14:58	3157.10	1.86亿
14:59	3157.11	1.32亿
14:59	3157.43	1.16亿
14:59	3157.73	1.69亿
14:59	3157.42	5704万
15:00	3157.87	0.0

笔　价　细　日　联　值　主　筹

图 4-5　分时成交明细（二）

（1）指数高开后不回补缺口

指数保持在缺口上方稳步上行，说明各方资金对于当前上涨并无太大的分歧，后市维持这种格局的可能性较大。直至各方资金在某一点位上产生严重分歧，才会导致趋向生变。

如图 4-6 所示，当日跳空高开后指数振荡上行，虽然中途出现回档，但并未回补缺口，显示大部分市场资金倾向于做多。

（2）高开后指数回补缺口

这种走势显示各方资金对于目前点位具有一定程度的分歧。如果后市持续下跌，说明大盘当天高开具有一定的虚假成分，大部分资金选择了做空。如图 4-7 所示。

如果指数回补缺口后，经过盘整开始稳定上涨，说明虽然有资金离场，但仍有更大的资金倾向于继续做多。

图 4-7　指数高开后回补缺口并下行

如果指数回补缺口后处于弱势振荡状态，说明各方资金处于等待或观望中，目前的这个点位对于做多或做空来说，都不具有太大的吸引力。

如图 4-8 所示，指数高开后略有上冲便开始回落，虽然全天交易整体跌幅很小，但这种弱势状态显示的是资金缺乏参与热情和动力。

（3）低开后指数保持在缺口下方运行

这种走势说明各方资金对于当前下跌形成了一定的共识，后市维持这种格局的可能性较大。直至各方资金在某一点位上产生严重分歧，才会导致趋向生变。

如图 4-9 所示，指数低开后急速下跌，在之后的大部分交易时间里，市场都维持在弱势振荡的格局中。

（4）低开后指数回补缺口并继续上涨

这种走势显示各方资金虽然对目前点位具有一定程度的分歧，但仍有部分实力资金倾向于做多。实战中，这种情况下的上涨要注意观察其持续性，一旦后续资金不再加入做多，则行情较容易陷入振荡或下跌的态势中。

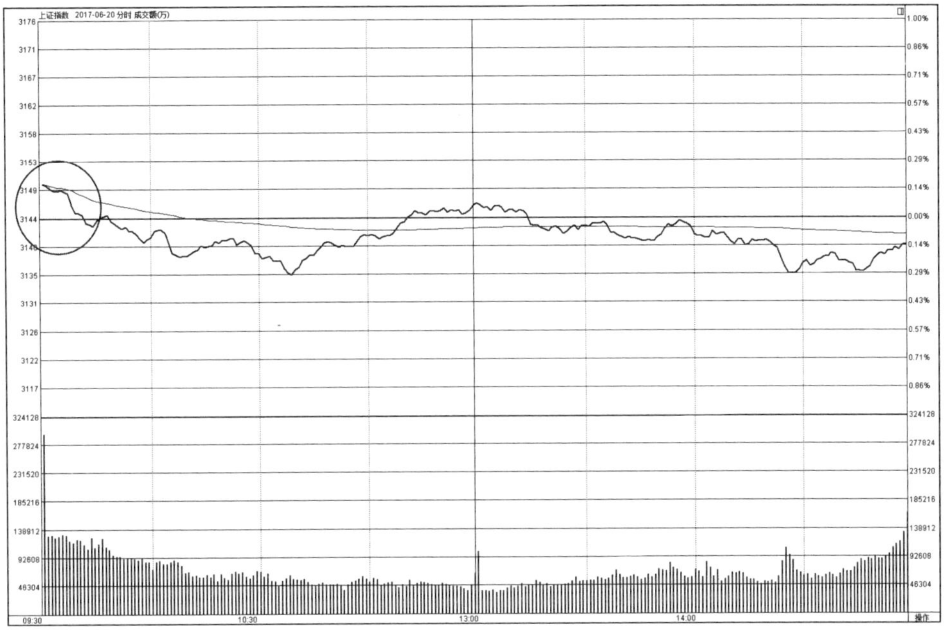

图 4-8　指数高开后回补缺口并窄幅振荡

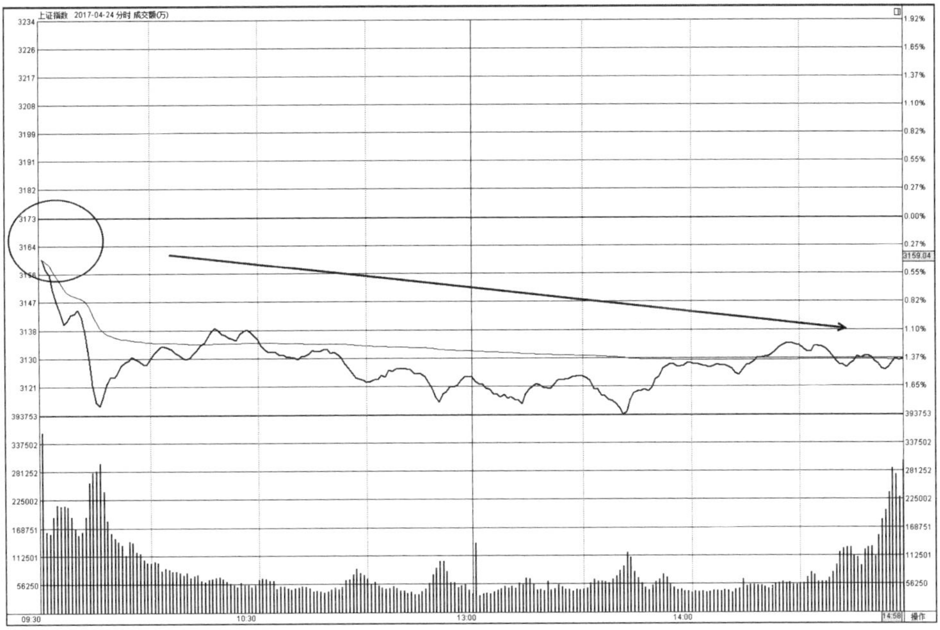

图 4-9　指数低开后在缺口下方运行

如图 4-10 所示，指数大幅低开后早盘低位振荡，午后在资金主动攻击下指数回补缺口并大幅上涨。

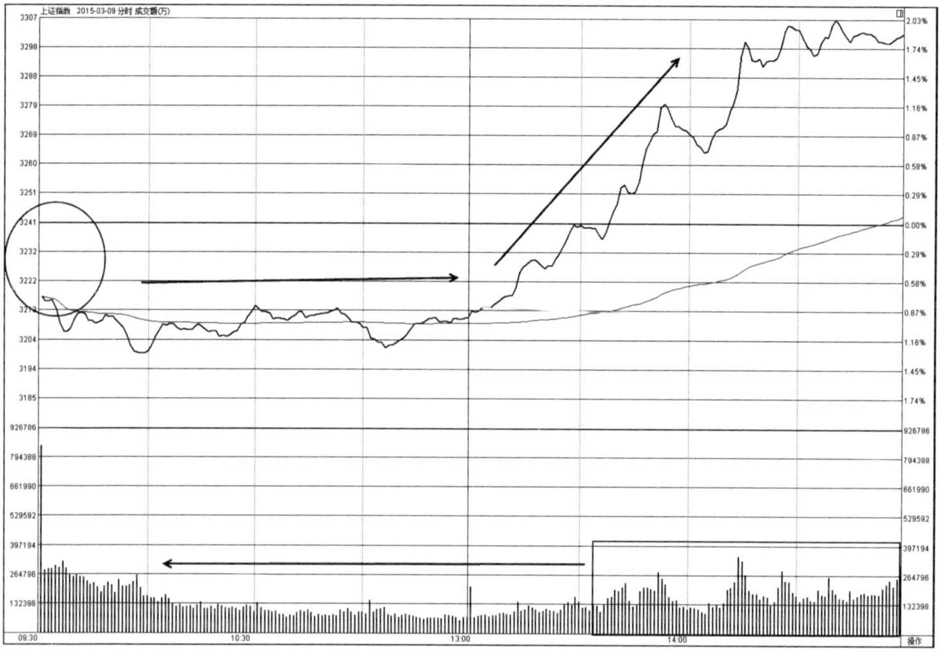

图 4-10 指数低开后振荡、回补缺口并上行

如果指数回补缺口后处于弱势振荡状态，说明各方资金处于等待或观望中，目前的这个点位对于做多或做空来说，都不具有太大的吸引力。

如果指数回补缺口后却无力继续升势，说明虽然有资金试图做多，但仍有更多资金倾向于离场。

如图 4-11 所示，指数低开后虽然回补缺口，但明显缺乏持续上涨的动力。之后的大部分交易时间内，指数都处于下跌态势中。

实战中，分时图上的成交量柱状图也是观察和分析的重点。对于突然的放量，要分析清楚是哪些版块在异动，有没有参与价值等，不可见到量柱突然激增，就贸然参与做多。

常规情况下，注意分析量价是否匹配。

如图 4-10 中，指数早盘低开后量能由大逐渐变小，显示指数低开带来的杀跌力量渐变的过程。之后指数回补缺口，在上涨途中量能明显增加，与开盘时最大量能相差无几，显示出资金入场做多的迹象。

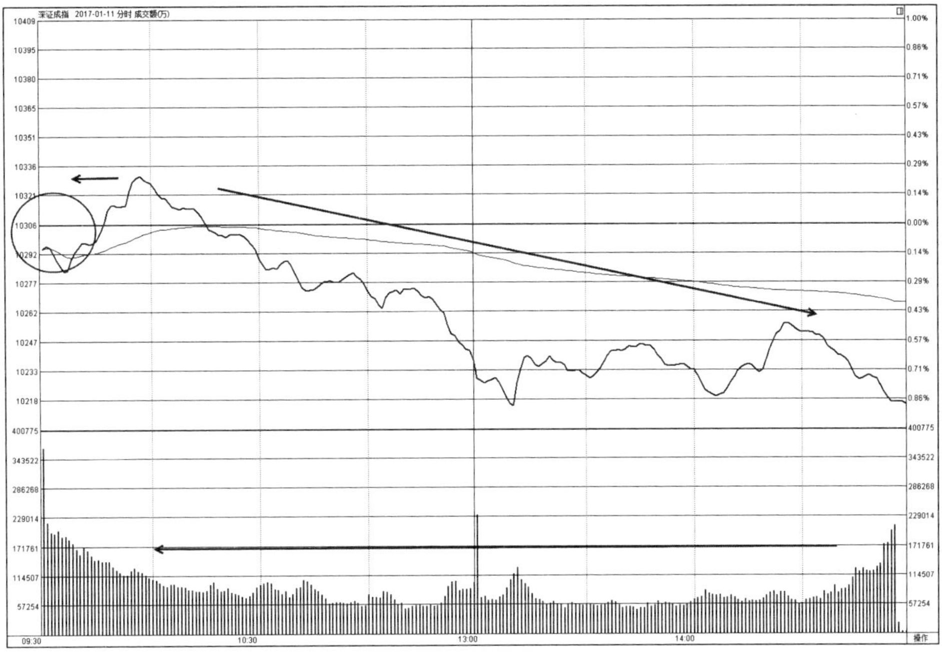

图 4-11　指数低开后回补缺口后振荡下行

反观图 4-11，指数早盘低开后量能由大逐渐变小，指数回补缺口时也未见明显放量，说明市场资金处于谨慎观望中，并不愿意在这个点位进场。在之后的指数振荡中，量能一直萎缩，只是在尾盘时有所放量，但也不及早盘开盘时的量能，说明资金对于目前点位上的弱势持续并无过大的分歧。

指数在上涨或下跌到某一重要点位或关口时，成交量是否出现变化，同时量能的变化是否体现出对于指数的支撑或压制，也是交易者看盘时需要重点观察的技术点。

三、日间分时图与多日分时图

很多软件上都有多日分时图这个选项，在分时图上点击鼠标右键，就会出现类似图 4-12 所示的菜单，交易者可选择多日分时图。图 4-12 是 20 日的分时走势。

单日分时图展示当日分时走势，而日间的价格波动往往过于短暂，难以尽现主力资金的运作轨迹。虽然K线图可以展示较长时间周期的价格走势，但就反映细节波动的连贯性来说，多日分时图是一个更理想的选择。

一个相对较长时间内的细节波动走势，其间的高点、低点所形成的“峰”与“谷”，以及价格在这些“峰”与“谷”上所受到的压制或支撑以及突破，都是分析价格趋向的关键细节因素，如图A区对于前高的突破。

虽然分时走势上对于“峰”与“谷”的突破仅具有短线分析意义，但将其与其他技术因素综合分析，则可以更为清晰地认识和理解个股的趋势全貌。

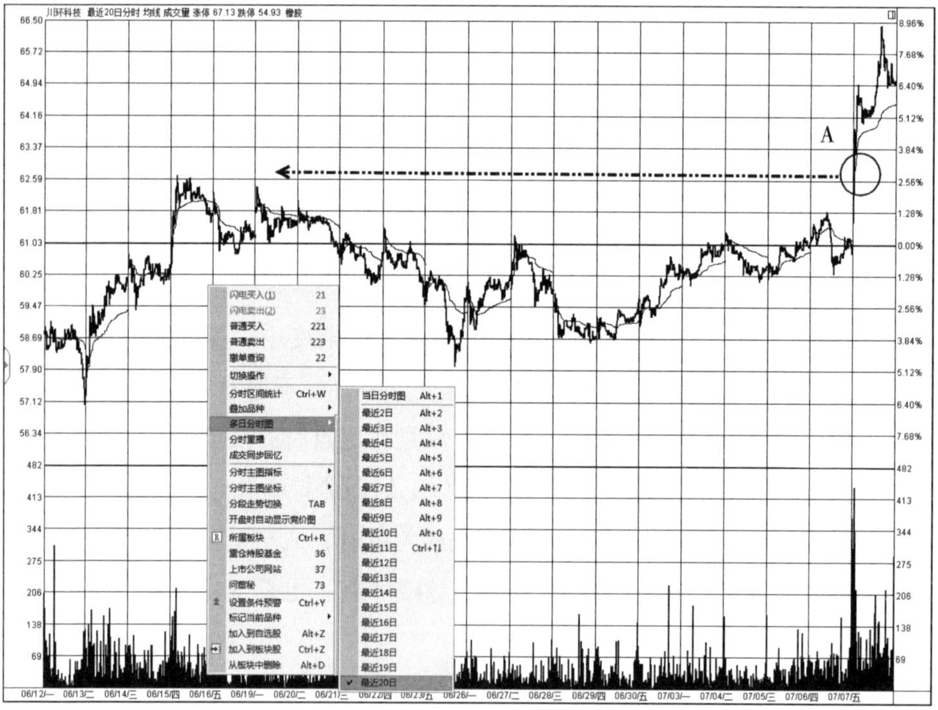

图4-12 多日分时走势分析

第二节　分时图常见形态分析

在个股分时走势中，有一些形态会反复出现，这些形态有利于交易者研判盘中资金流向。熟悉、认识和理解这些常见形态，在此基础上发现其中哪些是符合股价运行逻辑的，哪些走势“一反常态”，抓住那些存有疑点的走势并深究下去，必会发现股价的真实波动轨迹。

一、双线顺势

当现价线持续在昨日收盘线、均价线上方运行，成交量保持稳定或温和增大时，表明市场预期较好，多方信心不断增加，早前介入的大部分交易者都有盈利。

昨日收盘线虽然是静态的一条横线，但是当现价线和均价线在其上方或下方运行时，这条线是否能够体现出一定的支撑或压制作用，对于交易者分析盘间价格运行趋向具有重要的参考作用。

如图 4-13 所示，现价线大部分时间都在均价线和昨日收盘线上方运行，成交量稳定并有渐次放大的趋势，显示市场资金看多信心较足，逐渐加入到买入的行列中。昨日收盘线对于现价线和均价线的支撑是明显的，在这种情况下，均价线和现价线顺势向上，只要这种双线顺势的情况不改变，多方强势就一直存在。

下跌过程中的情况也很类似，当现价线持续在收盘线、均价线下方运行时，表明市场预期较差，资金正陆续流出，早前介入的大部分交易者都亏损。如图 4-14 中均价线和现价线在昨日收盘线之下顺势向下，只要这种双线顺势的情况不改变，空方的强势就一直存在。

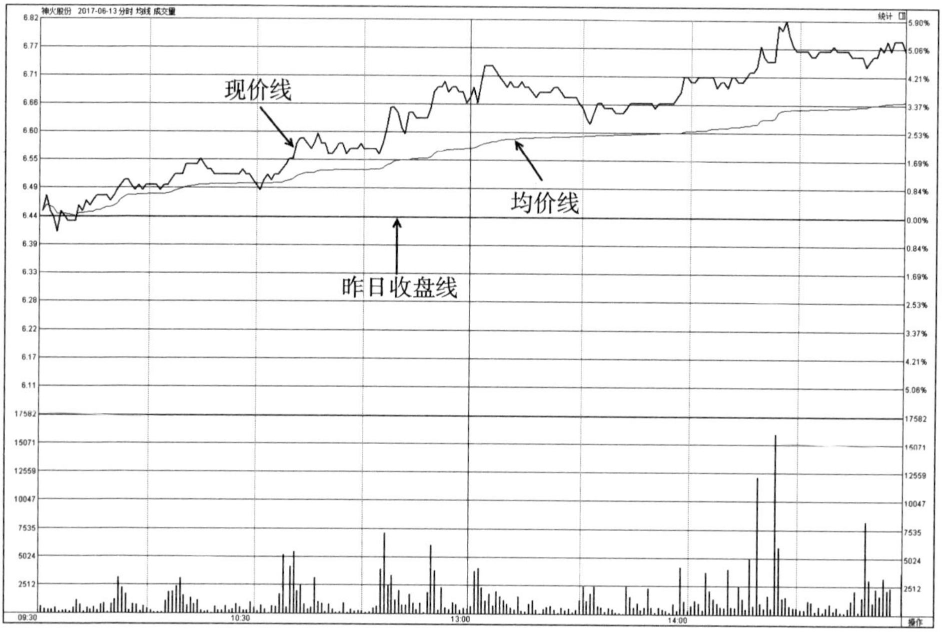

图 4-13　当日多方力量强势示例

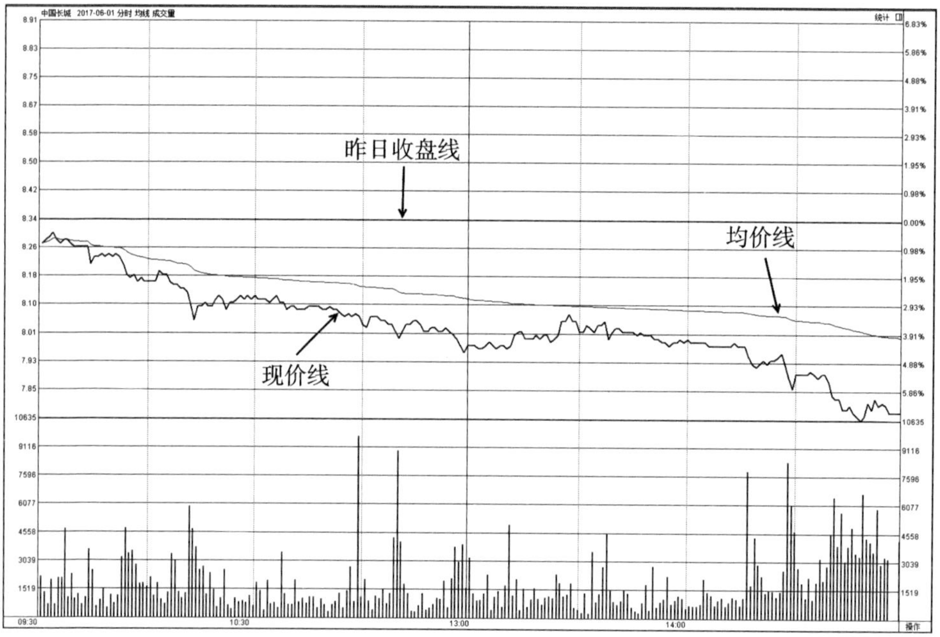

图 4-14　当日多方力量弱势示例

二、乖离与折返

1. 涨势中

当现价线大角度急速上涨，与均价线瞬间拉开较大距离，之后均价线并不能迅速向现价线靠拢，二者之间保持较大的乖离时，则现价线极有可能会出现折返走势。

如图 4–15 所示，A 区现价线大角度急速上涨，一度封住涨停板，而这时均价线仅在 3% 多的位置，二者相距 7% 左右，而且均价线呈横向移动的态势。之后现价线向下折返并一度跌破均价线。午盘现价线和均价线已经失去双线顺势，显示走势可能进入盘整的态势中。

现价线和均价线之间的乖离过大，显示资金高位持续追涨的意愿不断降低，市场普遍存在畏高怕套的心理倾向。如图 4–15 中 A 区之后，现价线盘落，成交量也一路萎靡，正是这种心理倾向不断放大的结果。

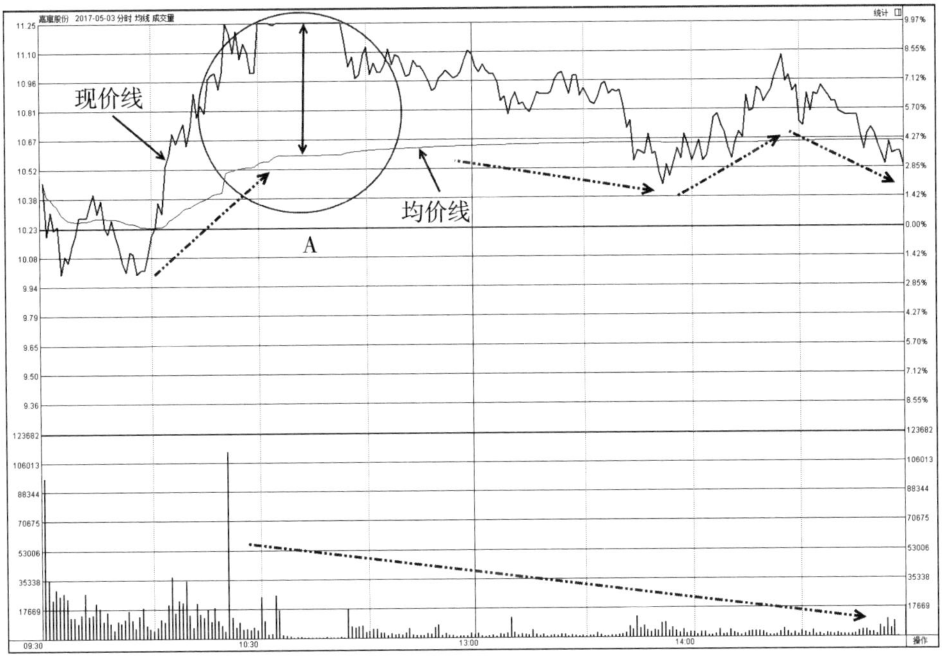

图 4–15　涨势中现价与均价乖离率过大的走势

实战中，也有热门的强势个股现价线急速上冲，与均价线瞬间出现较大乖离后涨停封板的情况。如图 4-16 所示，早市收盘前，现价线拉开和均价线之间的距离，午盘这种较大乖离的态势一直存在，直至股价封住涨停板。

过大的乖离引发折返走势是大概率存在的，但并不意味着必然就会引发折返，技术分析的关键点在于资金买入是否具有持续性。图 4-16 中个股是当时热炒的新股，日换手达 50% 以上，资金炒作的狂热程度由此可见一斑。

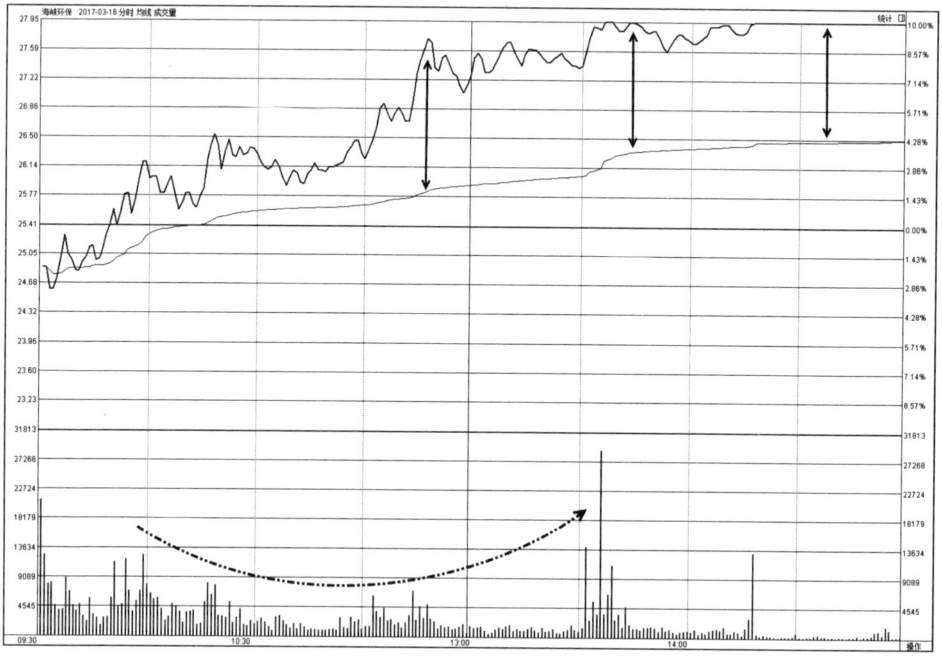

图 4-16 个股环境因素对股价与乖离率的影响

现价线上涨，均价线紧密跟随，二者乖离保持在正常的范围内，则后市股价继续强势运行的可能性较大。

如图 4-17 所示，上涨过程中现价线和均价线一直保持顺势和相应的距离。即使早市收盘前现价线急速上冲，午市开盘后均价线也能够迅速跟上，并在之后保持和现价线之间的距离，且能够对现价线的回落提供必要的支撑。

从图 4-17 中的成交量分布可以看出，早盘成交量呈温和增加的态势，午盘开盘后现价线回落，成交量骤放后急速减少。这个现象说明午盘开盘有资金兑现离场，这也是现价线回落的原因。

但是交易者可以发现，午盘开盘后现价线回落，还是在不远处的均价线之上就得到了支撑。这个情况说明：虽然部分资金离场导致现价线回落，但更多的资金仍旧坚定地看多该股走势。

现价线回落得到支撑后，成交再度放出密集的大量，显示资金抢筹的迹象，而股价也随之封住涨停板。

现价线和均价线如影随形般（小乖离）同步上行，再加上成交量匹配，则是强势个股启动初期在盘口上的明显特征。

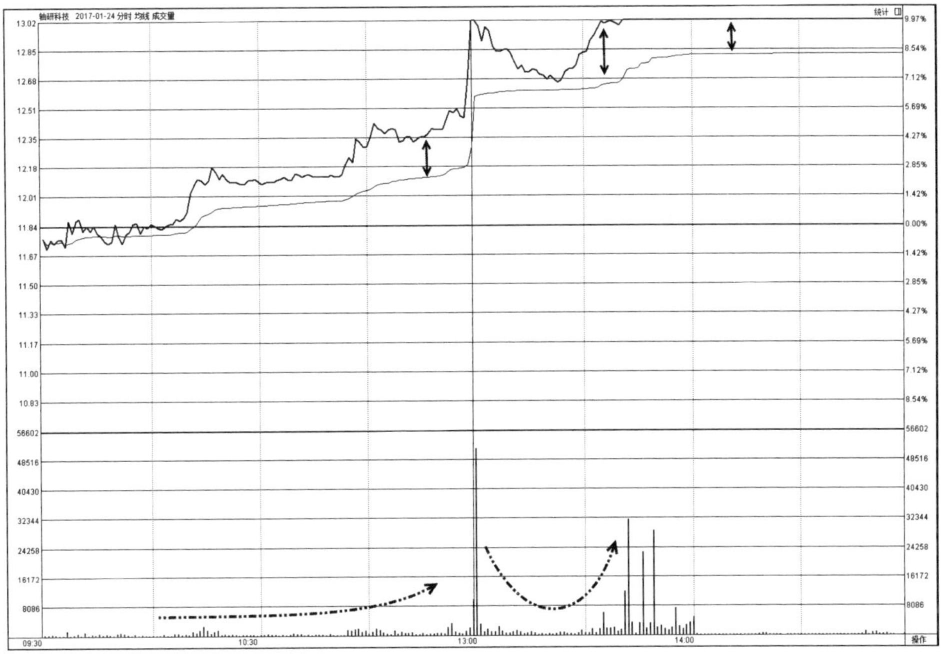

图 4-17 均价线对现价线的支撑作用

2. 跌势中

当现价线持续下跌，均价线在其上方跟随下行时，说明有资金正在兑现离场，价格仍将继续下跌。

如图 4-18 所示，在整个下跌过程中，现价线每一次小的弹升都受到下行的均价线的压制，随后两条线保持顺势而下的格局继续下跌。

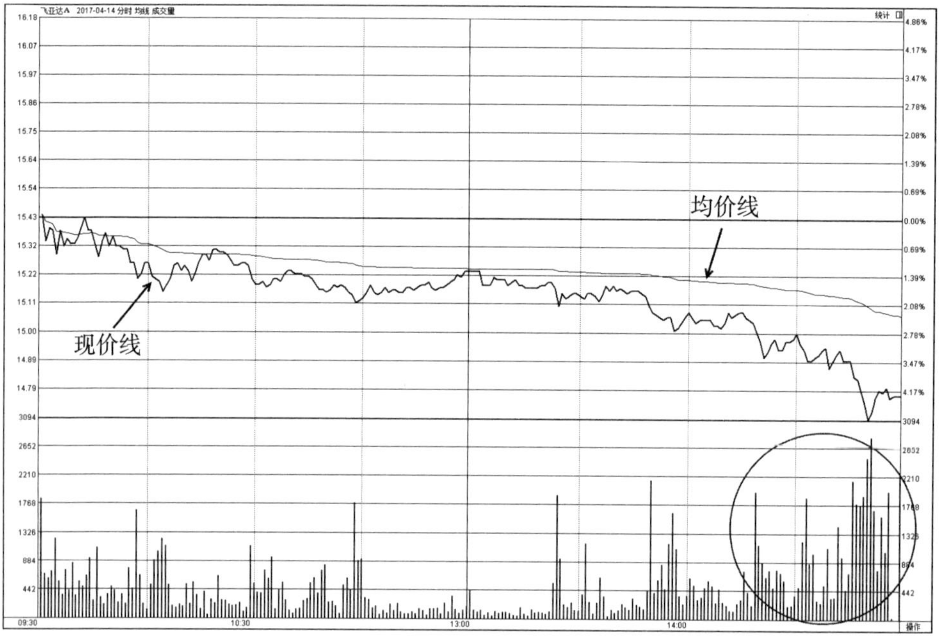

图 4-18　尾盘量能放大分析

在这种情况下，成交量或大或小，大多并不具有重要的分析价值。但尾盘时的成交量变化，应给予足够的重视。如图 4-18 所示，尾盘现价线持续下跌，成交量明显放大。尾盘量能放大的情况，应根据该股所处的技术环境制订交易策略。

例如，价格高位启动下跌时，当日尾盘多会放量，这种放量既有当日高点卖出、尾盘接回的资金，也有盲目抢尾盘赌次日反弹的资金。因下跌刚开启，很多市场资金仍存有看涨的惯性心理，也促使其抢买尾盘。这种类型的尾盘放量并不值得关注，即使次日出现反弹，多数也难以具有持续性。

还有就是经过一段时间跌势后，某日尾盘下跌量能明显大于前几日量能，量能出现放大的情况，则之后的交易日多数会有幅度不等的弹升。这种类型的尾盘放量值得关注，其意味着有资金进场或原主力资金回补，即使只是一个短期行为，其弹升的幅度也比前述那种情况要理想得多。

当现价线突然大角度急速下跌，而均价线并不迅速跟进并呈走平的态势，二者乖离较大时，价格可能发生幅度不等的反弹。

如图 4-19 所示，A 区现价线突然急速下跌，而均价线缓慢横移，二者之间乖离瞬间增大，现价线低点略有盘整后就展开反弹。

现价线和均价线之间的乖离，其实源于二者之间不同的计算方法。交易者可以将均价线看作当日参与者的平均成本。当现价突然远离平均成本时，带给市场的只能是恐慌。

大多数时候，这种恐慌能够为主力资金所掌控，因此也成为其常用的一种做盘手法。但在某些情况下，恐慌情绪大面积蔓延，主力资金不能把控时，就会出现群体性大跌。分辨某一个股急速下跌的性质，主要在于技术环境分析，这个概念作者在多本书中都提到过。

现价线和均价线之间乖离过大后，几乎都会出现反弹，但重点在于观察反弹的幅度和持续性。

如图 4-19 中 A 区出现反弹后，对比早盘下跌阶段的成交量，A 区的成交量明显增加和具有持续性。实战中，如果成交量冲高放大后又迅速萎缩，

图 4-19　现价急速下跌情形下的走势分析

之后成交量也难以持续放出，那么价格即使出现反弹，其力度也会很弱，时间也会很短暂，反弹后重回下跌的可能性更大。

三、横向振荡

现价线横向振荡在均价线、昨日收盘线上下，如遇大盘下跌，但现价线与均价线仍旧维持这种波动，并未出现明显向下倾斜的迹象，则在量能放大之际，发力上涨的可能性较大。

如图 4-20 所示，该股早盘第一个小时，现价线、均价线基本横向波动于昨日收盘线上下。这种波动幅度极小，量能也不大，一旦出现较大的买单，现价线就会被轻松拉起，拉升过程中即使有抛单，也不会给走势带来太大的影响。

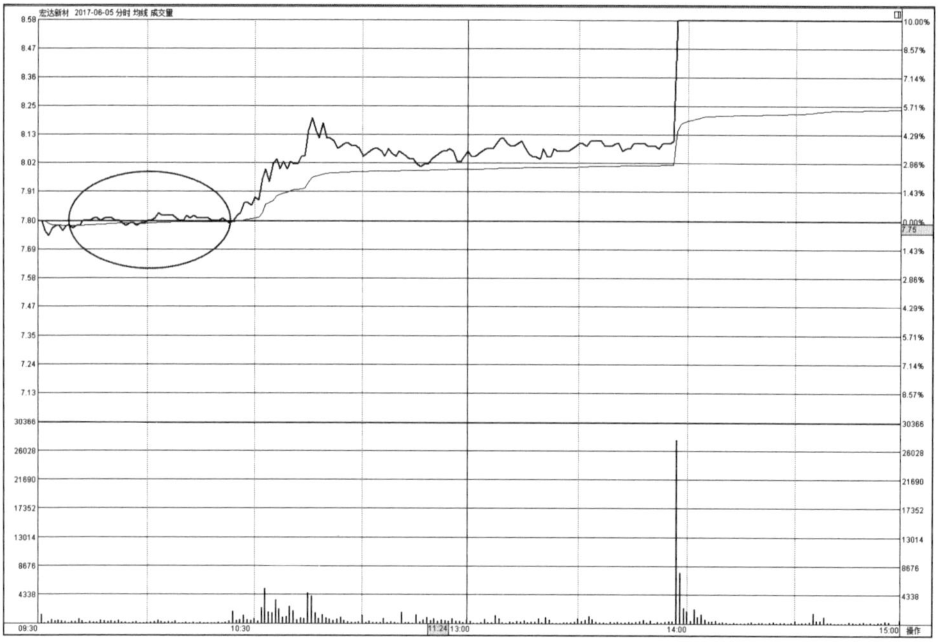

图 4-20　现价线、均价线围绕昨日收盘价波动后的演变

目标个股这种方式的横向振荡，其波动幅度越小越好，前提是目标个股并不是长期冷门股或成交清淡的权重股，最好是有主力资金介入操作，目前处于回落调整期的个股。这种横向波动的出现，极有可能成为转跌为涨的短

线拐点。

实战中，如果大盘或个股普跌，而目标个股经多日下跌，当日保持这种横向振荡态势，则后市起涨的概率更高。

现价线、均价线的横向波动不可远离昨日收盘线，否则的话，后市的变化较多且难以判断。

如图 4-21 中 A 区，现价线、均价线横向波动于昨日收盘线下方，但之后两条线逐渐远离昨日收盘线并向下跌落。类似于图 4-21 中的案例，也有的会在 A 区之后向上涨升，远离昨日收盘线之后的变化会更为复杂难辨。

图 4-21　现价线和均价线逐渐远离昨日收盘线的走势

同时，在图中 4-21 中 A 区横向波动阶段，从成交量柱状图中也可以看到有较大的成交量出现。且不论这种成交是主动性买单还是卖单带来的，大单的出现意味着当前价格具有不稳定性，多方或空方存在进一步操作的欲望。

反观图 4-20 中 A 区的横向波动，成交量维持地量，且和现价线、均价线的微幅波动相匹配，这种情况说明，当经过一番调整后，在当前价位多空相对平衡，任何一方有能量率先发起攻击，都有可能占得先机。

四、缺口攻击

当日价格大幅高开或低开后，都会在分时图显现出一个无交易的空白空间，这个空白空间就是缺口。

在《短线追涨与低吸技术》一书中，讲过缺口的引力交易。价格与缺口之间存在引力与摆脱的关系，这种关系的演化，会为交易者研判价格运行趋向提供重要参考。

幅度较小的缺口，在分时图上多数会被价格的波动回补掉。而幅度较大的缺口，回补与否，能够显示出盘中资金的趋向性选择。当然，这种选择可能仅仅是短期的，甚至并不具有决定交易的意义，但却可以让交易者从中捕捉到主力资金行为的蛛丝马迹。

如图 4-22 中的 A 区，该股低开后，均价线从低位跟随现价线回升，市场多方人气有所回升，市场资金开始尝试买入，回升中均价线对现价线形成支撑。

图 4-22 低开缺口被回补示例

图 4-22 中 B 区，现价线涨至昨日收盘线，将缺口完全回补，之后再次回落至均价线上并得到支撑，价格由此转入稳定上涨阶段。

实战中，回补缺口后，价格突破昨日收盘线压制并向上涨升，是价格进入短期强势的标志，但是需要注意的是，这种短期强势的走势是否能够延续。

如图 4-23 所示，该股低开后很快就回补缺口，但价格的短期强势上涨勉强维持到午盘，最终还是发生向下的跳水走势。

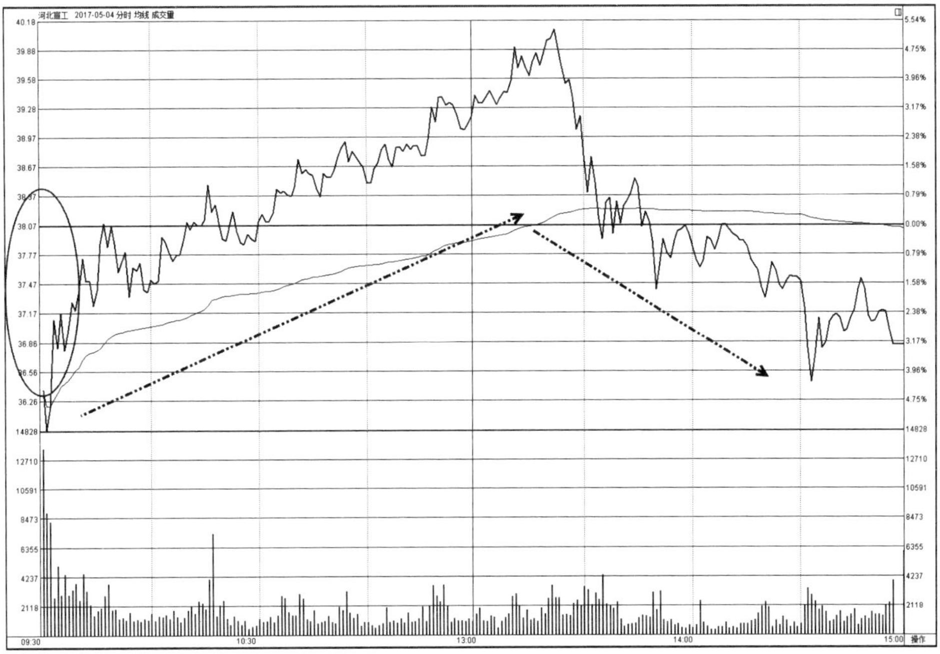

图 4-23　量价不匹配的走势图

强势是否可持续，最直观的外在表现就是成交量。如图中早市开盘有较大量能存在，可在之后的上升中，量能并不能持续增加，显示场外资金缺乏追涨热情，大概率只是存量资金制造的假强势状态。

价格从弱势转为强势并不难，主力资金通过对倒，完全可以制造出一副价格短期强势的假象。但想让价格真正强势或者说维持强势，则需要各方资金形成一定程度的默契。

例如：某股主力资金准备让股价结束回落调整，开始新一波拉升，但在拉升启动阶段，忽然发现有大量抛单不时砸盘，为了搞明白这些抛盘的性质和大致的数量，主力资金必然会放弃原先的拉升计划，改为振荡盘整。这也是某些个股看起来已经进入拉升走势，随后却突然转入振荡盘整的原因之一。

当价格经过振荡，市场各方达到各自的需求，或者短期市场成本渐趋一致时，价格的拉升才会顺风顺水。

第三节　分时支撑——资金流入还是流出

分时图中的现价线、均价线、昨日收盘线（以下简称“收盘线”），三线之间的支撑与压制关系，能够在一定程度上显示出盘中主力资金的流动方向。

如果只是想知道当日股价的即时涨跌，那么掌不掌握这种支撑与压制关系并不重要；如果想对股价有一个前瞻性的判断，那么支撑与压制关系就是必须了解和掌握的重点。

这种支撑与压制关系，对于理解分时走势、看懂盘口股价的内在含义具有重要作用。

所谓分时支撑，是指对于股价的下跌能够起到止跌的作用，对于股价的上涨能够起到助涨的作用。

如图 4-24 所示，A 区现价线（股价）处于收盘线之下，横向波动在均价线上下，这是一种弱势下的均价线支撑显示。实战中，这种弱势支撑不具有稳定性，股价的运行方向难以确定。

B 区现价线、均价线突破收盘线上行后回落，现价线缠绕均价线、盘整振荡在收盘线之上，这是一种相对平衡的收盘线支撑显示。

C 区股价急升后回落振荡，现价线和均价线保持一定的厚度空间，显示股价得到现价线、收盘线的双层强势支撑。这种强势支撑在现价线和均价线不具有较大乖离的前提下，能够起到一定的助涨作用。

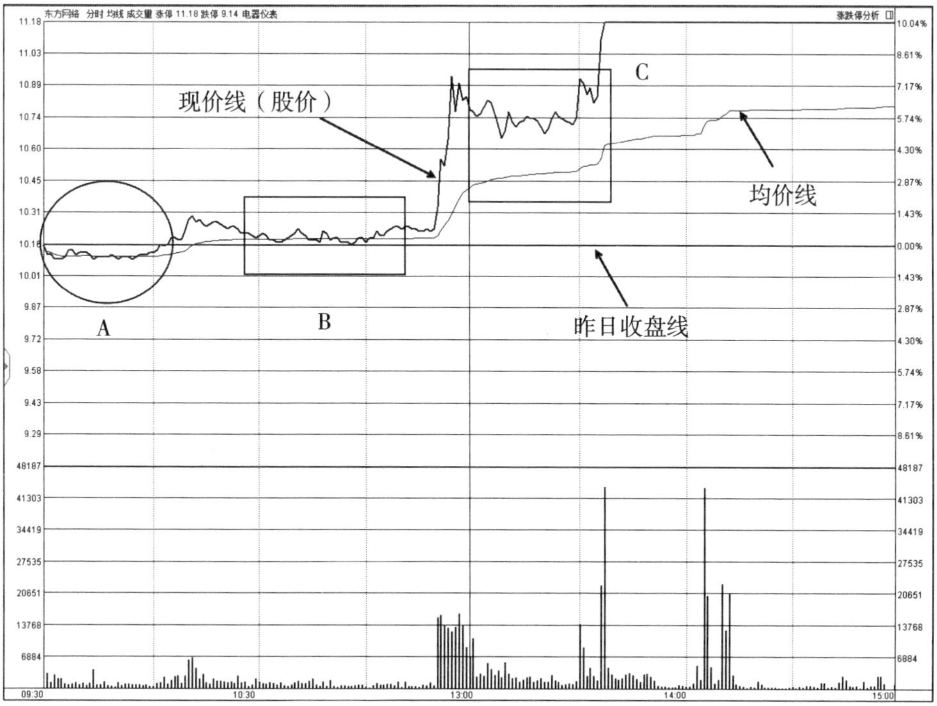

图 4-24 收盘线和均价线的支撑作用

一、收盘线支撑

实战中，收盘线的支撑力度决定着当日股价处于上涨还是下跌的态势，所以当现价线振荡在收盘线上下时，是一种相对平衡的收盘线支撑显示。

换句话说，现价线振荡在收盘线上下时，股价既可能选择上涨，也可能选择下跌。这个判断很像是废话，但是仅从分时走势上孤立分析，也仅能得到类似的“废话”式结论。

分时走势上收盘线的支撑力度，其实取决于技术环境分析。

当某股在技术环境上处于调整结束的当口，分时走势显示现价线振荡在收盘线上下时，就是股价启动上涨前确认支撑的动作。

当某股在技术环境上处于将要调整或调整过程中时，分时走势显示现价线振荡在收盘线上下，则是股价诱多或随机振荡的动作。

现价线振荡在收盘线上下，有图 4-25 所示的两种形式：图中 1 所示，现价线盘绕收盘线，这时的股价会出现一会上涨、一会下跌的盘口走势。这种形式并不必然意味着股价失去支撑，从技术的角度来说，更像是对于支撑有效性的测试过程。

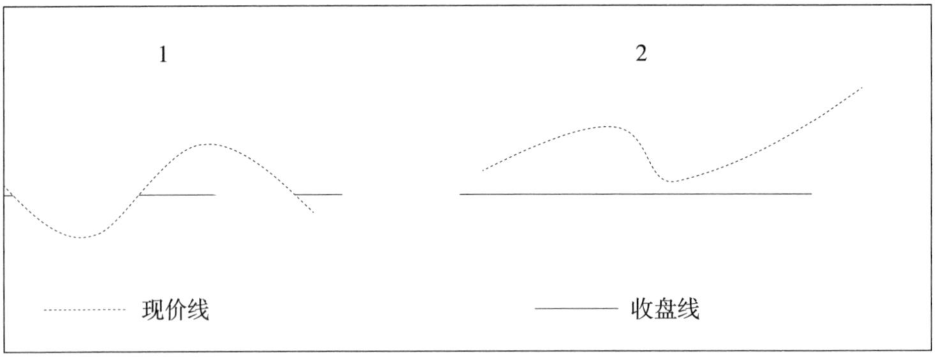

图 4-25 两种形式的现价线盘绕收盘线

如图 4-26 所示，A 区现价线、均价线盘绕收盘线上下波动，在这个过程中，股价的盘口数据上必然会一会儿显示上涨、一会儿显示下跌的情况，这就会给交易者带来较大的困扰。部分不够坚定的持仓者也许会选择卖出，而持币者会延长等待进场的时间，甚至取消进场买入的计划。这种形式在技术上既完成了对收盘线支撑的测试，也利用微幅振荡进行了一定程度的洗盘。

如图 4-25 中 2 所示，股价一直处在收盘线上方，回落触及收盘线便会上涨，这种形式的支撑，从分时走势上讲强度较为理想。

很多个股在启动上涨之前的强势测试阶段，多会采取第二种形式。还有个股股价的回落并不触及收盘线，而是保持较为微小的空间，之后股价突然爆发性上涨。

如图 4-27 所示，A 区现价线运行在收盘线上方，中间的波动低点都没有触及收盘线，显示收盘线已经具有较强烈的支撑，之后股价急速拉升。

收盘线支撑和技术环境分析的关系极为密切，因为其牵涉到股价即时涨跌的显示问题。毕竟股价是涨还是跌，对于大多数交易者来说是最为关心和最聚焦的地方，主力资金往往会巧妙借用收盘线进行诱空或诱多，多数情况下效果都会很理想。

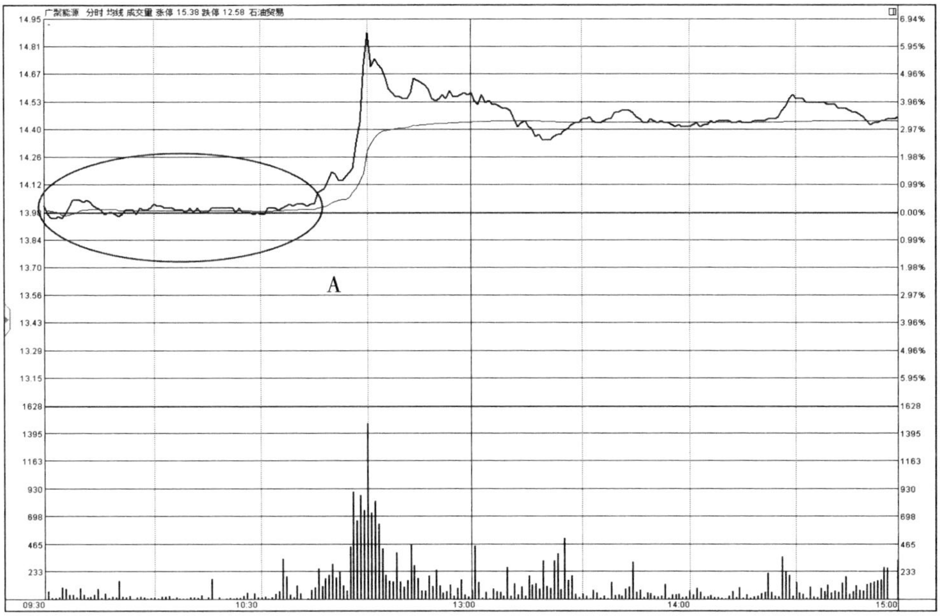

图 4-26　利用收盘线测试支撑

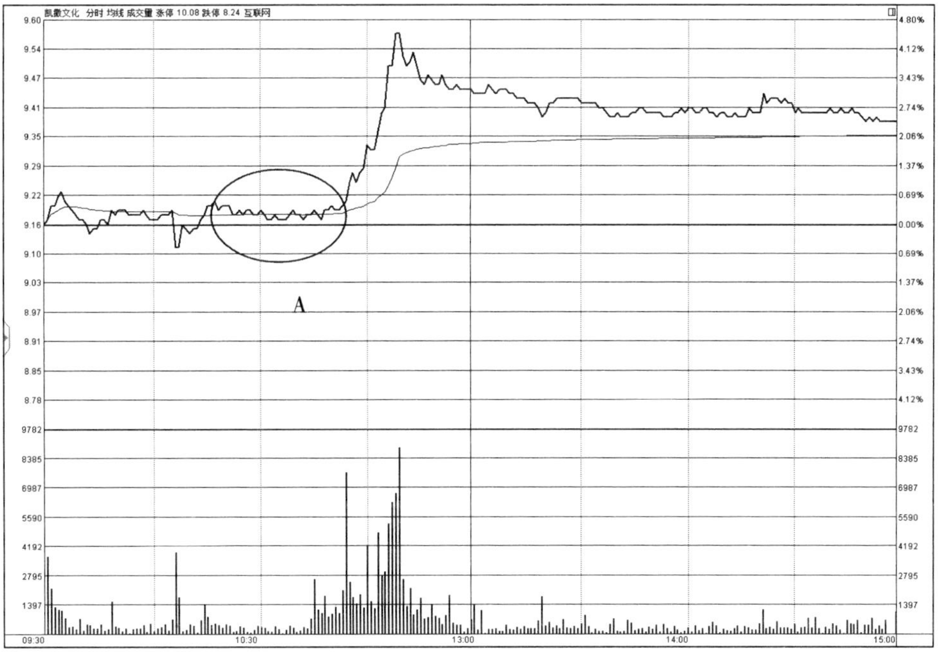

图 4-27　收盘线支撑测试

收盘线支撑分析，必须结合技术环境分析进行，否则交易者得到分析结果不是“废话”就是“谎话”！

二、均价线支撑

均价线的支撑远比收盘线的表现形式多，而且变化更为复杂。同时，均价线并不像收盘线只是固定价位的一条直线，均价线的形态是随着股价的变化而变化的，所以均价线的支撑是即时的，也是分时走势中最能显示股价最新变化趋向的指标。

如图 4-28 所示，该股低开后迅速上涨，均价线跟随上升，之后的股价振荡中显示出较好的支撑力度。

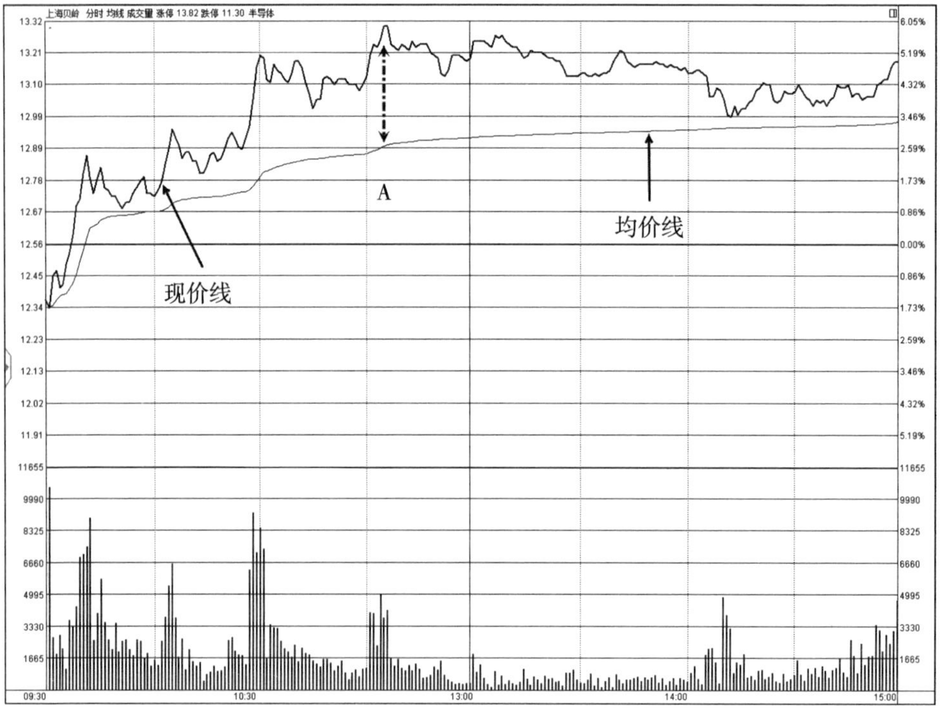

图 4-28 均价线对股价的支撑

在 A 区时，现价线和均价线之间形成较大的乖离。随后股价逐波回落，而均价线维持缓慢上行的态势。

这个案例中，在 A 区之前，均价线的支撑力度显示非常强势，具有助涨作用。在 A 区之后，现价线逐步回落，虽然并未触及均价线就开始回升，但因为时至尾盘阶段，此时均价线的支撑力度究竟如何，似乎缺少一个测试的过程。

通过图 4-28 的这个案例，交易者可以发现：均价线的支撑力度是随着股价的变化而变化的。可能一个具有强势支撑的均价线，在之后的运行中会变成弱势支撑或者需要测试和验证的支撑。

对于均价线需要经过测试以验证支撑力度的强弱，见图 4-29 所示。

如图 4-29 中图形 1 所示，现价线回落，而均价线仍维持缓慢上行，这就是一种需要测试支撑强度的形态。如果股价在均价线处得到支撑，均价线将会起到助涨作用。

图 4-29 中图形 2 所示，则是弱势支撑的表现形式之一。现价线回落，均价线横向运行或缓慢下行，虽然股价并未跌破均价线，但这种形态下的支撑，往往经不住股价下跌的考验。

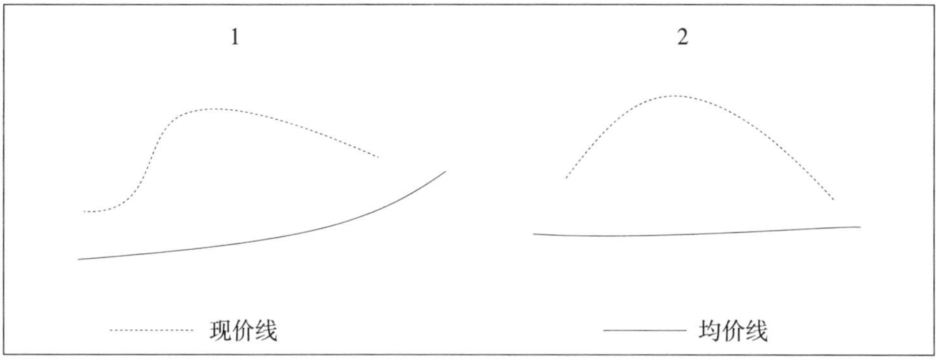

图 4-29 均价线的支撑形式

图 4-29 中图形 2 所示的形态，如出现在收盘线下方，则弱势支撑的意味更为明确。图 4-30 中 A 区所示就是一种弱势支撑，这种支撑下，股价的波动非常频繁，且整体呈向下倾斜。

实战中，对于弱势支撑形态的个股，不可轻易参与抄底。有时候，所谓的支撑，就是为了让市场资金看到希望，采取行动，等到市场资金买入后，支撑将不复存在。

在研判均价线或收盘线的支撑力度时，量能的问题也是需要重点考量的部分。如图 4-30 中的 A 区，量能一直处于萎缩的态势，现价线整体趋向向下，显示各方资金按兵不动或处于缓慢流出的状态中。

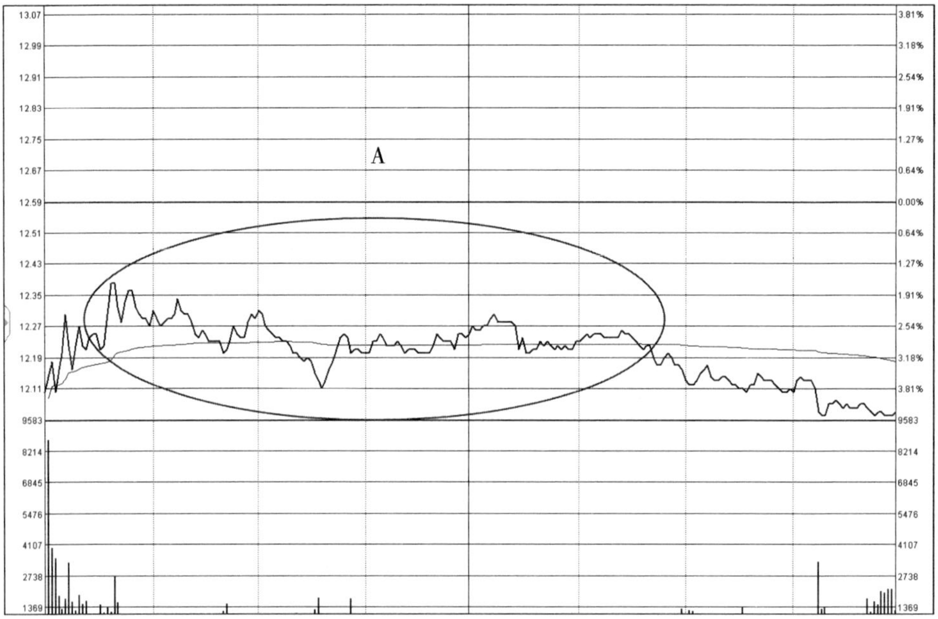

图 4-30　现价线测试均价线

在缩量横向运行的状态下，除去长期冷门个股，多数个股股价不是在沉默中死亡，就是在沉默中爆发。

如图 4-31 中 A 区所示，现价线处于收盘线下，呈现横向运行状态，均价线同样维持弱势支撑。至 B 区时现价线突破收盘线，这时可以看到量能在温和放大，显示有资金开始稳步进场吸纳筹码。当收盘线从压制转化为支撑，均价线从之前的弱势支撑转为强势助涨时，股价启动上涨的迹象已经非常明显。

相似的图形，可能最终的结果并不相同，弱势、强势总是处于变化之中。

量能也是同样的道理，如图 4-31 中 B 区之后的聚量形式，显示的是资金不慌不忙，稳步推进。而实战中，有的个股会在相同的形态下出现突放巨量拉升的形态。

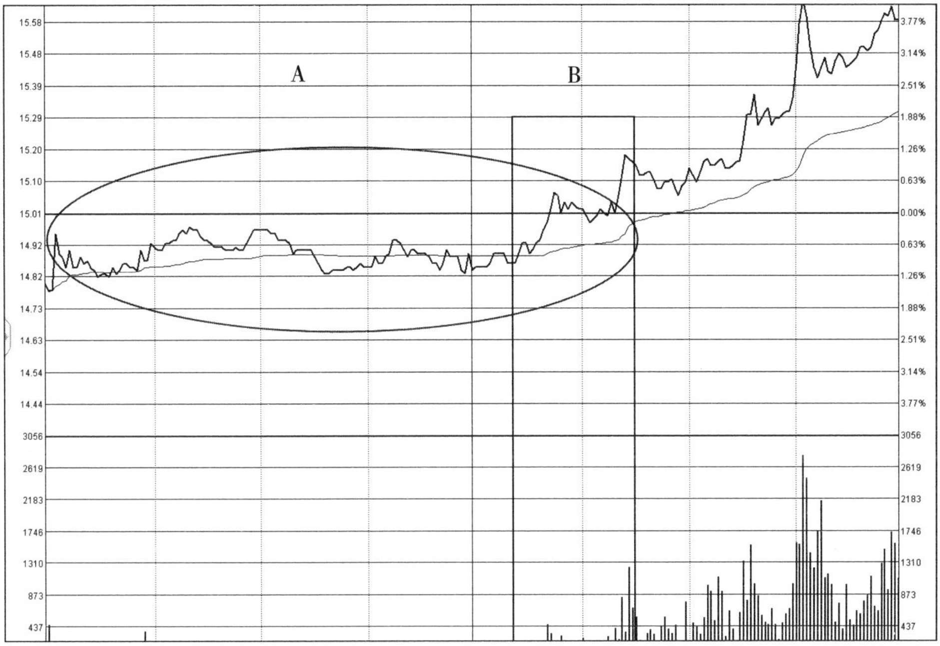

图 4-31 量能、均价线对现价线的助涨作用

突放巨量拉升并不是不好，但在主力资金的操作下，会给交易者判断当日总量性质上增加较大的难度。

第四节 分时压制——资金流出还是流入

支撑与压制之间，并不是全无联系、孤立存在的，二者是相互转化、相辅相成的关系。没有压制，也就体现不出支撑；没有支撑，也就难以定义压制。

实战中，某一条线被向下跌破，并不代表股价失去支撑，只有这条线本来应有的支撑转化成压制，才是失去支撑的最真实体现。同样，某一条线被向上突破，并不代表股价得到支撑，只有这条线本来应有的压制转化为支撑，才是突破压制的最真实体现。

一、收盘线压制

当股价开盘后受到收盘线的压制，说明昨日尾盘或者收盘竞价阶段多空存在极大的分歧。这种分歧延伸到次一交易日，盘中股价从得到收盘线支撑到受到收盘线压制，这也是股价由上涨转为下跌的过程。

如图 4-32 所示，现价线在 A 区的收盘线上下盘整振荡，这是一个确认支撑是否存在的过程，之后股价下跌。在 B 区，现价线反抽收盘线，受到压制后展开下跌。至此，收盘线的支撑已经转化为压制，或者说确认了压制的存在。

在确认股价受到收盘线压制的过程中，出现类似 C 区的反抽，多数会对股价起到助跌的作用。尤其是股价如图所示还同时受到均价线的压制，在双层压制下，股价极有可能出现一波急跌。

收盘线的压制并非都如图 4-32 所示的案例那样，有一个确认性质的反抽，其形式具有多样性。如图 4-33 所示，在 A 区区域，现价线振荡在收盘线上下，很快就出现回落，说明收盘线的压制已经存在。

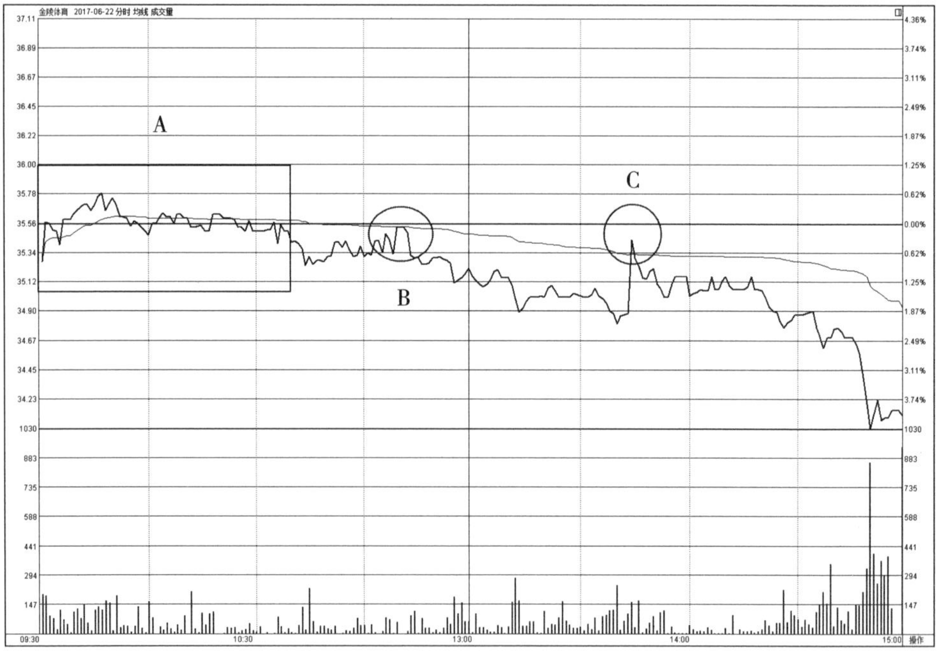

图 4-32 收盘线和均价线的双层压制

判断出存在压制，对交易者分析股价即时的强弱度极为有利。换句话说，压制就是一块试金石。

如图 4-33 所示，在 B 区，股价放量突破收盘线，突破时的量能与急跌时的量能很相近，但更具有持续性，这种表现至少说明盘中主力资金并不愿意看到股价继续下跌。

至于股价在之后是否就立即转入上涨，那是另外一个问题。但交易者应知道，即使股价再次出现下跌，反弹的低点也离此不会太远。

在图 4-33 中的 B 区，现价线突破收盘线的压制，并没放出过大的量能，之后股价便继续上升，显示收盘线的压制并不强大，或者说，这是一种突破压制相对轻松的形式。

图 4-33 双层压制测试

股价在 B 区的表现说明，在收盘线这一价位上，多空分歧并不大，或者说主力资金在收盘线上拉升股价并未遇到强大的压制。

实战中，主力经常会利用收盘线压制来做文章。如图 4-34 所示，在 A

区股价低开高走，来回波动测试收盘线的压制。这个过程中，量能处于持续缩小的态势，这个成交量细节显示，股价此时突破收盘线压制的概率较小。

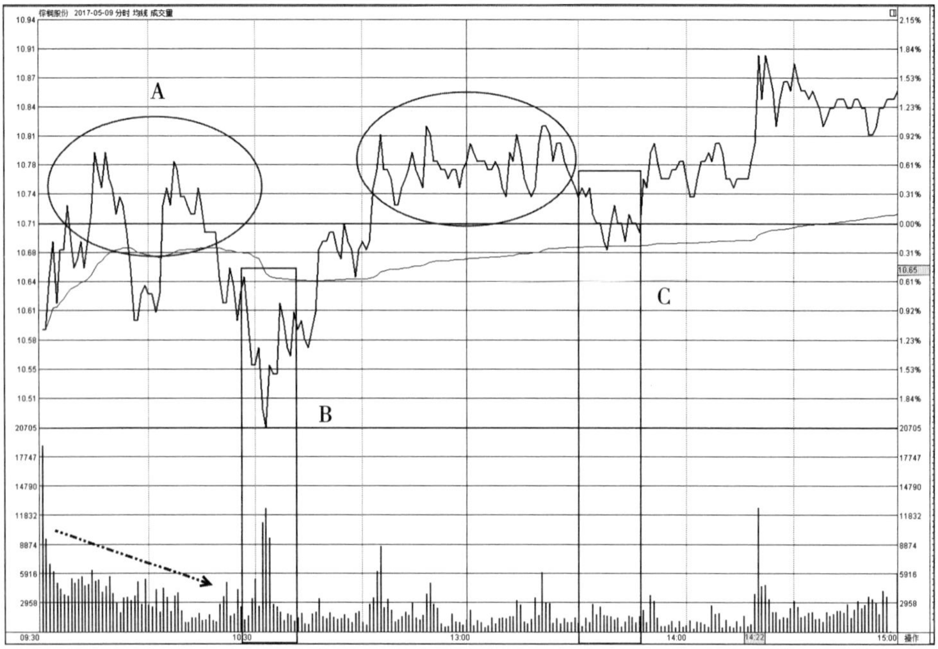

图 4-34　盘中放量下跌测试

收盘线的压制难以突破，在 B 区股价转为急跌，在这个急跌的低点上有量能放出。短线操作上，作者比较喜欢急跌低点放量的形态，这种形态大多情况下远比缩量下跌“有利可图”。

大多数的急跌放量情况，都是恐慌盘的杀跌行为，或者是主力制造的恐慌行为。在这之后，出现幅度不等的反弹是大概率事件。反弹的幅度则需要根据技术环境分析来判断。

在图 4-34 中的 B 区之后，股价出现反弹并一举上穿收盘线。该股股价由弱转强几乎就在一瞬间发生，这种情况也就说明，收盘线压制就是主力手中的道具。

股价反弹上穿收盘线后，该股并未进入强势运行阶段，而是横向波动在收盘线上方，甚至在 C 区还出现一次回抽收盘线并确认支撑的过程。

这里交易者不难发现一个细节，在C区回抽收盘线并确认支撑的过程中量能较小。

鉴于在B区急跌时量能放大，在C区回抽收盘线这样重要的价位，理应引出一些抛盘。但在C区抛盘很少，至少能说明一个问题，即市场持仓者认为收盘线的压制已经成功转为支撑，股价在C区的回落只是洗盘性质的，所以不必急于抛出筹码。在C区之后，股价的上升似乎也印证了这一点。

交易者看到，在B区和C区之间，股价在收盘线上方横盘期间，量能是处于相对活跃态势的，说明有规模不大的零散资金选择在此时入场。这部分入场资金限于T+1交易制度，不可能在C区抛出，愿意卖出的毕竟只是少数。

原持仓者和追高买入者持仓心态稳定，就是C区量能较少的主要原因。

然而，主力并不愿意看到市场资金大部分处于稳定的状态。当某一种市场观念形成一致时，主力必然会反向利用。

图4–34中，主力先利用收盘线压制诱空，再借助收盘线支撑诱多，让看多者和看空者无所适从，最终落入主力布局的套路中。

实战中，当个股股价该有的强势始终都不能出现时，交易者就应该为股价弱势的到来提前做好准备。

二、均价线压制

无论是在收盘线之上还是在之下，均价线都可能对现价线（股价）形成压制，只不过对于股价来说，在收盘线之下出现的均价线压制，相对更具有助跌性。

如图4–35所示，在A区现价线跌破均价线，在B区股价数次试图收复均价线，这个过程也是均价线对股价从支撑转化为压制的过程。

在图4–35中的B区，是股价确认失去均价线支撑的技术点。在收盘线之上出现这种形态，意味着股价会从强势运行阶段逐渐进入到弱势或急速下跌阶段。

在不同技术环境下，并不是所有个股的分时走势中，都会出现现价线跌破均价线后有一个确认的过程。

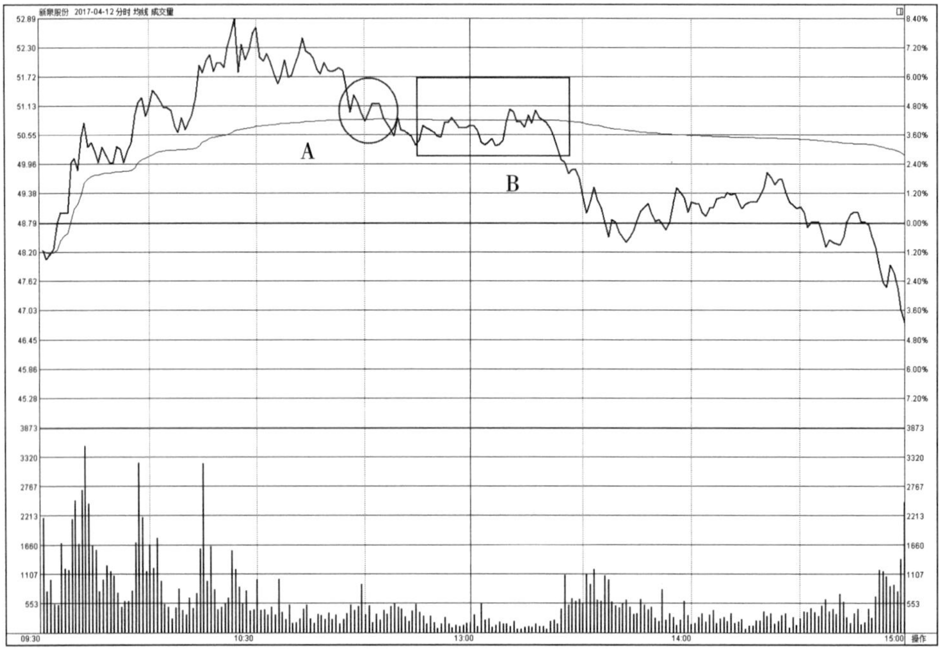

图 4-35 均价线的支撑与压制

如图 4-36 所示，在 A 区，现价线跌破均价线后快速下跌，仅在收盘线上出现一个盘整确认的过程后继续跌势。

这种接连突破支撑的走势具有较大的突然性，不可能是市场自发行为，如果没有突发利空消息，那么必然是主力减仓行为带来的影响。结合图 4-36 中 A 区之前的量能状况，主力阶段性减仓的迹象还是比较明显的。

当在收盘线之下出现均价线压制股价时，助跌作用通常会比较明显。如图 4-37 所示，当日该股开盘低开，在 A 区现价线盘绕在下行的均价线上下，这是一种测试均价线压制的弱势形态。

这种弱势形态意味着盘中的做多力量试图向上发起攻击，但却很难聚集起足够强大的动能，每一次攻击波都会在均价线上下就被瓦解。

当做多力量被消耗殆尽时，股价便会向下方跌落，失望情绪也会迅速蔓延，使得原本心存侥幸或相对乐观的持仓者，转变看多立场加入抛售的阵营，股价的快速下跌也就随之而来。

图 4-36 主力减仓分析

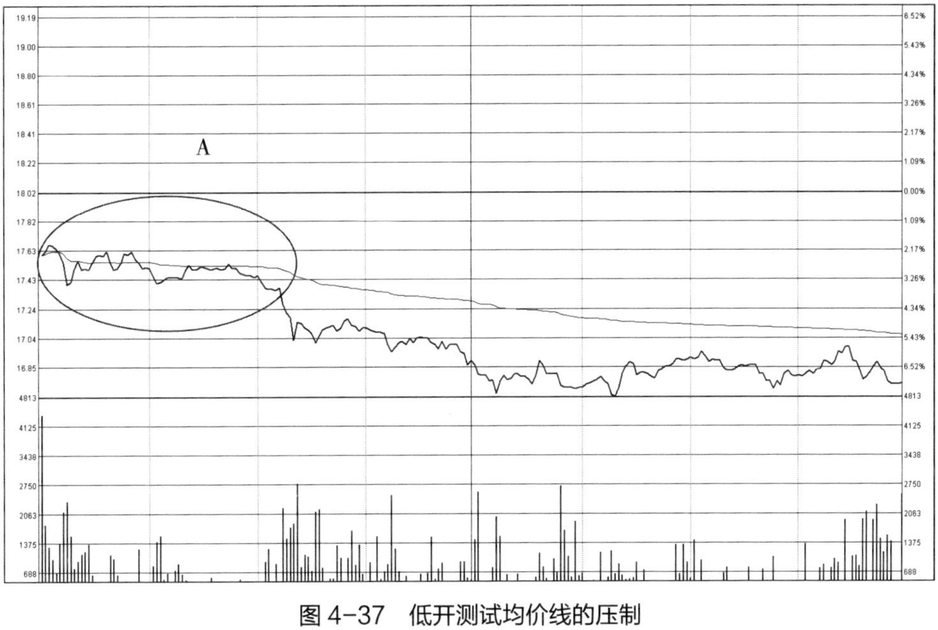

图 4-37 低开测试均价线的压制

第五节　分时曲线的角度、速度

分时走势上，现价线和均价线以不同的角度、速度上升和下跌，蕴含的技术意义有较大的区别。通过甄别其中的不同点，交易者可以预估个股有无主力、主力强弱以及升势或跌势的持续性等。

一个陡直角度的上涨或下跌，可能意味着并不能持久；而一个过于平缓角度的上涨或下跌，可能意味着走势随时会出现反复。现价线和均价线上升或下跌的角度，既是市场资金出于各自目的的行为，也是主力资金有预谋、有计划的行为。

很多人只关注价格涨或跌的结果，容易忽视上涨或下跌的角度，殊不知这个看上去似乎无关紧要的角度，往往能够告诉很多价格背后的真相和秘密。不同的运行角度，反映的是主力资金的意志。分析角度，其实就是在分析主力资金的思路。

将分时走势中各种角度进行归纳，大致可分为三种，即30度区、45度区、60度区。实战中的变化是无穷尽的，在一张分时图上，可能这三种角度会交替出现。

一、上升的角度、速度

其一、30度区，是指以30度角角分线为中心的波动区域。这种平缓角度的上升，也称为缓速上攻。见图4-38所示。

其二、45度区，是指以45度角角分线为中心的波动区域。这种不急不缓、相对适中角度的上升，也称为匀速上攻。见图4-38所示。

45度区的上涨，股价表现为稳步运行。如果同时有成交量的配合，则更显示出多方掌控局势的稳健。多数情况下出现这种走势，则当天的股价运行方向基本不会有太大变化，除非大盘运行情况出现突变。

其三、60度区，是指以60度角角分线为中心的波动区域。这种较大角度的上升，也称为急速上攻。见图 4-38 所示。

例如，某股现价线突然打破原来的运行频率，以大角度上涨，瞬间拉升数个百分点，成交量骤升。这种拉升方式出现的原因很多，比如出现在启动主升段、主力试盘、出货、操盘手的乌龙单、机构任务单等。

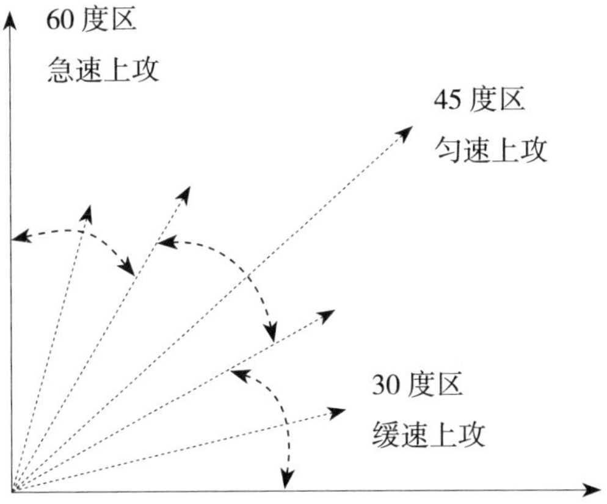

图 4-38 上升角度分类

1. 30 度区缓速上升

30 度区上升，由于角度运行平缓，强度不足，往往会带来较大的不确定性，容易让交易者在判断上产生较大的迷惑。实战中，很多个股的 30 度区上升结束后，经过回落调整才会进入到真正的升势。

30 度区上升，显示多空双方处于胶着状态，股价虽然上升，但多方并不具备明显的优势地位。通常来说，采取 30 度区上升，多是市场资金行为或者是主力资金故意示弱的一种行情运行模式。

30 度区的上升不会长久延续，多数个股会在波动中改变原有运行角度，主力资金放弃掩饰，露出真实的面目，随后股价进入到真正的上升波段或者转入下跌。

图 4-39 中，现价线整体的波动角度在 30 度区，成交量相对较低，呈现交易清淡、稀疏的状态。这种上升角度下，股价只能维持缓速上升。

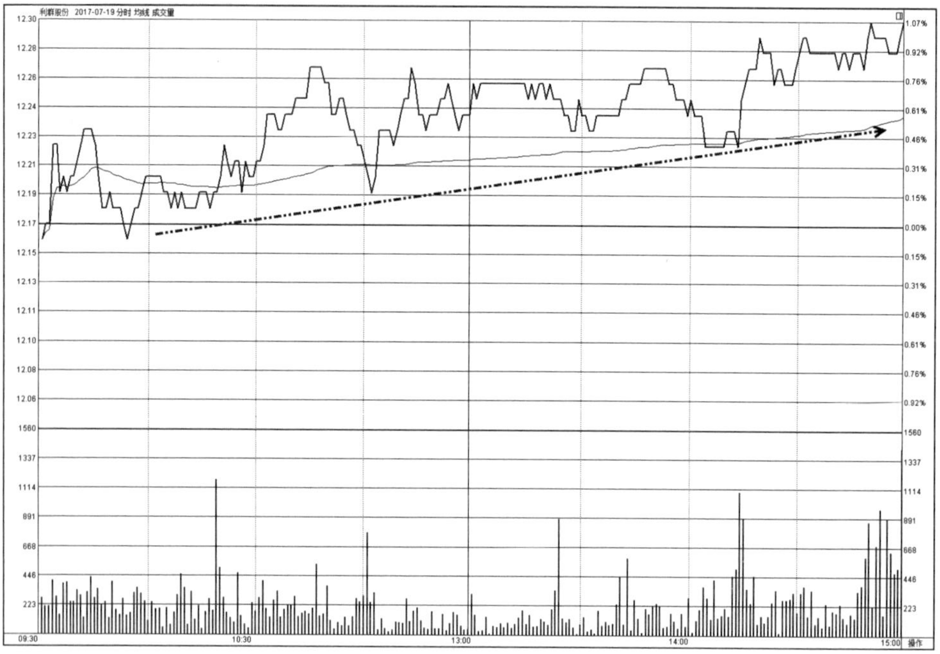

图 4-39　30 度区域股价运行状况

技术上，30 度区上升是一种等待形态，多出现在个股的振荡盘整期间，为之后股价的上升或下跌积蓄动力。

30 度区上升，在一些并无主力操作的个股中较为常见。当然，也有主力资金会利用这种形式的上升，故意使市场资金产生疑虑，不敢在第一时间进场。

2. 45 度区匀速上升

过大角度的上升，强度虽高却很难持久；过小的角度，攻势绵软无力，则存在频繁折返的可能性；上升中保持 45 度区，是一种较为理想的向上攻击形态。

研究实战案例可以发现，升势持续性好且强度较为理想的个股中，多数都是以 45 度区的角度展开攻势的。

45 度区在角度上不急不缓，处于一种匀速上攻的状态。技术意义上，虽然显示多方具有主导性，但空方显然并未放弃，而是在涨升过程中不停地反击。正因为有多空双方激烈的博弈，使行情的运行处于一个获利盘与亏损盘不停转化、成本不断垫高的具有较强支撑力度的状态中，股价的运行相对稳定、易判。

在升势或跌势中，现价线维持在上升或下跌的45度区，则运行的持续性及强度都较高。

如图4-40所示，在A区，该股开盘后以30度区缓速上升，交易者可以将其视为对收盘线和均价线支撑力度的测试区域。

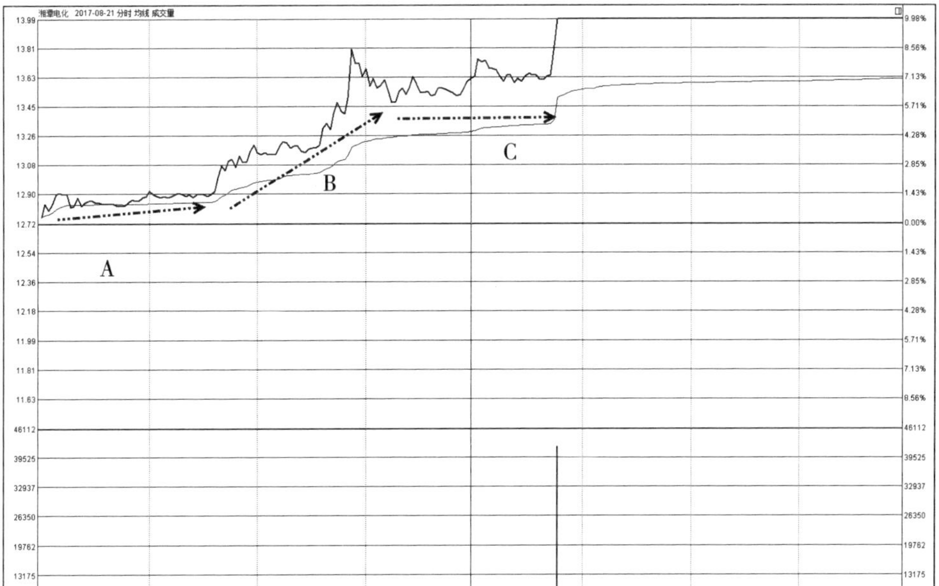

图3-40　45度区域股价走势分析

B区，现价线变轨为45度区匀速上升，量能也随之相应增加，显示出一定的升势强度。C区现价线横向振荡，既是对下方支撑的测试，也是消耗做空能量，减小升势阻力的过程，这也是多空双方短暂休整，并将进入强弱决战的过程。

当45度区的上升保持一段时间后，多空双方的能量都有不同程度的消耗，多空双方需要短暂休整，或其中一方故意示弱，以观察对方的反击强度，孰强孰弱将在休整后毕露无遗。实战中，以 45 度区启动并展开攻势的个股，在横向振荡后再次上升时，如果角度变小，量能缩减，则要留心强度减弱后的股价回撤。

现价线 45 度区拉升之后出现横向振荡，说明空方反击的能量依然存在。需要注意的是，这种横向振荡过后，现价线应加大上涨角度，或以不小于之前的 45 度区继续升势，量能上不能出现大幅缩减，才说明股价的强势状态并无改变。

如果横向振荡后，被削弱的是空方，此消彼长，多方则应变得更强大；如果多方在之后并没有向上加速，反而走势绵软，升势小于之前的上涨角度，那么交易者就需要留心，这个横向振荡可能改变股价的强势状态，有可能转向胶着的盘整状态或是发生向下的扭转。

如图 4-41 所示，A 段现价线以 45 度区上升，但在 B 段的振荡盘整中，却难以恢复到原有的上升角度。

图 4-41　45 度区上升后振荡下跌走势分析

这个案例说明，升势后的振荡盘整中，被削弱的可能是空方，也有可能是多方。当之前占据升势主导地位的多方被削弱后，其主导的升势必然受到影响，再次启动升势时，很难维持或增强原有的升势强度。

分时走势中一个极小的细节，可能就蕴含着股价重大转折的开始。及时发现股价转强或转弱的信号，对于交易中选择买卖点具有重要意义。

3. 60 度区急速上升

现价线过小或过大角度的上升，都不是一种正常的状态。在非正常状态下，股价的波动都会具有飘忽不定的一面。

60 度区是极为陡峭升势角度，它的出现必然是资金集中攻击带来的结果。这种急速上升的形式，往往是主力资金的突击行为或在其诱导下的市场资金蜂拥效应。

技术上，现价线以 60 度区上升时，至少表面上说明盘中空方已经放弃有力度的反击，行情处于多方全面掌控的单边运行节奏中。

缺少空方的不断反击，对于股价的运行未必就是好事。过于集中的一致性观点必然导致单方向的疯狂冒进，物极必反的威力就将显现。

实战中，现价线以 60 度区的陡峭角度上升，如果不能巨量封住停板或不能得到资金的持续支持，那么接下来的回落走势将会相对复杂难辨。

如图 4-42 所示，开盘后该股盘整振荡在收盘线上下。A 段股价受到资金的突然性攻击，现价线短时间内以 60 度区快速拉升到近 8% 的涨幅，之后明显可以看到，后续资金难以为继，于是现价线振荡回落，向下寻求支撑。

图中 A 段的成交量可以看出，此次急速上攻是源于资金追捧。实战中，这种在资金驱动下脉冲式的拔高很常见，甚至在技术环境并不支持股价大涨的情况下，也会在分时走势中出现瞬间急速拉升。

个中原因因股而异，并没有确切的、统一的定义，但不外乎以下几种：主力资金的诱多行为、试盘、利好传闻等。

当 60 度区急速上升结束后，如果回落至 45 度区附近止跌回升，说明涨升的强度仍在，那么可能会继续强势；如果 45 度区被跌破，即使恢复上升，其强度和持续性都很难测定。

图 4-42　60 度区强势上涨分析

可能不少交易者都遇到过这种情况，看到个股急速上升，于是加价追高，但报价跟不上股价的涨速，急切之下狠心高报数个价位买入，成交之后却发现股价就在买入价上下徘徊或随后开始回落。

不少人都怪罪自己运气不好，认为自己追的太晚。其实并不是时间早晚的问题，而是在资金优势或者大单对倒拉升的情况下，根本不会给你低价追入的机会。如果很轻易就追到了，那么可以肯定，不是你的运气奇好，就是这个拉升为主力诱多。

明白了这一点，交易者就需要对 60 度区急速上升存有一份警惕之心，尤其是技术环境上并不支持股价大涨时，个股出现类似的拉升时，可以旁观，不可轻易入场！

如图 4-43 所示，该股开盘后即以 60 度区上升，短暂的盘整振荡后，B 区现价线几乎以垂直的角度直接巨量封住涨停板。

真正的强力拉升不会存在过多、过长的盘整，整个过程绝不会拖泥带水；

反之，则会出现很多让你可以“上车”的机会，但价格绝不会太低。冗长的盘整，反复地拉锯，不会是主力急拉阶段的选择。

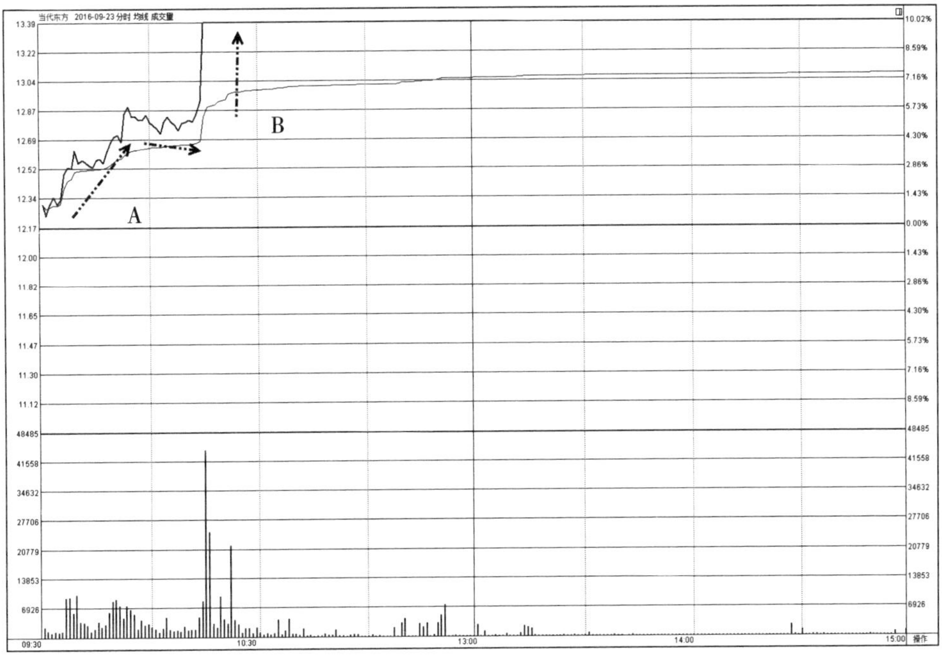

图 4-43 开盘 60 度区上攻后急速拉升示例

二、下跌的角度、速度

其一、30 度区，是指以 30 度角角分线为中心的波动区域。这种平缓角度的下跌，也称为缓速下跌。见图 4-44 所示。

其二、45 度区，是指以 45 度角角分线为中心的波动区域。这种不急不缓、相对适中的下跌角度，也称为匀速下跌。见图 4-44 所示。

其三、60 度区，是指以 60 度角角分线为中心的波动区域。这种较大角度的下跌，也称为急速下跌。见图 4-44 所示。

1. 30 度区缓速下跌

下跌并不可怕，可怕的是股价走势捉摸不定、欲跌还涨的局面。交易者面临两难选择并因此犹豫不决，不能果断决定去留：有的怕错失买入时机，有的怕不卖遭遇套牢；买后跌、卖后涨，是这时最常见的现象。30度区的下跌，就是这样一种让人难以决断的下跌走势。

30度区的下跌，表面上看起来似乎很温和，下跌强度不高，但正是这种表面现象，反而使人容易放松警惕，在盘面模糊难判时，很随意地进行交易。

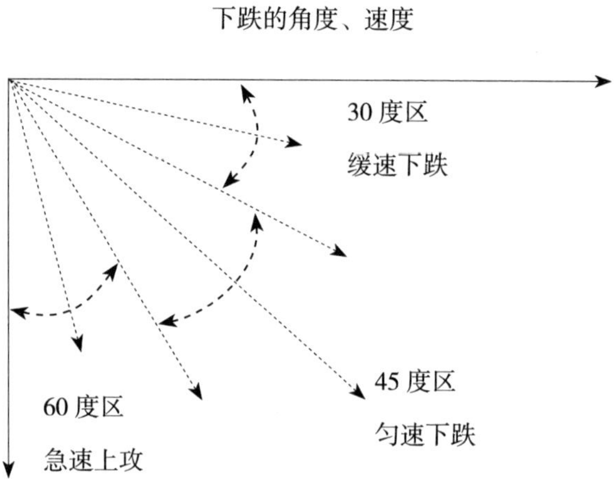

图4-44 不同角度下跌情况分析

30度区缓速下跌，可能是升势途中温和的回落调整，也可能是加速下跌开始前的"平静期"，还有可能只是冷门股的常规波动形式，这些都需要运用技术环境分析来予以判别。

图4-45中，A区现价线盘绕在收盘线上下，B区则处于一个角度平缓的30度区下跌过程中。技术环境上，该股处于大跌之后的盘底阶段，结合分时走势情况，可以初步认定该股暂无主力资金运作迹象，至少在短期内是未被重点关注的冷门股。

30度区的下跌，并不都如图4-45中那么平淡无奇，有些个股会出现突发性改变角度的上冲或下沉，

这种突发行为发生的原因非常多，比如有可能是多方恢复涨势的尝试，也有可能是主力资金故意诱多的手段。这种走势对于短线交易者是个考验，喜欢短线追高的人，很有可能会选择在股价瞬间飙升时追入。

不论是哪种可能，在没经过技术环境分析和相关技术确认的前提下，对突发行为最好只追踪观察，不交易。

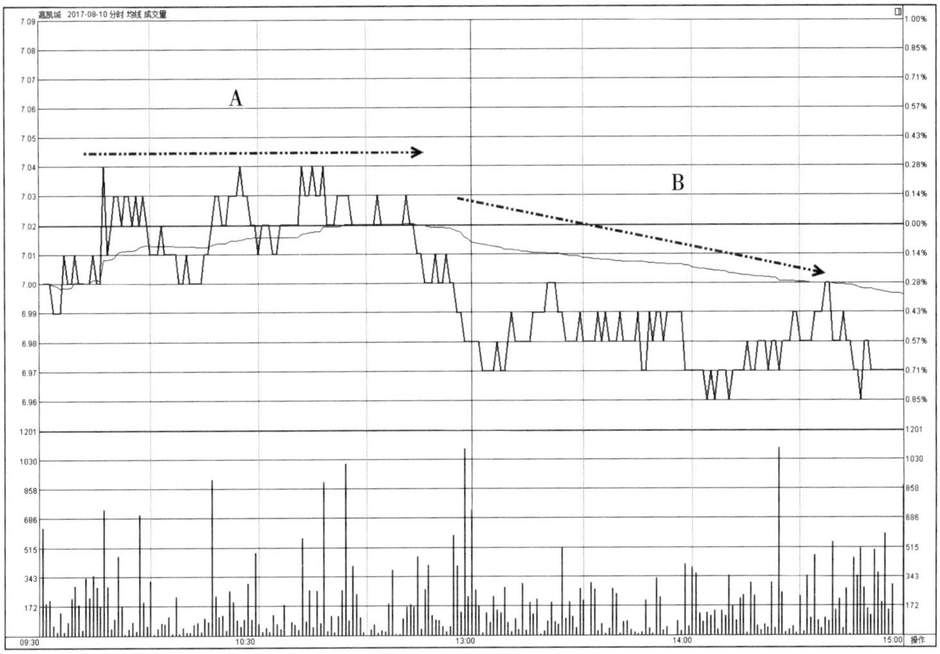

图 4-45　现价线盘绕收盘线后缓慢下跌情况分析

2. 45 度区匀速下跌

45 度区下跌是一种既具有杀伤力，也具有趋向维持强度的下跌角度。

45 度区的角度不急不缓，让做多者不至于完全失去信心和希望，所以会不断发起反击，而空方也正是利用多方的不断反击，来逐步消耗、瓦解做多的动能。

正是由于在反击与消耗中形成的匀速下跌，下跌本身经过了不断验证、加强的循环过程，所以能够稳定并持续运行。只有当匀速下跌的节奏出现变化（加快或变缓），这种强度较高又极为稳定的下跌过程才会结束。

图 4-46 中，该股开盘后盘绕收盘线运行，之后展开缓速下跌，至 A 区加大角度至 45 度区开始下跌。

在 A 区 45 度区下跌的过程中，可以看到成交量相比早盘显示出不断增加的态势，也就说明在整个匀速下跌过程中，持仓者越来越认可下跌的持续性，并加入到减仓的行列中，这些都为45度区下跌的持续性和强度提供了源源不断的保障。

当这种对于下跌的认可程度达到市场普遍共识时，下跌的角度、速度会进一步加大、加快，但距离股价走势反转也就更近一步了。

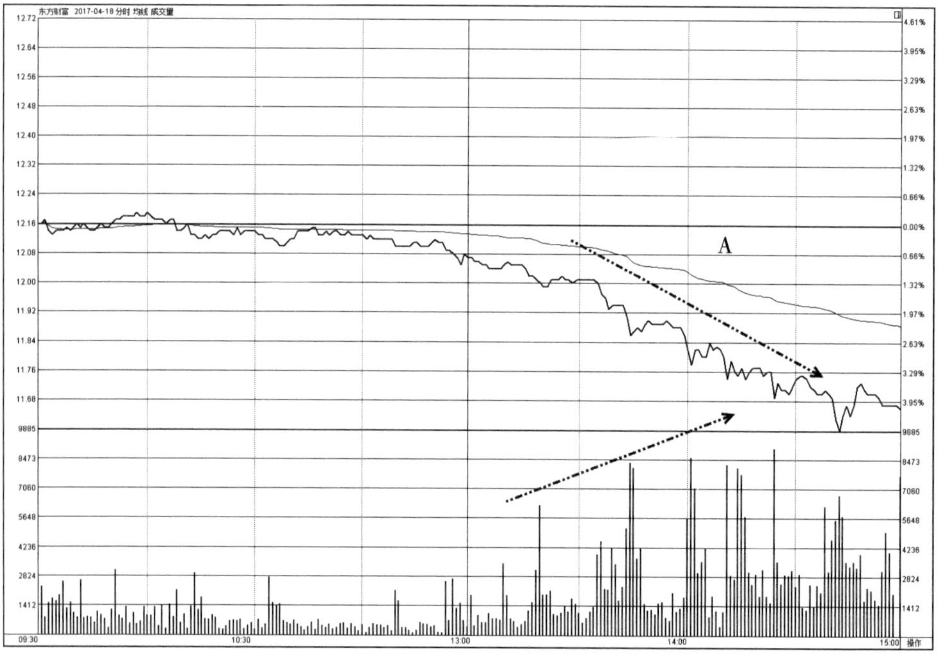

图 4-46　现价线盘绕收盘线以 45 度区下跌分析

3. 60 度区急速下跌

60度区急速下跌的持续时间都较为短暂，但下跌幅度、速度和强度却非常惊人。

如图4-47所示，A区现价线以60度区急速下跌。整个急速下跌的过程非常短暂，但跌幅却非常惊人，从涨幅1%以上的价位，一直跌至跌停板。

60度区急速下跌的幅度越大，速度越急，之后迎来的反弹越强烈。如图中的B区和C区，这两个点的反弹都达到5%以上。

虽然图4-47中B区和C区的反弹较强，但都未能改变股价在之后继续封死跌停板的命运，这就和个股所处的技术环境息息相关了。

例如，股价处于高位或下跌初期的个股，盘中出现60度区急速下跌时，即使分时走势有强反弹出现，也不是适宜的介入点，更多时候反而是减仓的良机。

股价经过长时间或大幅下跌之后，如果盘中出现60度区急速下跌时，可能就是极为理想的短线买入点。

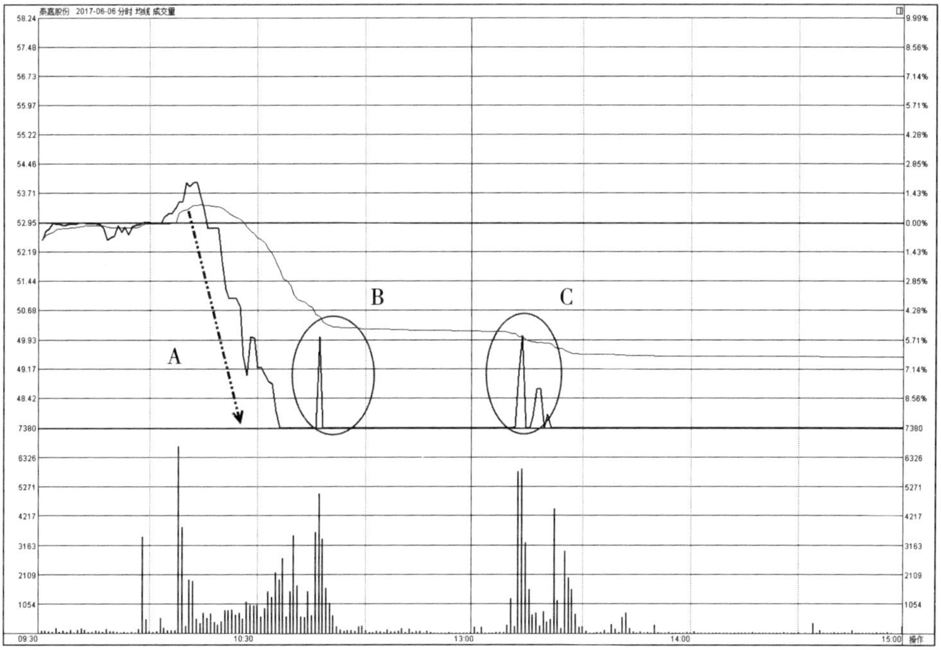

图4-47　股价盘绕均价线后由升转急跌情况分析

在个股大跌过后的底部盘整阶段，60度区急速下跌会给市场带来浓重的恐慌气氛。因为看不到希望，交易者容易陷入飓风已至、孤立无援、束手无策的绝望情绪中。恐慌性的杀跌，多会在跌势的末尾出现。

主力资金往往会利用这种恐慌，逼迫交易者在低位抛出筹码，借机吸筹建仓，为之后的强势反弹或趋向扭转做准备。

图4-48中，当天该股在大部分时间内，现价线都在收盘线上下盘整振荡，A区现价线以30度区缓跌，似乎一切都仍保持着风平浪静的局面。

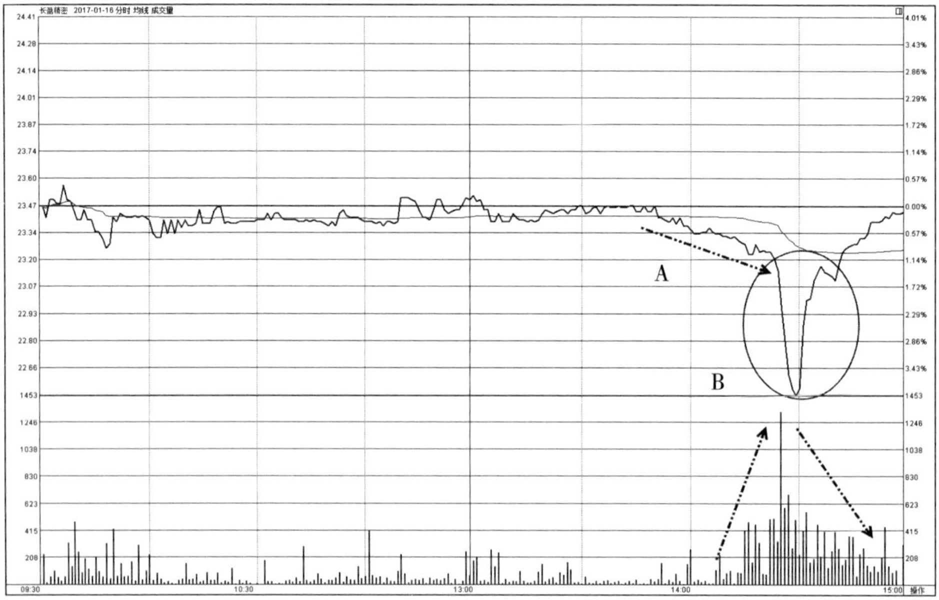

图 4-48　主力利用恐慌情绪示例

突然之间，B 区现价线以 60 度区急速下跌。突然性的急速下跌，使得恐慌情绪迅速蔓延。

B 区的成交量变化告诉交易者：急速跳水中，一般当天最大成交值多出现在股价最低点附近，这也是恐慌性杀跌的重要标志。

在市场仍处于惊慌失措中时，现价线并未在低点过多停留，而是以同样陡直的 60 度区急速上升。

这时的成交量反而处于消减之中，说明把筹码抛在低点，仍处于惊恐之中的交易者，多数只能眼睁睁地看着涨升行情从身边呼啸而过，却不敢出手把股票买回来。

个股长时间或大幅下跌过后，突然出现 60 度区急速下跌，往往会形成一个重要的阶段性低点。

三、辨析分时图中的成交量

成交量，在技术分析中具有重要的地位。

不同阶段、不同时期的成交量变化，其技术含义有时会大相径庭，远不是通常所认为的那样简明易辨。

例如：放量上涨，意味着可以买入。这条规则可能很多人都知道，但却不知道这条规则仅适用于特定的技术环境中，并不是放之四海而皆准的真理。

有时候突如其来的量能，会使处于混乱中的局面变得明朗起来，有时却会让本来明朗的局面横生变故。但是因此就认为量能决定价格运行趋向，则会犯下本末倒置的错误。正如适宜的温度可以帮助雏鸡破壳而出，却不能决定一枚鸡蛋必然会孵化出雏鸡。

量能不是价格运行的决定因素，但是它能够起到加速或延缓的催化作用。适度增加或减少的量能，会使原运行趋向保持得更长久，而量能的激变，往往预示着价格可能面临方向性的选择。

上涨过程中出现较大的量能，但是并未带来价格相应的大涨，则意味着量能可能反而会催化跌势的到来；在下跌过程中出现较大的量能，但并未使价格大跌，则意味着量能可能会催化着涨势的发生。

如图 4-49 所示，在 A 区股价上涨，量能聚集，这个时候的量价配合非

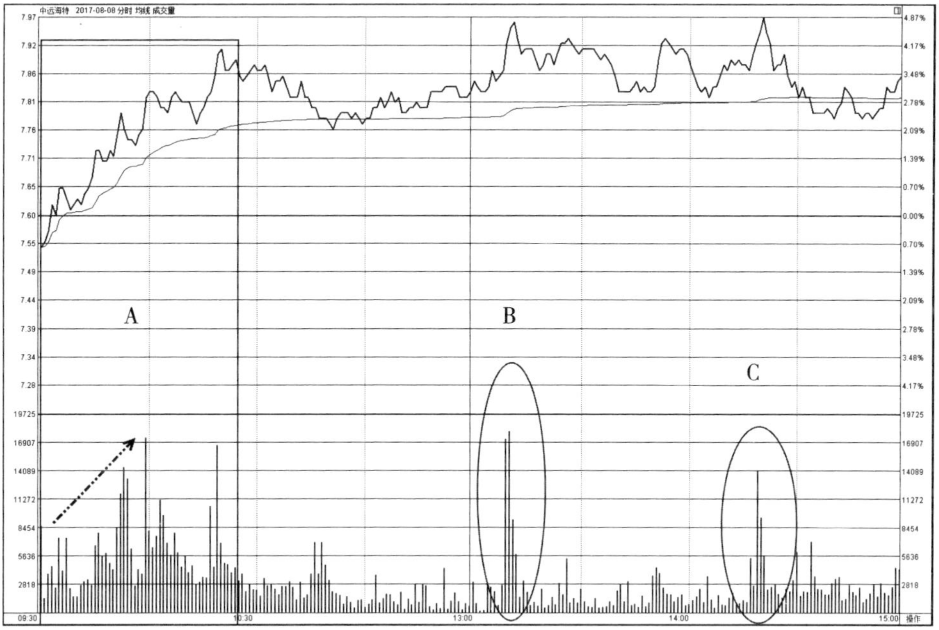

图 4-49 量能与股价走势配合度分析

常好。但至 B 区和 C 区时，尽管最大成交值并不比 A 区时的小，但股价却难以继续保持上涨，而是整体维持一个横向振荡的状态。

B 区和 C 区，这种变量形态下股价冲高回落的走势，极有可能会形成短期的股价高点，接下来的交易日，股价大概率会出现一定幅度的下跌。

1. 常量

常量，即某一时间周期内成交量的平均值。地量，通常是指某一交易标的历史成交中的最小值。地量持续一定时间，则可以称为常量，而常量并不一定就是地量。见图 4-50 所示。

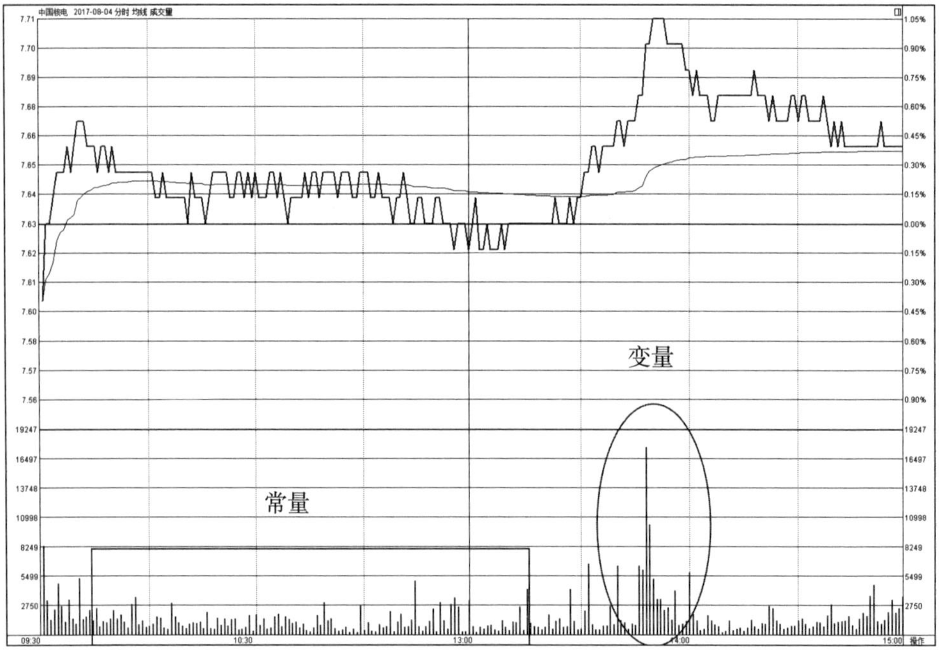

图 4-50　成交量变化示例

常量并非静态的，而是动态的。随着行情的不断变化，某一时期的聚量、变量会逐渐转化为新的常量，所以常量的值并不恒定，而是不断地增大或者不断地缩小。

在分时走势中，常量的表现形式相较 K 线图要简要得多，而且多会和量能消散互相重叠。

2. 变量

变量，是指成交量出现不规则忽大忽小的情况，价格也相应出现较大起伏。见图 4-50 所示。

变量是阶段性的，随着行情发展和量能的不断演变，变量也有可能演化成为常量或聚量。

变量的出现，通常预示着多空双方的力量对比处于不稳定状态中，价格将会出现较大的变化。

3. 量能的聚散

聚量，是指成交量由小到大逐渐集聚的现象。聚量也是动态概念，随着行情的发展会转化为新常量或变量，也会随着价格的连续高涨出现更大级别的聚量。如图 4-51 所示。

聚量是价格最容易出现向上攻击的一种量能形态，所以也将价格和相应的量能统称为聚量攻击。

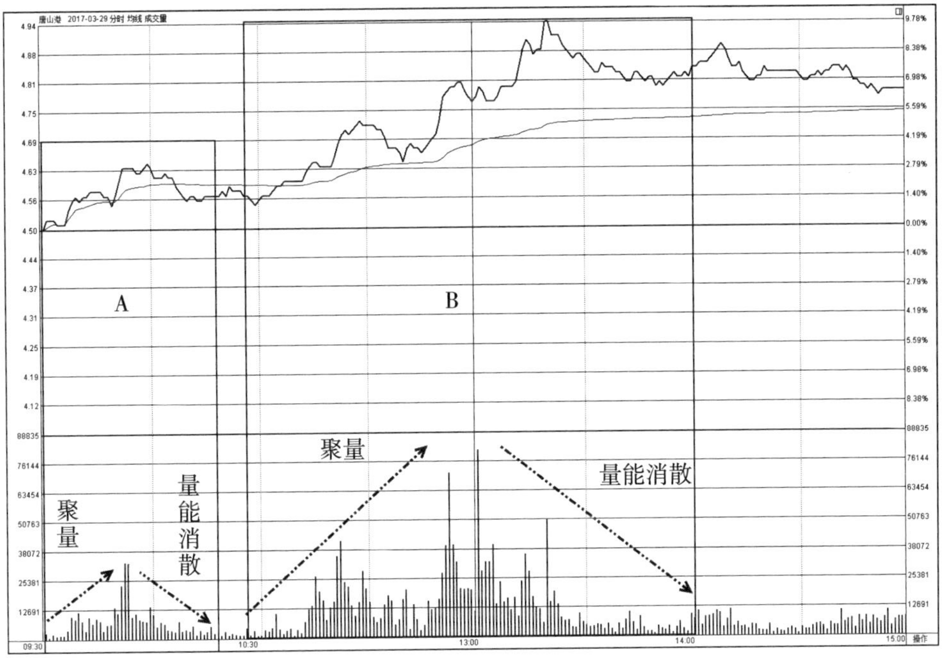

图 4-51 量能得集聚与消散

量能消散，是指成交量由大到小逐渐减少的现象。量能消散经常在聚量攻击之后出现，也就是出现在一波价量高涨之后的回落调整过程中。见图 4-51 所示。

量能消散是一种调整性质的量能形态，它的出现说明涨势暂时休整。量能消散之后，如果聚量攻击形态不再出现，那么成交量将由此呈常量的态势。

4. 二次攻击的量能表现

量能的聚散和股价的涨跌，在分时走势上往往具有较为明显的对应关系。如图 4-51 所示，在 A 区聚量出现的同时，股价处于一个缓升角度上；随后量能呈消散态势，股价也处于振荡盘整中。

图 4-51 中的 B 区，股价经过振荡盘整后再续升势，这时量能的聚集也明显大于第一波，形态构成上也更为复杂。随后量能进入消散阶段，股价结束升势，步入振荡中。

量能聚散的过程，也是资金从热情高涨到意兴阑珊的过程。

分时走势上，股价在上涨中的聚量级别很有分析价值。如图 4-51 中 A 区聚量形态简单，为时较短；而图中 B 区发起二次攻击时，这个聚量形态就颇为复杂，同时持续时间也较长，在级别上明显超过第一次的聚量形态。

二次启动上涨时，出现大过第一波的聚量形态时，通常会是较好的介入点。图 4-51 中 B 区的聚量，即是二次攻击的理想形态。这种二次攻击下的聚量，明确了资金的进场形态。

不是所有二次攻击的量能表现都是上述形式，二次攻击的量能形态也是千变万化的。有些个股在攻击中并不会形成聚量，而是以变量或常量的态势发起攻击，随后封停或者进入盘整。

如图 4-52 中，A 区现价线 45 度区上涨，量能呈聚量形态；B 区股价振荡盘整，而量能呈消散形态。

值得关注的是，C 区出现了一个变量形态，之后仍回归到量能消散的形态中。至 D 区二次攻击出现时，这时的量能形态没有聚量的特征，而更具有变量的特点。

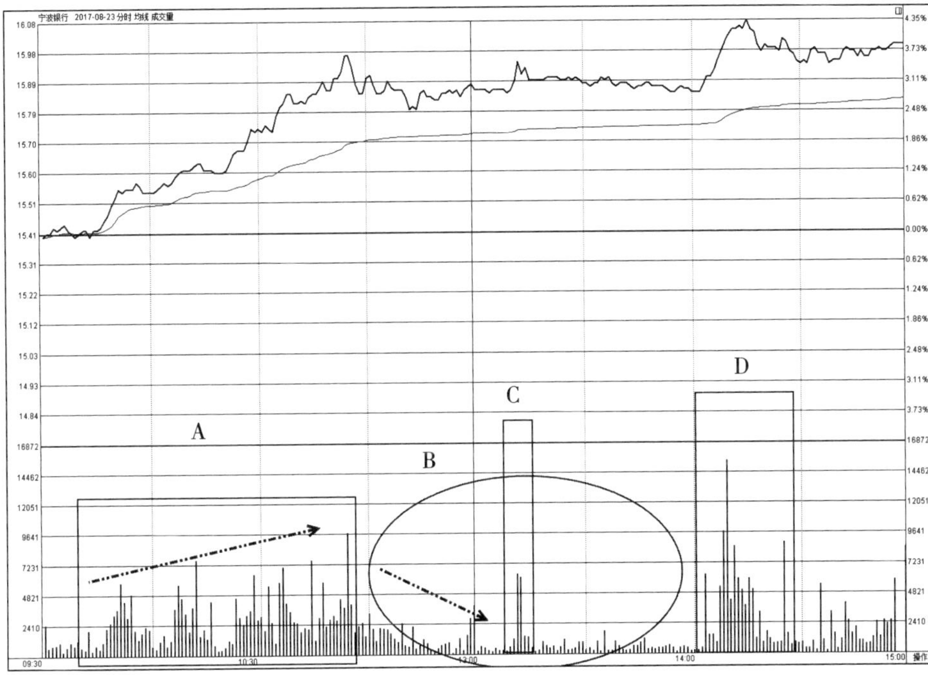

图 4-52　量能变化与股价走势示例

实战中，分时走势上股价的突然性上涨或下跌，其量能形态多数都属于变量。变量的不稳定和易变性，预示着瞬间飙升或暴跌的股价存在着极大的变数。

没有聚量形态的二次攻击，在成交量性质的辨别上具有较大的难度，因为其可能会存在对倒等虚假手法，对于股价后市分析容易带来误判。

第六节　折返——复杂盘面辨真假

一、上涨过程中的股价折返

折返，是股价常规波动形式，是多空角力在盘中的表现。

无论何种角度的上涨，只要不是直接封住涨停板，那么就存在着折返。涨势中的折返，也可称为回落调整或回档等。

在上涨途中的分时走势上，现价线折返的时间、幅度明显少于上涨的时间、幅度，意味着股价的涨升强度较高。

如图 4–53 所示，在整个上涨过程中，现价线上升的时间和幅度，明显多于其中出现的折返的时间和幅度，这也是股价强势程度的一种外在表现形态。

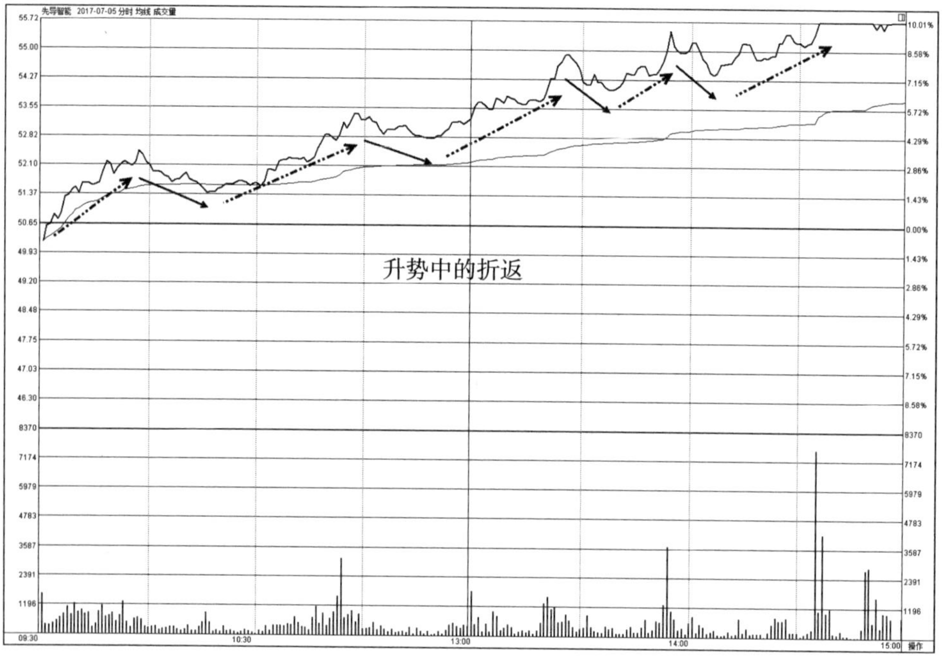

图 4–53　上涨中的折返示例

当现价线在升势中折返的时间、幅度与上涨的时间、幅度大致相当时，说明虽然处于涨势中，但继续涨势的强度已经有所降低。

如图 4–54 所示，图中所标示的折返时间和上升时间相近，虽然折返的幅度仍旧低于整体升幅，但股价上涨强度无疑存在一定的不足。虽然当天股价依然保持涨势，但交易者应该做好之后的交易日股价回落的准备。

股价不同的涨升强度，对于涨升的持续性具有极大的关联性。

涨势中，折返时间短，幅度小，说明做多力量处于优势地位，这种优势地位延续到之后交易日的概率较大；同时意味着存在的压力相对较轻，股价

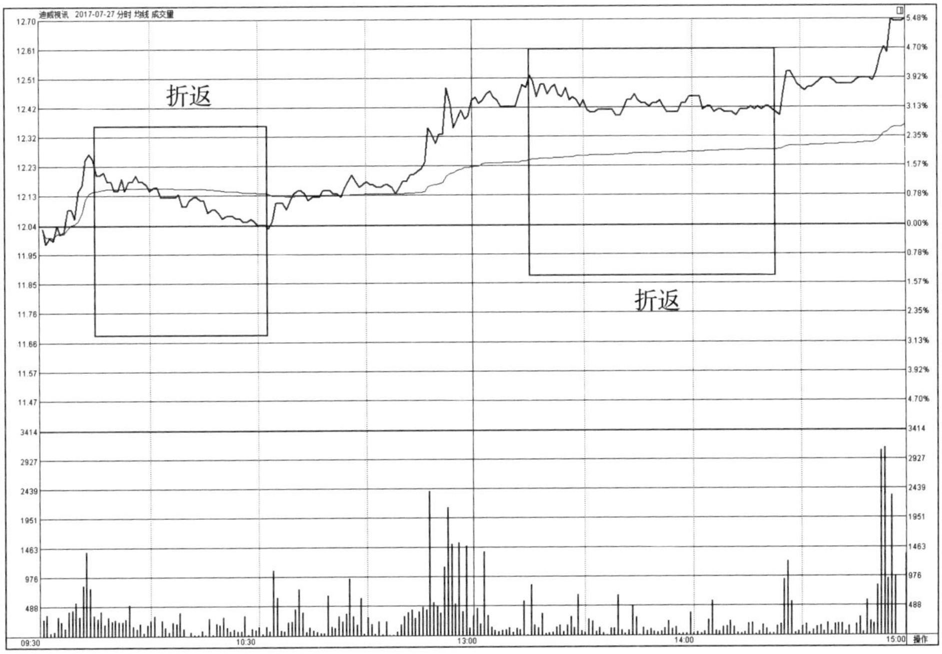

图 4-54　折返持续时间过长示例

之后极有可能进入到快速拉升阶段。

涨势中，折返的时间长，说明股价目前的涨升强度不足；而折返的幅度大，说明股价遭受到的打压相对较重。当然，这二者也有可能只是主力资金的故意示弱。

交易者不能把所有类似形态，都认为是主力故意示弱，多数时候恰恰是主力的阶段性减仓导致了折返的时间延长和幅度加大。

主力减仓，这个概念前面讲到过：减仓并不等于清仓离场；减仓，只是操作中的一个环节。阶段性减仓达到目的之后，可能接下来就是加仓。

小幅上涨中发生的频繁折返，说明股价正处于确认强度存在与否的过程中，结果可能是转入带有强度的上涨，也可能转入弱势盘整或下跌。

如图 4-55 所示，该股在当日的交易中频繁发生折返，其中还包含着大幅度折返。频繁发生折返，是各方资金逃逸与回归的过程。有人认为目前股价还会继续下跌，也有人认为可以入场博反弹，市场资金并未达成共识。

在你来我往的博弈中，哪一方能够占据优势地位，则是盘中观察的重点。

图 4-55 中，早盘成交量已呈量能消散的态势，A 区的成交值虽大，但却是变量形态，意味着不确定性的存在。

尽管股价在 A 区之后快速回升，但无论是量能还是其他方面，交易者都看不到做多力量的明显优势。不能确认涨升强度的存在，说明后期走势仍旧叵测。如果在大的技术环境上该股正处于弱势中，那么就没有理由让交易者继续参与做多。

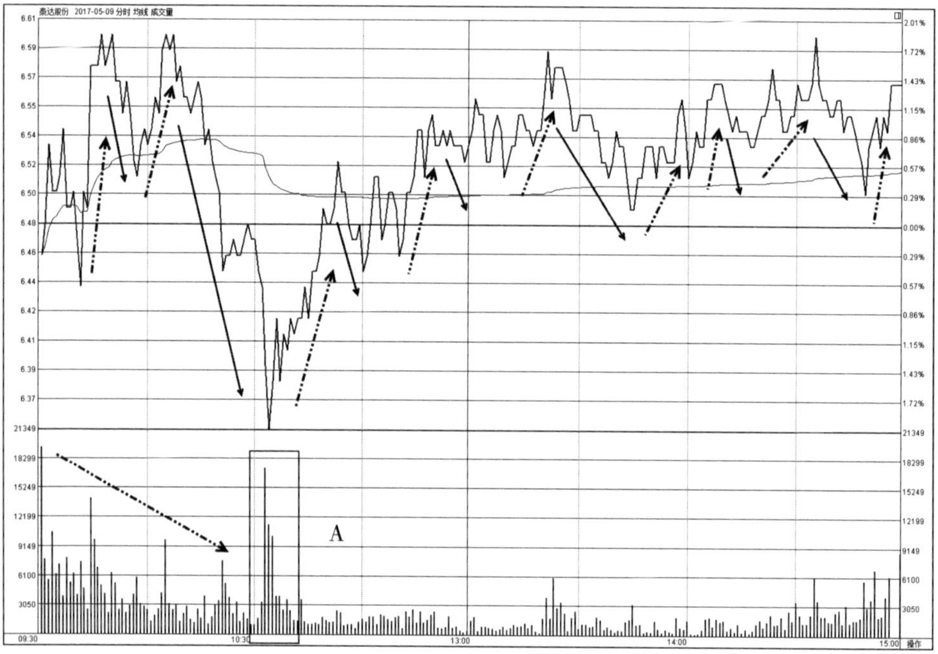

图 4-55　量能状态与折返走势分析

还需要注意的一种现象，即小幅上涨中虽然折返较少，但整体升势明显羸弱，这时的“折返较少”并不是涨升强度较高的含义，而是代表着交易清淡。

如图 4-56 所示，该股在当日的交易中，仅出现过一次为时较长的折返，但其整体升幅尚不足 1%，成交量能也相对稀疏，显示该股当日交易清淡、少人问津的状况。

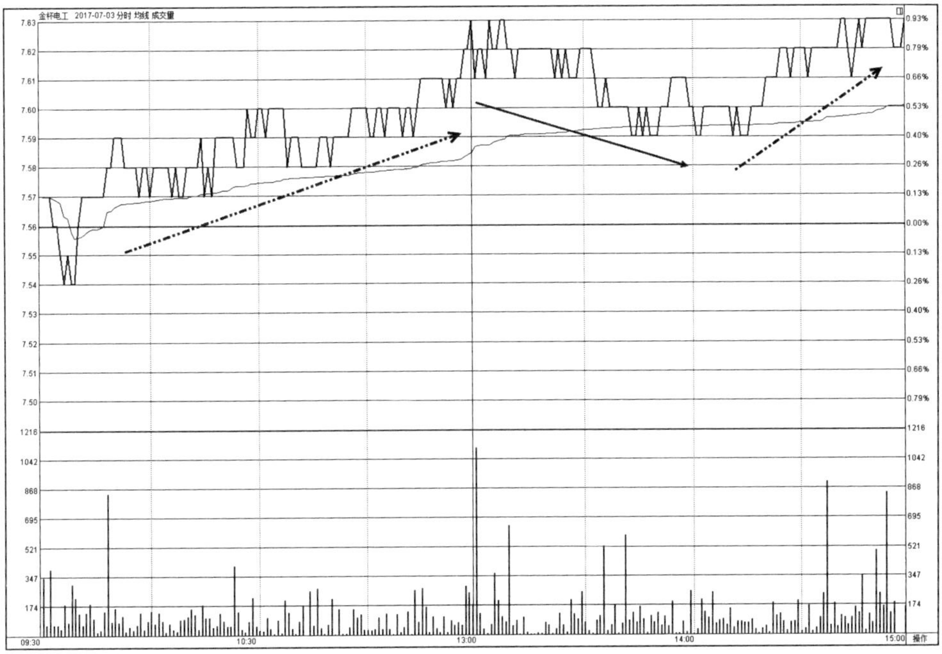

图 4-56 交易清淡时的量能与折返示例

二、下跌过程中的股价折返

跌势中的折返，也称为盘中反弹等。

跌势中的折返与涨势中很近似，即折返的时间、幅度明显少于下跌的时间、幅度，意味着股价的下跌强度较高。

如图 4-57 所示，该股在当日交易中，大部分时间皆处于下跌态势中，其中的折返时间极短暂，且弹升的角度平缓，幅度微弱。

跌势中出现这种折返形式，说明股价的下跌强度极高，在下跌强度没有任何改变之前，应避免过早参与做多交易。

当折返的时间、幅度与下跌的时间、幅度大致相当，说明虽然处于跌势中，但继续跌势的强度已经有所降低。

如图 4-58 所示，当日交易中，现价线折返的时间和幅度与下跌时相差不大，意味着该股早盘较高的下跌强度已经被遏制或被暂时中止，股价有可能出现继续弹升或振荡盘整等走势。

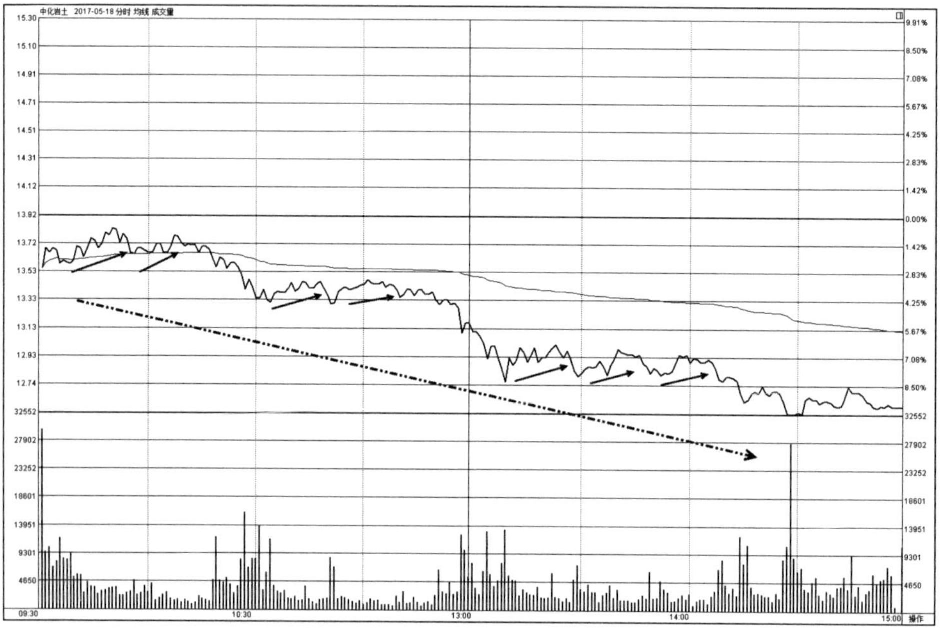

图 4-57　下跌强度较大时的折返

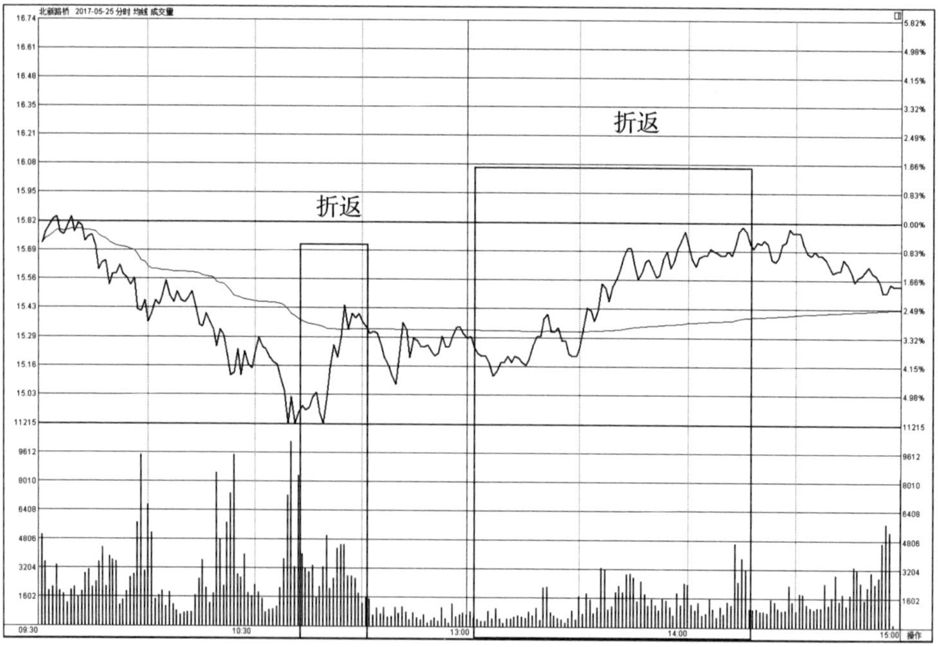

图 4-58　下跌幅度较大折返幅度也较大时的走势

实战中，分析这种形态是否具有继续弹升的动力，主要观察成交量是否能够起到正向或反向的催化作用。

实战中折返在变化形式上，形式繁多且复杂。

如图 4–59 所示，该股当天低开低走，下跌途中的折返时间短、幅度小，总体上较为微弱，显示出较高的下跌强度。

至图中 A 区时，现价线以 60 度区突然放量大幅急升。从支撑与压制的角度来说，现价线在 A 区突然性连续突破均价线和收盘线的压制，资金集中攻击的态势非常明显，应为主力资金的突击行为。

图 4–59 中，该股在极短的时间内，从较高的跌势强度迅速转为极高的涨势强度，这种情形只能是资金高度催化的结果。

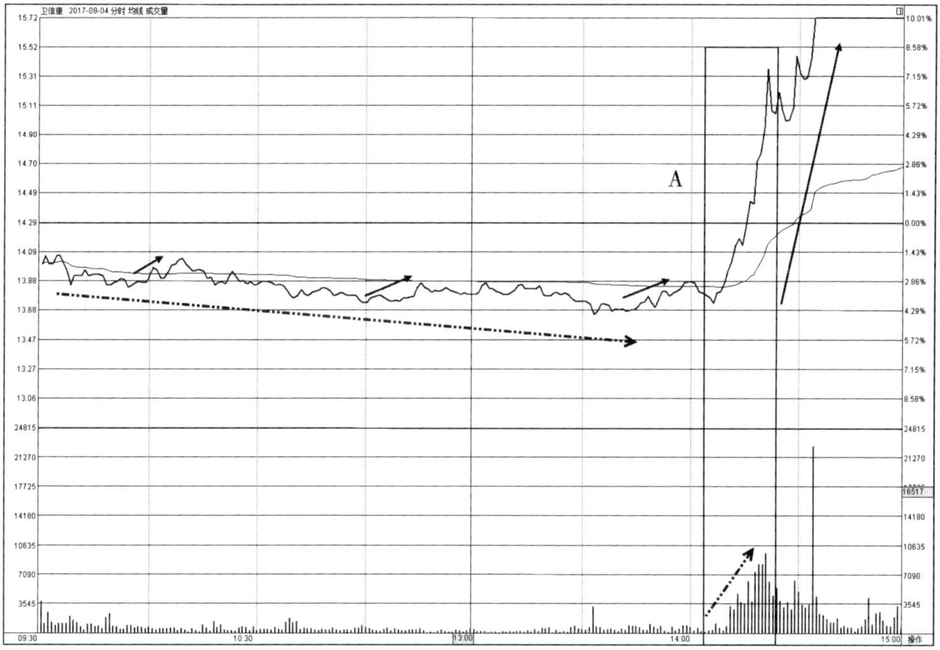

图 4–59　常量下跌与资金高度催化示例

受到资金高度密集的攻击，股价必然会在短时间内显示出强度上的极端变化，但是当资金不能以逐渐聚集的形式将股价推向更高点，而是以变量形态出现时，某一方向上的极端强度可能会在瞬间转化为反向强度。

如图 4-60 所示，该股早盘折返的时间、幅度与下跌的时间、幅度大致相当。至 A 区股价突然急速上升，可谓是升势强度的大爆发。但是到 B 区时，股价以同样陡峭的角度急跌，涨势的强度瞬间就转化为跌势的极端强度。

因资金密集攻击而出现的股价急跌急涨，其强度变化具有不稳定的特性，除非密集的资金能够持续出现，否则这种股价强度并不能成为交易者参与盘中做多的依据。

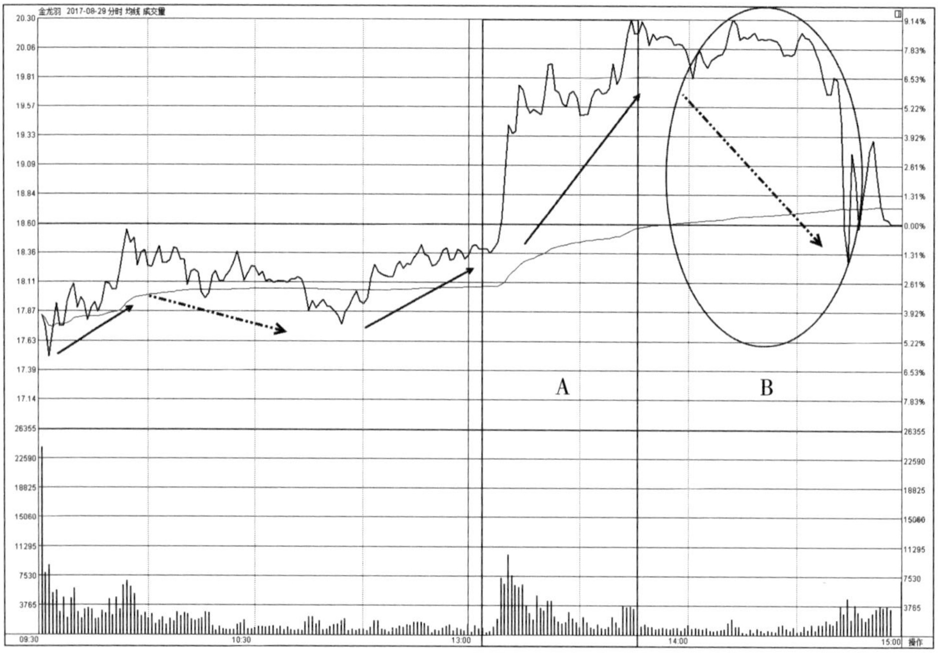

图 4-60 资金瞬间推动示例

第七节 资金扫盘或者主力对倒

成交大单，通常是指大于千手以上的成交单。

盘面上突然出现成交大单，有时会改变或引导股价的运行方向。确认成交大单的性质，对于提前应对股价可能出现的变化，无疑具有重要的意义。

交易者分析成交大单的前提是，首先要对目标股有一个跟盘的过程，熟悉个股日常交易中成交单数据，同时对目标个股的技术环境也要有一个全面的分析和了解。

这样，当目标个股盘中出现大单时，最低限度你可以知道这是一种偶然现象，还是经常会发生的现象，以及大单出现后股价可能出现的相应变化。

并不是所有的大单都是主力资金的行为，也可能是其他资金的行为。比如是：1）某机构操盘手为尽快完成买入任务，机械性大单扫盘的行为；2）某机构看好个股后的试盘行为；3）盘中多个实力资金的博弈行为等。

如果是上述几种情况，大单消失后，股价多数都会随之回落。

实战中的成交大单，更多的可能性是盘中主力行为。交易者需要区分主力大单是真实的扫单拉升，还是对倒做盘。

如图 4-61 中，该股股价在午后开盘直接被大单封上涨停板。如图中 A 区所示，主要由 4 笔数千手的成交大单将股价封板。分时图上的量柱接近 3

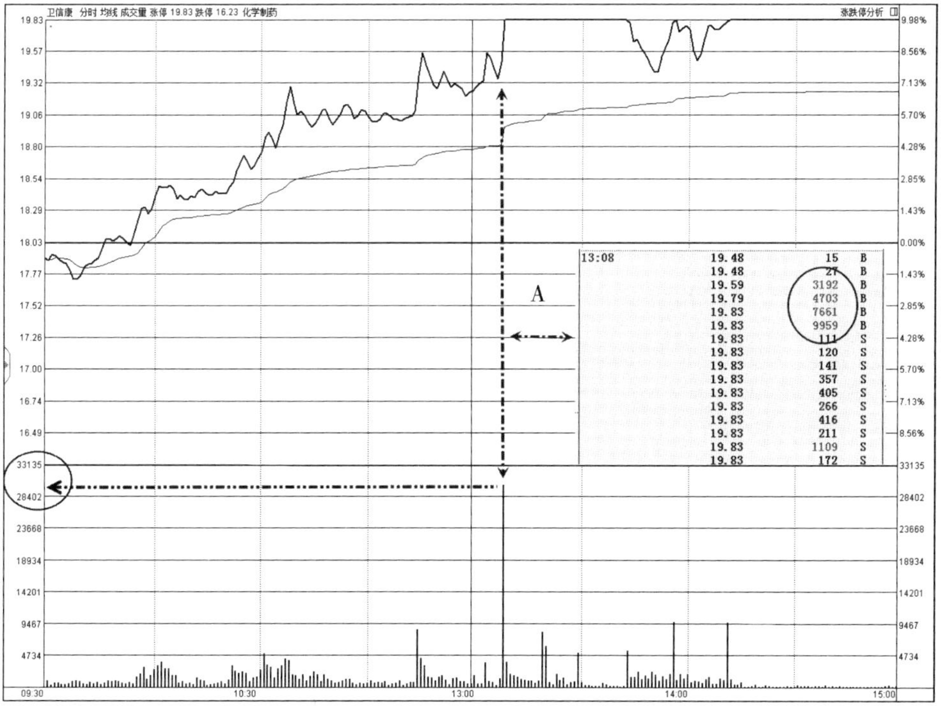

图 4-61 主力资金特征示例

万手。图中这种情况就是主力资金真实扫盘的类型，股价升势凌厉，扫单坚决，没有拖泥带水的多余折返。

技术环境上，经过急速上升或长时间涨升的个股，如果突然出现成交大单，股价却没有相应的大涨，那么主力对倒减仓的可能性极大。

如果是主力用大单对倒做盘，那么即使瞬间现价线被笔直拉起，但很快就会出现折返，走势上拖泥带水。股价之后的变化或者说升幅并不明显，即使有所上涨，也会在之后或次日发生折返。

如图 4-62 中 A 区所示，现价线笔直拉起，虽然分时图上的量柱达到 3 万多手，但升幅并不大且很快就出现折返。

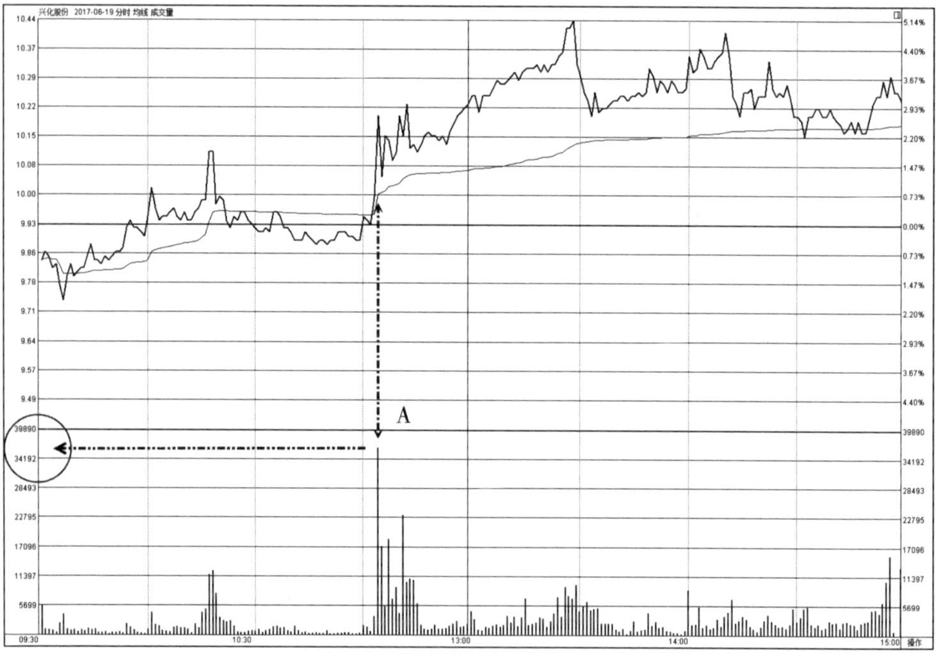

图 4-62 盘中主力意图分析

尽管午后开盘该股股价出现一定幅度的上升，但振荡回落的走势还是反映出后市存在较大的隐忧。图中即为主力大单对倒做盘的类型，这种盘局下，对倒的目的已经不言而喻。

技术环境处于低位，经过长时间大幅下跌的个股，突然出现成交大单，意味着主力资金至少开始“活动筋骨”了。这种技术环境下，主力如果采用对倒拉升的话，那么后市可能只是一个短期强反弹。只有主力愿意重兵投入的个股，才会具有时间和幅度上的优势。

第八节　巨量涨跌的真与假

一、巨量打开涨停板

实战中，交易者经常会遇到个股涨停板被打开的情况，打开涨停板的同时，多数个股都会有巨量成交。这些巨量来自何方，对于确定个股的后期走势具有关键性意义。

巨量，其实是一个相对模糊的概念。达到多少数值算得上巨量，并没有一个明确的定义。实战中确认巨量，通常是采用回溯法和对比法，即将明显超出一段升势中的某一时刻的最大量能，称之为巨量。

巨量打开涨停板后的个股，其后期的走势也并不一致。原因在于，处于不同技术环境下的个股，巨量打开涨停板的技术意义完全不一样。

例如：某些长期大跌之后的个股，在反弹之初出现巨量打开涨停板，虽然之后可能出现一定程度的回落，但主力资金的意图在于打压吸筹。而经过急速上升或长期大幅上升的个股，出现巨量打开涨停板，则可能是阶段性顶部的信号。

如图 4–63 所示，A 区该股当日高开后即冲击涨停板，但随即折返而下，这个时候的量能最为集中和密集。虽然之后股价再次上涨封住涨停板，但在 A 区巨量冲板后却折返而下的情况，很值得交易者重点关注。

有人可能会说，早盘冲板而不封板，是主力常用的吸筹或洗盘手法，关键在于之后能够封住涨停板。

是的，这样分析在思路上并没有什么差错，但是并不是所有的个股都是这种情况。不分析技术环境，一概而论地认为是同一种原因使然，那么在实战中可能就会频繁遭遇失利。

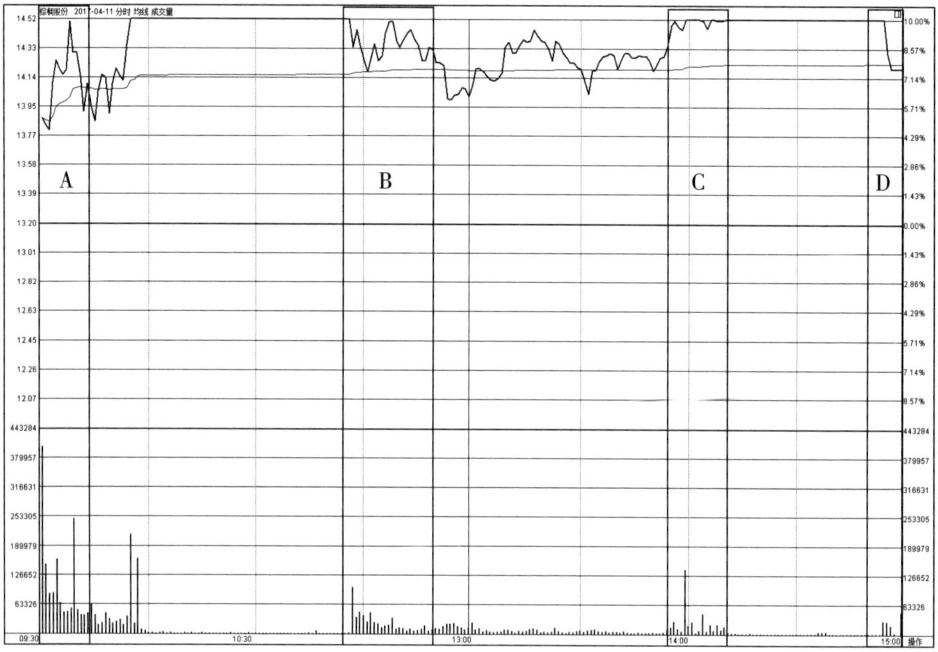

图 4-63　盘中主力资金动向分析

图 4-63 中，该股当天共有四次（见图中 A、B、C、D 区）冲板或封板后打开的情况，每一次都会有相对较大的成交量。尤其是 D 区，尾盘即将进入集合竞价之前的 2 分钟，忽然出现大单将封板打开并打低近 3 个百分点。这个现象意味着买一的巨量封单以及多个价位的挂单全部被成交。

突如其来的巨量卖单当天出现四次，股价在前三次之后都封上了涨停板。

如果主力资金意在洗盘，那么似乎没必要在 B 区之后再封板，这样打压效果会更好，而且容易带来一定的恐慌盘杀跌。

然而，案例中的主力资金似乎有些担心引起市场恐慌，所以 C 区之后仍旧封板。市场情绪随着股价再度封住涨停板会有一种“就知道主力在洗盘”的感觉，挂单搏涨停的应该有不少。

而尾盘最后几分钟的急跌，并不会让太多的人产生恐惧，因为当天已多次出现这种情况后再封涨停板的现象，所以最后 3 分钟的竞价结束时，当天的收盘价并没有被抛盘打得很低，买入者可能还在期望次日再封涨停板的盛况出现。

尽管图 4-63 的分时走势已经相对明显地昭示出主力资金出逃的迹象，但可能很多人会沉迷在涨停板的幻象里，不愿相信对自己不利的分析结论。

其实不但是分时图，K 线图上也同样可以提示交易者做空点临近。如图 4-64 中 A 区，即为图 4-63 分时走势所形成的 K 线。

在图 4-64 中 A 区之前，技术环境上该股处于急速上涨的态势中，A 区之前量能呈变量，而 A 区当日换手高达 43%，股价却未能封住涨停板，说明这里可能就是一个催化股价生变的新变量。交易者即使在 A 区未能成功减仓，在之后的交易日也应择机减仓。

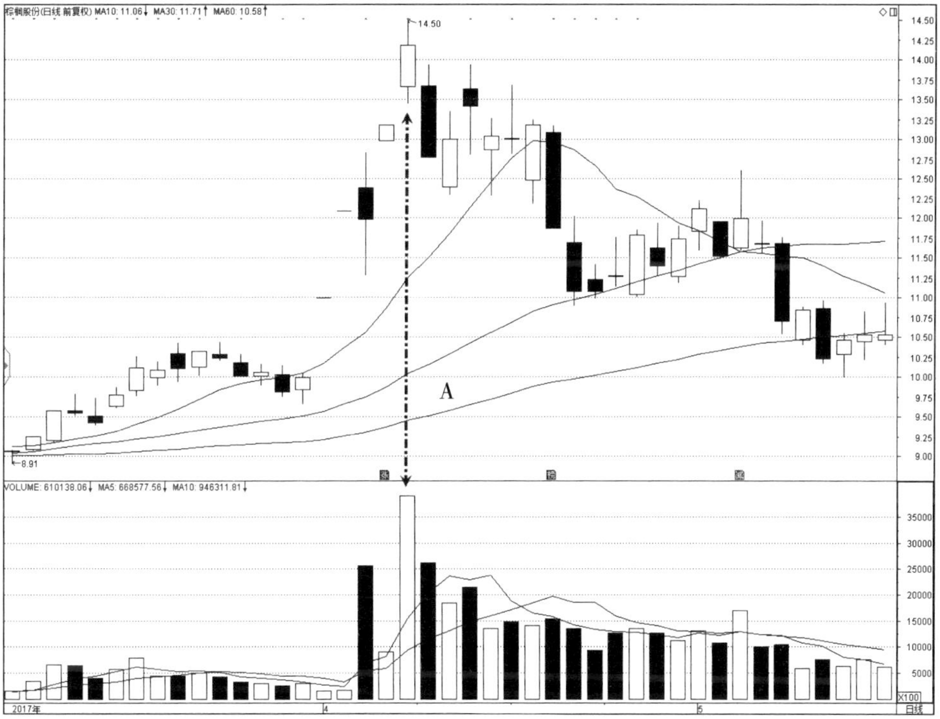

图 4-64 巨量成交不封板分析

二、主力诱空、诱多的手法

主力诱多和诱空的手法有很多，难以一一尽述，本节选择其中常见形式举例说明。

现价线的波动会形成当日的高点和低点，这些高点和低点，会在当日现价线的继续运行中具有压力或支撑作用。

当股价再次达到这些高点和低点时，往往都会受到一定程度的影响。例如：下跌时，在前低点相近价位可能会得到支撑；上涨时，在前高点相近价位可能受到压制等。

当股价突破当日高点和低点，说明上涨或者下跌得到进一步确认，股价可能将分时图的日间趋向延伸到更高级别中。

这些是对股价高点和低点突破的常规认识，在技术理论上并无差错，但在实战中，主力多会借用这些众所周知或传播甚广的理论来巧设迷局，以达到诱多或诱空的目的。

1. 突破当日高点

借用股价上涨突破当日高点的形态来进行诱多操作，是主力资金的常规手法。

如图 4-65 所示，在 A 区现价线波动中形成一个高点，之后股价一直处于回落的走势中。至尾盘阶段，B 区股价突然以 60 度区放量飙升，突破 A 区高点并继续上涨，虽然收盘有回落，但股价仍旧在 A 区高点之上。

这种股价放量急升、突破当日高点的走势，无疑非常振奋人心，而且很是吸引眼球，对于喜欢跟风追高的人来说，具有非常大的吸引力。但是，在弱势运行的前提下，尾盘阶段急拉诱多的概率远大于真实的、具有持续性的拉升。

那么图 4-65 中尾盘急拉所处何种技术环境呢？

图 4-66 中 A 点，即为图 4-65 中分时走势所形成的 K 线。图 4-66 中 A 点，无论是均线系统（空头排列），还是 K 线、趋向、量能都没有倾向于多头的技术指向。整体上明显呈下跌态势，K 线运行趋向也仍旧处于下行均线的压制中。

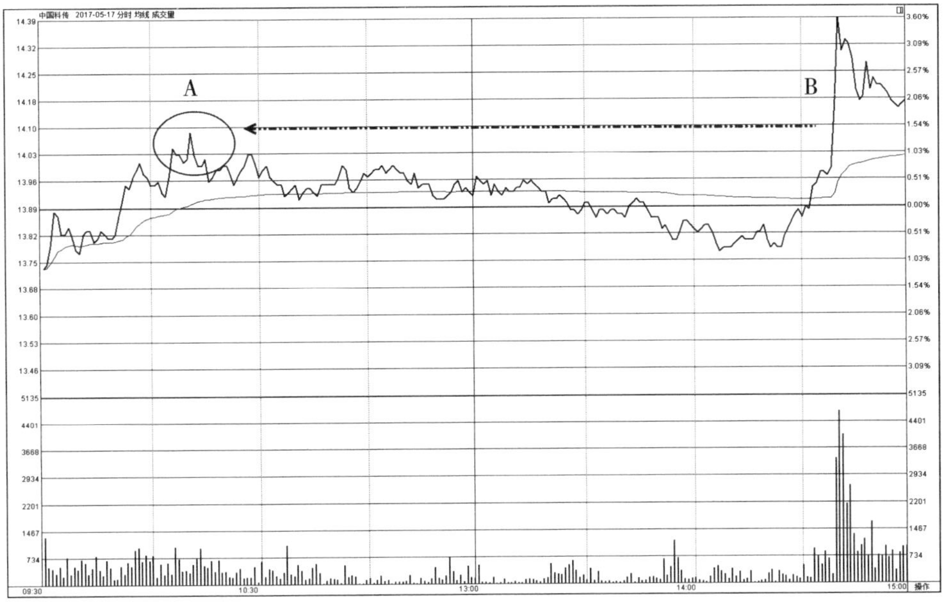

图 4-65　尾盘拉升分析

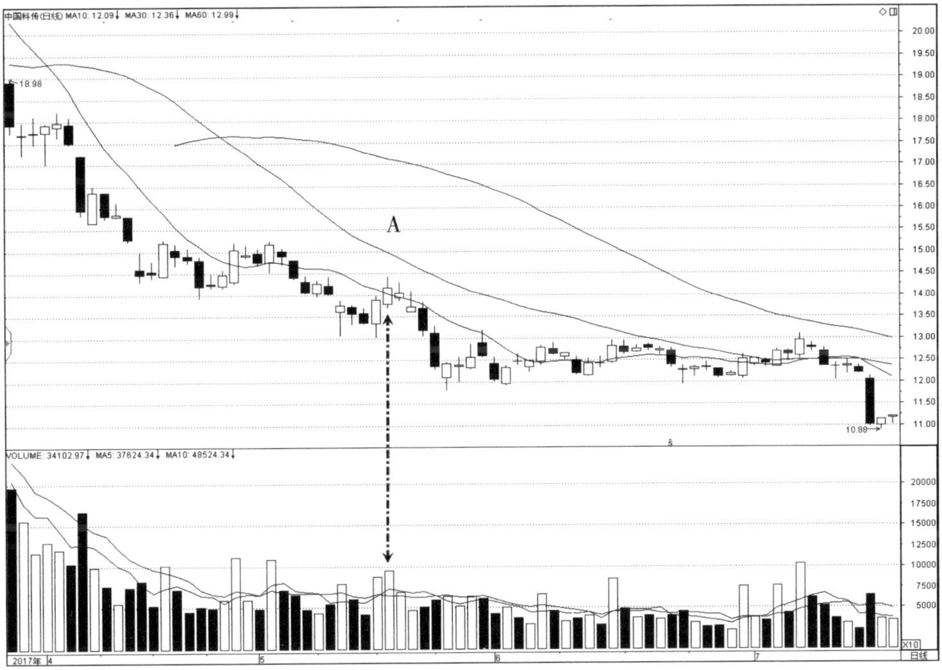

图 4-66　尾盘拉升 K 线图技术环境分析

可能有人会说，A 区的量能有所增大；但从趋向上来看，A 区仍旧明显处于量能消散的态势中，别说这个点的量能增加幅度不大，即使出现很明显的量能激增，也只能是一个变量的形态，不可能形成一个聚量形态。

可以看出图 4-66 中 A 点，明显处于弱势的技术环境之下。也就是说，图 4-65 中尾盘急拉所处的技术环境是弱势！明确了这一点，对于尾盘急拉并突破当日高点的走势，交易者应该能够辨别出主力资金急拉诱多的意图。

股价上涨突破当日高点也有多种形式。如图 4-67 所示，该股早盘低开后股价被急速拉升，在 A 区形成第一个高点，随之回落后再次急拉，于 B 区突破了 A 区的高点。

图中这种突破当日高点的形式极具诱惑性，会给交易者带来股价启动强势上涨的错觉，忍不住手痒的话就会跟风追高。

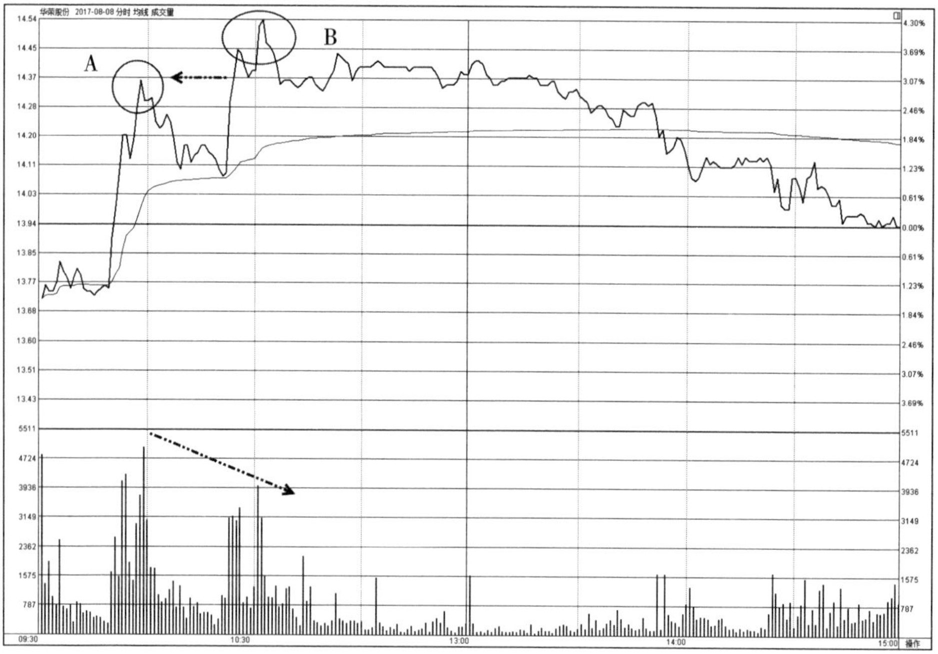

图 4-67 突破前高量能递减走势分析

但交易者还是发现，B 区突破当日高点的表现并不理想。成交量上，B 区突破的量能整体小于 A 区。可能有人会认为：量小，说明压力小，轻松突破，所以没有过大的量能。

如果总是这样分析的话，那么说明你是一个以主观愿望进行交易的乐观主义者。好吧，交易者循着乐观主义者的思路分析下去，看看逻辑上能否讲得通。

如果B区真的是一个轻松突破的类型，那么在股价上必然会体现出来。实战中轻松突破之后的个股股价，通常会直逼涨停板或者具有相应的大涨幅，否则就谈不上“轻松”和突破。

但在图4-67中，交易者看到从A区到B区的升幅，大约在1%多一点，之后股价就开始回落。1%多点的涨幅看上去突破并不“轻松”，而且这1%的涨幅很快就被股价的回落“淹没”了。

“轻松”突破的量能，却反映不出“轻松”突破的结果，那么交易者只能认定B区的缩量并不是“轻松”突破。

那么，是什么拖住了B区股价理应大涨的后腿?

只能是虚假突破当日高点和主力资金的减仓行为，这二者其实可以合二为一。没有其他理由可以更好地解释如此有准备、有铺垫的整个过程，当日盘中和收盘股价也并未大跌，显示出主力极好的控制力。

当然，主力资金某一日的减仓并不等同于全面清仓出货，这一点前面提到过，也是实战中需要注意分析的。

理解这种诱多，可以提醒交易者哪些股票的上涨是不可以追的；做到这一点，至少会让你避免短线被套。

2. 突破当日低点

做股票的时间长了，大多数人都说过一句话:“这个股票要不是卖早了，就赚大了！”

对于持仓者来说，稳定地持有质地优良的股票，并不像想象中那么容易。股价的波动和振荡会时时地刺激你，让你频繁做出决定和行为。排除熊市极端下跌阶段，其实大部分的交易时间内，控制和减少操作频率是获利的最大法宝。

然而，主力资金不会这么认为，如果大部分散户保持在理性冷静的状态下，主力资金混口饭吃就会成为问题。浑水摸鱼、指东打西才是主力生存的王道。所以主力会利用高点诱多，也会利用当日低点诱空，让交易者在低点“缴枪不杀”。

如图 4-68 所示，该股开盘不久，就在 A 区出现第一个低点，之后股价折返振荡；跌破这个低点时，下跌角度达 60 度区且量能放大，足可回想当时汹涌的抛盘。

突破当日低点时，主力资金先以对倒的方式用大单砸盘，此时现价线的下跌角度陡峭，必然会引发部分持仓者的恐慌。

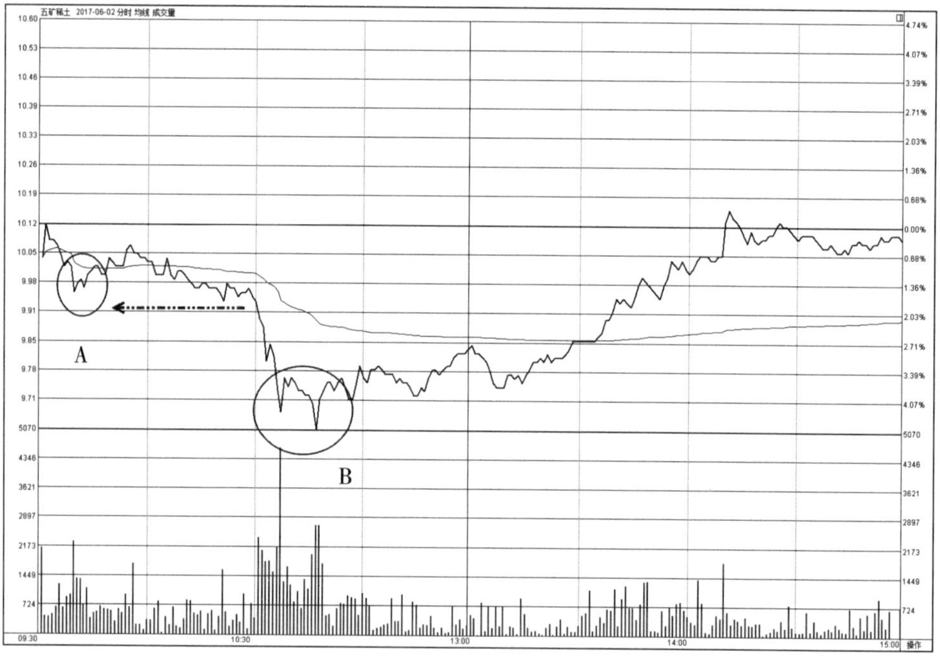

图 4-68 主力盘中制造恐慌分析

当股价以自由落体式下跌时，“崩盘”这个词会在持仓者的脑海里呼啸回荡，最终恐惧会吞噬所有继续持仓的理由，而卖出将得到安全的心理暗示，这会让很多持仓者选择加入到抛售的队伍中。

在图 4-68 中 B 区，低点之后再出低点，股价新低很快又被刷新，量能在这时也是最为密集，显示出杀跌之惨烈。然而，在 B 区之后，本该走向绝地的股价，却反而折返向上，并收复当日大部分的跌幅。主力诱空，在回升中已经非常明确。

其实类似的案例也讲过，多数经过长时间下跌的个股，某日盘中出现大幅放量急跌，则大概率会出现反弹的低点。而案例中个股当日低点的股价，在三个月后几乎翻番。

3. 整数关口

所谓整数关口，是指股价运行到整数值时，往往会上涨遇到压力、下跌得到支撑。

整数关口的压力和支撑，缘于市场心理关口以及主力控盘的需要。整数关口的压制或支撑，多数都仅存在于市场心理上，并不一定说明在这一点位上真的存在支撑或压制。

很多时候主力资金会利用整数关口的心理作用，来暗示交易者做出买进或者卖出的行为。主力资金利用整数关口进行诱多或诱空，已经不是秘密。

如图 4-69 中 A 区所示，现价线跌落至 10 元的整数关口上下时，出现振荡盘整，并由此得到支撑向上回升。

图中的案例，仅是该股在 10 元整数关口上，某一天分时走势中的变化情况；其实在 K 线图上，在 10 元整数关口股价来回振荡将会持续很长时间。主力资金利用其中的振荡诱多或诱空，来达到相应吸筹或减仓的目的。

图 4-69 中 A 区之前，现价线跌破收盘线，均价线支撑持续下行，至 A 区振荡盘整。这个过程中并无明显激增的成交大单密集出现，说明主力并不想对倒砸盘、逼迫卖单大规模现身，而更愿意通过现价线的下行和横向振荡，清理部分容易躁动的筹码。

主力资金并未用大力对倒砸盘，也就使得诱空洗盘显得并不彻底；部分咬牙坚守到最后一分钟的持仓者，还是等来了 A 区之后的拉升。

那么，主力为什么不来一个更彻底的诱空洗盘？在 10 元整数关口上止跌，似乎有点到为止的意思，主力资金会这么仁慈吗？

图 4-69 分时图上主力意图分析

个股所处不同的技术环境，才是主力选择不同诱空强度的原因。

案例中，个股的主力资金限于某种原因，并不愿意在目前阶段来场轰轰烈烈的阵地战，所以不会选择将大部分人逼迫出局，否则有悖于边打边撤的策略。

在之后的股价运行中，该股主力资金时而诱空，时而诱多，尽力降低持仓成本。这也是实战中交易者经常会遇到的一种主力操作类型。

第九节 盘中跳水——是谁在出逃

首先明确一下相关概念，恐慌性抛盘并不排除有主力资金减仓的成分，但本节要讲述的是，主力以减仓为主要操作目的的量能，和恐慌性抛盘为主的量能之间的区别。

其实二者之间都具有大幅下跌的外在形式，不同之处在于技术环境以及量能缩放上有细微的差异。

如图 4-70 所示，该股当日低开低走，全天量能最为密集处为早盘的前半小时，此后盘中的多次下跌，虽有放量但都远不及早盘。尾盘时，现价线横向盘整，虽不再创出股价新低，但量能上并无改观，显示做多资金保持谨慎的态度，并不认同目前这个价位。

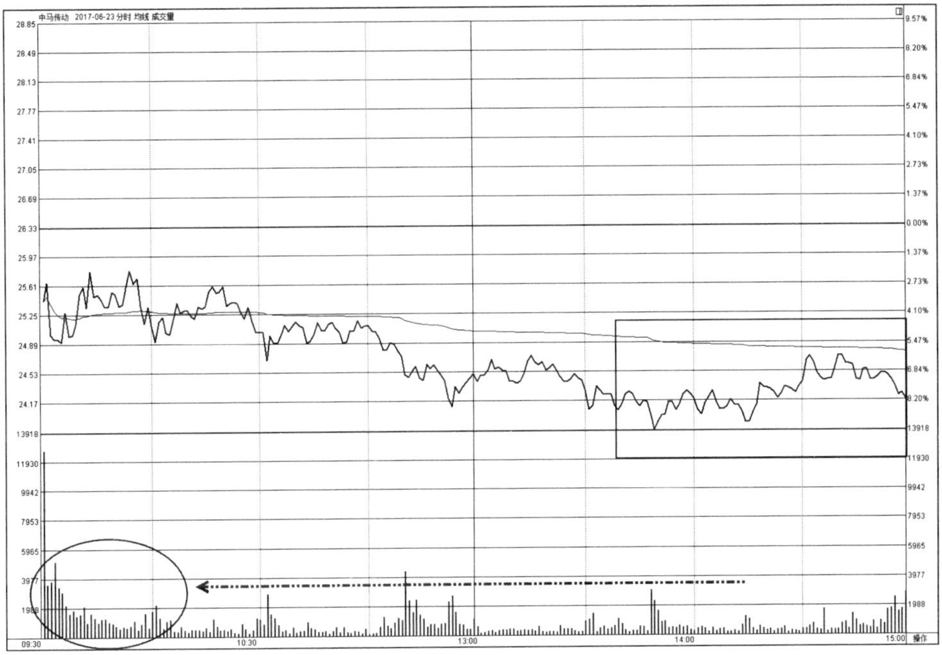

图 4-70　技术环境下的主力意图

图 4-70 中尾盘的分时走势，是主力资金当日减仓过后的一种下跌休整形态。这种形态下，虽然尾盘似有止跌的迹象，但却只有其形，未有其实。多数情况下，后市仍将出现进一步的下跌。

图 4-71 中，该股同样是低开低走，早盘也一度出现密集的成交量，但在 A 区成交的密集程度已经接近开盘。

尾盘该股再度大跌，虽然股价几乎在当日最低点收盘，但是交易者可以看到成交量的密集程度已经远超早盘和 A 区。

尽管尾盘股价并未有任何止跌的迹象，但密集的成交和股价快速的下跌，告诉交易者这里出现的是恐慌性抛盘。

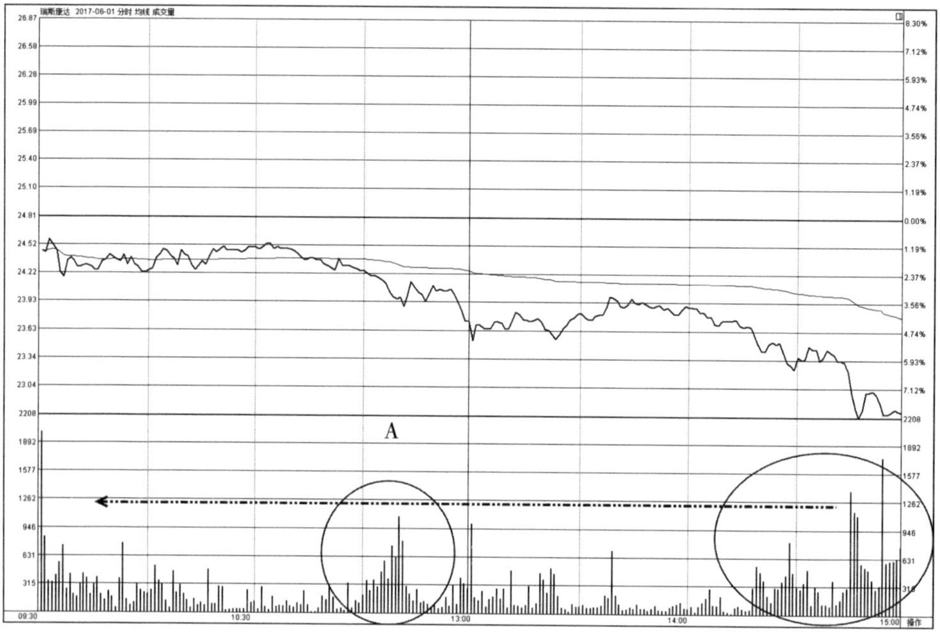

图 4-71　尾盘恐慌性抛盘示例

在非极端市场行情中，主力资金不会和市场资金抢着去做一件事，比如追高或杀跌。

图 4-71 中尾盘的放量杀跌，是在主力资金引导下的恐慌性抛盘所致，这么密集的成交，必然大部分是由主力资金承接。这种分时走势下，多数个股次日都会出现幅度不等的反弹。

也许有人会有疑惑，图 4-71 中尾盘的放量杀跌为什么不能是主力资金减仓，散户在买?

在不同技术环境下，确实也会出现多种可能性，但作为一种博弈的游戏，却始终难以脱开人性的恐惧和贪婪。

图 4-71 中，个股技术环境上处于大跌过后，战战兢兢的市场资金会以这么密集的姿态在大跌之际奋勇入场承接么?

既然不是以散户为代表的市场资金入场承接，那么还能是谁?

当然，部分技术派散户最喜欢做的就是袭击恐慌盘，但有这种技术能力的只是少数，玩不出密集成交的大波浪。

说到这里，减仓和恐慌盘的区别应该已经很明了。如果有的朋友还有疑问，那么就说明你需要在成交量和主力行为分析理论上多做参研。中国宇航出版社出版的《成交量核心技术》和《主力行为分析核心技术》，能满足大部分读者朋友的这种需求。

恐慌性抛盘的形式并不局限于尾盘，盘中出现的形态也有很多。

如图 4-72 所示，在 A 区出现一波 60 度区的急速放量下跌，这里的成交就已经远大于早盘。在 A 区之后，现价线基本呈休整的态势。

在 B 区，股价并未明显下跌，而是处于振荡过程中，但却出现了密集的成交。为什么？

交易者可以发现，在 B 区，现价线一直振荡在 A 区暴跌产生的低点附近，这就是密集成交出现的原因。

如果还不明白为什么，交易者可以回顾一下上面所讲的诱多与诱空的内容，或者试着还原一下当时的市场场景。

图 4-72 主力洗盘操作分析

在 B 区，股价再次跌至当日低点附近，而在 A 区暴跌的恐惧感也会再次弥漫，关于同样的暴跌即将出现的想象空间就会被打开。忍耐不住恐惧感侵袭的持仓者，会在卖出避险心理暗示的指引下，做出相关的交易行为。

技术环境上，该股处于涨势途中且具有一定的升幅，获利盘的蠢蠢欲动实属正常。而类似于图 4-72 中的诱空行为，是主力借用当日低点对持仓者进行的一次“恐吓”。

当然，主力打破前低点，可能诱空的效果会更理想，但主力仅仅“温柔”地驱赶一下心浮气躁的持仓者，并不想赶尽杀绝。

第五章

分析主力资金潜在目的

第一节 K 线构成与基础知识

交易者在分析主力资金逃逸与回归的过程中，少不了用到时间周期不同的 K 线系统。这些 K 线系统能够直观地展示出某一时间周期内股价的涨跌与成交量变化情况。通过这些数据和图示，再结合具体的技术环境因素，交易者就能够得到相应的分析结论。

合抱之木起于毫末，九层之台起于累土。无论多高的摩天大厦，也是从第一块砖、第一片瓦开始建造的。基于此，交易者很有必要掌握一些 K 线技术知识，这对之后的分析判断具有关键性的作用。

一、K 线构成

K 线由四个部分构成：开盘价、收盘价、最高价、最低价。见图 5-1 所示。

K 线的开盘价：当日（以日 K 线为例，下同）开盘价的价位高低，直接影响到 K 线实体的大小或价格的涨跌，是多空双方一天激战的开始。

K 线的收盘价：当日收盘价的位置，直接确定 K 线实体的大小或价格的涨跌，是多空双方一天激战的结果。

K 线的最高价：当日最高价是多方能够触及的价格，实体覆盖比上影线标示更能体现多方能量在这一交易时段占有的优势。

K 线的最低价：当日最低价是空方能够触及的价格区域，实体覆盖比下影线标示更能体现空方能量在这一交易时段占有优势。

开盘价和收盘价之间的空间，即为K线实体部分。部分K线因开盘价和收盘价一样，所以实体为一字，比如一字线、T字线、十字线等。

阴K线高于开盘价的部分为上影线，阳K线高于收盘价的部分为上影线，通常用一根向上的细线表示。

阴K线低于收盘价的部分为下影线，阳K线低于开盘价的部分为下影线，通常用一根向下的细线表示。

上影线或下影线往往代表着某一交易时段的最高价或最低价，但并不是所有的K线都具有上影线或下影线。有些K线开盘价就是最高价/最低价（实体覆盖），收盘价就是最低价/最高价（实体覆盖），所以并不具有上影线或下影线。比如，光头光脚大阳线或大阴线等。

T字线、十字线的开盘价和收盘价为同一价位，不具有明显的实体部分，仅有上影线或下影线；一字线较为特殊，其开盘价、收盘价、最高价、最低价都在同一价位，即不具有上影线和下影线，也不具有明显的实体。

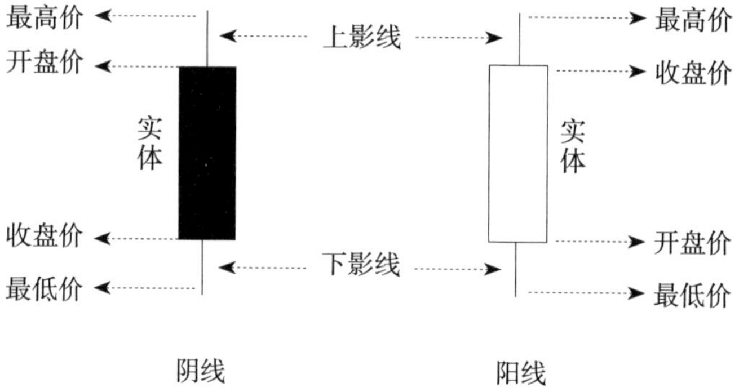

图5-1　K线基础知识

二、基础与分类

1. K线的类型

K线以（以日K线为例）开盘价和收盘价为标准，可以划分为阴线、阳线、平线。

阴线：是指当日收盘价低于开盘价的 K 线形式。

阳线：是指当日收盘价高于开盘价的 K 线形式。

平线：是指当日收盘价、开盘价处于同一价位的 K 线形式。

需要说明的是，上述三种 K 线形式都是以当日开盘价和收盘价为基准进行划分的，并未对比上一交易日收盘价，所以阴线并不必然在价格上就低于上一交易日的收盘价。阳线也并不一定在价格上就高于上一交易日的收盘价；平线并不意味着相比前一交易日价格无涨跌。

如图 5-2 中 A 区所示，第一根 K 线为一字线跌停板，第二根 K 线为中阳线，但这个中阳线当天的收盘价并未超过前一交易日一字线跌停板的收盘价，所以虽是阳线，但股价仍旧低于前一交易日，当日价格仍旧下跌超过 -1%。

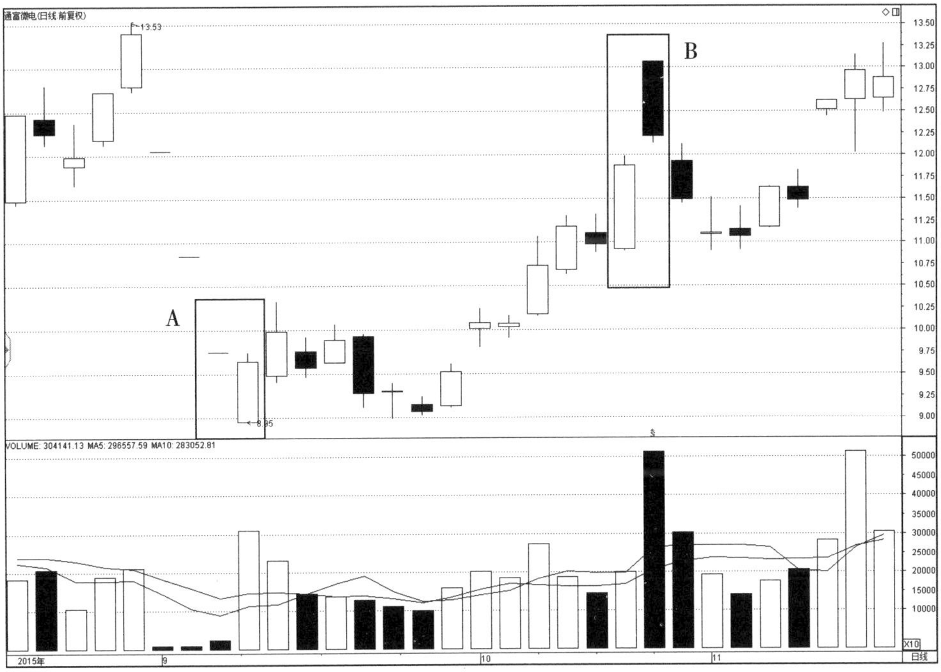

图 5-2 阴阳 K 线含义

图中 B 区，第一根 K 线为中阳线，第二根 K 线为中阴线，但这个中阴线当天的收盘价并未低于前一交易日中阳线的收盘价，所以虽是中阴线，但股价仍高于前一交易日，价格当日仍旧上涨超过 2%.

图中 A 区第一根 K 线为一字线跌停板，当日收盘价、开盘价都处于同一价位，所以虽称为平线，但相比前一交易日却有 –10% 的价格跌幅。

通过这个分类，交易者能够更为清晰地理解 K 线本质和作用以及 K 线之间关系的技术含义。如果不懂 K 线分析，仅仅关注股价的涨跌，那么如图 5–2 中 A 区第二根 K 线价格仍旧下跌超过 –1% 时，只会给你“不再跌停了，但仍在下跌”的感觉。但通过 K 线分析，交易者可以知道得更多。例如：连续跌停板之后，一根低开高走的增量中阳线，至少说明开始有资金积极关注并参与进来，交易者可以提前做好交易的准备工作。

2. K 线周期

从时间上划分，可分为 1 分钟 K 线、5 分钟 K 线、10 分钟 K 线、15 分钟 K 线、30 分钟 K 线、60 分钟 K 线、日 K 线、周 K 线、月 K 线等。

这些 K 线选取标的时间周期有所区别，作用也有所不同。分钟 K 线反映的是股价的超短期走势；日 K 线反映的是股价中短期走势；周 K 线、月 K 线反映的是中长期股价走势。

（1）分钟 K 线

1 分钟 K 线，是指 1 分钟时间内交易形成的 K 线。分钟 K 线的优越之处在于，将较长时间单位如日 K 线进行分解后，能够极为详细地了解当日交易中的细节，有利于更好地分析判断主力运作的意图和轨迹。

如图 5–3 中 A 区所示，该股当日报收一根跳空高开且带有长上影线的中阳线。在日线图中，交易者无法看到这根中阳线形成的整个过程以及其间多空争斗的具体变化，而这些都是 K 线分析的重要内容，所以就要借助分钟 K 线来帮交易者还原当时的情景。图 5–4 是这根中阳线的 1 分钟 K 线图，通过 1 分钟 K 线图，交易者可以看到当天交易中多空交锋的整个场景。

也许有人会说，当日分时图也可以还原交易中的变化。诚然，分时图作为技术分析重要的辅助手段，确实可以还原当日走势曲线。但和 K 线图相比，在显示多空力量对比、侦知主力轨迹方面则要大为逊色。例如：通过分析图

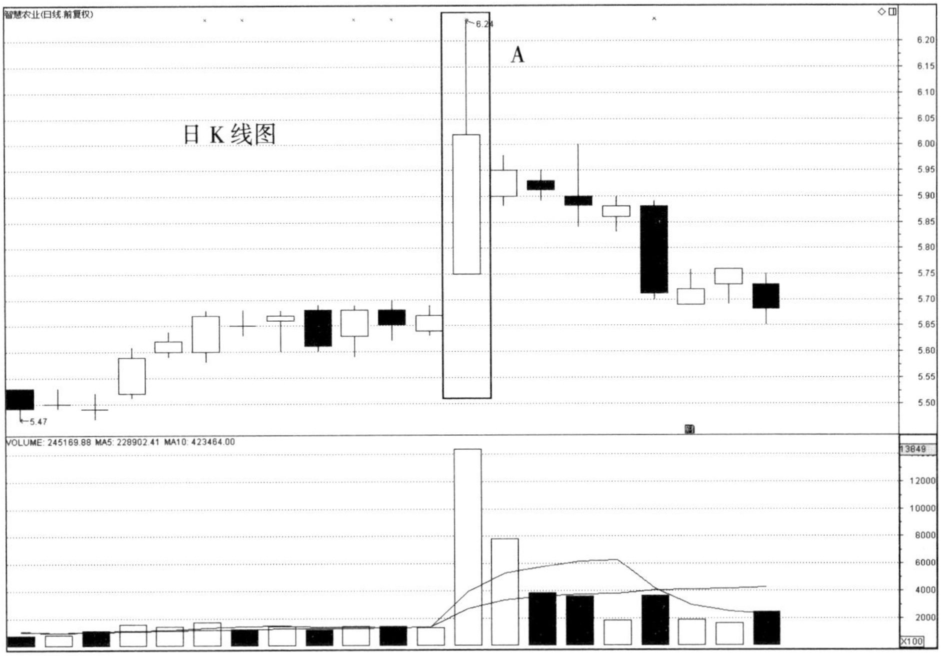

图 5-3　日 K 线图

图 5-4　1 分钟 K 线图

5-4 中的 K 线变化，运用逃逸线和回归线理论，交易者可以大致推论出当日主力资金的动向，而在分时图上，这些更为细致的分析根本无法完成。

分钟 K 线有其优越性，也有其缺憾处。因为其细化了当日交易中的细节，反而可能使得部分交易者囿于价格的细微波动，更容易受到不良心态的影响，随之做出错误的判断。通常来说，分钟 K 线更适合于短线交易，便于及时发现价格短期买卖点。这部分内容，在之前的章节中讲到过。

（2）日 K 线

所谓日 K 线，是指一个交易日内形成的一根 K 线。日 K 线是最常用也最为人们所熟知的 K 线类别。日 K 线反映的是价格中短期走势，在应用上较为广泛，对短线交易、波段交易甚或是中长线交易都有一定的参考和分析价值。但日 K 线最容易为主力掌控，也是主力最乐于施展障眼法的 K 线形式。

通常来说，主力“做线”迷惑交易者，有两个时间段最为关键：一是开盘，以高开或低开抑或是开盘瞬间打低、拉高等手法来控制日 K 线的起点；二是收盘，以尾盘瞬间打低、拉高等手法来控制日 K 线的终点，借以完成构筑日 K 线整体形态，目的在于往自己希望的方向引导交易者进行判断和操作。主力刻意制造的这种 K 线也称为骗线。

识别日 K 线上骗线的方法较多，其中运用分钟 K 线进行分解识别，就是一种相对简单易学的技术方法。

（3）周 K 线、月 K 线

周 K 线、月 K 线，是指一根 K 线的交易时间单位为一周或一月而形成的 K 线，这两种 K 线主要用于价格的中长线分析。

周 K 线、月 K 线因其时间跨度较大，主力“做线”的难度和成本较高，所以相对日 K 线来说出现骗线的概率较小，因而这两种 K 线具有相对稳定、真实的优点。但是周 K 线、月 K 线缺憾处也是显而易见的，其对行情启动阶段的反应具有滞后性。

通常来说，周 K 线、月 K 线主要用于对于价格运行趋势的认定，同时对于日线级别的价格突破（向上或向下），能够提供支撑位和压制位的技术测试点。

第二节 大阳线不一定都是资金回归

从形态上来说，大阳线是指开盘在最低价附近，收盘在最高价附近，实体较长的阳 K 线。实战中，某些个股因长时间交易低迷，其涨跌幅较为微小，可能一根 2% 的 K 线在其 K 线图中都很显眼，颇类似中大阳线。而对于交易活跃的个股来说，可能一根 6% 的 K 线在其 K 线图中都不显眼，尤其是一些跳空高收的 K 线形体，看起来颇似中小阳线。

类似这种视觉上带来的误差，可能会给交易者的技术分析造成不利的影响，使交易者忽视真实 K 线形态应有的含义，造成分析判断上出现南辕北辙的失误。基于此，定义大阳线不应仅仅依据形态，还应有涨幅上的条件限制。

仅就最常用的日 K 线来说，限于涨跌幅制度，10%～20% 应是大阳线的极端表现形式；依此类推，3% 及以下为小阳线，3% 以上及 6% 上下为中阳线，超过 6% 为大阳线。

没有上下影线的大阳线，称为光头光脚大阳线，这种类型显示多方具有压倒性的优势。具有上影线的大阳线，这种类型显示多方虽然强势，但仍旧遇到空方较大抛压或多方主动后撤的行为。见图 5-5 所示。

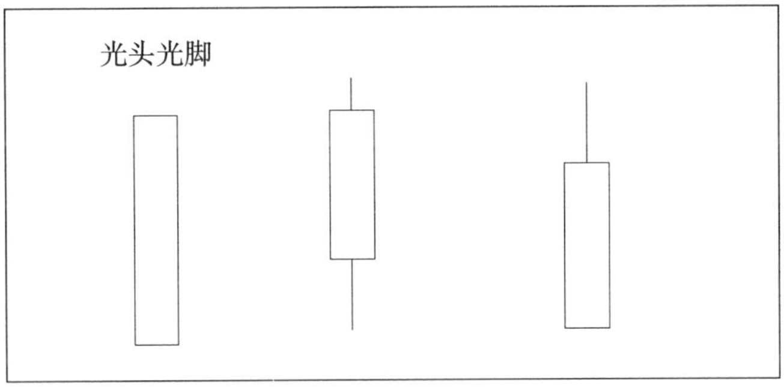

图 5-5 大阳线的定义

具有下影线的大阳线，这种类型显示多方有一个由弱转强的过程；另有上下影线的大阳线，其意义与上述二者大同小异。

一些个股全天走势平淡无奇，尾盘突然拉升报收大阳线，这种具有偷袭性质的大阳线，多是受到消息面的影响或主力刻意操控，后期走势往往诡异多变。

大阳线在K线图中最显著的技术含义，就是代表多头极其强势的状态和主导性的地位。至于这种强势状态是否具有持续性，并不由这根大阳线本身决定，而是由这根大阳线所处的技术环境决定。

例如：如果大阳线出现在长时间、大幅度下跌之后，则意味着多方展开强势反击。如果大阳线出现在大幅度上涨之后的高位区域，那么往往是见顶信号，不但不会延续多头的强势，还会成为多空转折点。

如图5-6所示，该股持续上涨过程中，于A点报收一根涨停板大阳线，但股价并未能继续强势上涨，反而在次日报收高开低走的大阴线，A点大阳线也成为涨势转为跌势的拐点。

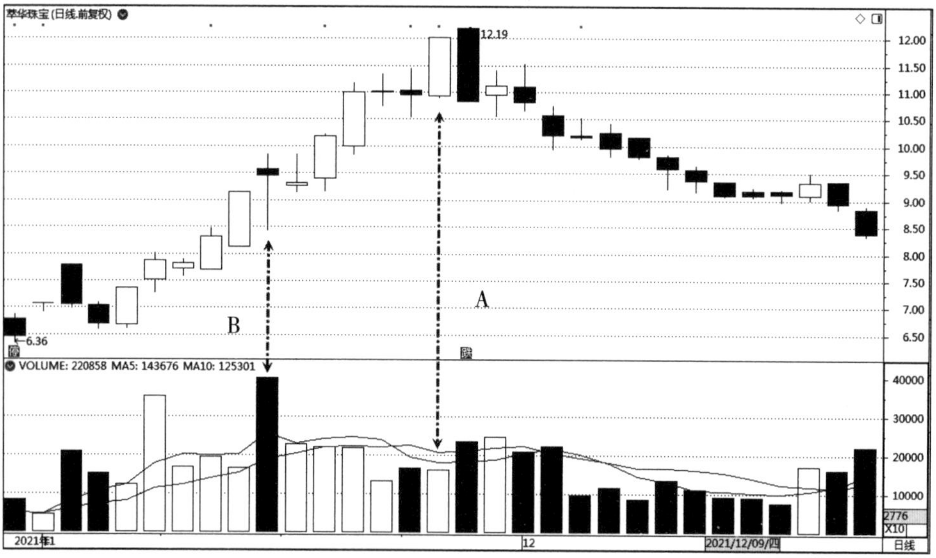

图5-6 大阳线所处的技术环境

类似图5-6中的情况，在实战中很常见。之所出现这种走势，原因大多在于主力资金的减仓或者出货行为。

具体到图5-6案例中，A点大阳线作为涨势的拐点，当日的成交量并不算突出，反而是涨势途中 B 点长下影小阴线的成交量比较突出。同时该股涨势初期也曾出现过较大的量能，这些量能都明显大过 A 区的成交量。

这种量能累计情况，至少可以推断出，在 A 区，主力资金的逃逸行为仅是阶段性减仓，不可能是全力出货。但是，实战中对于主力资金减仓的个股，也不能麻痹大意，尤其是对短线交易者而言。因为主力资金减仓既有可能造成股价的短期调整，也有可能带来一波大级别的回落调整。案例中个股就出现了大级别的回落调整。这种调整就是前面讲到的中期循环过程，交易者可以留心观察波段买点的出现。

当一些个股处于下跌趋势运行过程中，其间股价超跌反弹也会出现大阳线。如图 5-7 所示，A 点出现大阳线后，股价也随之结束了反弹行情。

在这个案例中，大阳线的成交量明显属于变量形态。在这种技术环境中出现变量形态的大阳线，几乎等同于宣告短线主力资金全力逃逸。对于这种个股，交易者决不可留恋不去，因为后期的跌幅难以估计（关于变量形态，请参阅《成交量核心技术》）。

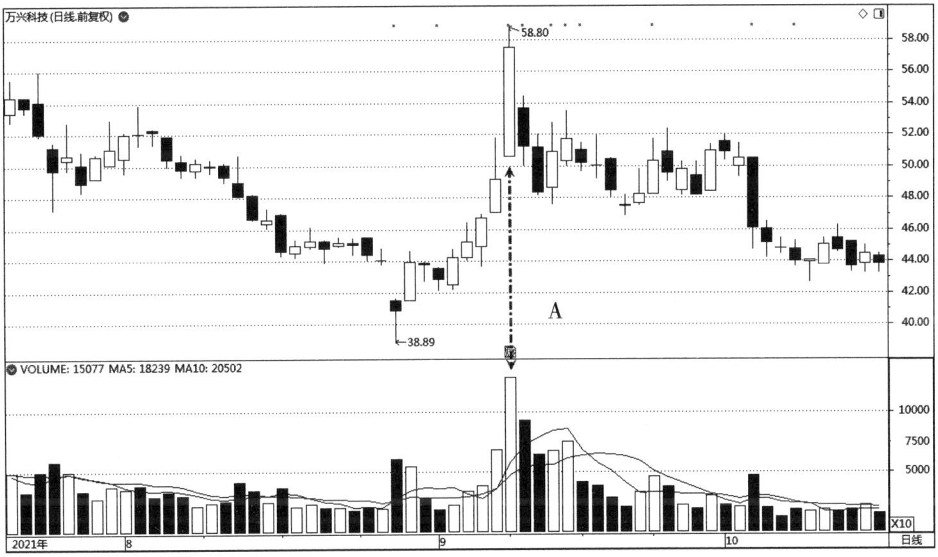

图 5-7　变量形态大阳线

第三节　大阴线不一定都是资金逃逸

大阴线，从形态上来说是指开盘股价开在最高价附近，收盘收在最低价附近，实体较长的阴 K 线。和大阳线一样，某些交易低迷的个股，其涨跌幅较为微小，可能一根 -2% 的 K 线在其 K 线图中都类似中大阴线。所以定义大阴线，在参考 K 线形态的同时，还应有跌幅上的条件限制。

同样就最常用的日 K 线来说，限于涨跌幅制度限制，-10%～-20% 应是大阴线的极端表现形式；依此类推，-3% 上下及以下为小阴线、-3% 以上及 -6% 上下为中阴线，超过 -6% 为大阴线。

没有上下影线的大阴线，称为光头光脚大阴线，这种类型显示空方占据主导地位。见图 5-8 所示。

具有上影线的大阴线，这种类型显示多方虽然出现过抵抗，但仍旧完败于空方强大的抛压或是空方虚晃一枪制造的多头陷阱，意在最大程度地绞杀多方力量。

具有下影线的大阴线，这种类型显示空方遭遇多方强烈抵抗，可能意味着空方阵营并不稳固，后市存在变数；或为空方刻意为之，意在测试多方残存力量的强弱。

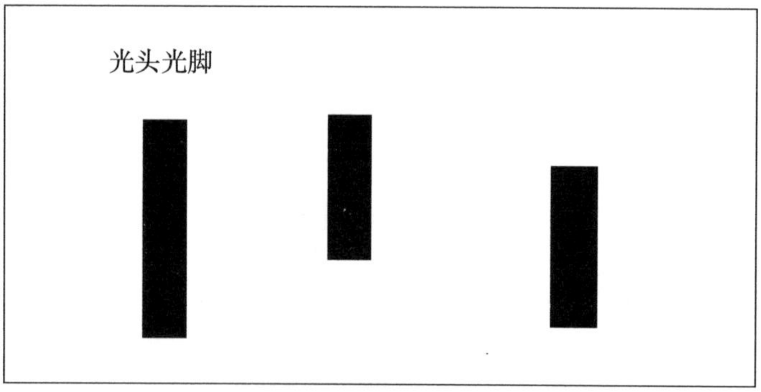

图 5-8　大阴线的意义

大阴线在K线图中最显著的技术含义，就是代表空头极其强势的状态和主导性地位。和大阳线相似，大阴线的强势状态是否具有持续性，并不由这根大阴线本身决定，而是由其所处的技术环境决定。

例如：如果大阴线出现在大幅度上涨之后的高位区域，那么见顶信号的强烈程度远远超过其他K线形式。即使这根大阴线出现的价位不是最终顶部高点，也会是重要的、大级别调整的高点。如图5-9所示，该股在一波反弹的高位，出现一根带长上影线高开低走的大阴线，主力资金逃逸迹象非常明显。这种类型的大阴线出现在相应股价高点，对于交易者来说就是明确的卖出信号。

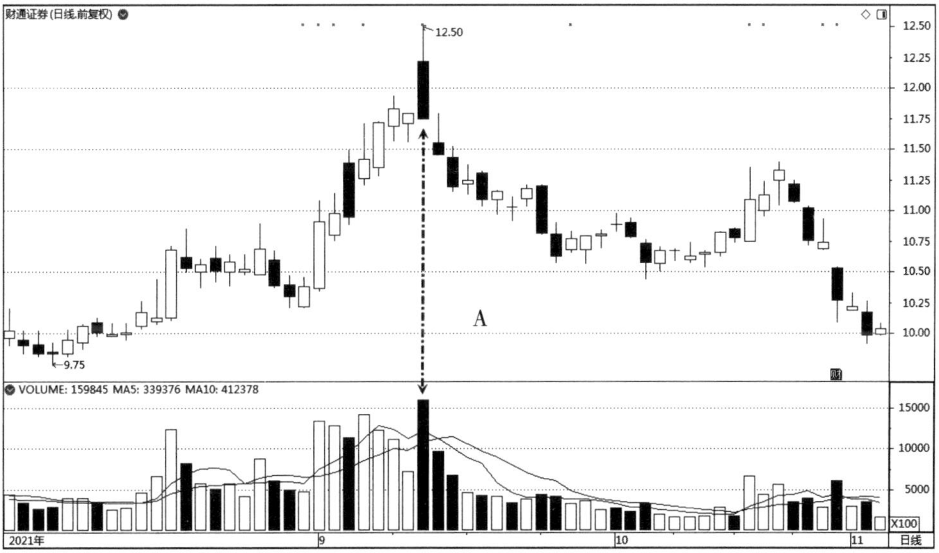

图5-9　高位出现大阴线的警示作用

如果在长时间或大幅度下跌之后出现大阴线，则往往意味着这是耗尽空方能量的最后一跌，多空转折可能就在眼前。

如图5-10所示，该股前期经过较长时间的下跌，之后低位盘整。在A点收出一根跌幅超过-11%的大阴线，打破了低位盘整的低点，似乎有破位下跌的势头。但是，从图中可见，股价并没有就此展开新一轮跌势，反而在大阴线出现后，股价逐渐企稳并反转到升势中。

就该案例进行分析，从该股所处的技术环境得知，该股明显有主力资金运作，并非无主力个股。技术环境分析的相关知识点，请参阅中国宇航出版社出版的《主力行为分析核心技术》。

在A点，大阴线对应的当天成交量并不大，但跌幅可不小。说明股价虽然在杀跌，但盘中愿意跟随卖出的筹码并不多。既然已经判断该股具有主力资金在运作，那么交易者就要思考一下，主力资金这么做能得到什么？

大跌之后，股价经过一段时间的低位盘整，再度向下大幅下跌，很容易制造出恐慌氛围，让持仓者不由自主地联想到新一轮大跌已经开始。通常来说，这样的氛围里，跟风杀跌是常见现象。

但是在图5-10的案例中，阴线虽大，成交量却并不见增加，很明显跟风杀跌盘寥寥无几。也就是说，主力资金把恐慌氛围营造出来了，但逼出杀跌盘的目的并未达到。交易者可以先看一看A点当天的分时走势情况。

图5-10　大幅杀跌而成交量不匹配走势

图5-11即为A点当天的分时走势。从图中可见，当天的主要跌幅和大部分成交量，都出现在开盘后半小时左右的时间里。

开盘后，股价急速下跌超过-6%，这种下跌方式非常有利于营造恐慌氛围，能让心态犹豫的持仓者“坚定”下来，加入杀跌的队伍中。之后大部分的交易时间里，股价一直振荡向下。

主力资金可以说做得已经很到位了，但为什么杀跌盘并不踊跃呢？原因就是盘中已经没有多少活跃的短线持仓者了，剩下的持仓者即使股价再跌下去，依然还是不会去卖。

这也是主力资金在 A 点之后不再继续杀跌的原因。探明了盘中的基本情况，主力资金不会让股价长时间在低位盘整，免得夜长梦多，吸引某些资金低位抢筹，于是略作盘整便开始拉升股价。

实战中，大阴线带给交易者的，通常都是不好的感觉和体验。但是，一个专业交易者决不能全部依靠感觉来决定交易。分析大阴线出现的技术环境，分析大阴线的内在构成，才能决定这根大阴线究竟应该卖出还是应该买进。

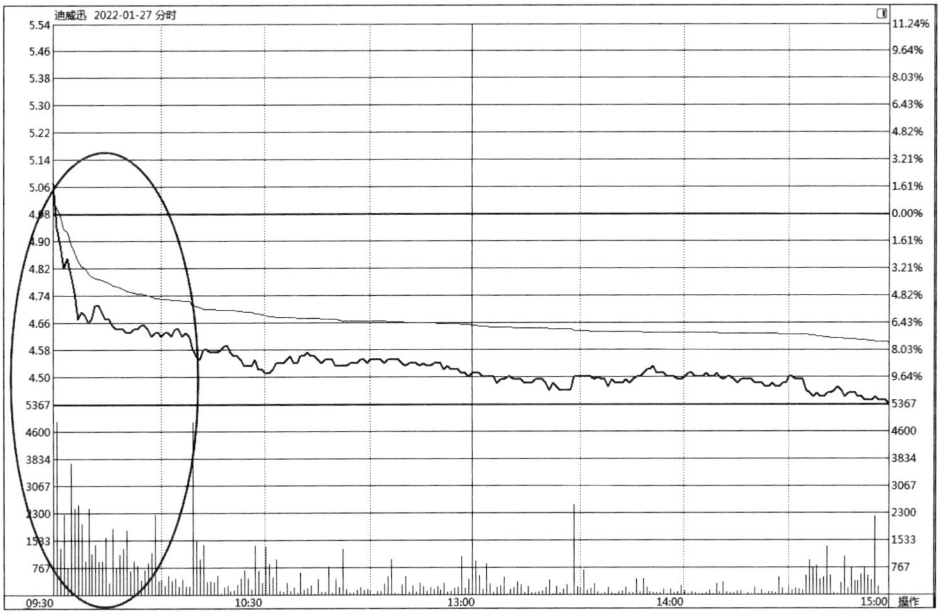

图 5-11　从分时图分析日 K 线的内在构成

第四节　分解日线的几个步骤

判断主力资金逃逸与回归，交易者可以利用逻辑关系、形态分析法等进行分析，但最能接近资金流动本质的，就是从不同时间周期的系统上层层剖析某一K线或某一组合、某一形态的细节构成或反推之，力求从细微处或更大层面上侦测主力资金的真实动向。

大多数交易者都习惯从日线系统观测盘面，发现交易目标后，也是先通过日线系统进行分析和判断。当日线系统分析中出现疑点或需要进一步验证分析结论时，就需要用分钟系统来层层分解日K线，以便进一步进行辅助分析。

图5-12中，该股短期内有一个急速上涨的过程，至图中A点时报收一根具有上下影的小阴线。虽然K线实体是阴线，但股价当日仍有超过4%的涨幅，同时在成交换手率上也几乎超过上涨过程中平均换手率的一倍。

如何看待这根K线？它是主力资金开始减仓行为还是上涨途中的正常振荡行为？

从图5-12中的日线系统上，交易者能够得到的技术信息包括：该股已经出现5个向上跳空缺口，结合A点K线收阴和成交明显放大的情况来分析，缺口的引力已经开始发挥作用，有资金逃逸是不争的事实。缺口当日并未完全回补，同时股价还保持着超过4%的涨幅，这些仍旧是强势并未完全失去的表现。

图5-13是A点当日的分时走势图，从图中可以看到，该股的成交密集区出现在早盘两次冲高过程中，这也是股价振荡幅度最大的阶段。之后的交易时段股价表现得相对平稳，仅出现四次小幅下探，股价尾盘微幅上抬形成了下影线。

有很多强势个股在整个强势上升过程中，对于下方累积的缺口是不予回补的，直至一波升势完结后，才开始漫长的回补过程。

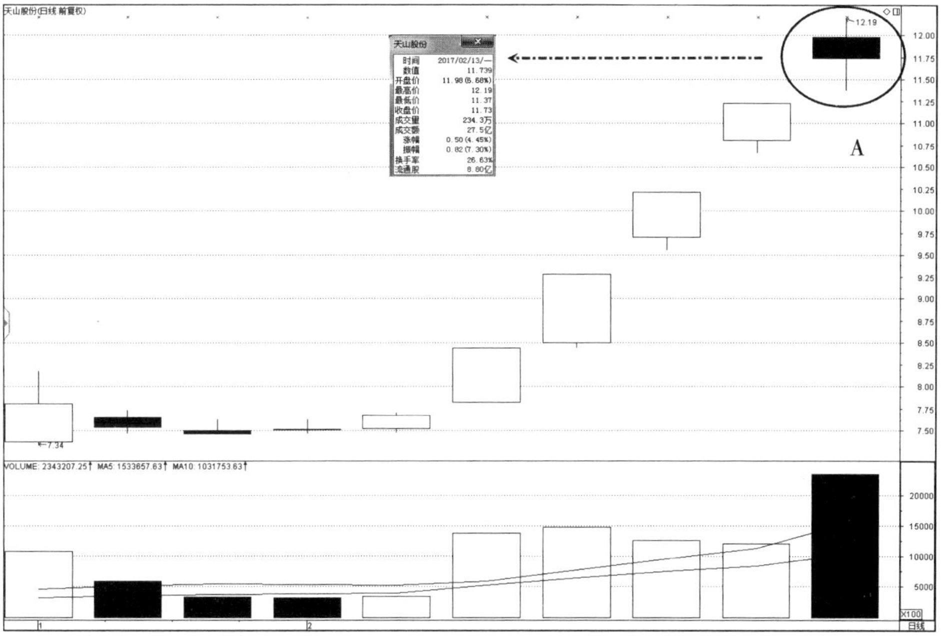

图 5-12 A 点股价所处技术环境分析

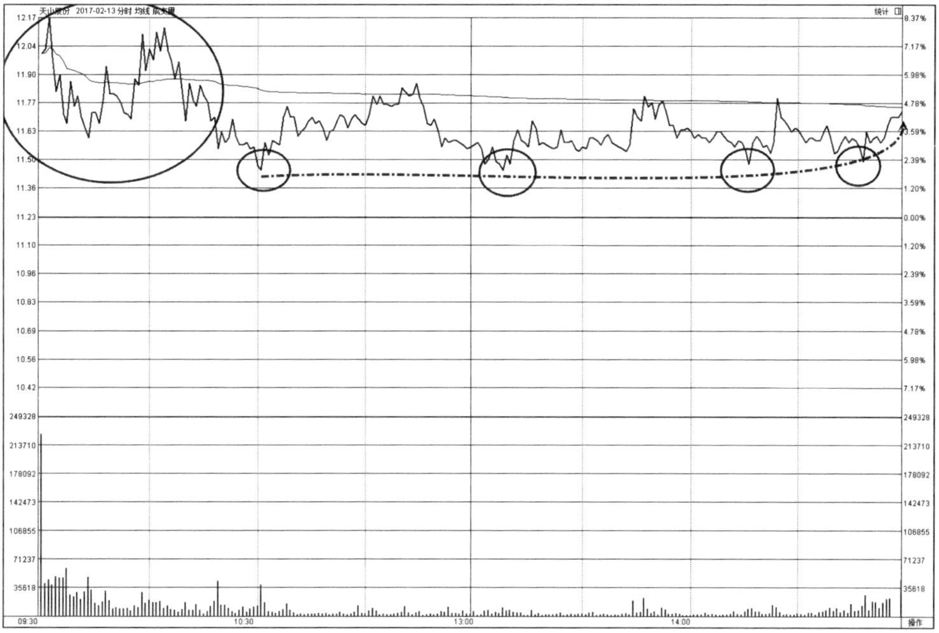

图 5-13 图 5-12 中 A 点股价分时走势

强势个股回补缺口，大多意味着价格的摆脱力量不足以抵抗缺口引力，往往是开始失去强势的迹象。如果是在主力故意诱空的前提下，那么价格回补缺口会在瞬间完成并迅速开始拉升，不会留给市场太多低价买进机会，除非主力有意就此展开大级别回落调整。

在图 5-12 中，该股股价接下来能否摆脱下方累积的缺口引力，关键是搞清楚 A 点逃逸资金的性质。如果主力资金并未大幅逃逸，那么即使缺口被回补，也只是主力资金的诱空；如果主力资金开始逃逸，那么即使价格还能暂时稳定在缺口上方，也是做多者逃生的机会。

通过 5-13 的分时图可以看出，当日资金在早盘最为活跃，股价振幅也较大，这个时间段应是交易者重点关注和分析的目标。

图 5-14 是图 5-12 中点 A 的 60 分钟 K 线图，图中标示处即为 A 区全天 4 个小时交易的情况。从图中可见，第一小时报收一根放量的中大阴线，这根 K 线的实体和成交量都远远超过接下来的三根 K 线。也就是说当天资金逃逸主要在第一小时，之后 3 小时能够维持缺口不回补并在日线系统上收出下影线，说明至少有部分资金回归。

从图 5-14 中还可以观察到，前几个交易日的第一小时也都存在放量的情况，只不过当时都是报收涨停阳线，而在 A 点报收中大阴线，但 1 小时的成交量都相差不远。

图 5-12 中，A 点换手率之所以超过上涨过程中平均换手率的 1 倍，从图 5-14 中 A 点后 3 根 K 线就可以发现原因：这 3 根 K 线的成交量虽然明显小于第一根 K 线，但却远大于前几个交易日涨停板后零星的成交量。

也就是说，图 5-12 中 A 点换手率之所以高，基本可以确定就高在图 5-14 中 A 点这 3 根盘整状态的 K 线上，而这 3 根不起眼的 K 线，让交易者对该股后期走势至少有了那么一点倾向性。

在还没分析主要代表当天资金逃逸的第一根 K 线之前，还不能过分乐观，更不能马上决定交易。分析图 5-14 中的第一根 K 线，交易者还需要继续分层解析 K 线。

图 5-15 是该股当日 30 分钟 K 线图，图中标示处即为图 5-14 中 A 区第

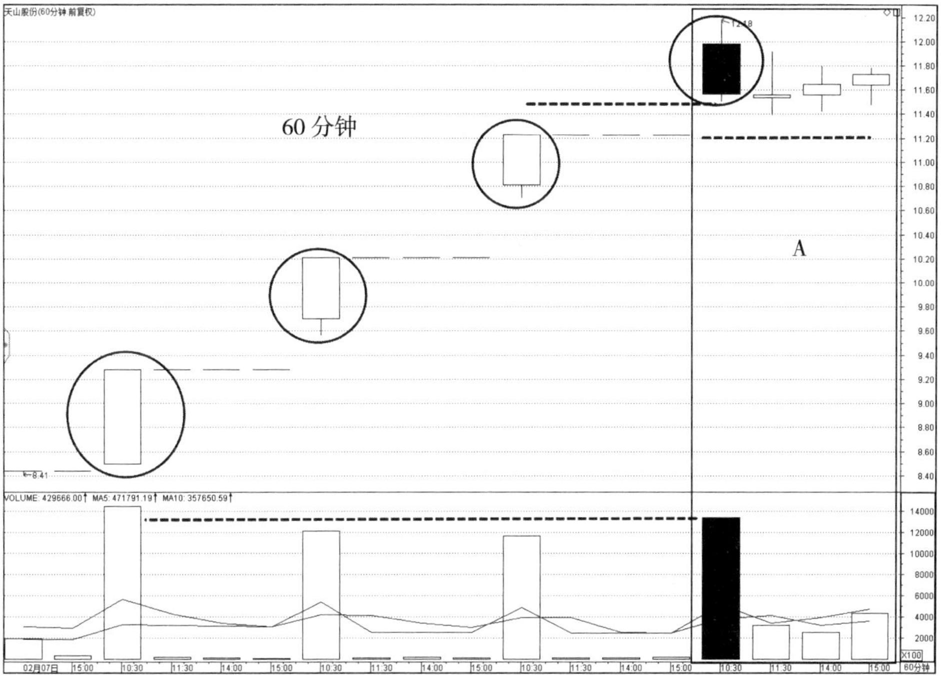

图 5-14　图 5-12 中 A 点 60 分钟 K 线

一根 K 线的分解。在 30 分钟 K 线图中分解为两根 K 线，第一根较长下影的十字线具有的成交量最大，那么这当然就是交易者分析的主要对象：这根十字线的上影线 0.2 元，下影 0.4 元，实体为 0.06 元，换手率为 11.22%。

看到这根十字线的详细数据，交易者是不是可以这样来推理：如果这根 K 线的成交量全部为主力资金逃逸，那么市场资金还能够收上来 0.4 元的下影线吗？假设市场资金有这种能量，那么主力资金如果意在出逃，为什么这么好的机会还不借机逃逸更多的筹码？

结合当日后面的走势，交易者发现，认定这根十字线为主力资金逃逸是讲不通的。比如：图 5-15 中 A 区第二根 K 线实体虽大，但成交量明显缩小，主力资金的仓位难道这么容易就出完了？如果没出完，那么把股价打下来制造恐慌，再想轻松逃逸就难了，要知道下方有五个上跳缺口，累积的引力非常惊人；同时，在接下来几个小时的交易时间里，明显有资金回归，主力资金的脑壳坏掉了？

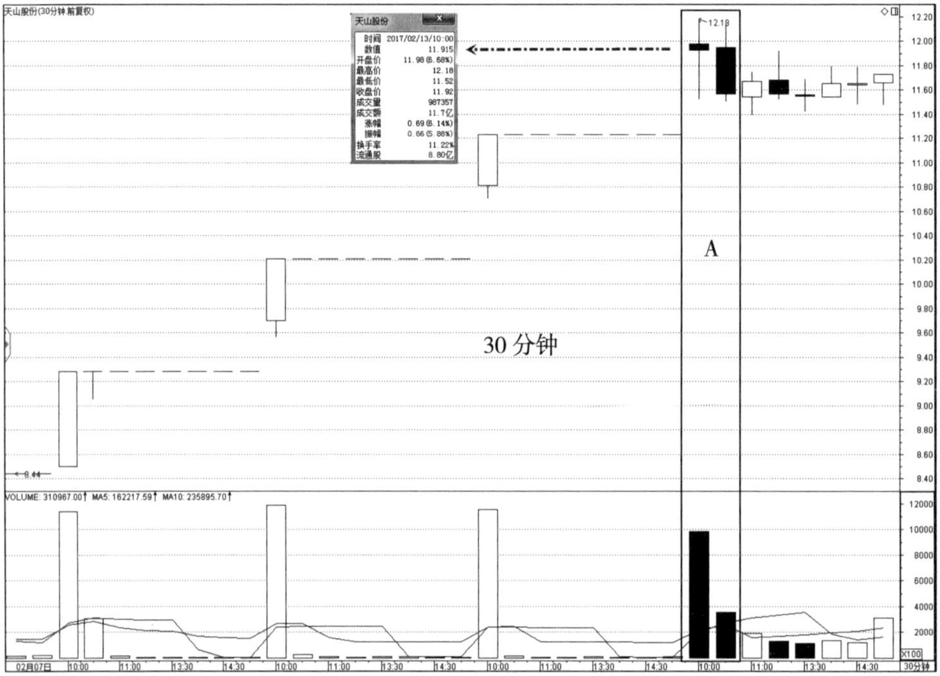

图 5-15　图 5-12 中 A 点 30 分钟 K 线

合乎逻辑的推断应该是：图 5-15 中 A 区这根十字线的成交量中，确实有部分为主力资金逃逸，但所占的比例并不大。否则的话，近在咫尺的缺口不可能不完全回补，后面的走势也不会那么平稳。

为证明这个推断，交易者可以继续分解 K 线图。图 5-16 为该股当日 5 分钟 K 线图，图中 A 点即为第一小时的第一个 5 分钟交易情况的 K 线，一根具有较长上影的放量阴线，这根 K 线应该就是主力资金主要的逃逸部位，但并不代表逃逸全部为主力资金。这根 K 线的换手率为 4.53%。

主力资金的逃逸量只会小于这个换手率，否则 5 分钟的逃逸足够将股价打到下方缺口甚至更深。即便如此，照样还会有市场资金进场托盘。图 5-16 中的 A 点，只不过是主力资金诱空性抛盘，目的在于降低成本，吸引锁仓盘进场。

在图 5-16 中的 B 区，两根较大的阴线将股价快速打低，但成交量已经大幅缩小，结合之后股价相对平稳的走势，可以看出 B 区制造恐慌的意图还是比较明显的。

图 5-16　图 5-12 中 A 点 5 分钟 K 线

通过上述分析，交易者应该可以看出主力资金的逃逸量，相对于该股当天的总换手来说还是比较微小的，这就基本能够确定当天逃逸资金的性质并不是主力资金。而总的回归资金量，经过对图 5-14 中的分析，还是占据了不小的比例。

这些分析数据让交易者对该股后势具有了一个相对清晰的思路，无论是继续持仓还是短线介入做多，都多了一份把握。图 5-17 中 A 区之后，即为该股后期的走势。

通过上面这个案例的全过程分析，交易者基本上能够了解分解日 K 线的分析思路和方法。运用这个方法，交易者可以分析出大多数主力资金的逃逸与回归方向。但是，实战中的变化是无穷的，当交易者的分析思路遭遇到“卡壳”的困境时，不妨从细微处走出来，反推向更大的循环周期，试一试会不会有“柳暗花明”的奇效。

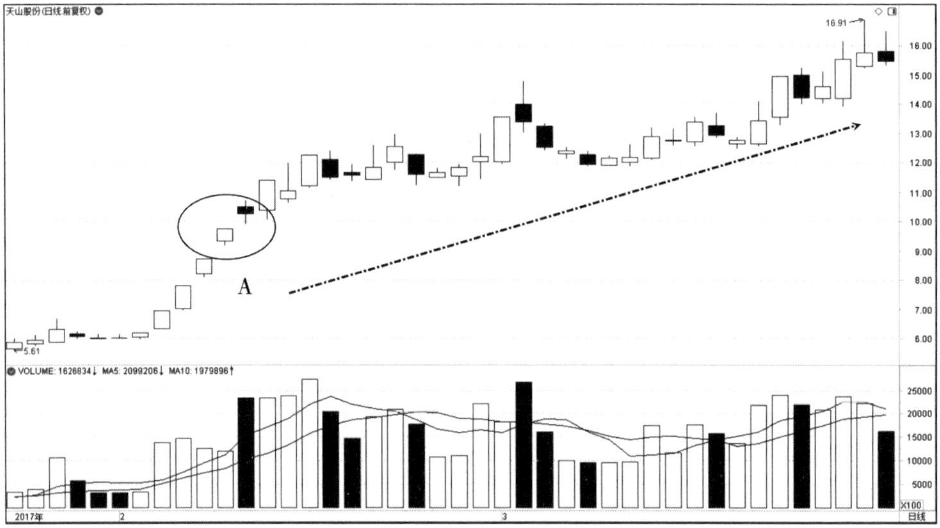

图 5-17 后期日 K 线走势

当日线和分钟系统在分析和判断上出现较为模糊、不能给出有力的技术依据时，向上反推周线和月线，力求从更大的层面上、更宽广的视角上，重新审视价格的形成和逻辑关系，往往能够取得很好的效果。

如图 5-18 所示，该股升至 A 区时，走出一个疑似构筑中的头肩顶形态，这也让持仓者颇为焦虑，是继续持仓还是在右肩下跌之前卖出？

对于形态上的识别和判断，小循环周期不能给与交易者理想的答案时，就需要向上反推更高的循环层次，从更大的层面上、更宽广的视角上来审视价格所处的阶段。

图 5-19 是图 5-18 中该股的周线系统，图中可见股价从 5 元多升至 A 区的 11 元多，总体升幅并不算小。但交易者在分析整个 K 线形态构成后就可以发现，其实该股只是刚刚脱离底部区域，A 区的疑似头肩顶形态，更像是股价突破底部区域后的一个确认过程。

交易者还可以再通过月线系统进一步确认是否具有底部突破的可能。图 5-20 即为该股的月线系统，图中每一根 K 线为一个月，合并后的 K 线淡化了头肩顶的存在，更为清晰地展示了股价底部突破后横盘振荡确认的过程。

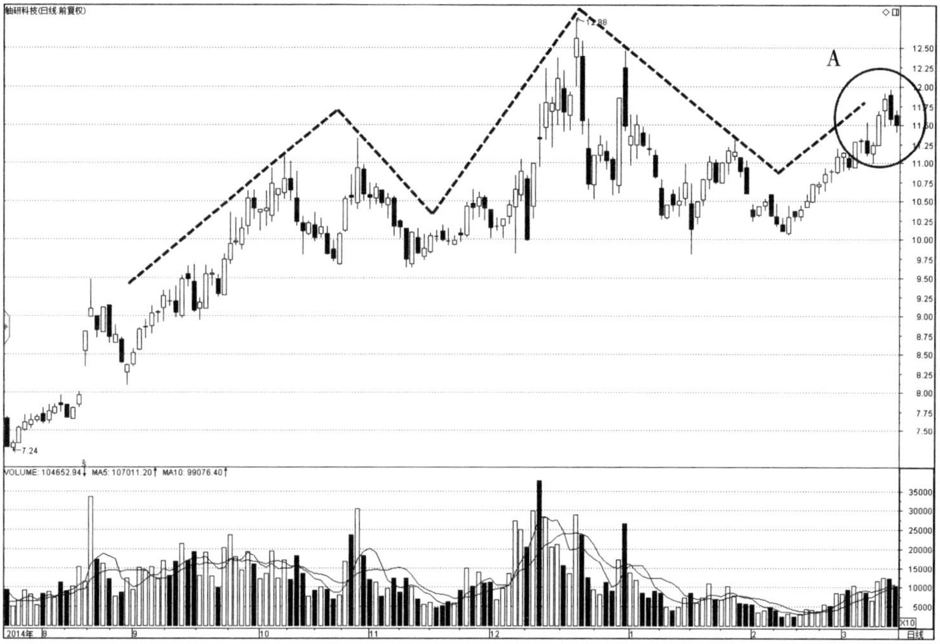

图 5-18　关键时段的走势分析

图 5-19　周线辅助判断后期走势示例

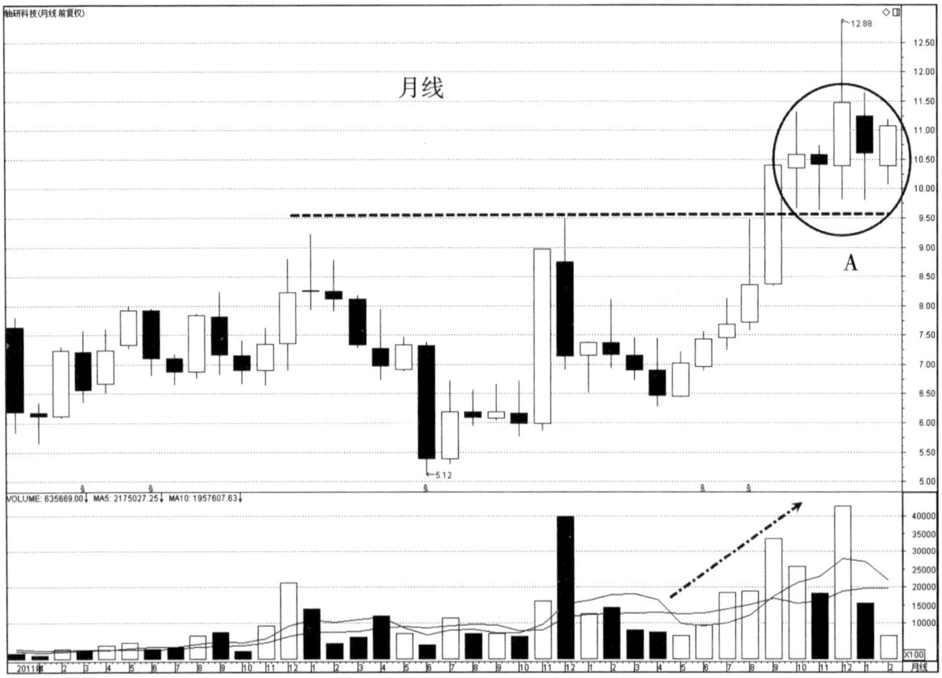

图 5-20 利用更高一级 K 线系统分析走势

同时，在周线图和月线图上，都可以看到成交量呈聚量攻击的完美形态。一般来说，在月线图上能够显现出聚量攻击形态，那么该股从底部回归的资金，绝不可能是小规模的，而这些资金的回归进场，就预示着该股后期必然会有较大的发展空间。

由此可见，图 5-18 中疑似构筑中的头肩顶，只是股价突破底部区域后正常的振荡确认过程。通过这个分析过程，交易者可以有效地解决关于价格形态认定以及细节上的疑问。图 5-21 中 A 区之后，即为该股的后期走势。

将 K 线进行合并或分解到一定程度后，某些原先并不显著的特征就会被交易者发现，而这些被隐藏起来的技术分析点，往往就是揭开价格走势的密码。

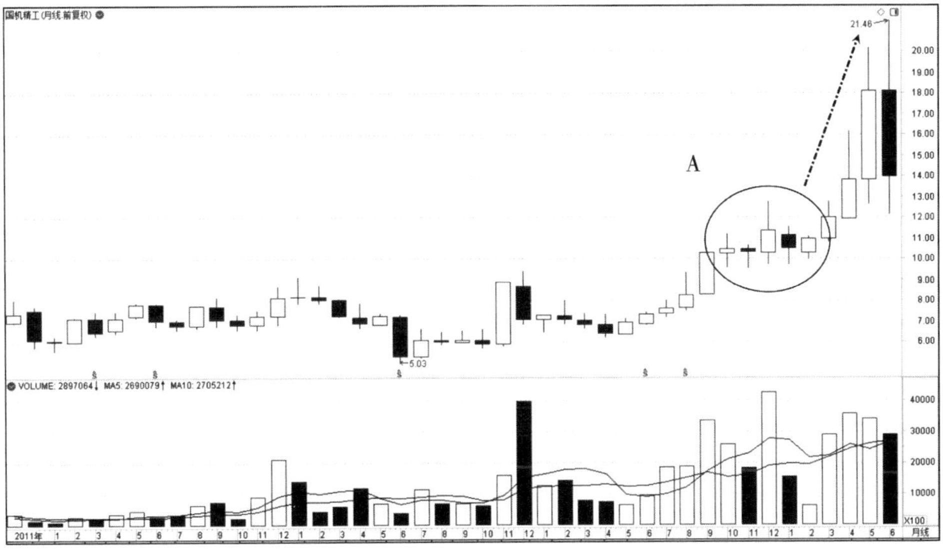

图 5-21　A 区之后的月 K 线走势

第五节　成交量最大的那根 K 线

如果把价格比喻成航行中的船，那么成交量就像是信风和潮汐。

有时候突如其来的量能，会使处于纠结中的局面变得明朗起来，有时却会让本来明朗的局面横生变故。但是因此就认为量能决定价格运行趋向，则会犯下本末倒置的错误。正如适宜的温度可以帮助雏鸡破壳而出，却不能决定鸡蛋必然会孵化出雏鸡。

量能不是价格运行趋势的决定因素，但是它能够起到加速或延缓的催化作用。量能适度增加或减少，会使原趋势运行得更长久，而量能的激变，往往预示着价格面临方向性的选择。

上涨过程中出现较大的量能，但是并未带来价格相应的大涨，则意味着量能可能反而会催化跌势的到来；在下跌过程中出现较大的量能，但并未使价格大跌，则意味着量能可能会催化涨势的发生。

成交量最大的那根 K 线，往往就是需要交易者做出交易决定的焦点。这种对股价具有重大影响的成交量现象，技术上称之为量能催化。

如图 5-22 所示，该股在 A 区放出巨量，但股价未能保住应有的升幅，之后开始一波回落调整。放大的量能并未使股价加速上涨，那么可能就会催化股价滑向相反的方向。

其实，图中 A 区的 K 线，交易者无论从逃逸线理论还是传统 K 线理论，都可以判断出其中的空头信号，但有些时候依靠单根 K 线容易出现误判。如果量能等多项技术指标同时出现共振，则准确率会非常高。

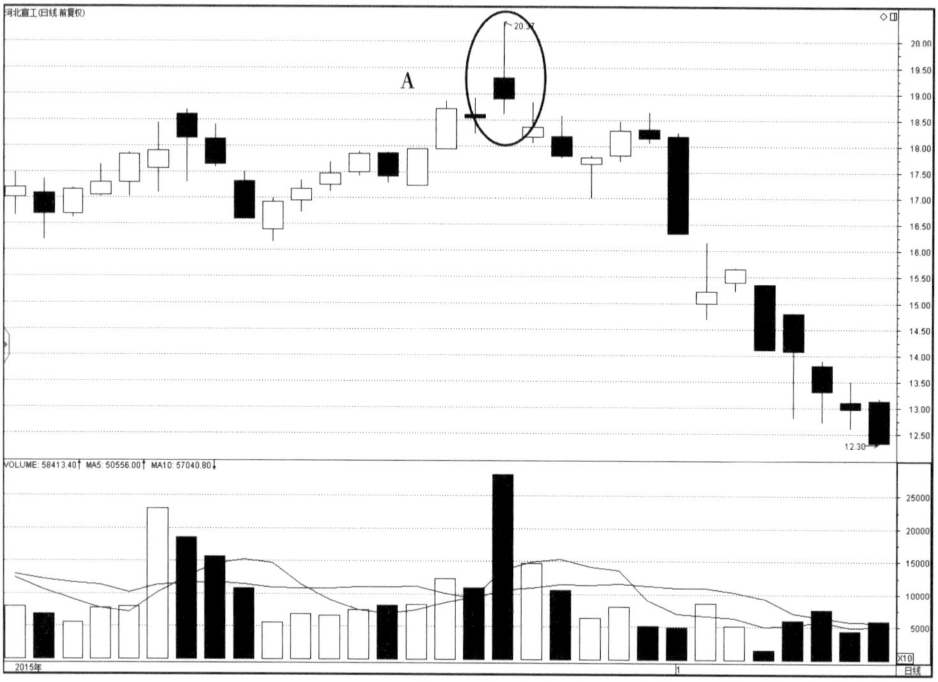

图 5-22　量能增加股价并未大幅上涨情况分析

成交量究竟达到何种程度，才会具有对股价的催化作用。

这个问题和个股股本大小、是否热门股、股价所处技术环境等因素有关，所以很难给出一个统一的答案。实战中，大幅上涨过后的个股，即使出现略小于最高成交量的情况，也会有催化反应。其他个股，当出现近几个月未有过的大成交量（变量）时，就需要格外警惕催化反应的发生。

第六节 量能催化与反催化——卖在最高点

如果突然放大的量能使得股价加速上涨，那么量能对于股价起到了同步催化的作用，也就是同一方向上的催化。在催化量出现后的几个交易日，股价上涨的同时，成交量应至少保持在新常量或逐渐形成的聚量形态上，也就是跟随量随之表现出助推，否则量背离必然由此产生（变量、常量、聚量等相关理论，请参阅《成交量核心技术》）。

如果突然放大的量能并未使股价加速上涨，那么量能可能就会催化股价转向相反的方向。这就是反向催化，价背离也由此产生。

如图 5-23 所示，A 点突然出现变量并催化股价上涨，之后的几个交易日，量能并未萎缩至 A 区之前的水平，说明跟随量已经能够起到助推作用。

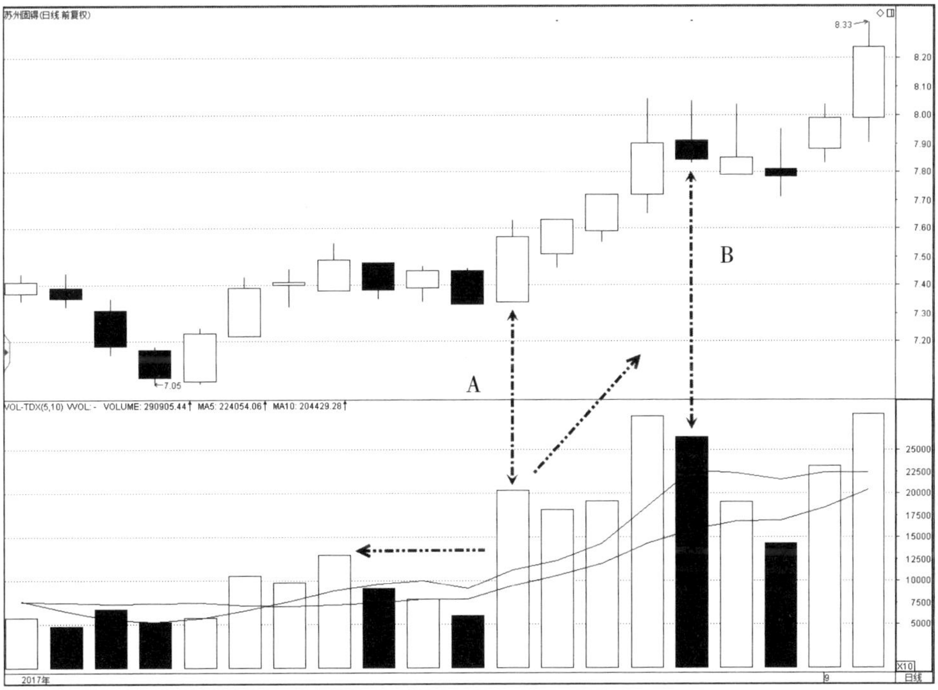

图 5-23 量能的催化和跟随作用

可能有人会有疑问，在B点不是有一个反向催化量吗？B点并没有出现量能的突然放大，只是一个跟随性质的常量，无论是量背离还是价背离都不符合要求。

实战中，量能的催化与反向催化，有简单易辨的形式，也存在复杂多变的形式。

如图5-24所示，A区出现巨量级别的变量，但股价未能保住当日升幅，收出较长的上影线，之后的交易日该股开始一波回落调整。案例中A区即为量能对于股价的反向催化。

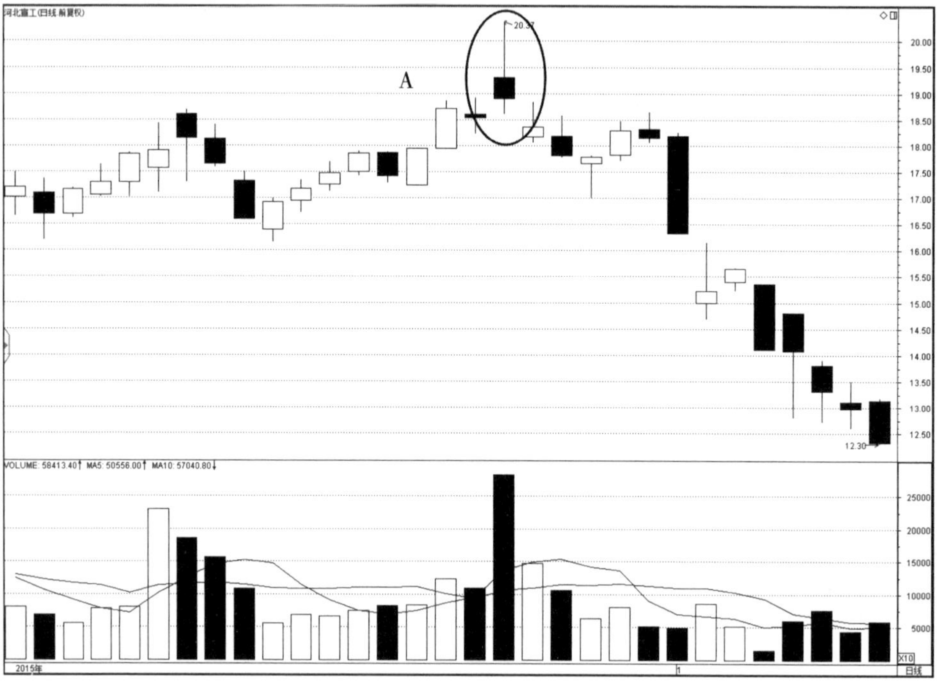

图5-24　量能的反向催化

这个案例中的量能反向催化相对容易辨别，也利于交易者发现股价高点的形成。但是实战中的变化总是层出不穷的，某些情况下，量能的催化和反向催化甚至有可能接踵而来，使交易者在多空之间摇摆不定，难以做出准确的判断。

如图5-25所示，在A区突然出现变量，但是股价却未能大幅收涨，而是冲高回落，当日收出一根类似于黄昏之星的K线，这样看来，A区应该说具备量能反向催化的特征。但是次日，股价却再度上涨，并未真正构成黄昏之星的K线组合。之后B区的几个交易日，量能形成新常量形态，而股价呈横向振荡。

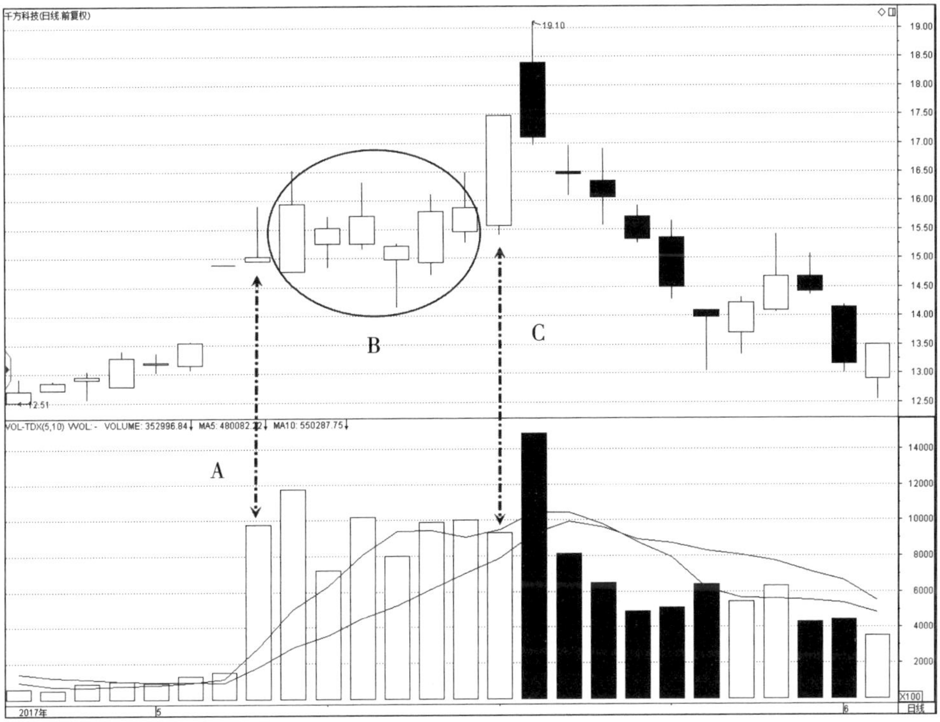

图5-25　量能的催化和反催化

对于交易者来说，B区是极其难熬的，因为其中充满不确定性。如果仅就量价分析来判断，B区无疑是一个利于做空的高风险密集成交区。然而，C区的大阳线，让做空或选择卖出的交易者必然后悔不迭。C区的常量过顶，似乎让做多的局面忽然明朗起来，但是下一交易日的走势，再次让人大跌眼镜：变量再次突现，反向催化最终形成。

这就是一个较为复杂多变的反向催化案例，但对于习惯从技术环境分析入手的交易者来说，倒也不是很难辨别的。还有一些案例，量能的催化和反向催化接连出现，考验的是交易者的反应能力和心理承受力，反映的是交易的博弈性和诡诈性。

如图 5-26 所示，在 A 区出现量能催化，似乎昭示行情脱离盘局，开始走向明确的涨势阶段，但是下一交易日却再现变量反向催化。

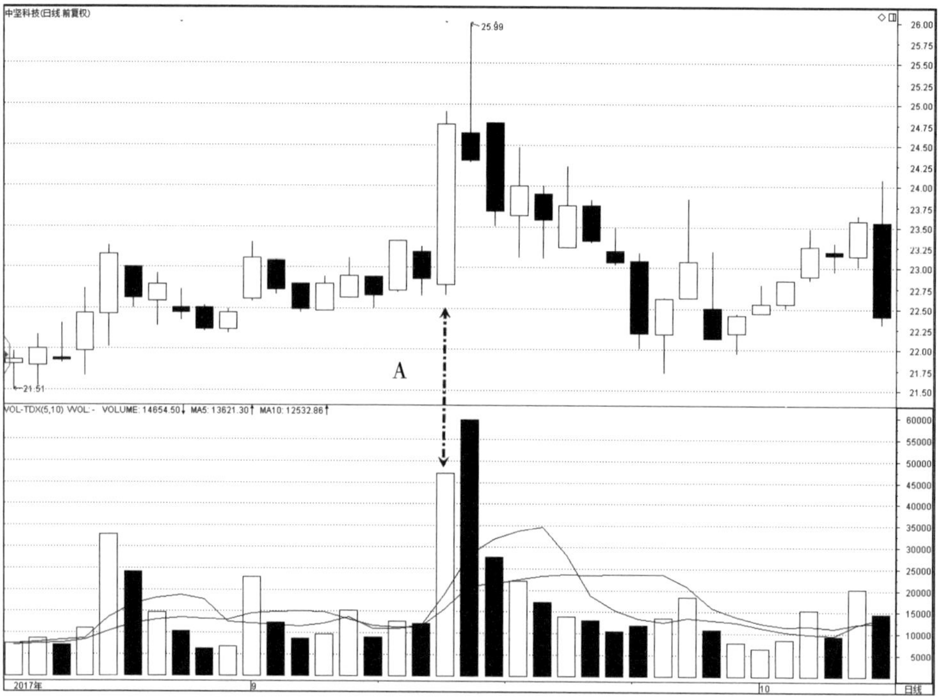

图 5-26 量能的反催化

第七节 量能催化与反催化——买在最低点

趋势下跌中的成交量，整体呈量能消散或常量形态，显示的是交易冷清、乏人问津的局面。但是在细节上，比如，量能消散或常量形态中，经常会出现间歇性的变量形态，而股价也随之出现短期反弹。

大多数的这种反弹，持续时间都会很短暂，基本不具有参与价值。但当一些量能催化条件出现时，可能相关个股会出现具有一定持续性或级别不等的底部低点。交易者选择股价低点上量能催化的个股时，应针对经过长时间振荡或大幅下跌的个股。

如图 5-27 所示，该股股价连续下跌形成阴聚量形态，至 A 点成交量放大，而股价在当日探底回升，收出较长下影线（最好达到或超过实体长度），显示盘中做多力量开始出现。

在阴聚量形态下，当日止跌回升的量能一定要较为突出，明显大于阴聚量形态形成过程的量能，同时价格的回升要具有一定的力度。这种形态下，如果放出的量能不能促使价格进一步大跌，则将反向催化价格回升。

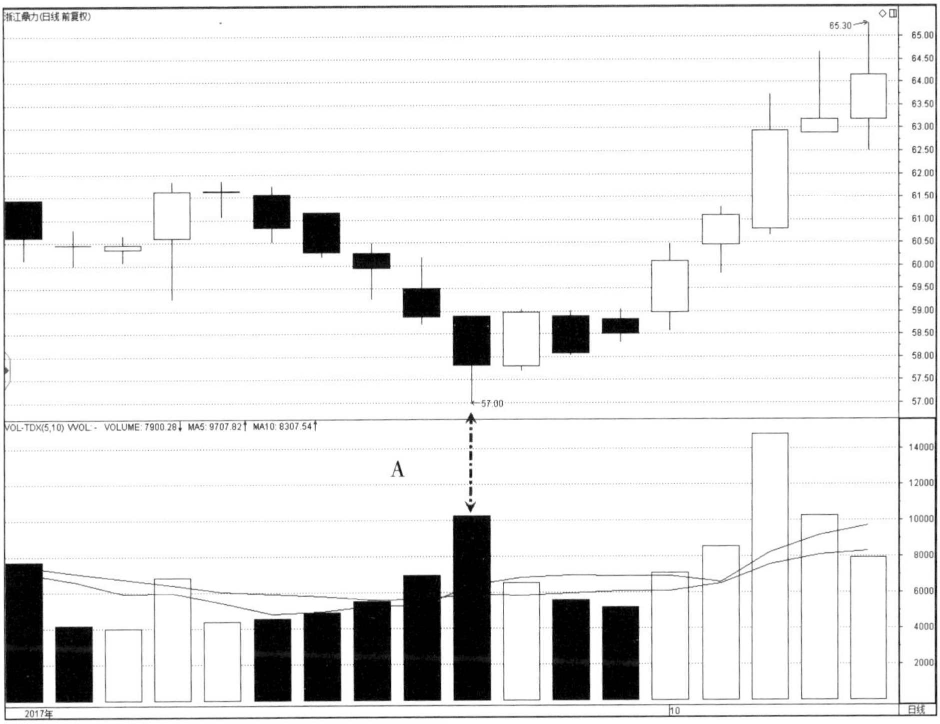

图 5-27　阴聚量形态下出现下探聚量时的走势分析

分析价格低点的量能催化时，要特别注重技术环境。一些刚刚从涨势中发生转折，或者正处于跌势正盛阶段的个股，也要避免介入。情绪宣泄的力量，有时候会将所有的技术点都打破。

刚刚从涨势中发生转折或者处于跌势正盛阶段的个股，其出现的量能催化形态，有时候是由部分喜好抄底的资金带来的。而有些主力资金善于迎合这些抄底资金的心理，当日可能会故意收敛减仓力度，让抄底资金踊跃进场，但随后交易日进场的抄底资金却只能选择止损或被套。

随着股价逐步扩大跌幅和下跌过程的延长，喜好抄底的资金会越来越少，越来越没有勇气进场。正基于此，经过大幅或长期下跌的个股出现的量能消散，通常不会是抄底资金所为。

如图 5–28 所示，该股从涨势中发生转折，A 点虽然出现变量形态，成交量明显大于之前的量，但是当日跌幅并未出现较大幅度的回收，下影线和实体相比较小。这种变量形态显示的，是对于股价下跌的同步催化作用。

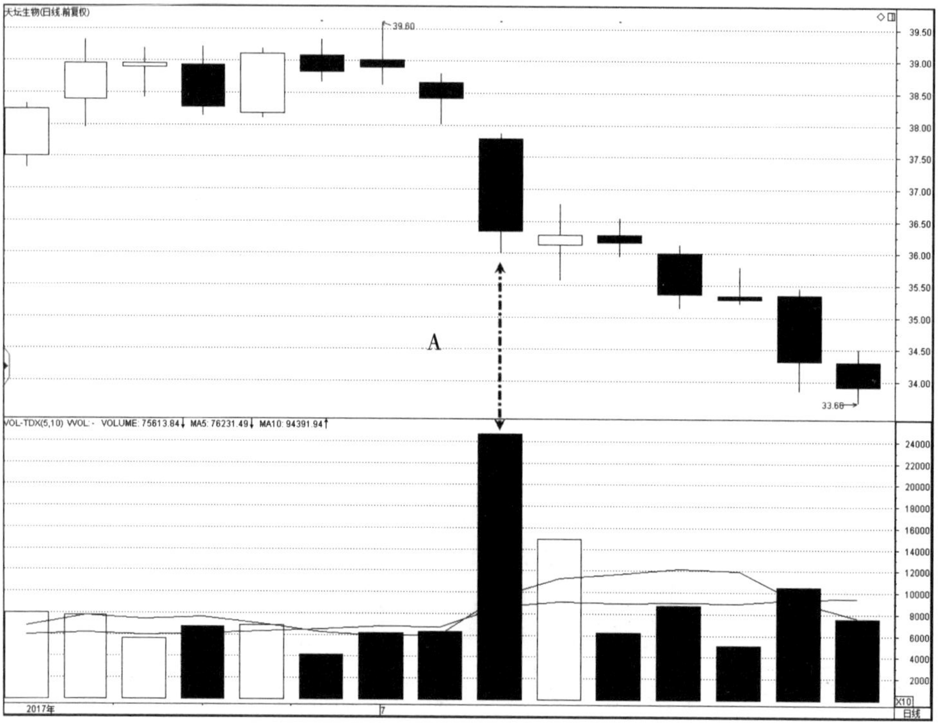

图 5–28 考虑技术环境下的聚量分析

涨势发生转折的初期阶段，即使价格下跌中量能出现放大，也不可轻易入场抢所谓的股价低点。如上述案例中，即使你抢到了 A 点的股价低点，之后的交易日也很难获取多大的盈利，能保住不亏就已经算是反应灵敏了。

还有一种情况，即出现一段跌幅之后，K 线和成交量都出现反向催化形态，但股价却仍旧继续下跌。如图 5-29 中 A 点所示，对于这种情况，有时需要借助均线系统等手段进行综合研判。

在图 5-29 中的 A 点，虽然具有量能反向催化的特征，但是股价和 5 日均线近在咫尺，却难以触及 5 日均线，更不要说收复和突破了，这就显示出股价上涨的强度非常虚弱。

从均线理论的角度上来说，短期的 5 日均线保持下行，压制股价向下运行，是较为典型的压线形态。这是跌势中消耗做多动能的一种形态，尤其是在跌势的初中期出现时，更是应当回避的类型。

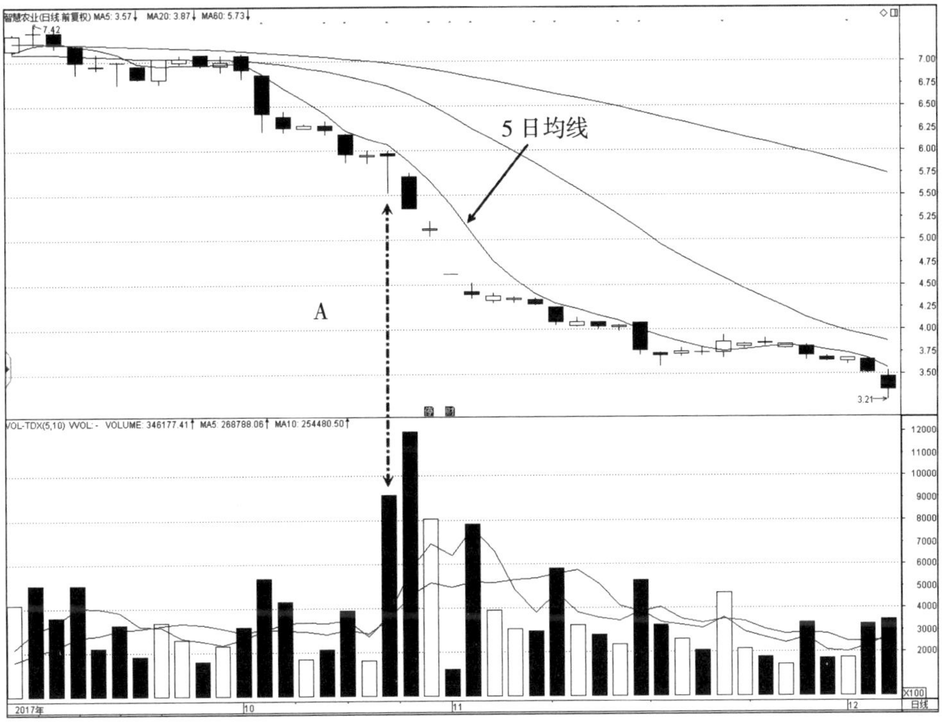

图 5-29 变量同向催化走势分析

对于股价低点上出现的量能催化，最好关注经过长时间振荡或大幅下跌的个股。这部分个股经过了一个做空动能相对充分的释放过程，本身的持续下跌动力并不足，一旦出现量能催化形态，说明有新资金或原存量资金蠢蠢欲动，极有可能正在酝酿一次级别较大的反弹行情，或开始构筑底部区域。

有些个股在构筑底部区域时，会出现量能催化下的股价急跌与急升，利用价格的折返来吸纳筹码，降低成本。对于这些个股，交易者选择买入时机时，最好不要追涨，而是等待回落阶段时低吸。

图 5-30 中，该股处于构筑底部过程中，成交量也相应处在低位常量的态势。在 A 区，股价突然出现爆发变量形态下的急速上升，但很快又回归平静。这种从常量态势一跃而起的量能催化现象，就像是在空寂无声的地方突然传来一阵惊心动魄的雷声，其打破的必然是原有的宁静和节奏。

A 区过后，股价又开始出现回落，量能也重回前期常量水准，似乎 A 区的“雷声”对其并无任何影响。在 B 区，股价突破均线系统并获得有效支撑，而量能催化以聚量攻击的形式出现，这些技术细节都彰显出一个极佳交易时机来临。

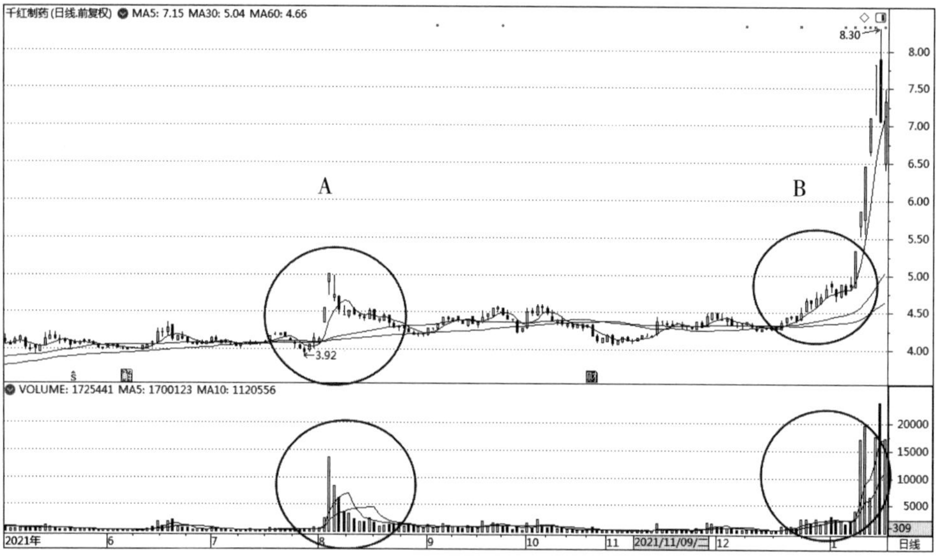

图 5-30　构筑底部个股突然放量走势分析

第六章

主力资金逃逸与回归实盘案例

第一节 冲高回落

通常来说，个股经过一段时间上涨后，即使主力资金尚未到最后的出货阶段，也必然存在阶段性的减仓行为。原因不外乎几种：通过涨—跌循环降低成本、清洗浮筹、提高市场资金持仓成本等。

如果股价涨幅较大或者涨势已存在较长时间，那么主力减仓之后，回补的力度会减小，甚至有些主力不再回补，仅以对倒来拉升股价并继续减仓或出货。

对于连续或长时间上涨的个股，K 线图形上一旦发出主力资金减仓或出货行为的相关技术性信号，交易者就应高度警惕。

在这些技术性信号中，最为显著的就是带上影线的高位阳线或阴线，以及一些实体小但上影线较长的 K 线类型。同时，当日成交量处于变量的形态中。

如图 6-1 所示，该股连续上涨后，A 点的股价一度冲击涨停板，但盘中出现冲高回落走势，最终报收长上影的中阳线，当日成交量呈变量形态。这就是一个主力减仓或出货的技术性信号。

类似案例中的高位阳线，若出现在连续上涨过程中，必然是主力资金减仓行为带来的结果。如果这种高位阳线出现在大幅涨升之后，则主力出货的可能性远大于阶段性减仓。

图 6-1 主力减仓技术信号

案例分析中提到“高位阳线”，阳线的意思大家都知道，那么哪里才算是股价的“高位”呢？其实股价高位是一个相对的概念，一般是指股价经过连续或长时间大幅度上涨后的价位。股价的“高位”可能是顶部的高点区域，也有可能只是阶段性的高点。

变量形态下的高位阳线或阴线是一种危险信号，尤其是带有长上影线、当天发生冲高回落的个股，其发生趋向或趋势转折的可能性极大。在实战中，比较常见的还有射击之星或黄昏之星。

射击之星，是指连续上涨过程中，尤其是一根中大阳线之后，再出现长上影的倒锤头线（或倒 T 字线），第三根 K 线为中大阴线。如果第二根 K 线是长上影、实体很小的 K 线或十字线（星）则称为黄昏之星。

如图 6-2 所示，股价连续上涨后，在 A 点出现一根上影线极长的射击之星，当日成交量呈变量。之后，股价振荡后转入跌势。

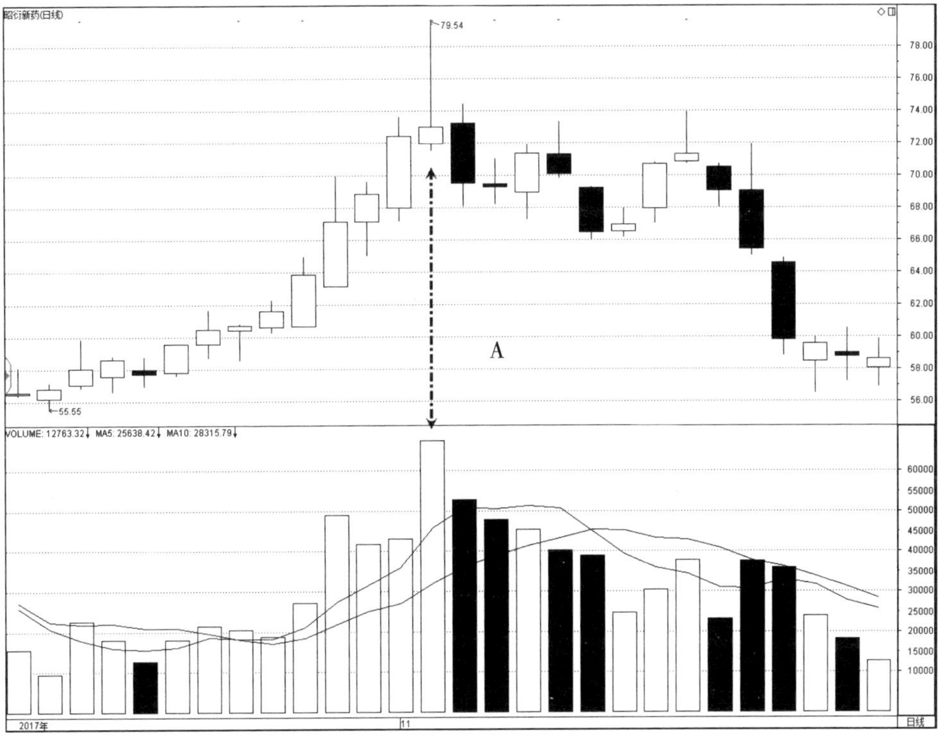

图 6-2　射击之星的意义

实战中，不必拘泥于 K 线是否全部符合射击之星或黄昏之星的标准，也不必较真儿是大阳线还是大阴线，同样的技术环境下、类同的 K 线形态总有相近的技术意义。

那么高位阳线或阴线当天的冲高回落走势，其技术意义是什么呢？

蜂拥而来的市场资金将股价推升，或者涨升本身就是主力资金的诱多行为，随后主力资金在股价涨势中开始不断减仓，大量的筹码抛售必然导致股价回落，从而形成高位长上影 K 线。

在这个技术形态中，变量是关键，尤其是达到历史天量级别的变量出现后，几乎可以确定股价会在之后至少见到一个大级别的阶段性高点。股价高位出现长上影 K 线，意味着主力资金开始跑路，那么交易者为什么要继续坚守！

第二节　收复巨量长阴 K 线

主力在运作股票的过程中，某些阶段需要刻意制造出恐慌的氛围，以便逼出浮筹，让恐慌盘尽快抛售，来达到自己操作的目的，巨量长阴 K 线就是主力极为常用和偏爱的制造恐慌气氛极佳的工具之一。

一、巨量长阴 K 线的类型

收复巨量长阴 K 线，可以说是以挖坑—填坑手法操纵股价涨跌的一种循环形式。但收复巨量长阴 K 线有自己的特殊性，其技术形态、技术应用和通常所见到的挖坑—填坑存在诸多不同之处。巨量长阴 K 线的形态特点：高开大阴线（阴线实体应大于 5%）；成交量大幅高于前期常量。

1. 不可交易的巨量长阴 K 线

并不是所有的巨量长阴 K 线都值得交易者关注，某些情况下的巨量长阴 K 线则属于放弃追踪的类型。如图 6–3 中 A 区所示，这根巨量长阴 K 线出现后，股价虽然也出现过反弹，但明显无力收复这根阴线，个股趋向上也由此展开了一波下跌过程。

类似于图中的这根巨量长阴 K 线，就属于缺乏追踪价值或不可交易的类型，因为它预示着一轮下跌行情的开启。具体来说，这一类型有如下特征。

其一、涨升结构被破坏，趋向或趋势发生扭转。

还是以图 6–3 中的案例来说，在 A 区之前的 B 区，已经出现过一根巨量长阴 K 线，股价跌破短期均线，急速下行后才开始反弹。因为只是跌破短期均线，趋向有扭转但涨升结构尚未改变。

至 A 区，股价在反弹中试图收复并重新得到均线系统的支撑，但却力有未逮，更不要说进一步去收复巨量长阴 K 线了，最终再以巨量长阴 K 线的形式展开下跌趋势。

对于图 6–3 中 A 区所示的巨量长阴 K 线，反弹时跌破均线系统支撑，说明上涨趋向已发生扭转，之后难以重获均线系统的支撑，就意味着涨升结构被破坏，已经明显不符合收复巨量长阴K线的技术要求了。

实战中，交易者相对容易辨别图6-3中巨量长阴K线的性质，但还有一种情况就比较复杂难辨。

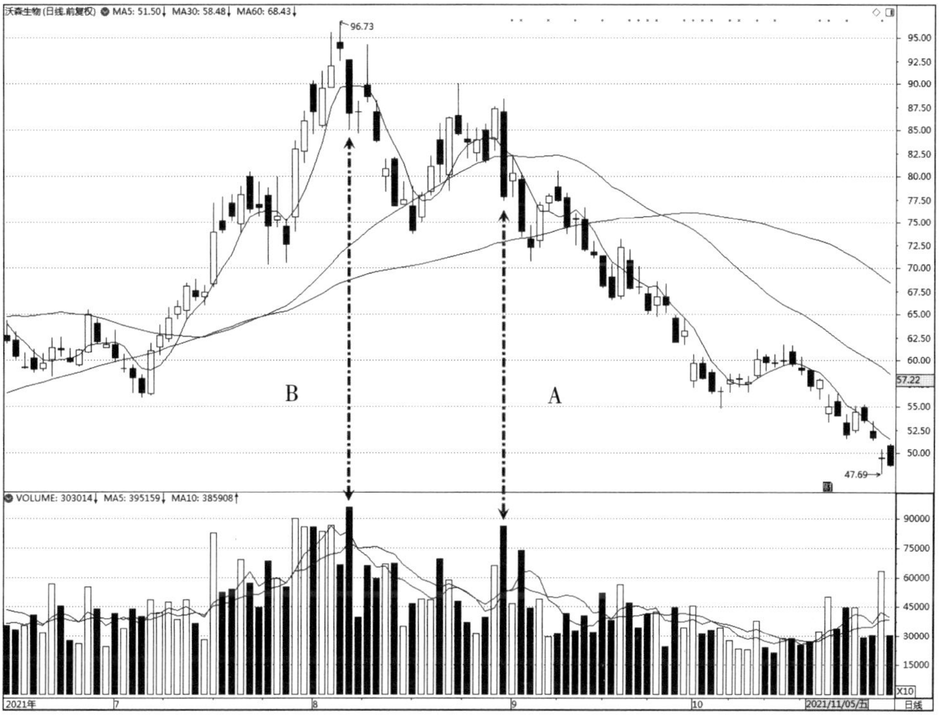

图6-3 巨量长阴破坏涨升结构示例

如图6-4所示，该股在A区出现巨量长阴K线。当日股价以涨停板开盘，随后振荡下跌，一度大跌近-8%，见图6-5分时走势所示。之后，股价迅速回升，收盘时股价微涨，K线收出长下影线。

案例中A区的这根巨量长阴K线，具有一定的迷惑性。

首先是股价创出新高，一改先前的盘整走势，极为提振人气；其次是股价虽然一度大跌，但能够迅速回升，依然不让交易者产生绝望情绪，这就非常有利于主力资金进一步实施逃逸计划。

这根跳空高开的巨量长阴K线，并没有全部打破均线系统的支撑，主力

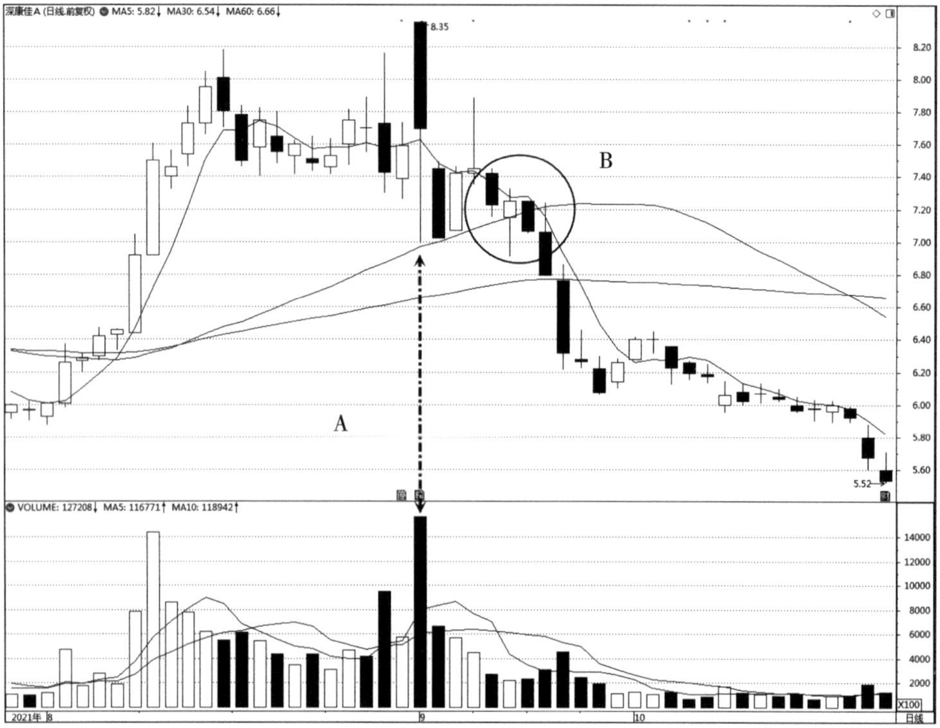

图 6-4　巨量长阴的迷惑性

资金将逃逸力度控制得极为恰当，也就使得 A 区巨量长阴 K 线的性质显得比较隐晦难辨。但是，如果交易者用变量形态（或者分解 K 线的方式）来审视这根不一般的 K 线时，必然能够觉察到其中的危险气息。

这根 K 线之后，股价有所反弹，甚至有一根长上影 K 线做出了一副想要收复巨量长阴 K 线的架势，但最终还是无功而返。其实，这种走势也为交易者判断能否收复巨量长阴 K 线提供了佐证。多次虚假的上涨背后，必然隐藏着主力资金反向操作的预谋。

当行情运行至 B 区时，局面已经变得明朗起来，股价和均线系统之间的关系已经从支撑转化为压制。这一变化至少说明涨升结构已经被破坏，股价的运行趋向已经发生扭转。

当趋向或趋势发生扭转，涨升结构被破坏时，交易者应放弃对于目标的追踪，不要迷恋主力资金说的“甜言蜜语”。

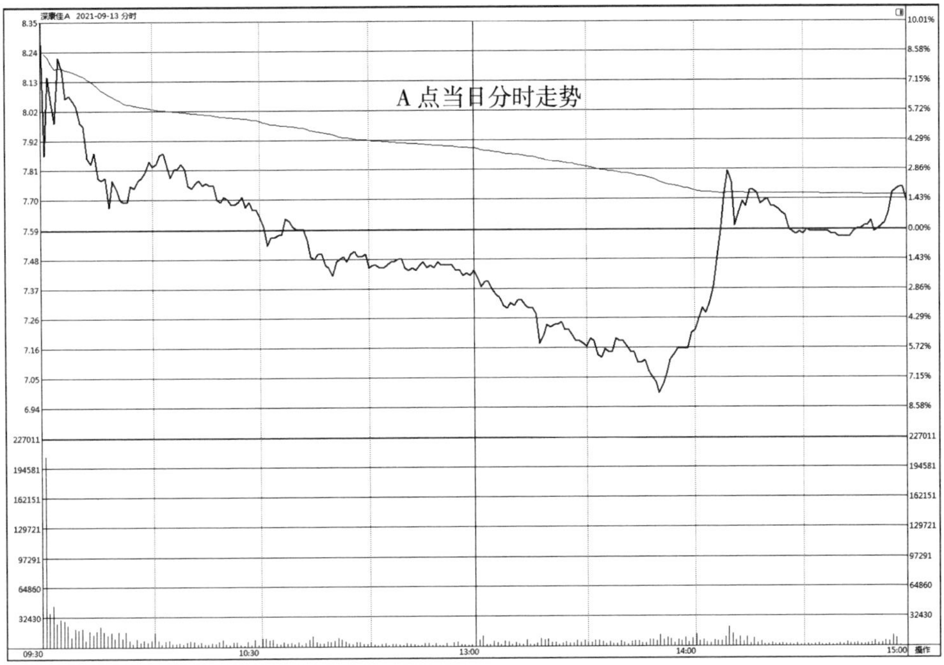

图 6-5　图 6-4 中巨量长阴的分时走势

其二、不可交易类型的巨量长阴 K 线，多发生在长期大幅上涨之后的股价高位。这种技术环境下收出的巨量长阴 K 线，多数和主力逃逸离场有关，交易者对此应有一个明确的认识。

2. 可交易类型的巨量长阴 K 线

值得交易者追踪的巨量长阴 K 线，首先应满足趋势向上的条件。只有在上涨趋势初中期出现的巨量长阴 K 线，才值得交易者关注。具体来说，可交易类型巨量长阴 K 线的特征包括：

其一、没有长期大幅上涨过程，离长期底部距离不远。

其二、涨升结构未被破坏，趋势未发生扭转。

其三、判断收复巨量长阴 K 线的时间周期。

下面分别叙述。

（1）巨量长阴 K 线离长期底部不远

这种技术环境下出现的巨量长阴 K 线，多数是主力制造恐慌氛围的产物。如图 6-6 所示，该股在扭转下跌趋势转为上涨趋势的底部构筑过程中，多次出现巨量长阴 K 线，但股价小幅回落后便重新进入上涨趋势，股价重心保持向上的趋势。

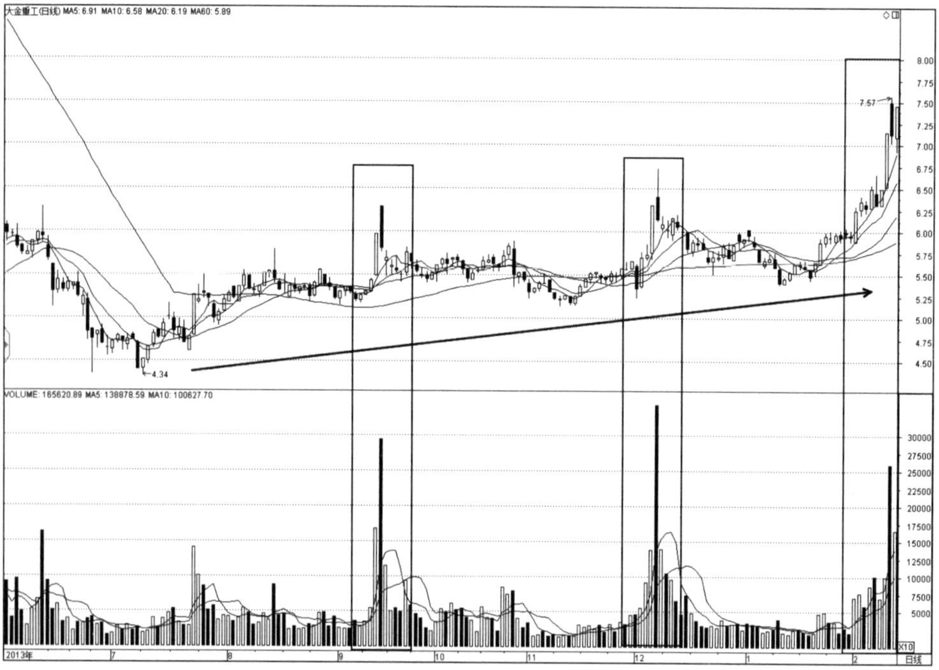

图 6-6　构筑底部期间的巨量长阴

对于这种类型的个股，交易者必须注意一点：距离底部转折点越近，股价收复巨量长阴 K 线后继续升势的可能性越小。也就是说，刚刚脱离趋势转折点的个股出现巨量长阴 K 线后又收复的，并不适合追涨，仅适合追踪和关注。

因为主力在这个价位上出于吸筹等目的的需要，大多数不会直接拉升股价展开升势，而是会反复振荡，反复制造恐慌，直至符合自己的要求。交易者对于这类个股可密切追踪、关注，当技术条件符合要求时，才能进行相应的操作。

（2）涨升结构未被破坏，趋势未发生扭转

如图 6-7 所示，该股两次出现巨量长阴 K 线后，股价回落调整，但均线系统整体仍能保持向上运行的态势，对于股价起到了必要的支撑作用。同时股价仅是趋向稍有改变，并未对涨升结构带来破坏性影响，也就更谈不上对于整体上涨趋势的扭转。这种情况下的巨量长阴 K 线，就比较符合收复要求，交易者可予以重点关注。

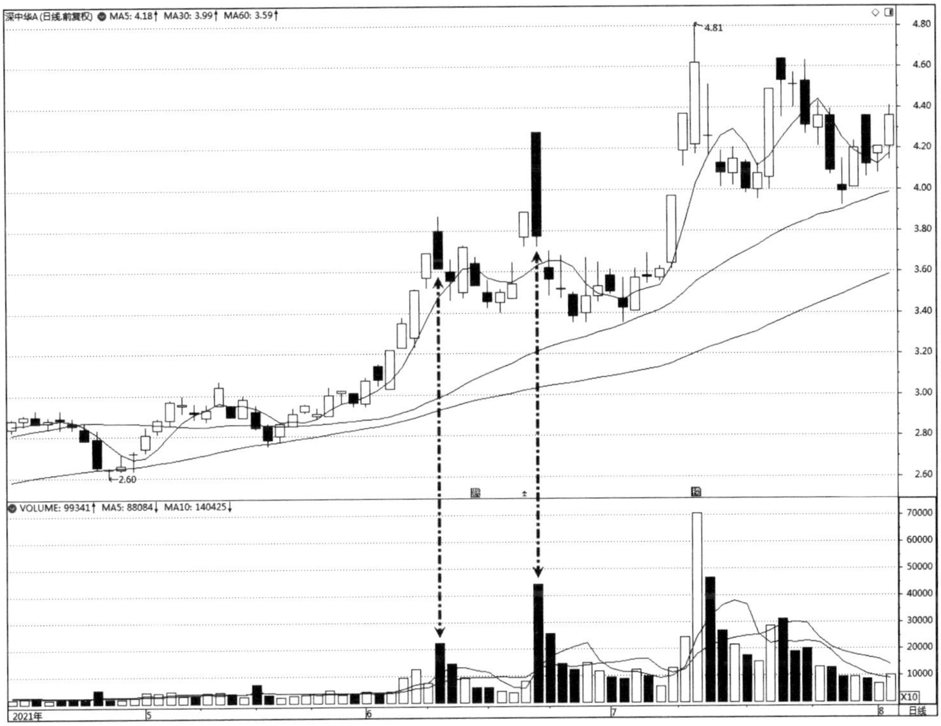

图 6-7　上涨结构未被破坏的巨量长阴 K 线

至于涨升结构是否被破坏的认定，可以通过均线系统（根据趋势运行情况，可设定不同周期）和整体趋势线、股价运行重心等进行研判，本图限于时间周期，不能一一尽数列出。

（3）判断收复巨量长阴 K 线的时间周期

收出巨量长阴 K 线当日的成交量值，对于股价后期调整时间会带来一定的影响。但是对刚刚脱离或未脱离底部区域个股出现的巨量长阴 K 线，其成交量值和股价后期调整时间并不存在明显的关联关系。

当日成交量值不仅与前一交易日有关，还应与出现巨量长阴 K 线之前的量能表现结合起来进行综合分析。如果起涨阶段的量能形态主要表现为缓步增长的聚量形态，则之后的收复时间不会很长；反之，如多为变量形态，那么调整时间和幅度都相对难以估量。

原因在于部分个股主力出于吸筹建仓等各种需要，股价波动较为频繁，波动轨迹难辨，导致量值和股价关联性极为隐秘、混乱，不易为交易者侦知。基于此，交易者主要的关注目标，应为已经脱离底部并形成明确上涨趋势的个股。

实盘中，交易者还可以参考即时量比、换手率等指标进一步确认巨量长阴 K 线的量值。这种巨量长阴 K 线通常都是主力阶段性制造恐慌使用的手段，意图在于逼迫持仓者在股价回落中抛售筹码，以便在接下来的主升阶段，为股价上行减少大量获利抛盘带来的压力。

二、收复巨量长阴 K 线的技术条件

实战中，交易者对巨量长阴 K 线这类个股进行追涨，当然应选择收复巨量长阴 K 线的时候，但这时的追涨也具有相应的技术条件，并不是可以肆意而为的。

现将收复巨量长阴 K 线的技术条件介绍如下。

1. 技术环境因素

收复巨量长阴 K 线时的技术环境，必须具备大盘及个股趋势向上、均线支撑等方面的条件，同时，聚量攻击形态也是不可或缺的。

2. 常量过顶的形式

当股价开始启动收复巨量长阴 K 线时，看到长阴和巨量，很多市场新手都会以为，当股价攻击到此处时，多空之间必有一场恶斗，届时必会掀起滔天巨浪，成交量暴增似乎是必然会出现的现象。但在多数情况下，当股价收复巨量长阴 K 线后，成交量几乎都呈常量过顶的形式，并没有出现想象中多空对决爆出的巨量或天量。常量过顶的概念请参阅《成交量核心技术》。

个中缘由就在于，巨量长阴 K 线本身只是个障眼法。巨量不假，却是主力左手倒右手的戏法；长阴也不假，却是主力的一场忽悠，散户做了一个噩梦。

收复巨量长阴 K 线时，出现常量过顶是大概率现象，因为彼处并无真正的强压力，大部分的成交量都是主力对倒而来。但是必须说明，这里的常量一般都是指聚量攻击后形成的新常量，所以收复巨量长阴K线时的常量过顶，也可以叫做缩量过顶。如图 6-8 所示，在 A 区出现巨量长阴 K 线后股价回落，至 B 区收复巨量长阴 K 线时，成交量仅维持常量的态势。

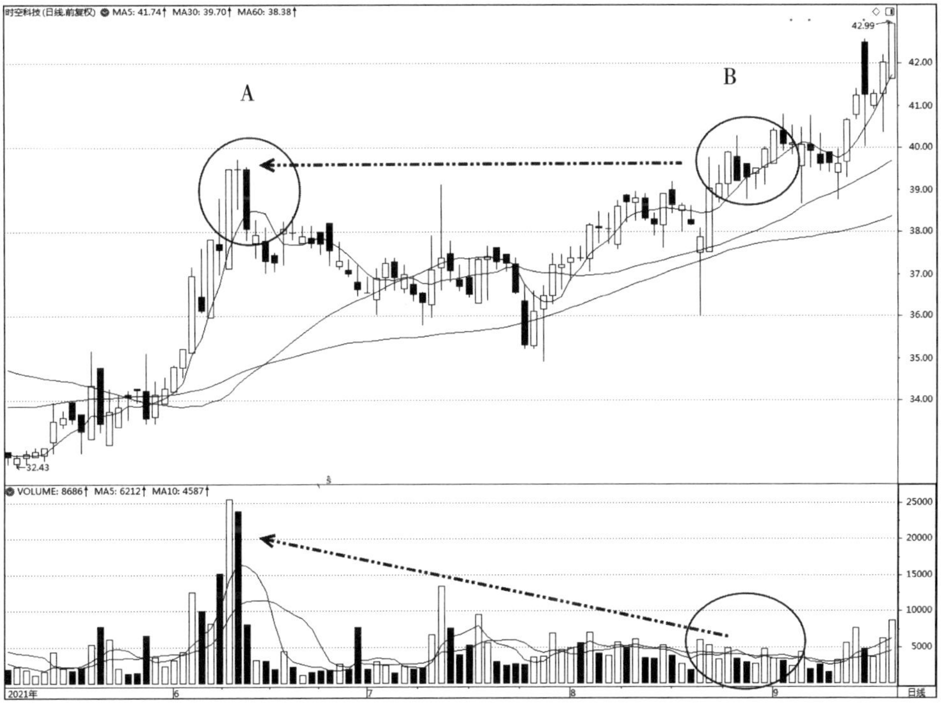

图 6-8　收复巨量长阴 K 线时的常量过顶

当然，并不是所有个股收复巨量长阴 K 线时，都呈常量过顶的形态。这里提及和诠释的仅是实战中比较常见的主力运作形式，也必然存在少见的放量收复的情况，这和主力具体的控盘程度以及运作特点有关系。

3. 两种收复形式

收复巨量长阴 K 线时，最为常见的走势有两种。

（1）磨穿压制必有涨

股价启动上涨，当攻击至巨量长阴 K 线所在价位附近时，股价重心呈横向水平方向波动，但最终向上收复巨量长阴 K 线。如图 6-9 所示，在 A 点收巨量长阴 K 线，至 B 区时股价连续 5 个交易日在巨量长阴 K 线附近价位上波动，磨穿此处的压制后，最终成功收复 A 点的巨量长阴 K 线。

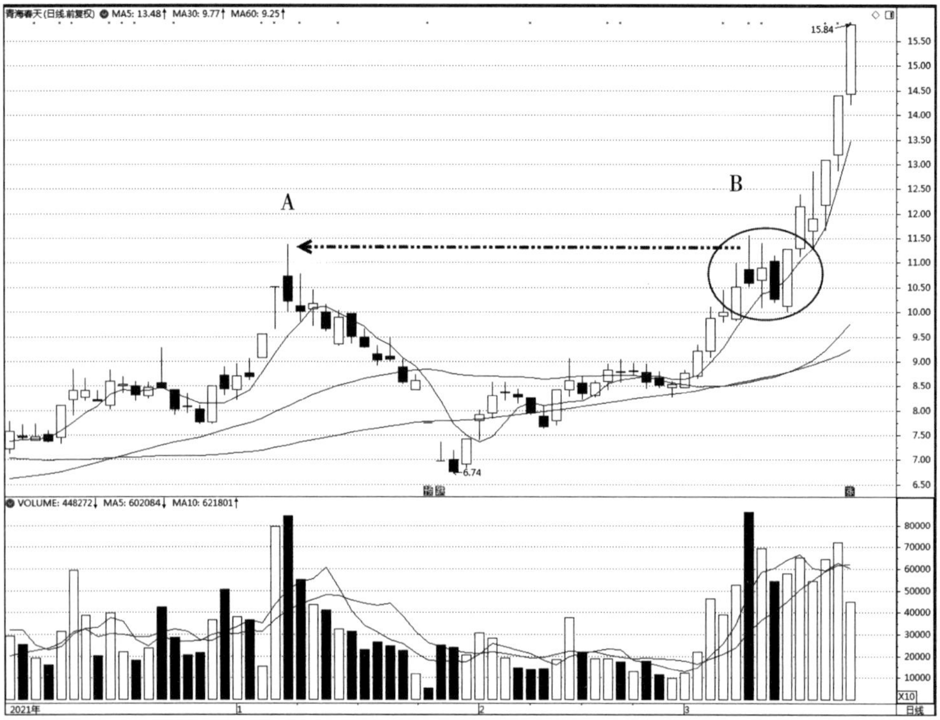

图 6-9 收复巨量长阴 K 线示例

从主力行为的角度进行分析，巨量长阴 K 线制造的恐慌情绪，不会在短期内完全消除，当股价再度临近巨量长阴 K 线附近的价位时，主力会用盘口语言告诉那些不稳定的持仓者：“股价在同一价位还会再次下跌，如果不趁机卖出，将再次下跌！”等恐慌盘再一次出逃后，就是主力收复巨量长阴 K 线之时。

还有一种情况，主力在前期巨量长阴 K 线的位置上确实遭遇到了强压，由于控盘程度不高，主力并未全力猛攻，而是顺势下跌，之后采取缓慢试探性上攻，不断测试同一价位附近的筹码密集度。当主力发现只是虚惊一场，或前期抛盘已经所剩不多时，就会顺势收复巨量长阴 K 线。

无论何种情况，当股价在巨量长阴 K 线价位附近来回盘整，K 线多收星线或小阴、小阳线，盘口上当跌不跌时，一旦出现突破性大阳线，交易者可借机追入。

（2）防坑术——缓缓追杀

收复巨量长阴 K 线还有一种形式是直接突破性收复，股价并没有在巨量长阴 K 线价位附近出现盘整的情况。这种形式的收复多数会有一个挖坑的过程，只不过这个挖坑的过程，有时会选择在收复之前，有时会选择在收复之后。

1）先收复后挖坑。如图 6-10 所示，A 区是收出巨量长阴 K 线的价位，在 B 区股价直接收复巨量长阴 K 线，但随后股价出现回落并在挖坑后再次上涨。

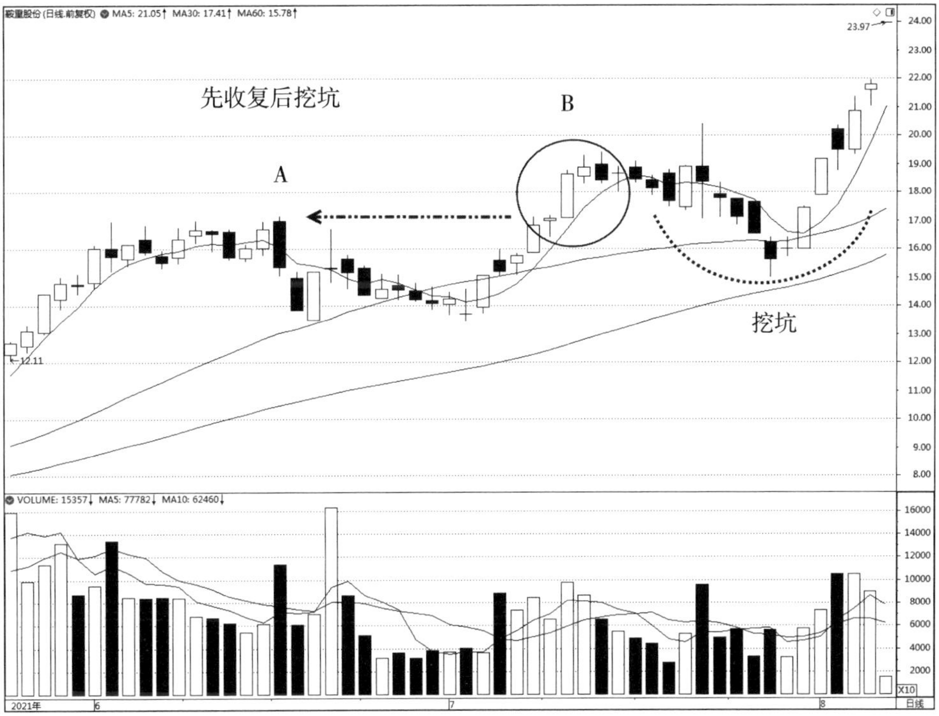

图 6-10　收复后挖坑

先收复后挖坑，是收复巨量长阴 K 线形态中最为常见的操盘手法。交易者选择追涨时机时，如果发现股价虽然收复巨量长阴 K 线，但是随后向上的攻击力出现减缓迹象，则不要急于介入。当股价回落并开始挖坑时，那么就在挖坑途中分批低吸，或者耐心等待股价突破性阳线出现再追入不迟。

为了防备主力收复巨量长阴 K 线后反手挖坑埋人，交易者宜缓缓追杀。

2）先挖坑后收复。图 6-11 中，A 区出现巨量长阴 K 线，B 区股价上涨似有收复巨量长阴 K 线之势，但接下来的走势却让人大失所望，股价不但不涨，反而开始向下回落。直至 C 区，股价才真正收复巨量长阴 K 线。这就是收复巨量长阴 K 线之前股价先挖坑的动作，主力意在将不坚定的持仓者先清理出局，然后再拉升。

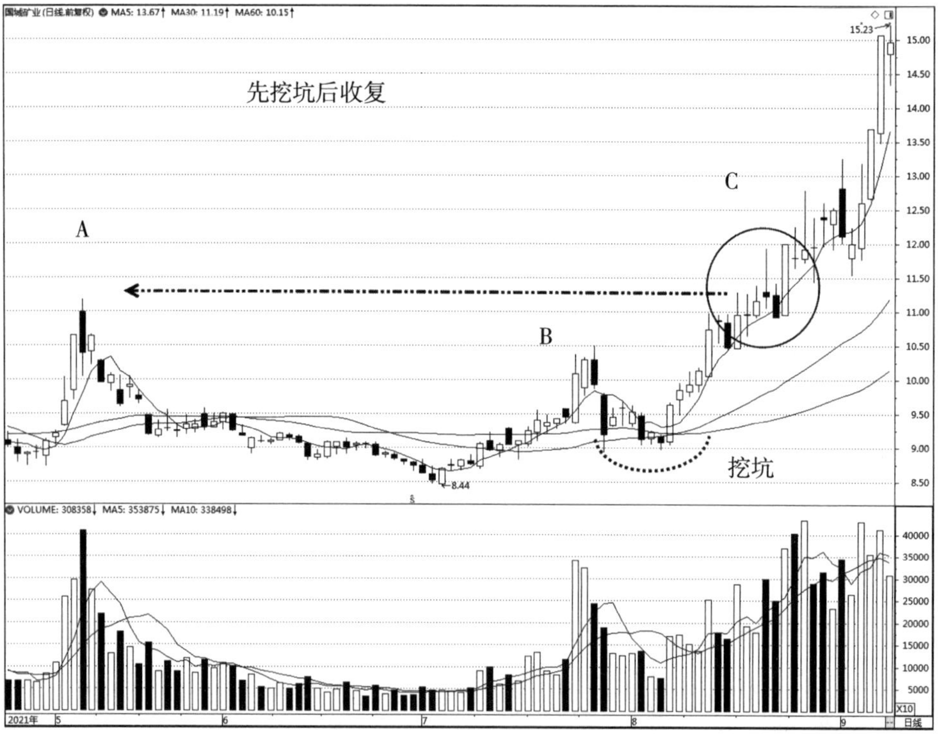

图 6-11　主力先挖坑后收复巨量长阴 K 线分析

第三节　变量形态与密集成交

变量，顾名思义，是指成交量出现重大变化，或是可能引发价格出现重大变化的量能形态。

变量是成交量的一种突变形式，多指成交量激增，也包括成交量骤减。实战中比较常见的类型，多为成交量突然增大。如图 6-12 所示，A 点成交量突然激增，与之前的常量形态有着天壤之别。变量的具体数值越是巨大，其引发价格骤变的可能性越高。

变量预示着多空双方的力量对比关系处于高度不稳定的状态中，价格将可能因此出现逆转变化。变量必然不会长时间存在，否则变量也就不是变量，而是新常量或其他成交量形态。变量，究其根本是一种量能对于价格的催化形态。

一个变量形态，一般都存在成交量激增而后又迅速减少的过程，如图 6-12 所示的成交量柱，显得极为突兀。变量成交骤减后的成交量值和激增之前的成交量值相仿。

变量出现之后，随后行情中成交量如果并未发生明显骤减，或虽有减少但仍旧明显大于变量出现之前的成交量值，那么，这个变量将有可能演化成为新常量或进一步形成聚量。

一、变量的性质与交易策略

变量的出现，意味着必然存在资金的攻击。且不论资金攻击的真实程度如何（可能存在对倒），仅就变量形态本身而言，是对之前量价运行节奏的骤然改变。

这种改变，既有可能是趋向性的，也有可能是趋势性的。换言之，变量发生之后，个股可能就此出现趋势性拐点，但也可能仅仅是原有趋势中的一个次级波动。

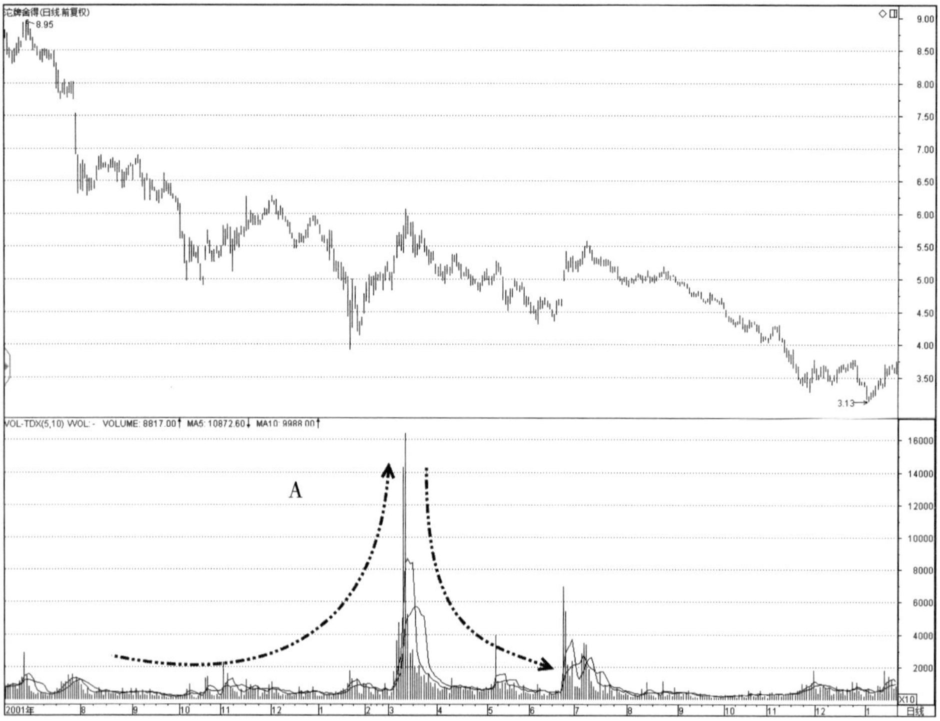

图 6-12 盘中突然出现变量示例

鉴别这种改变的性质非常关键，因为涉及到交易者如何制定交易策略。

比如：某股出现变量后，如果确认变量将会引发价格趋势由跌转升，那么交易者就要制定自己买入或加仓的计划；如果确认变量仅仅是跌势过程中的一次强烈反弹，那么交易者就可以借势抛空仓位或选择时机做空。

通过变量本身是否存在形态转化的特点，再结合技术环境分析，交易者可以确认变量的性质。如图 6-12 所示，案例中 A 区的变量出现在下跌趋势中，成交量激增后骤减，显示这是一个单独变量，并不存在转化。

实战中，大多数变量不会对趋势带来改变，能够起到的作用是延缓趋势的运行节奏。换句话说，即在跌势中形成一次强力反弹，在涨势中形成一波回调，随后仍旧会回归原有趋势。

如图 6-13 所示，该股处于上涨趋势运行中，A 区出现变量并形成调整的高点，之后经过回落调整后，股价重回上涨趋势。

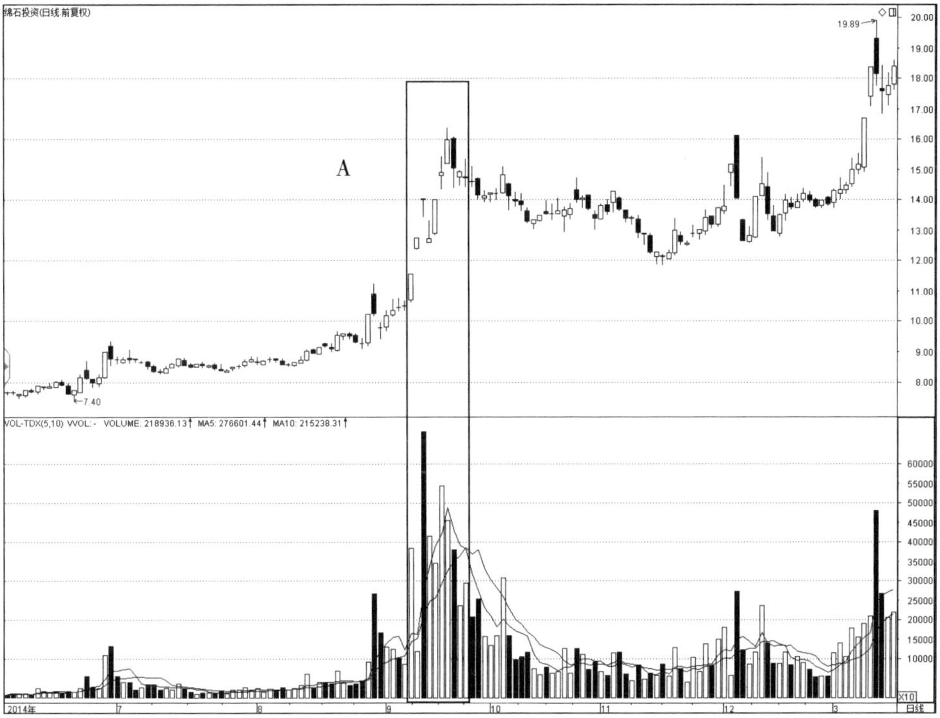

图 6-13　变量与趋势的关系分析

二、变量的转化

变量出现后，成交量骤减的幅度也是一个重要的观测点。当量能稳定下来不再继续缩减时，如果这时的量能明显大于出现变量之前的量能，则说明资金并未大规模离场，该股后市仍有可操作的空间。

如图 6-14 所示，该股技术环境上经过长期大幅下跌的过程后，至 A 区出现变量，打破了之前反复折返向下的运行节奏。

A 区变量的性质，究竟是下跌趋势中的一次强弹，还是趋势扭转的起始点？

首先，变量出现后，虽然成交量大幅缩减，但是在 C 区形成的新常量还是略大于在 B 区的量，同时股价也相应地表现出向上的强势，说明变量进场的资金并未大幅离场，A 区的上涨可能并非主力短炒行为。

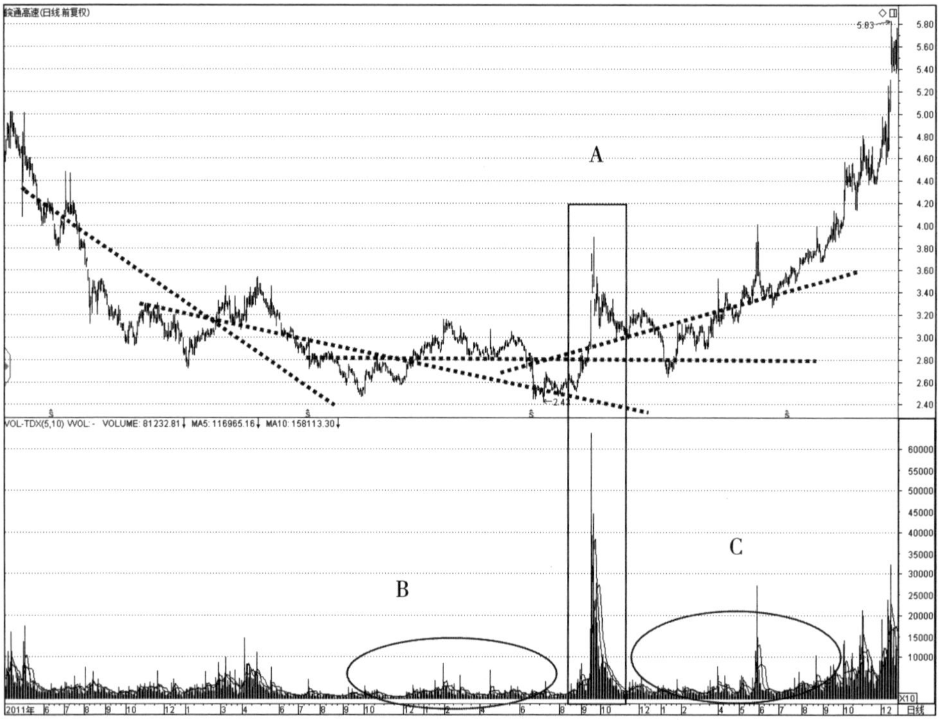

图 6-14 变量与股价运行中心的关系

其次，从该股下跌阶段绘制的股价运行重心可以发现，股价重心经过多次变轨，至 A 区和 C 区，已经由最初的大角度下行逐步转向小角度下行、走平以及向上。股价运行重心悄然转折，也就预示着趋向或趋势的转变已在潜移默化中开始。

变量形态转化有一个过程，如图 6-14 的 C 区和图 6-7 中的 A 区之后，变量结束后的成交量不再继续低迷，而是出现增加和放大，这也是主力资金进场运作的信号。

实战中，筑底和吸筹比较充分的个股，在变量出现后，很快就会呈明显的聚量形态并迅速脱离价格低位。多次变量后，也会在成交量整体形态上形成聚量，这种形态也相对更容易辨别。

当变量出现在长期大幅上涨后，可能预示着价格会就此构筑顶部。此时的变量形态远不如价格低位出现的变量显得突兀和明显。因为往往在价格高位时，成交量均值都比较高，所以变量更为模糊和隐蔽，也更不为人重视。

如图 6-15 所示，在 A 区该股成交放出历史天量，为涨势以来最大值，但在股价不断涨升的前提下，这种具有变量特征的成交，往往会被市场追涨的热潮掩盖，不为人关注。

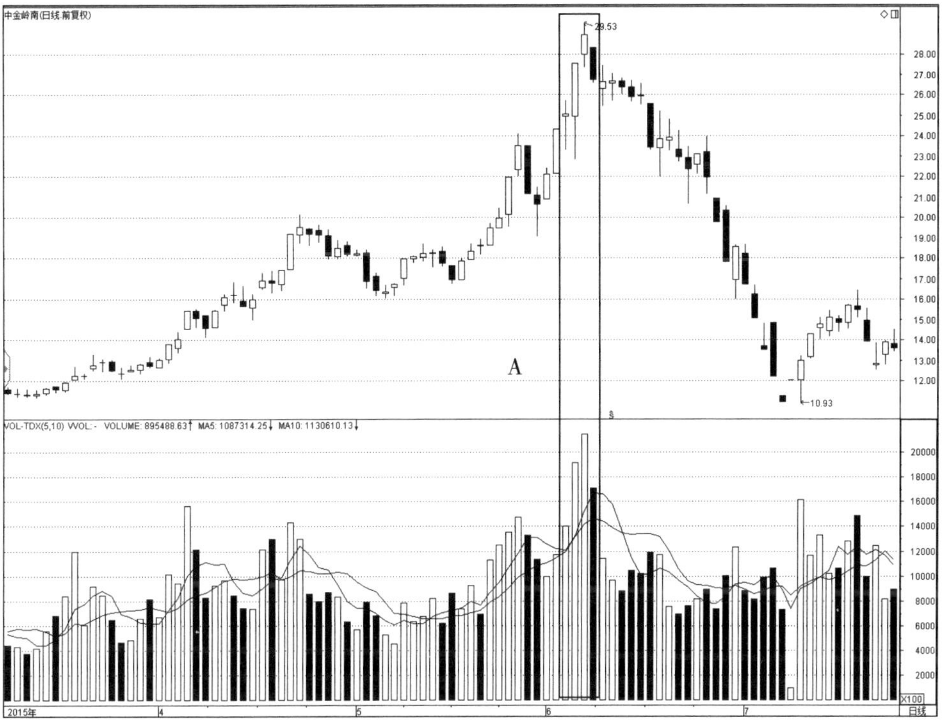

图 6-15 高位变量的隐蔽性

实战中，当某一个股连续大幅上涨后出现变量，交易者应保持清醒，不妨自问一句：“谁有这么多的筹码，又是什么人有能力集中卖出？”

当变量出现在价格高点，而相应的量价背离也随之显现，那么价格发生转折就具有极大的确定性。

无论是在价格高点还是低点，变量的出现都会引发价格不同级别的波动，这一点对于短线交易者来说非常关键。对于中长线或波段交易者来说，变量意味着可能正在临近一个交易时机。

第四节　打破市场公认的支撑

当大盘指数经过下跌后，在某一相对固定区域长时间发生折返振荡时，市场资金普遍会产生对于指数支撑位的认识，即认为指数在某一点位是不会被跌破的，并预期大盘将由此见底并开启上涨。

如图 6-16 所示，深成指于 A 区区域折返振荡，其间出现多个低点，这个阶段市场普遍认为这就是所谓的底部区域。

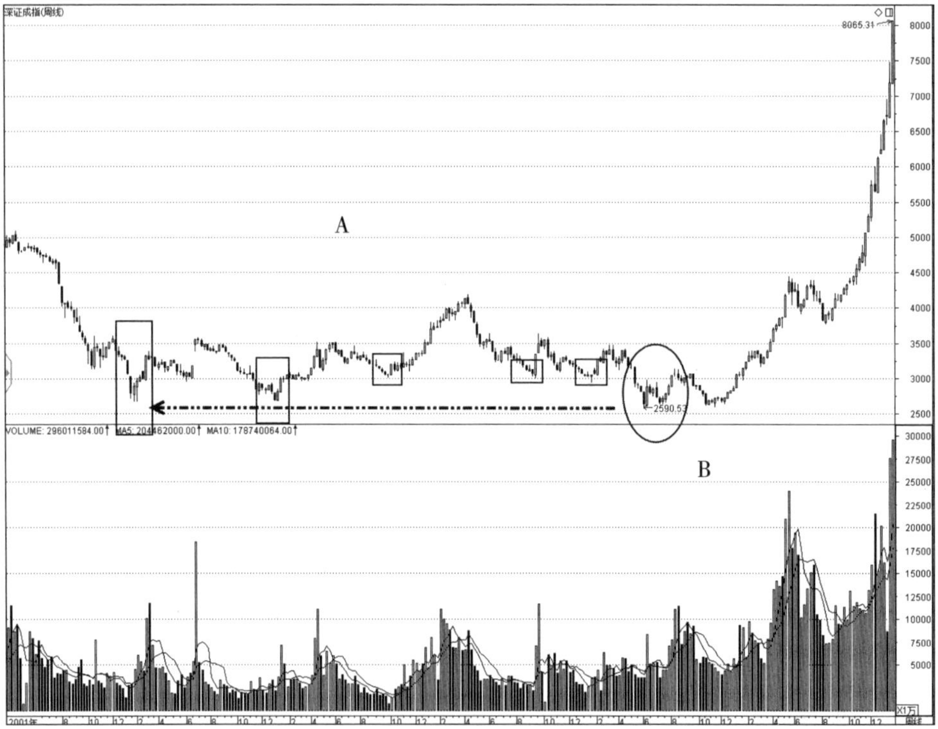

图 6-16　打破公认底部支撑位后的走势

市场资金尤其是散户资金，对于指数的支撑位的认识，会随着指数在这一区域运行时间的延长而逐渐形成共识，并会由此付诸行动，开始买入筹码，等待升势的到来。

市场资金的这一普遍行为，必然会给主力资金的建仓过程带来极大的干扰。主力资金只能通过打破所谓的支撑位来制造恐慌，使市场资金预期落空，继而产生悲观失望情绪。

如图 6–16 中 B 区，指数突然下行，将 A 区区域形成的所有低点全部击穿。这种情况势必会打破市场对于底部的共识，恐慌氛围也就随之快速蔓延并扩大。大盘指数破位引发的恐慌远大于个股。即使持仓者手中个股没有出现破位，可能也会受到大盘跌势的影响，陷于从众的恐慌之中，从而选择抛售。

在目前股票市场庞大的市值与容量面前，某一个主力资金想改变市场形成的共识，几乎是不太可能的。但如果大盘技术环境确实处于适宜的建仓区域，那么试图建仓的实力资金就决不是少数。这些建仓资金之间感同身受，相互之间存在一定默契，或者说建仓的实力资金也存在一种共识，即打破市场普遍认同的支撑，让市场资金变得混乱和恐慌，唯有此才能顺利完成自己的建仓任务。

早期股票市场上，部分主力资金只要控制住一些权重股，就基本上掌控了大盘指数的涨跌。时至今日，大多数权重股的市值已经远非一般实力资金所能掌控，而且鉴于监管的压力，这条路已经明显行不通了。

目前市场上，主力资金往往会“借力打力”，即借助一些热门板块或龙头个股的涨跌，来影响和引导市场人气走向兴奋或悲观，间接达到调控大盘指数涨跌的目的。其实建仓资金的所有手段或技术手法，都是为了引发恐慌性抛售，以满足自己吸筹建仓的需要。

当交易者发现市场上开始流行某一种共识，比如某某点位不会跌破，或者一定会涨到某某点位时，那么决不可默认并跟随这种共识去做交易，要时刻保持局外人的冷静。

第五节　持续下跌

持续中小阴线下跌，又称为“阴跌”。这种下跌方式，会使习惯做个股短线超跌的交易者无从入手，反不如大阴线较容易捕捉到明确的短线做多机会。

持续中小阴线下跌，是主力在建仓过程中用以消磨持仓者信心常用的技术手法。如图 6-17 所示，在 A 区的整个下跌阶段以及振荡期间，股价以中小阴 K 线为主，同时成交量一直维持着常量形态。

图 6-17　持续下跌机会分析

虽然 A 区的整体累积跌幅并不算太小，但是具体到每个交易日却并不大，这就使得短线交易者难以找到超跌的介入时机。虽然其间有一根较大的阴线，但其前后全部是中小阴线，这种节奏的变化较难把握。对于一个谨慎的交易者来说，买入机会极难寻觅。

采用这种方式的下跌，对于建仓主力资金来说，则是益处多多。既能有效规避掉大多数短线介入资金的骚扰，同时也能利用这种持续中小阴线下跌，使盘中持仓者备受煎熬，最终不得不忍痛割爱。

最初开始下跌时，持仓者看到每日的跌幅并不大，会心存侥幸，期望下一个交易日就会出现大阳线，一举收复失地。但是随着时间的流逝，这种期望会逐渐转化成不断的失望。

就这样，一天天的下跌累积起来，个人账户上的亏损额会给持仓者带来沉重的心理压力。在心理的重压下，必然有人因为承受不了这种煎熬，选择卖出持仓来释放压力。主力资金想要的就是这个结果。

有经验的交易者往往都不怕股价暴跌，就怕这种连绵不断的“阴跌”。因为一个保持蓄力而不是时刻爆发的对手，你很难找到他的漏洞，更加看不到他筋疲力尽和虚弱的那一刻。

第六节　密集成交区的交易

密集成交，是指成交量处于较高数值并相对集中出现的一种形态。密集成交持续存在的价格区域，则称为密集成交区。

股价长期或大幅度下跌过后，意味着做空力量已经有过一个大幅释放的过程。在这个技术环境上出现的密集成交，不管是新资金入场，还是存量资金“复活”，都说明价格必然不会再如死水一潭。

一、在密集成交区破位

如果密集成交源自主力资金的吸筹建仓行为，那么在此之后，即使价格有所回落，也很难有较大的下跌幅度。这种因密集成交而出现的支撑，主要是受到成本因素的影响。当然，本节要讲的利用在密集成交区破位来营造恐慌进而诱使持仓者抛售的主力行为，则是一种例外。

通常来说，主力资金吸筹建仓不会采取密集成交这种过于招摇的形式，除非涉及短期操作行为或需要突击性增加仓位，比如某些建仓时间仓促的主力资金，会利用这种形式快速完成吸筹建仓。

实战中，主力资金对建仓初期形成的密集成交，有时会反技术分析而行之，即市场资金认为密集成交为主力建仓所为，受限于成本不会深跌时，主力建仓资金却偏偏选择主动被套，凶悍地向下砸盘。

如图 6-18 所示，在 A 区股价快速拉升中出现密集成交。这种爆发式的拉升和突发性变量，必然瞒不过技术分析派的眼睛，可以肯定有主力资金在运作。如果按部就班进行分析，在 A 区建仓的主力资金，应该不会下跌过深，因为建仓成本就在那儿摆着。

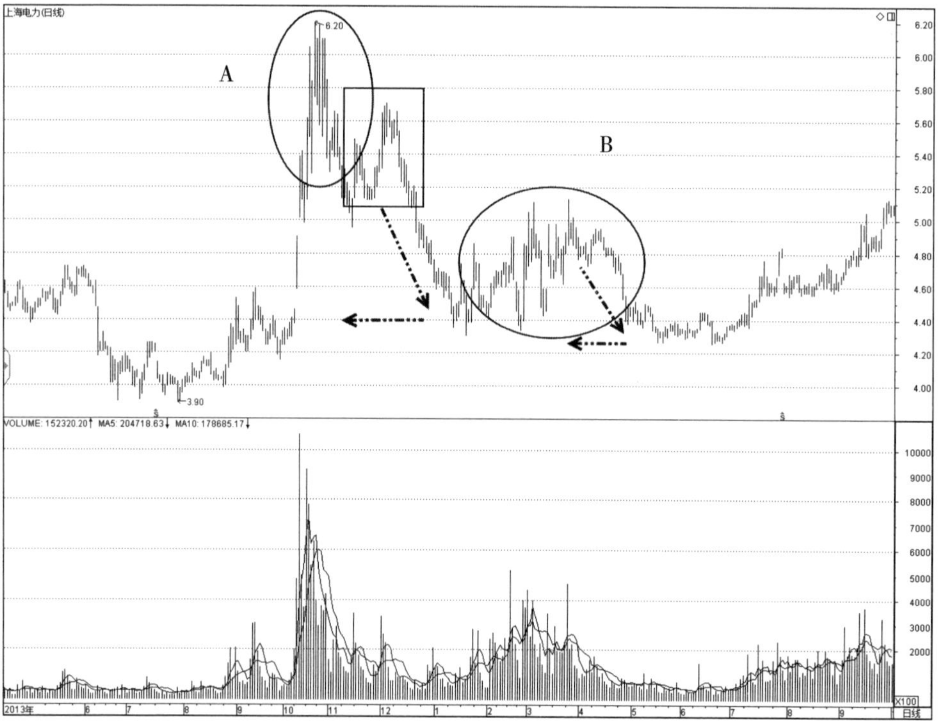

图 6-18　主力资金建仓行为分析

然而，接下来的走势却让人大吃一惊：在 A 区之后，股价迅速下跌，虽在密集成交附近出现一个向上折返，但折返后却出现加速下跌，并跌到该次拉升的起涨价位。

当这种似乎失去理智的疯狂下跌出现时，相信大多数交易者都会改变看法，即从认定主力建仓改变为主力资金的短线套利行为。

其实这就是建仓资金最想要的效果，也是想留给市场持仓者的心理暗示：主力资金短期炒作的套利行为，不会对该股后市走势带来积极的改变，只会让股价再一次陷入漫漫跌势……

在 B 区，股价在比较敏感的前起涨点价位附近展开折返振荡，这是在驱赶仍旧心存上涨希望的持仓者尽快打消念头，抛售筹码。这个过程中，成交量形成聚量形态并显示出相对密集成交的情况。这是建仓资金吸纳抛盘和不断对倒做差价以降低成本造成的。

在 B 区的振荡时间并不短，所以必然会有短线资金介入。为清理这部分低价介入的资金，并再一次打击原持仓者的信心，股价又一次下跌并跌破 B 区的振荡低点。

经过 A 区和 B 区两次“破位”式打击，能够存留其中的低价持仓者已经不多，所以之后股价也就并未继续跌势，而是经过一段时间的低点振荡后就开始了回升。

也许有人会有疑问：在 A 区，主力被套的幅度也不小，之后很长一段时间，股价都没能回到这个价位，主力不考虑成本吗？

某一价位是静态的，而成本是动态的。不断出现的折返和振荡，就是建仓资金降低成本的秘诀。

二、密集成交与股价高点

在一轮上涨趋势中，价格会出现大量级别不等、性质各异的高点，比如：主力为低价吸筹而制造的折返高点、振荡洗盘形成的折返高点以及减仓出货形成的顶部高点等。

在这些高点的形成过程中，多数会有变量和密集成交的情况出现，交易者正好可以利用密集成交来判别相关的交易点。当然，在判别不同级别的价格高点时，技术环境分析仍是不可或缺的。涨势运行中出现的密集成交，必然会引发价格之后出现调整。只不过因个股及技术环境不同，其调整的级别和形式也大相径庭。

如图 6-19 所示，A 区出现变量和密集成交，股价之后的调整相对较为平稳；B 区出现密集成交之后，股价的调整就相对较为猛烈了；C 区再一次出现密集成交时，股价由此扭转上涨趋向，转入到下跌趋势中。

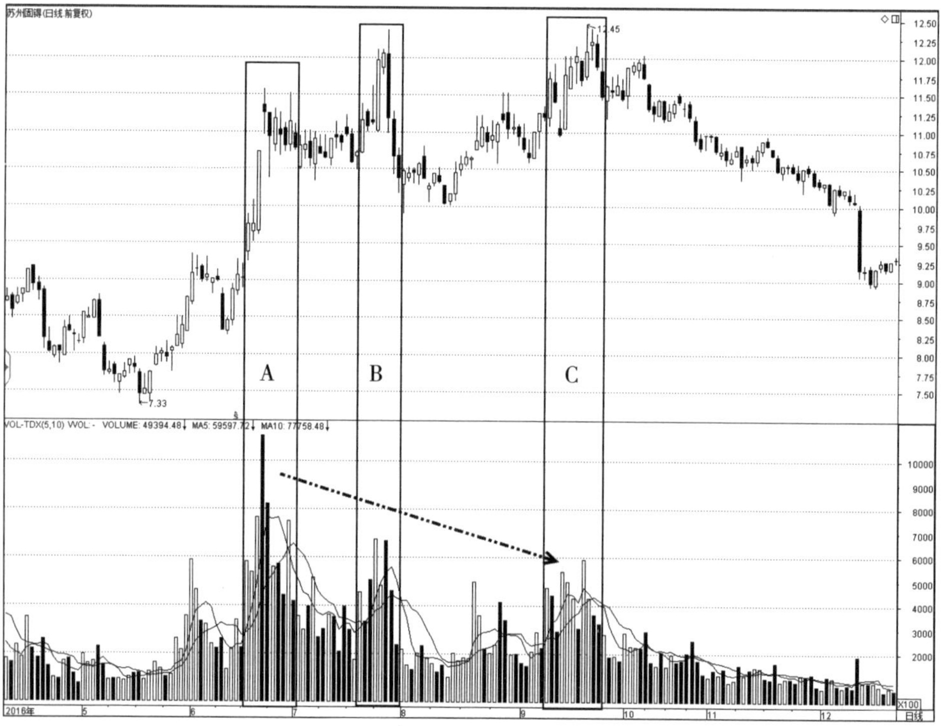

图 6-19　密集成交区与价格高点的关系

图 6-19 中的三次密集成交，股价调整的幅度和形式各不相同，这种情况在很多个股的整个涨势运行中是常见现象。但具体到该案例中，这三次时间距离较近的密集成交，其实是存在一定逻辑关系的。

在图中 A 区的密集成交以变量为主体，显示这里存在一个资金减仓的过程，但主力资金显然较为收敛，不愿意在此过早暴露减仓的痕迹。虽然主力减持了一些仓位，但在盘中为稳定其他持仓者，还是做了一些关键性的回补，减仓工作并未全部完成，所以才有了 B 区密集成交下股价的二次冲高。

在 B 区的密集成交量，整体上已经明显小于 A 区的成交量，但股价却刷新了高点，这里也形成了量价背离形态。在 B 区密集成交后，股价下跌之所以较迅疾，原因可能在于主力资金在这里基本完成了大部分的减仓任务。

通常来说，类似于 B 区出现密集成交后，股价基本确立顶部高点，进入下跌趋势就是下一步的选择。而该案例中，股价却并没有就此展开下跌，而是在 C 区又一次重新拉起，再创出一个价格新高。

具体原因不得而知。但也不外乎几种情况，比如：受到大盘不利因素的影响，在 B 区的减仓并未达到目标，或盘中仍存在其他实力资金的运作等。

不管何种原因，在 C 区的密集成交以变量和新常量构成，且很快就大幅萎缩，进入到量能消散的形态中。同时，在 C 区也再一次显示量价背离形态的存在，对于连续出现密集成交的个股而言，量价背离的出现几乎等同于宣告行情即将结束。

涨势过程中出现的密集成交，是短线交易者需要高度关注的形态，因为股价可能会因此出现不同级别的折返。而经过长时间大幅上涨的个股，一旦出现高数值的密集成交，则极有可能面临顶部高点的到来。成交量分析的详细内容请参考《成交量核心技术》)

第七节　大卖单

处于建仓期间的主力资金，对于制造恐慌氛围是不遗余力的，同时也会利用压盘等手法，刻意制造个股上涨无力的假象，以逼走对后市失望的持仓者。

如图 6-20 所示，该股在 A 区的跌势中出现反弹，这个反弹的高点距离前期向下跳空缺口的最低点，仅仅相差 0.01 元。也就是说，就差一分钱也未能完全回补这个向下跳空缺口。

缺口，是技术关口之一。在这个案例中，建仓的主力资金利用技术关口——缺口的存在，制造上方压力强大的假象，来哄骗和诱使持仓者抛售。

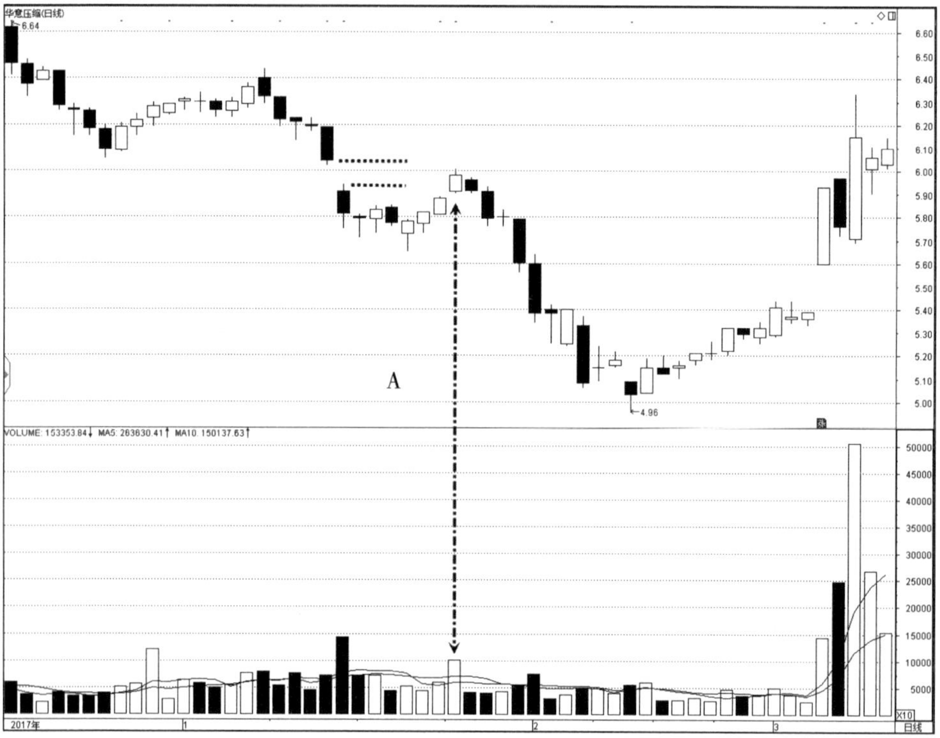

图 6-20　主力压盘手法分析

图 6-21 即为图 6-20 中 A 区标示当日的分时走势，图中可见股价上升明显受阻于同一价位，那么压力究竟来源于何处呢？

在图 6-21 中，股价上升受阻于 6 元这个价位时，其即时盘口卖一价位上，挂着 100 万股以上的大卖单。对于一些热门个股来说，也许 100 多万股的挂单并不算稀奇，但对于案例中该股来说，却是极其不正常的。

为什么这么说呢？

因为该股在之前长时间的股价运行中，大多数时候的日换手率都不超过 1%，可以说是标准的交易冷清类个股。那么，一个交易稀疏的冷门股，这 100 多万股挂单从何而来？为什么这么凑巧出现在股价反弹回补缺口的关键时刻？

也许有人会说，是主力出货或者其他资金借反弹减仓。不注重技术环境分析的人，很可能会这么认为，而这样的结论，恰恰也是主力乐于看到的。

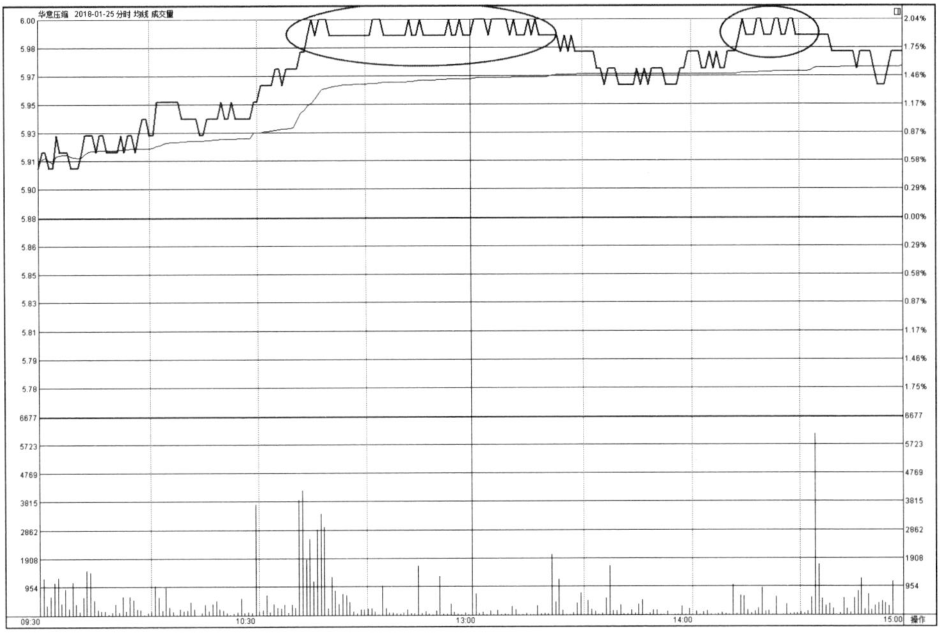

图 6-21 图 6-20 中标示日分时走势

一个交易稀疏的冷门股，在跌势的弱反弹过程中，卖盘突然挂出极为罕见的大卖单，说主力出货或其他资金减仓，它卖得出去吗？如果是真想减仓，那么又何必让大卖单挂出来，把自己的意图昭告天下。真想减仓，把大卖单分散成中小单，即使交易相对稀疏，只要有足够的耐心，还是有可能分批抛出的。

主力的手法，能够起到迷惑人的作用，但同时也暴露了自身的存在！在这一点上，并没有两全之法。

既然主力的大卖单不是为了出货（也出不了货），那么最大的可能性就是压盘。所谓压盘，是指刻意制造压力沉重、个股上涨无力的假象，以逼走悲观失望的持仓者。

图 6-20 中，在 A 区之后，股价连续下跌，这似乎很符合 A 区主力大卖单减仓出货的逻辑，也就使持仓者更加坚信股价后市难以转好，继而会在失望中抛出持仓。但是，经过一波下跌后，该股股价最终还是如凤凰涅槃般浴火重生。

大卖单压盘这种技术手法，主力既可以用于建仓吸筹阶段，也多见于洗盘阶段。

第八节　次高点放量

实战中，部分个股在顶部或阶段性高点会放出大成交量，然后股价就转入到下跌过程中。这种明显的出货量能形态比较常见，但也经常被主力反向用于诱空。

技术分析的普及，必然会逼迫主力更新或升级自身的操作手法。实战中发现，个股出现顶部高点时，量能多数呈复杂形态。

例如图 6-22 中，在 A 区出现股价顶部高点时，成交量早已经处于量能消散的态势中，而成交量最高的点并不是股价的最高点。

案例中，主力资金并不采用集中出货的方式，而是不断在升势途中消减仓位。当股价抵达最高点时，主力资金早已消失无踪。对于这种操作风格的主力资金，交易者可以利用量背离或价背离的变化关系来进行识别和判断。

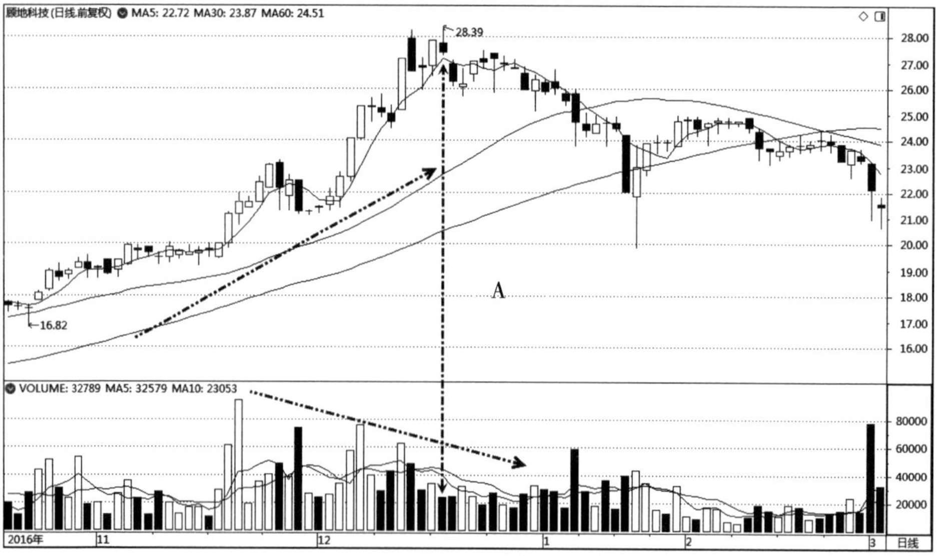

图 6-22　主力出货方式分析

实战案例中，主力次高点放量出货是一种常见的形式，即股价放量不见顶，先诱空，再诱多。

如图 6-23 所示，在 A 区股价创出高点，之后在 B 区、C 区、D 区，股价都没有超过 A 区的价位，但是成交量明显都比 A 区密集。案例中 A 区、B 区、C 区、D 区四个股价高点中，前三个股价高点价位相差不多，其中可以分析出主力资金的操作思路。

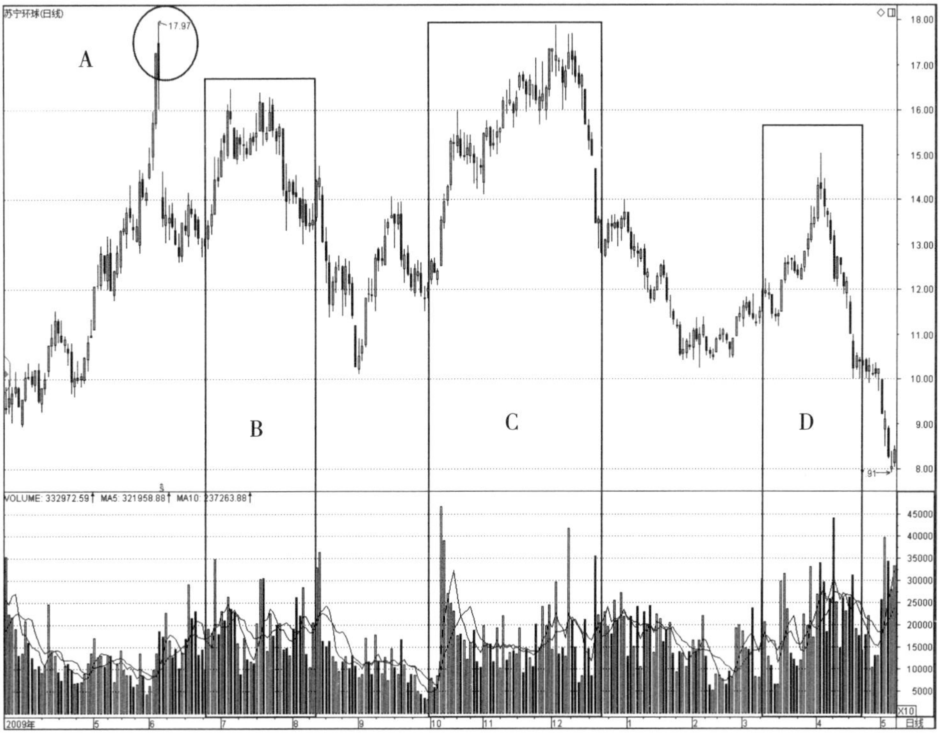

图 6-23 主力操作思路分析

在 A 区，股价呈陡直角度上涨，交易者利用角度与速率分析，完全可以推断出之后必然存在快速回落的过程。主力并未试图掩盖这种具有逻辑性的技术结论，而是在之后的 B 区再次营造一个大角度拉升。这时，主力是想告诉市场资金：该股强势上涨的热度并未降低，大角度上涨会有回落，但回落之后依然是大角度上涨！

培养市场资金的惯性思维，是主力资金在建仓以及出货等阶段，不厌其烦而屡屡使用的手法。在B区的回落出现之后，果不其然，C区又一次出现大角度拉升，这就基本坚定了市场资金的信心和对于后市感到“心中有数”的底气。孰不知，此时主力正趁机大肆减仓出货。

当C区的回落将市场人气“重创”之后，D区的反弹就像是一管“安慰剂”，抚慰着略显绝望的被套资金，让习惯于等待“大角度上涨”的持仓者重燃希望。但是现实中的D区，仅仅是主力资金最后一次大规模减仓的诱多陷阱。

在这个案例中，股价在最高点并不放量，而是在之后的多个次高点上屡屡放量。主力打破高点放量出货的惯性思维，也就打破了市场资金原有的警惕性，让原本高度紧张的市场资金和持仓者放松下来，并接受主力资金的心理暗示：“涨升强势仍旧在，大角度上涨随时会出现。”

如果将图6-23和图6-22中的走势进行对比，可以说图6-22中主力资金的出货相当顺利，而采用图6-23中次高点放量出货的主力，则是被动之下的无奈之举。

第九节　影线密集

有一种技术图形显示的是主力资金意在减仓出货，但却受困于大势环境或其他因素而难以成功脱身的情况，这种技术图形就是影线密集。这里所提及的影线，既包括上影线，也包括下影线。

如图6-24所示，该股在横向振荡区域，出现了大量带有上下影线的K线。这种比较独特的K线组合形态，反映的是盘中主力资金寻求减仓出货的情况。图中可见，多数K线的影线要比实体长，偶有实体较大的K线，也多带有长短不一的影线。图中部分K线放大后，这情现象看得更为清晰。

为了能够更深刻地了解和认识这种比较独特的K线组合形态背后的真实含义，在图中选择较有代表性的A区长下影K线和B区中阳长上影K线为对象，通过分析其当日分时走势来侦知主力资金的操作意图。

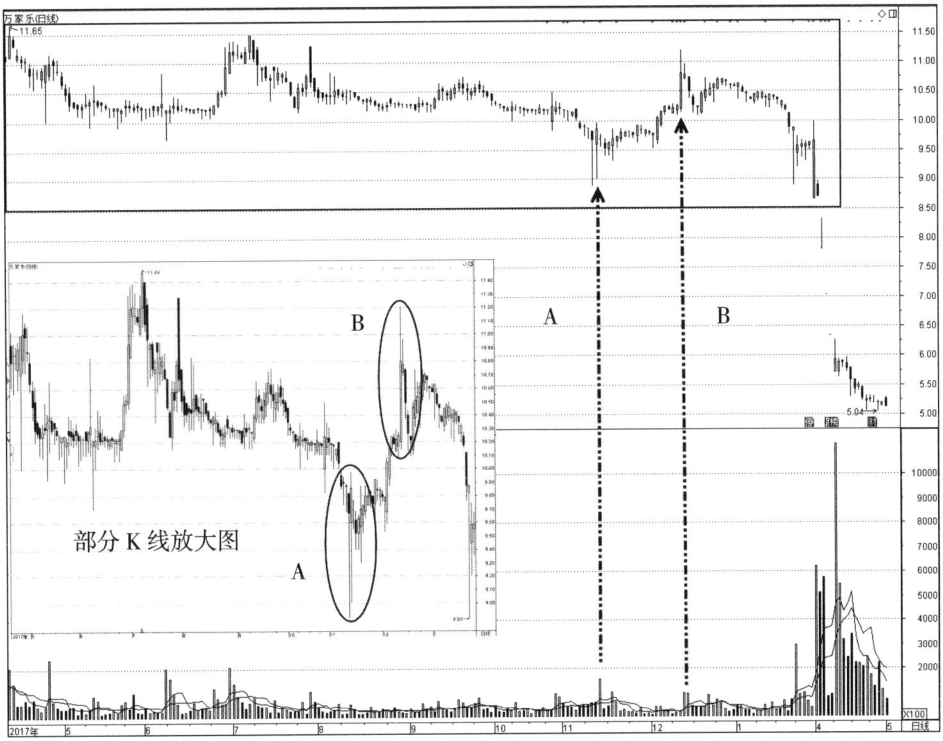

图 6-24　主力出货在 K 线上的痕迹

图 6-25 是 A 区长下影 K 线的当日分时走势图。从图中可见：当日早盘股价一度大跌，但在午市收盘、开盘前后，股价分三波拉升；接近尾盘时，又出现一次小幅拉升。当日每一次拉升的量能都呈变量形态。变量消散后，股价也就停止上涨。这种放量拉升明显具有主力资金对倒的痕迹。换句话说，A 区 K 线的长下影，是主力资金以对倒拉升的方式“制造”出来的，目的无疑是吸引跟风资金入场接盘。

再来看看图 6-24 中 B 区的中阳长上影 K 线当日的分时走势。如图 6-26 所示，在当日大部分交易时间里，该股股价一直在昨日收盘线之下横向振荡，一直到尾盘时，突然出现成交大单将股价迅速拉升，一度触及到涨停板。之后股价回落，当日收盘涨幅超过 5%。

由此可见，B 区涨幅超过 5% 的“中阳”，只不过是尾盘最后几分钟的拉升“制造”出来的。采用尾盘偷袭的方式对倒拉升股价，可以使当日收盘

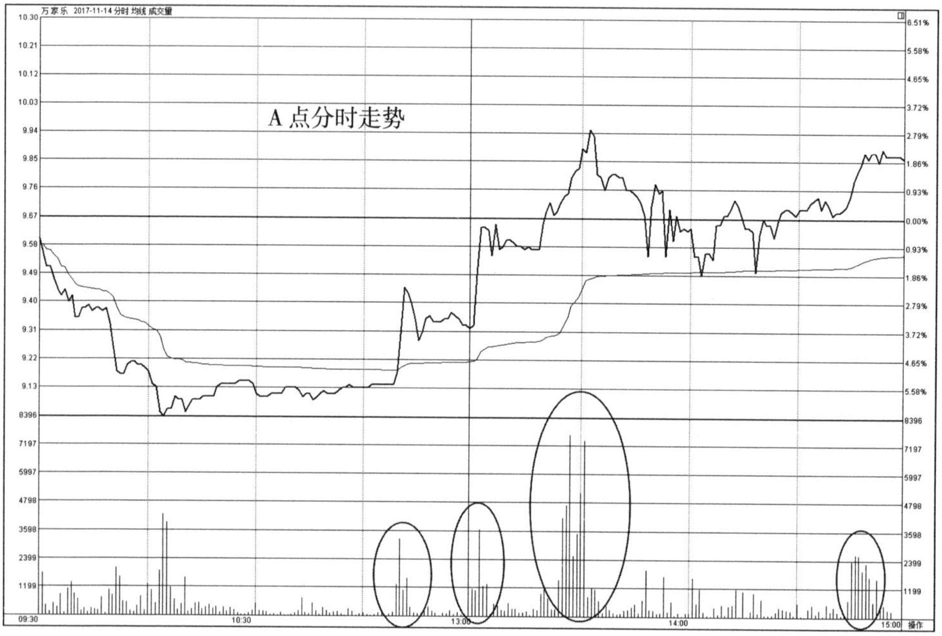

图 6-25 图 6-24 中 A 区长下影线 K 线分时走势

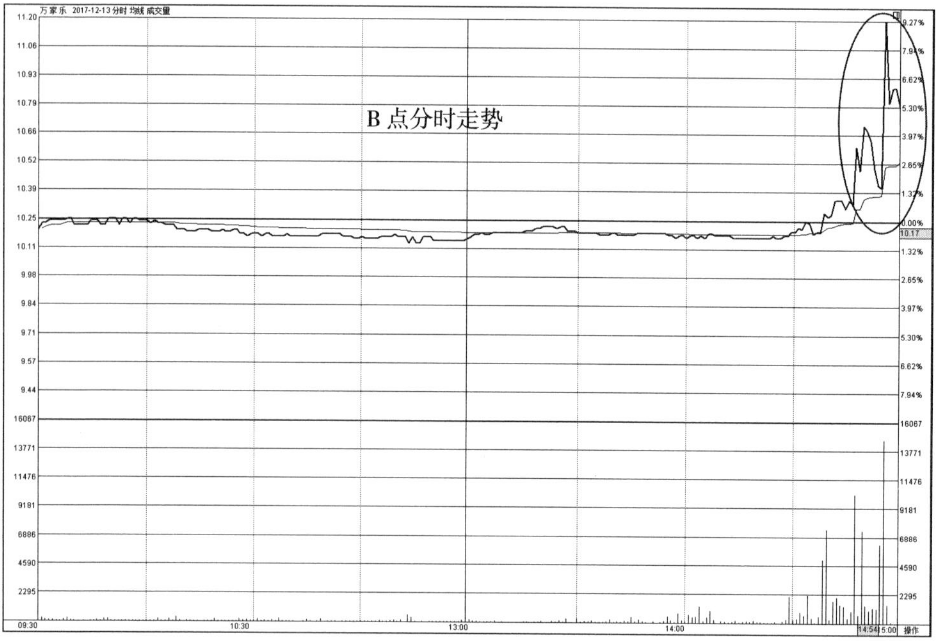

图 6-26 图 6-24 中相应 K 线日分时走势

价和涨幅看起来很强劲，也足以迷惑不注意细节分析的交易者。

通过分析图 6-24 中 A 区和 B 区的 K 线构成，交易者应该能够大致了解到：该股主力资金在拉升上惯于采用对倒的操作手法。主力采用对倒可以造成成交活跃的假象，用以吸引市场资金跟风追涨或者跟风杀跌，从而满足自己减仓出货或者低价吸筹的目的。

一个连续以虚假拉升来营造涨势的主力资金，如果再出现影线密集的技术特征，那么其即使不是处于最后的出货阶段，也必然难有持续的涨幅。对于这个类型的个股，交易者应尽量回避。

第十节 挽救破位的大阳线

诱多是主力资金出货期间比较常用的手法。当市场资金对于个股的后市渐渐失去信心或者犹豫不决时，主力就必须制造一些振奋人心和改变悲观失望情绪的消息、传闻、公告，更多见的则是通过技术图形来为市场资金打上一针“强心剂”。

如图 6-27 所示，该股运行于横向振荡的箱型中，在 A 区，股价跌破这个箱型的下边线，形成了技术上的破位。但是股价并未由此展开连续下跌，而是在 B 区突然出现一根涨停大阳线。

这根大阳线一举收复多日的下跌失地，而且也挽救了该股技术关口破位的危局。让人意外的是，大阳线出现后，股价并未出现持续性上涨，而是略作盘整后再度转入下跌。

其实案例中出现的挽救破位的大阳线，仅是主力资金的诱多手法。当主力在出货过程中发现承接盘逐渐减少，市场资金进场承接欲望大幅降低时，就会设法改变萎靡不振的局面。比如，案例中通过大阳线等技术图形来提振市场信心，吸引场外资金积极承接筹码，以达到自己继续减仓出货的目的。

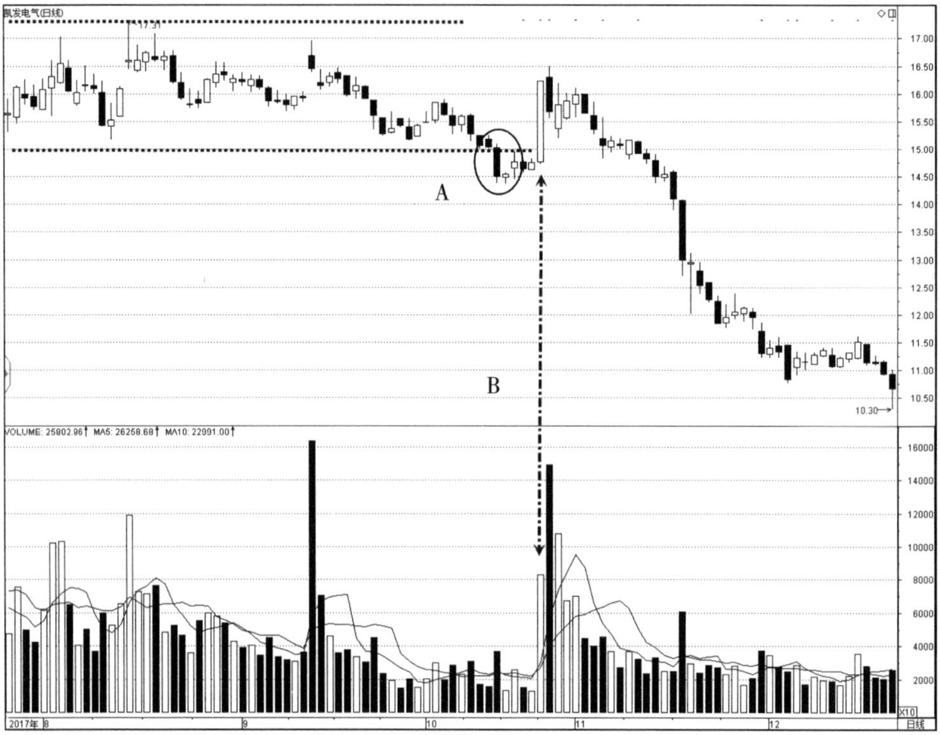

图 6-27　主力诱多手法分析

第七章

只做看得懂的交易

第一节　看懂顺逆关系，识破主力迷局

关于股票的技术分析，有其复杂性的一面，也有其简单明了的一面。在技术分析的应用上，越是在细微处，分析判断起来就越复杂。反而在大局大趋势的分析判断上就要简单明了得多。

交易者在研究主力资金逃逸与回归的循环过程时，均线理论是比较重要的参考指标。毕竟均线代表了市场平均成本的波动方向，它与股价（K 线）之间的波动规律，往往能够让交易者看清主力资金的真实运作意图。

均线与 K 线之间的波动形态和规律有很多种，有兴趣的朋友可以参阅《均线核心技术》。本节所要讲述的只是其中一种，主要用于让交易者看清大局，在趋势运行上能够发现主力资金的运行方向，不至于被主力资金的骗线迷惑。这种形态或规律，就是均线与 K 线的顺逆关系。

顺逆关系，讲的是均线和股价之间的契合，但主要是从趋向或趋势的大局上进行分析和辨别，这种分析有利于交易者更好地把握行情的脉动。均线如同奔流的江水，股价就像在水中行进的小舟。水能载舟，亦能覆舟，更有逆水行舟和顺水行舟之别。

一、顺水行舟

当均线运行的方向与 K 线运行方向保持一致的时候，就称为“顺水

行舟"。

"顺水行舟"分为两种技术形态：

其一是 K 线和均线同步保持整体上涨的态势。如图 7-1 所示。

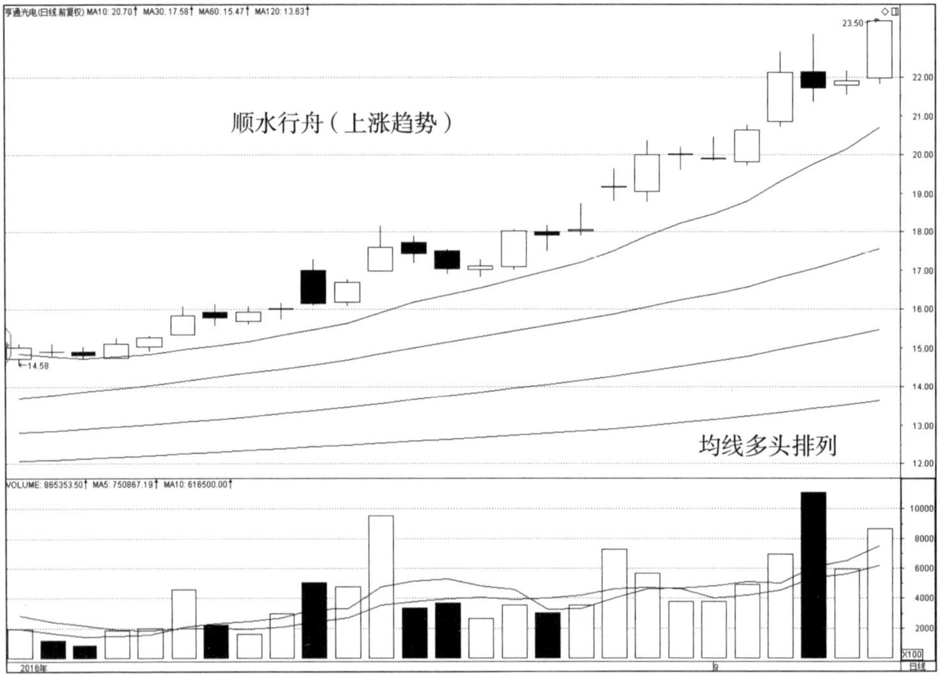

图 7-1　顺水行舟形态（上涨）

其二是 K 线和均线保持整体下跌的态势。如图 7-2 所示。

在"顺水行舟"的形态中，均线多头排列时，股价上涨往往很火爆；均线空头排列时，股价下跌则很凶悍。正如船在顺风顺水的条件下行驶时，阻力最小，可以达到"轻舟已过万重山"的境地。

二、逆水行舟形态

当均线运行方向与 K 线运行方向相反时，就称为"逆水行舟"。

"逆水行舟"也有两种技术形态：

其一是均线向上行进而 K 线向下运行，这种形态一般出现在上涨过程中的回落调整阶段，或者行情见顶回落的开始阶段。如图 7-3 所示。

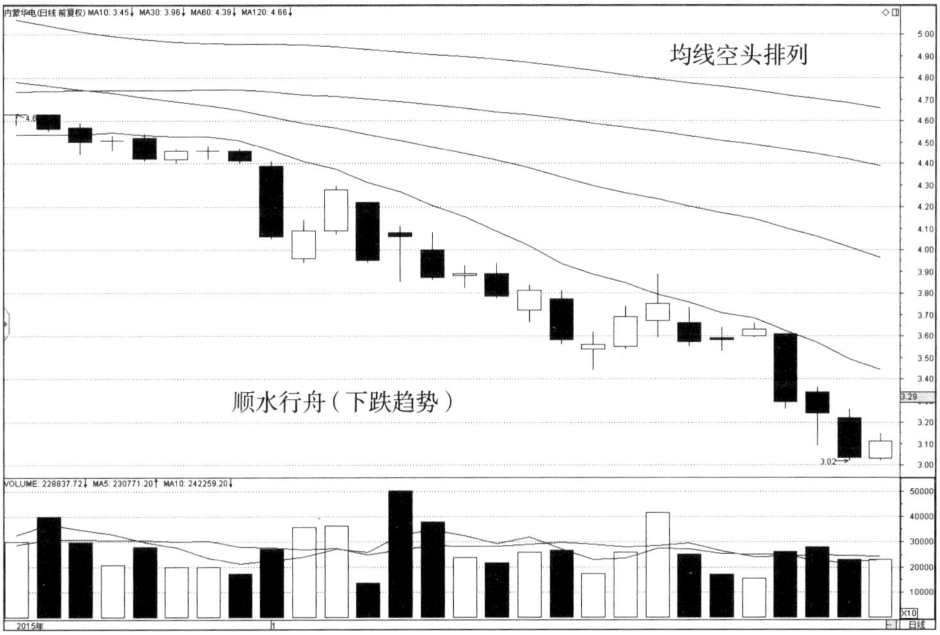

图 7-2　顺水行舟形态（下跌）

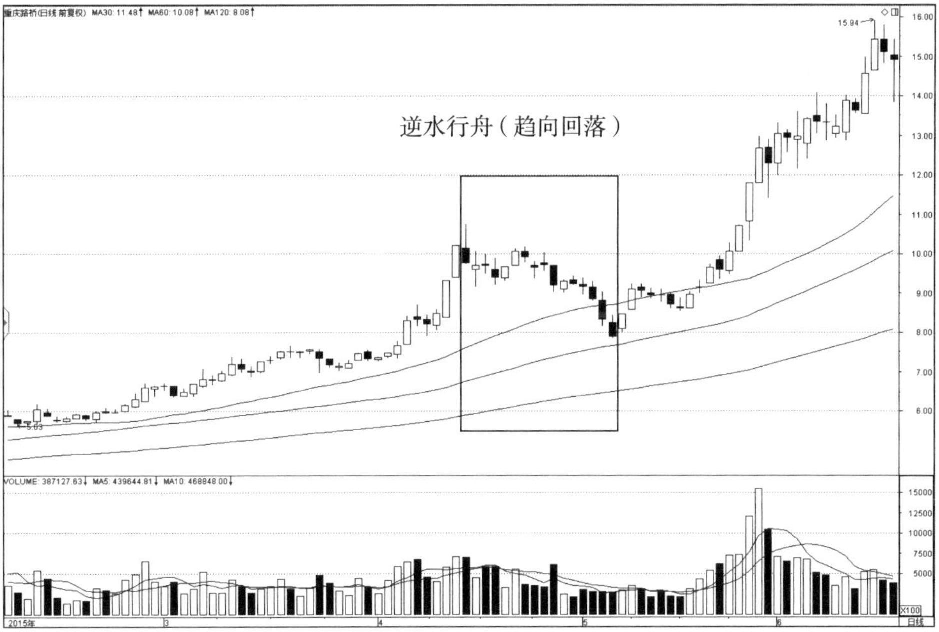

图 7-3　逆水行舟（上涨中的回落）

其二是均线向下运行而 K 线向上运行，这种形态一般出现在下跌途中的反弹阶段，或者行情见底回升的开始阶段。如图 7-4 所示。

“逆水行舟”，意味着需要耗费远远大于常态的能量。如果这种超常能量不能持续补给的话，也就到了行情停止前行甚至逆转的时刻。通常情况下，“逆水行舟”这种形态持续的时间都较为短暂。

这也是上涨趋势中的回落调整和下跌趋势中的反弹行情都不会持续较长时间的技术性因素之所在。

图 7-4　逆水行舟（下跌中的反弹）

如果 K 线与中长期均线方向保持一致，那么“顺水行舟”形态就是一轮持续时间较长、幅度较大、形态较为复杂的行情，一般称之为牛市或者熊市，也就是趋势。

如果 K 线与中长期均线逆反，而与短期均线系统运行方向一致，即为回落调整或反弹行情，也就是趋向。

确认K线与长期均线系统的趋势，关乎到交易者在一个较长的时间范围内所采取的主要交易策略。K线与长期均线系统的趋势，也是交易者鉴别自己的交易行为是顺势而为还是逆势而为的一个标尺。

通常来说，符合趋势的顺势而为的股票，应当成为交易者的主要交易方向和重仓位配置，而参与逆水行舟形态下的趋向行情，则是与趋势相逆，与趋向顺势，只能是短期交易方向和轻仓配置。

在上升趋势的市场中，当然应以做多为主要的策略和行为方案，同时在参与回落（逆水行舟之趋向回落）行情时，就应该控制好短线参与的尺度和界限。在下跌趋势的市场中，当然以做空或观望为主，以参与趋向反弹行情为辅。

三、顺逆关系的转化

无论是“顺水行舟”还是“逆水行舟”，总是随着行情发展变化而变化的，不可能永远恒定。热火朝天的牛市总会有终结日，而肃杀清冷的熊市也必有结束的一天。

“逆水行舟”形态可能会在运行途中结束，继续回归到原有趋势；也可能会在运行中得到强化延长或转化。“逆水行舟”的转化，是指由原来的趋向行情转化为趋势行情。

“逆水行舟”形态代表着趋向性行情，多数时候，当其运行至一些重要的均线关口，往往也就是趋向性行情结束的时候，随后就会回归到原来的大趋势中。

当“逆水行舟”形态连续攻克一些重要的均线关口时，意味着其处于形态的加强延长状态中，或者这个“逆水行舟”形态可能正担负着趋势转化的重要使命。

如图7–5所示，该股经过长期大幅下跌后，在A区出现与中长期均线相逆的“逆水行舟”形态。通常来说，这个形态下的反弹行情，多数会在遇到60日均线重要关口时，就会结束反弹，重回跌势。

但是随着行情的发展，交易者发现这个“逆水行舟”形态开始出现强化，

图 7-5 趋向转化为趋势分析

轻松突破了重要的均线关口 60 日均线后，略加盘整便继续向上攻击 120 日均线。

此时，交易者就应当重新审视这个“逆水行舟”形态的性质是不是正在发生转化，而不仅仅是单纯的趋向强化。是不是趋势转化，形态自身会告诉交易者。

之后股价迅速突破 120 日均线，回抽破掉均线但很快收复并继续升势，有挑战 250 日均线的势头。实战中，很多交易者遇到这种情况，可能担心会不会错过一轮升势，有的还会选择追高买入。

但学过脱线形态的交易者都知道，该股股价连续急升，已经和最小时间单位的均线形成脱线，同时上方的 250 日均线是极为重要的均线关口，且 250 日均线呈下行态势，这两个方面因素叠加分析，可以得出一个结论：即使股价向上穿越 250 日均线，也很难形成真正的突破，冲高回落是大概率事件（关于脱线等技术形态，请参阅《均线核心技术》）。

该股股价果然冲高回落。这个回落过程中的股价表现，对于交易者分析“逆水行舟”形态是否存在转化的可能极具价值，也是确定是否存在大仓位介入做多机会的关键。接下来的股价走势，将能体现出主力资金的介入程度。交易者通过对其进行分析，能最终确认主力资金的去留以及操作性质。

A 区后，长期均线 120 日均线在此处已经由前期的下行转为走平并逐渐转为上行。该股股价回落过程中受到 120 日长期均线的明显支撑，这是有主力资金潜伏吸筹的表现，也是一个初步倾向做多的积极信号。

之后股价在多条均线间出现盘线形态，运行重心也缓步上行，这里就是低吸的一个交易时机。“逆水行舟”形态的转化至此初步确认。趋势的开始，必然是主力资金运作带来的。

当股价再度向上攻击并突破 250 日均线时，这个阶段的盘线就是低价位介入的最后时机，也最终确认“逆水行舟”形态由反弹趋向成功转化为上涨趋势，下跌趋势也正式转为上涨趋势。

明辨 K 线与均线的契合关系，至少能让交易者清楚自己在行情的某一阶段该干什么、怎么干，尽可能避免在股价波动中迷失方向，或是犯下与大势对抗的错误。

逆势而为，并不等同于盲目与趋势对抗的交易行为，大多数时候，逆势而为是指与市场普遍心理趋向相逆；还有一些时候，逆势而为是指处于趋势转化过程中，这时所谓的逆势正在或已经转化为顺势而为。

“顺水行舟”和“逆水行舟”形态在实战中最显著的作用，就是提示交易者根据股价运行趋势选择做容易做的交易，赚容易赚的钱；追求交易中的难度，市场并不会给你特别加分。

第二节 脱离苦海选股法

所谓脱离苦海，是一种比喻性的说法，是指已经走出下跌趋势，完成构筑上涨趋势或接近完成构筑的个股。这类个股介于强势与准强势个股之间，同时相对涨幅不大，比较有利于交易者短线操作。必须说明，这种选股法只是普选，选出来的个股还需要交易者从技术细节上再进行精挑细选。

对于此类个股的界定，笔者采用 120 日均线和 250 日均线为界定的基准。如图 7-6 所示，该股股价一直在 120 日均线和 250 日均线的压制下运行，至图中 A 区时，股价成功突破两条长期均线的压制并在此获得支撑。A 区的技术形态标志着该股已经脱离苦海，符合普选的基本要求。

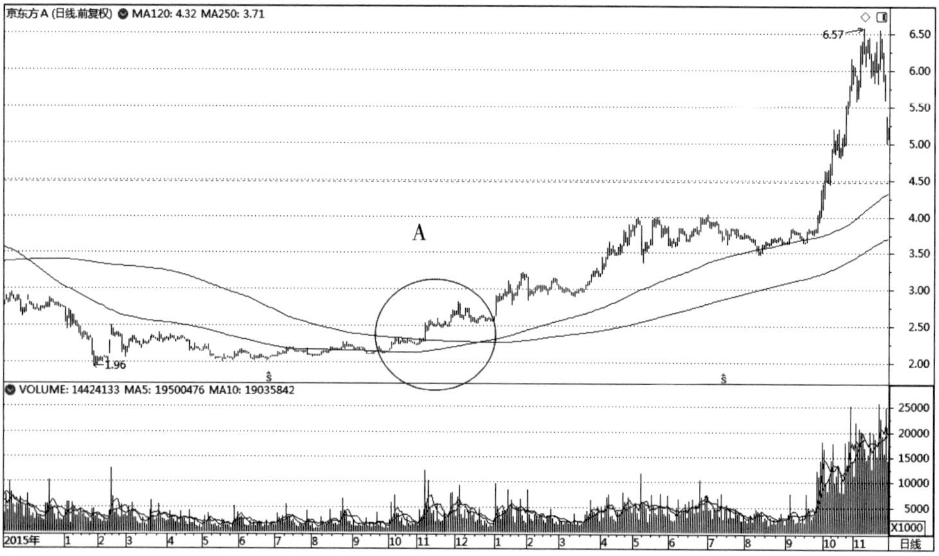

图 7-6 脱离苦海技术形态示例

图 7-6 中个股的形态相对简单，实战中还有一些个股的形态复杂难辨。

如图 7-7 所示，A 区方框处，该股股价已经改变整体下跌的趋势，但却在 120 日均线和 250 日均线上下盘绕，既不能站稳在长期均线系统之上，也并未下跌到离长期均线系统太远的位置，形态似乎难以认定。

当交易者画出一条下跌趋势线后，该股的形态立即变得很明了：在 A 区，该股股价之所以在长期均线系统附近不能获得支撑，是因为股价整体看似已经不再呈下跌的态势，但仍旧未能真正脱离下跌趋势的影响。实际上直至 B 区才真正脱离下跌趋势，并获得长期均线系统的支撑，成功地脱离苦海。

图 7-7　脱离苦海进程曲折示例

第三节　脱离底部

交易者在选股时，首要分析的就是是否有主力资金介入，没有主力资金介入的个股，即使跌幅巨大，底部周期足够长，股价非常低，也不能成为选择的理由。

一、底部构筑形态与周期

有主力资金介入并在筑底吸筹的个股，通常在底部形态上具有较为明显的特征。关于底部结构的形态，传统理论中有头肩底、V 形底、W 底、圆底等。在底部结构形态上，圆底形态的构筑最为扎实，很多历史上的牛股都具有圆底的特征。原因其实很简单，圆底的构筑周期一般都比较长，说明主力资金的运作比较有耐心，其对未来股价升幅的要求也必然不会小。

笔者所认同的圆底和传统理论上的圆底有所区别，即并不排斥低点 K 线具有一定幅度的起伏，也并不要求必须是标准的碗型。其实不论何种形状的底部，只要其构筑周期足够长，未来的涨升空间和涨升力度都会比较理想。

如图 7-8 所示，该股用了两年多的时间来构筑底部，当股价开始进入拉升阶段时，有着不俗的涨升幅度。

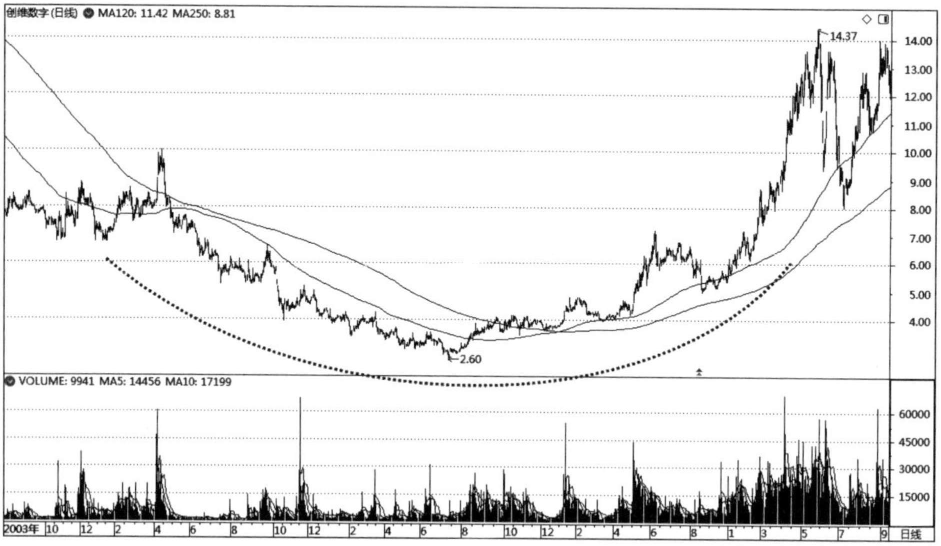

图 7-8　底部构筑过程

底部构筑周期比底部形态重要得多。主力在底部构筑阶段耗费的时间越长，说明其所做的准备工作越足。从成本的角度来说，主力耗时多成本则会增加，那么其对股价未来的涨幅和相应的收益要求也必然更高。

谁不想选到大牛股，而从底部构筑周期上选择大牛股，无疑是一条极佳的捷径。通常来说，交易者应选择底部构筑过程在两年左右的个股；如果所选个股已从底部启动上涨，那么介入低吸的位置则应选在个股突破相应股价关口或者均线关口之时。

二、起涨的条件

选到了底部构筑周期较为理想的个股后，并不意味着马上就可以买入，尤其是尚未脱离底部结构、达到起涨条件的个股。

这类股票虽然营造底部的时间较久，但主力选择何时拉升，却是个不好准确估计的问题。还有些主力会选择反技术方式，故意打破底部结构并做出继续下跌的态势，然后才开始进入到脱离成本区的拉升阶段。对于交易者来说，过早介入其中，至少时间成本的损失是不可避免的。

解决上述疑问的办法，就在于对底部构筑的技术环境和起涨结构进行分析。

1. 底部构筑的技术环境分析

（1）前期跌幅巨大

一些大型底部往往需要构筑较长的时间，在进入底部构筑阶段之前，指数或个股股价还有一个长期、大幅的下跌过程，这也是构筑底部的前提条件。

（2）市场人气极度低落

主要下跌过程结束、进入底部构筑阶段之后，这时市场的悲观氛围和下跌期间相比并无改观，甚至有过之而无不及。机构普遍看空后市，交易者情绪降至冰点。市场人气极度低迷的时刻，恰恰也是主力构筑底部的最佳时机。

这个阶段管理层的态度悄然发生改变：一些长期困扰股市发展的深层次问题逐渐得到解决；政策面发出积极的声音，一些有利于股票市场发展的政策开始颁布实施。总之，政策面开始转暖。

（3）前期强势股或龙头股开始补跌

在市场人气低落，希望与失望并存的当口，前期下跌过程中普遍抗跌并被市场普遍看好的强势股票，此时突然出现纷纷跳水杀跌的场面。与之同时，指数或前期一些阴跌的个股也转为急速下跌，涌现个股集体跌停的场面。

各种各样的技术底、市场底、政策底，以及支撑位和关口都显得弱不禁风，市场局势似有崩盘之状。这种情形会给市场造成进一步的恐慌，促使大部分人产生对后市的失望或绝望心理，从而选择尽快清仓离场。

（4）无形的手

在上述情况逐一发生，尤其是一波急速下跌之后，市场整体（包括指数和个股）形态并没有出现很多人预计的那样持续不断的大幅下跌，而是呈现一种无方向的横向波动。每逢市场上有利空消息传播，或至技术关口，显示将要进一步下跌时，却往往转危为安，似有一只无形的手在下面托着市场。在市场普遍存在的浮躁情绪中维持着相对平稳的局面，同时市场的运行重心在悄然中不断抬升。

2. 起涨结构分析（日线层次）

主力在底部构筑的大格局基本完成后，会寻求向上拉升的时机，以尽快脱离成本区，拓展运作空间。这个阶段相应的起涨结构会渐渐浮出水面。

（1）“最后一跌”

“最后一跌”在底部构筑中具有分水岭的独特意义。多数情况下，“最后一跌”的出现往往预示着行情将进入到构筑起涨结构的阶段。底部的“最后一跌”发生时，会呈现一些技术特性。研究这些技术特性，既可以起到确认底部“最后一跌”真实性的作用，也可以为起涨结构奠定分析的基础。

如图 7-9 所示，A 点为该股在“最后一跌”中的股价最低点。A 点有个现象值得交易者特别注意，即“最后一跌”中的最低点，其当日的成交量往往处于常量水准，而成交量大幅增加往往都会出现在杀跌过程中（大部分个股都会出现这种情况）。

从交易心理的角度分析，杀跌过程出现成交量大幅增加，是由恐慌情绪引发的抛售行为所致。这种恐慌性抛售得到宣泄之后，股价和量能都会恢复到正常状态，但股价仍旧会在惯性下跌的引导下创出新低。

在“最后一跌”结束后，有主力运作的个股会很快回升至一定的高度（通常主力资金实力较强的会升到杀跌前的价位，稍弱的回升至一半的价位），而主力建仓较晚的可能仍会继续考验“最后一跌”低点的可靠性。

如图 7-10 所示，A 区为“最后一跌”中出现的最低点，股价弹升后又继续下探，至 B 区接近最低点的价位后才正式开始回升。实战中，还有可能出现 B 区打破 A 区低点的情况，这可能是主力资金再度制造恐慌的需要。此时交易者只有坚信自己的分析判断，才有可能不被主力资金的诱空陷阱所迷惑。

（2）重心和低点

“最后一跌”探明了下跌阶段的最低点，也为起涨结构的构筑砌下了第一块“砖”。接下来股价的止跌回升过程，是验证起涨结构是否能够构筑成功的关键。

图 7-9　最后一跌分析

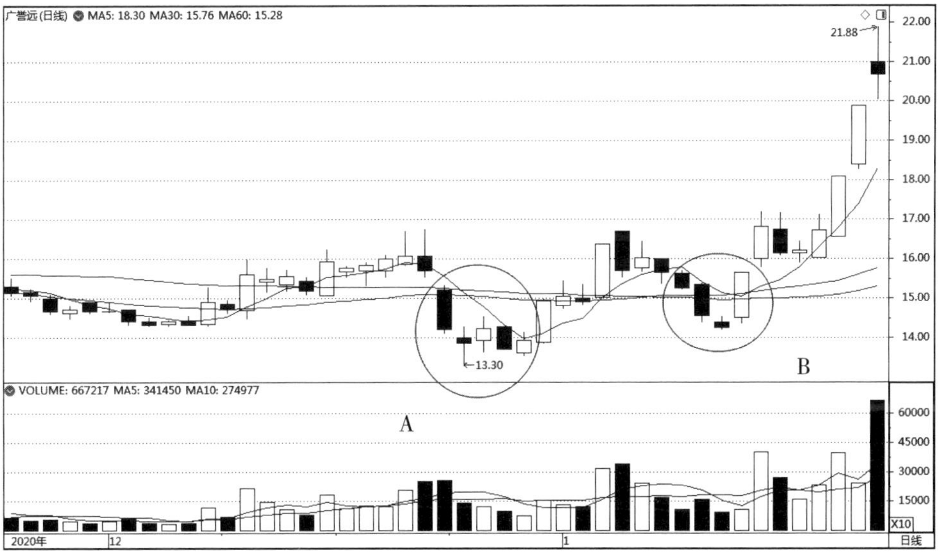

图 7-10　最后一跌地点的确认

图 7-11 中，A 区是“最后一跌”和探明最低点的过程，股价回升至 B 区展开振荡盘整后出现一波升势，但是至 C 区再次出现回落，而且回落低点已经打破 B 区低点，似有挑战 A 区、创出股价新低的势头，盘面形态岌岌

可危。但是市场仿佛被一只无形的手托着，股价于险地中却转危为安，反而就此开始转入迅速上行的态势。

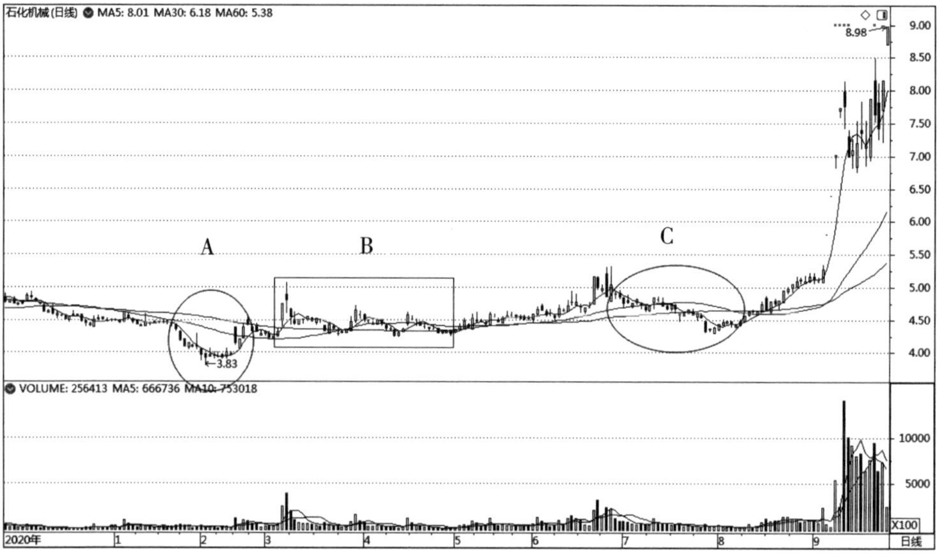

图 7-11　底部构筑分析

图中这种情况在底部构筑阶段可谓司空见惯，这是主力底部折磨术的手法之一，意在使前期残留的持仓者和跟风追涨资金知难而退，放弃手中的筹码。交易者在分析底部结构时，不必过于在意股价最低点是不是被打破，而应注重分析股价重心运行的趋势，这样可剔除一些干扰因素，更易于发现股价运行的真实情况。

（3）量能变化

底部构筑过程的成交量变化具有一定的共性，即前期下跌过程中逐渐缩量或间歇性放量，经过“最后一跌”后，成交量明显大于下跌过程中的量。但基本呈现为间歇性放量，即上涨放量、下跌缩量。

如图 7-12 所示，在 A 区完成最后一跌的恐慌杀跌过程后，在 B 区股价开始回升，成交量也明显大于之前的下跌阶段。但是，成交量出现了一个频繁缩放的现象，也就是间歇性放量。

仔细观察 B 区的量价形态可以发现，这个间歇性放量基本表现为：上涨

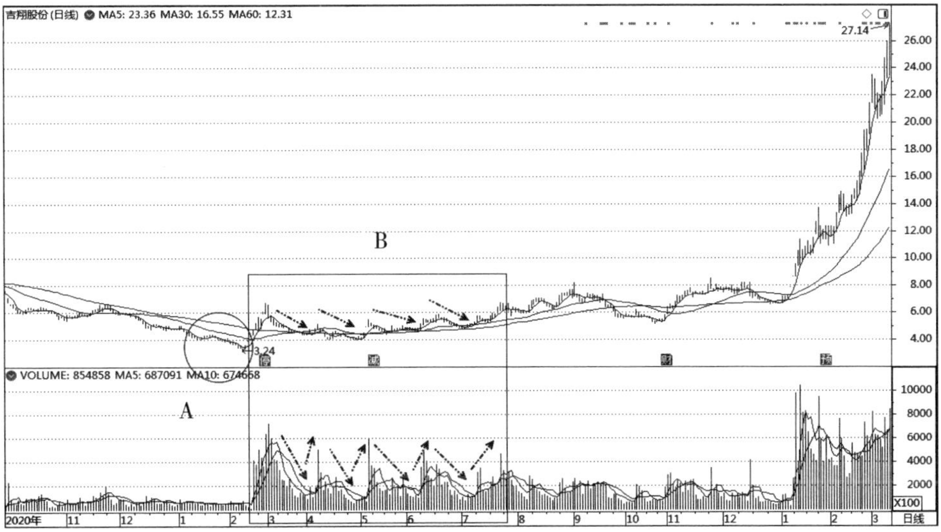

图 7-12 底部构筑与主力吸筹

时放量、下跌时缩量。之所以出现这种形态，主要是因为：间歇性放量后就会出现一个急跌或连跌的过程，虽然跌幅并不大，但对持仓者造成的心理压力并不小，主力就是在逼迫持仓者尽快交出筹码。

当量能变化直接显示出主力运作的痕迹，那么说明主力建仓吸筹已经接近尾声。比如：个股构筑底部中，主力资金在建仓前期不会显露出明显的痕迹。当交易者发现间歇性放量的形态出现时，说明主力已经开始不加掩饰地反复进行吸筹—砸盘—吸筹。这一过程的产物，就是间歇性放量。

（4）均线系统多头指向

当股价经过多次反复振荡，中长期均线系统出现多头指向时，可能意味着日线层次上的起涨结构已经完成。对短线交易者来说，日线层次上的起涨结构构筑完成，意味着股价即将进入到一波具有持续性的拉升阶段。

如图 7-13 所示，在 A 区，股价经过数次试探性攻击 120 日均线后，最终成功突破 120 日均线，之后展开一波升势。

就日线层次上的起涨结构而言，成功突破并确认收复 120 日均线具有较为重要的意义，但这个过程有时会复杂多变。图 7-13 中股价直接以涨停板向上突破，虽然形式简单明了，但随后在 B 区股价急速回落，其性质是对突破 120 日均线进行确认。这种形式和过程都会让持仓者非常难熬，也让想要买入的交易者心怀忐忑，不敢轻易下单。

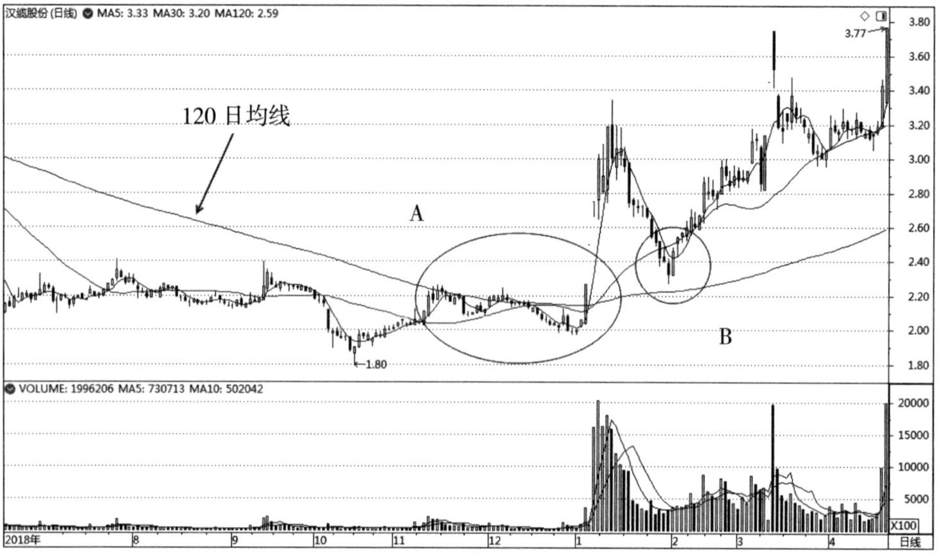

图 7-13　均线系统与底部构筑

突破均线压制，形成多头排列，是交易者选择个股脱离底部的指标和条件之一。但一定要提前做好应对复杂局面的心理准备，主力资金选择突破均线压制的形式有很多种。

如图 7-14 所示，在 A 区股价第一次突破 120 日均线，在 B 区股价对 120 日均线的回抽确认过程复杂多变，对于持仓者的考验也极其残酷。股价数次跌穿 120 日均线，必然会让持仓者误以为这是一个假突破，股价将继续下跌过程。

经过一段时间的上涨后，股价于 C 区再一次回落并触及 120 日均线，虽然性质上仍旧是一个确认 120 日均线支撑的过程，但对于持仓者的心理打击却非常巨大。此后股价才真正进入到上涨过程中。

对 120 日均线的突破，主力会选择哪种方式，应该和其控盘程度和操盘风格有关。笔者认为，在底部构筑阶段，多次反复的振荡是个股夯实底部的过程，对之后的拉升阶段会更有利。

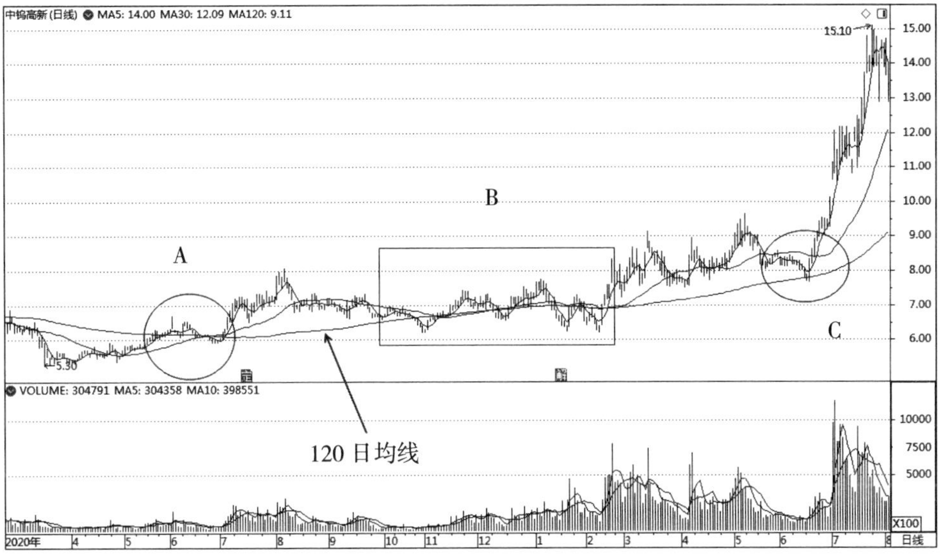

图 7-14 底部构筑考验均线系统支撑

第四节 涨势中的加速

处于涨势中的个股，有回落调整或盘整振荡的时候，也有缓慢上涨的时候，当然也会出现某一时段的加速上行。加速上涨的个股，需要交易者区分出哪些是主力资金拉高减仓出货的行为，哪些是真正的拉升行为。

如果从主力拉升股价的性质上来划分，加速 K 线可以大致分为两类：其一、拉升阶段的加速；其二、加速冲顶。

一、拉升阶段的加速

当主力建仓基本告一段落，如果这时候市场技术环境已经明显趋好或热度不断增加，主力往往会选择进入拉升阶段，以便扩展未来可供运作的空间，这时候就容易出现股价加速上涨。

如图 7-15 所示，该股出现加速拉升阶段。这个阶段的 K 线基本都处于 5 日均线之上，调整低点也多出现在 5 日均线上下，如图中 A 区所示。

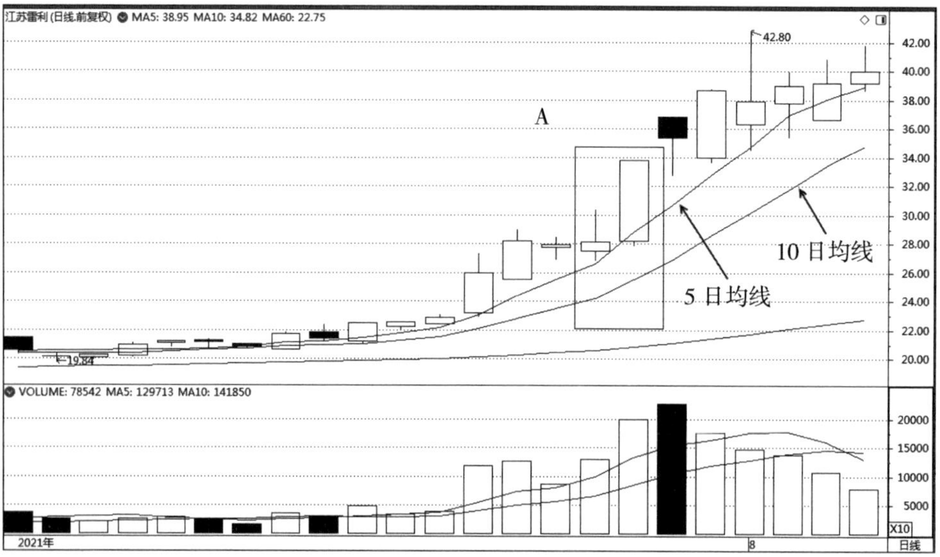

图 7-15 加速拉升阶段

实战中，个股股价处于加速阶段时，一般不会出现回落调整跌破 10 日均线的情况，即便有，也多会在当日盘中拉高，收盘多在 10 日均线之上，K 线留下下影线。这是拉升阶段股价不失去涨升强度的主要方式。否则的话，说明涨升强度降低，交易者就要考虑拉升的持续性可能会出问题。

拉升阶段出现的加速，持续时间都不会太长，但涨幅通常都非常可观，否则也达不到主力拓展运作空间的需要。对于这种类型的加速，交易者应积极参与，介入的时机可选择在 K 线出现加速后第一次回落调整至 5 日均线上下时。

例如图 7-15 中 A 区所示的两根 K 线，这两个交易日就为不同交易风格的交易者分别发出了低吸和追涨的买入信号。

图 7-16 所示即为图 7-15 中 A 区第一根 K 线当日的分时走势图。图中所标识的位置，为股价当日跌至 5 日均线时的股价走势情况。习惯于低吸建仓的交易者，应在早盘杀出股价低点时迅速买入。这是第一个低吸点位，但具有一定风险，因为一旦股价失去涨升强度，就可能被套在股价的相对高位上，所以此法仅适合短线操作经验比较丰富的交易者。

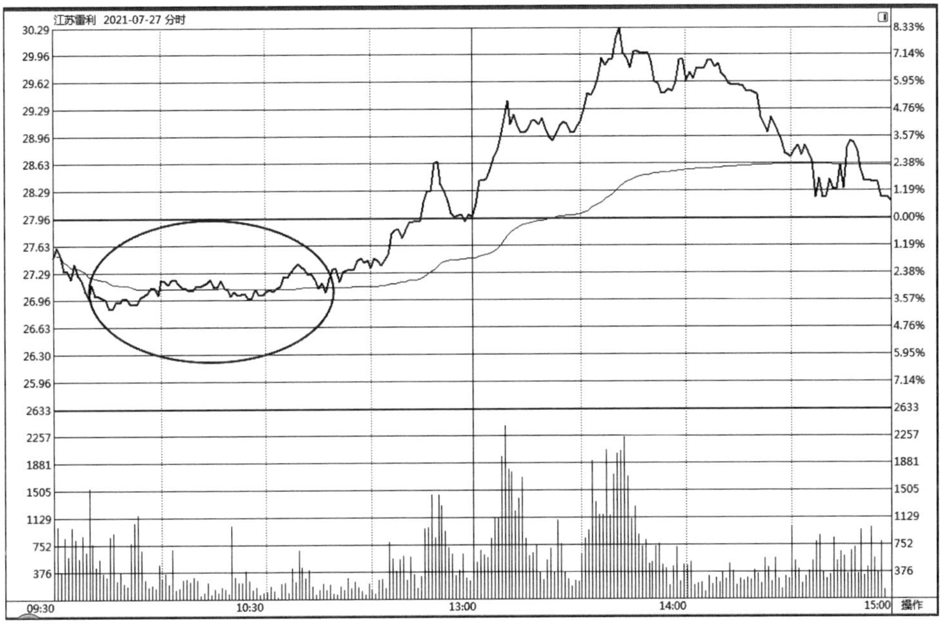

图 7–16 低吸交易者买点分析

第二个低吸点位，应选择股价线在均价线上得到支撑、股价开始回升的时刻。这种低吸方式也具有和上述方法一样的风险，所以选择买入的交易者一定要做好止损准备。

图 7–17 是图 7–15 中 A 区第二根 K 线当日的分时走势。当日开盘股价略微振荡后，股价便小幅上涨，至图中标识为 1 的位置，股价线处于开盘线和均价线的上方。这个点位，交易者可以选择低吸或追涨。

主要原因是：强势加速上涨的个股，前一天调整不破 5 日均线，当日开盘上涨并得到收盘线和均价线的支撑，说明股价涨升强度并未减弱，则延续加速上涨的概率较大。

图中标识为 2 的位置，股价在此处突破图 7–15 中的股价高点，加速上涨的强势已经明确，交易者可追涨买入。

必须说明，所有的交易都具有概率性，所以交易者无论是低吸还是追涨，都必须做好止损的准备。当股价的表现与你的分析大相径庭时，不论是分析上出错还是股价突发异动，你都得设法避免资金出现大幅亏损。

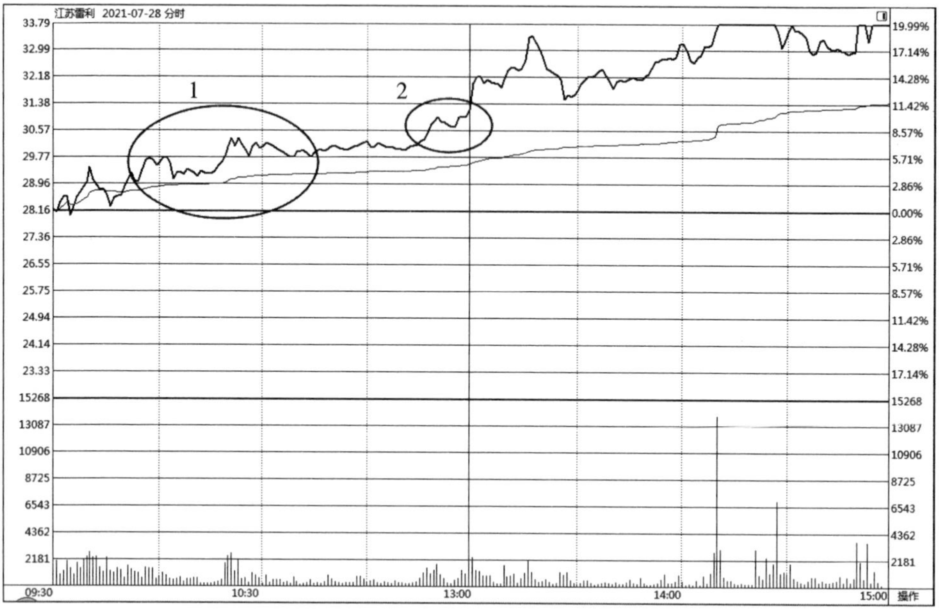

图 7-17　追涨操作分析

二、加速冲顶

当股价经过长期大幅上升后，主力资金进入到出货阶段时，出现加速 K 线也是主力经常采用的手段。如图 7-18 所示，A 区出现加速 K 线，K 线实体由小逐渐变大，涨升至高点又再次变小，之后股价调整至 10 日均线附近，于 B 区再次加速冲顶。如果参与这类个股的追涨，那么应尽量选择在加速初期或第一根大阳线出现前后，一旦时机错过，则不应再参与。

当交易者追涨加速上涨的个股时，首先应从周线或月线层次上确认该股处于何种阶段。当发现目标个股已经是经过长期大幅上涨之后，那么基本可以确认，这个阶段出现的加速极有可能就是加速冲顶性质的。即便这个加速不会形成最后的股价高点，在巨大涨幅出现后的加速上涨，也必然导致股价出现大级别的回落调整。

在上述关于加速性质技术判断的基础上，交易者还可以通过以下几点确认加速过程的终结，选择及时卖出。同时也可参考超买、超涨理论的相关技术细节来予以确认。

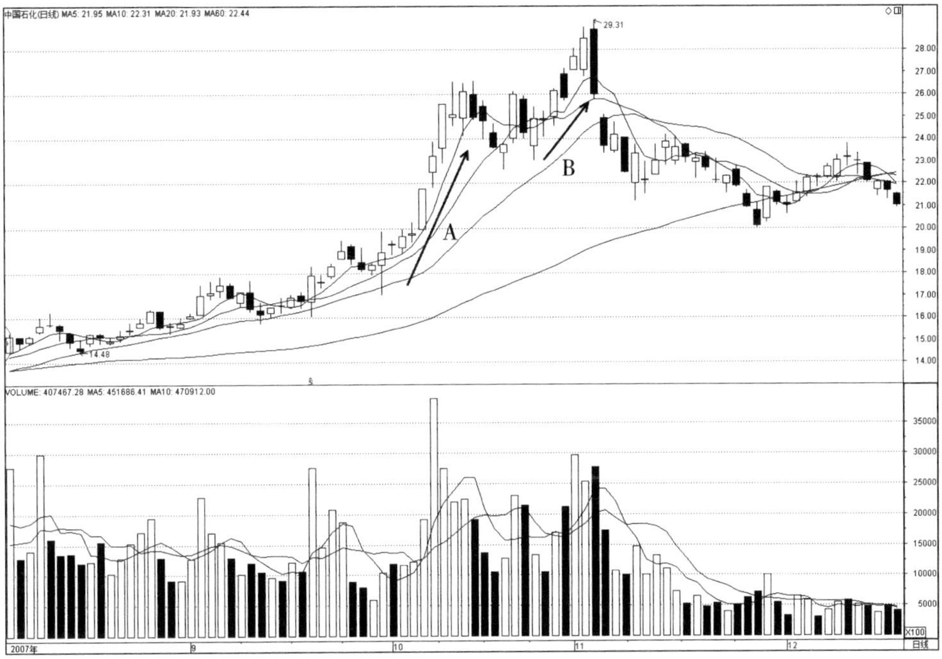

图 7-18 加速冲顶示例

加速 K 线接近结束时都具有以下三个特征：

其一、加速期 K 线实体逐渐由大变小；

其二、股价运行重心趋向走平；

其三、股价实体回落至 10 日均线下。

当上述特征出现后，交易者不可再随意追涨这类个股。

三、加速 K 线分解方法和起涨点辨别

从日线层次上看，加速 K 线几乎是跳升在 5 日均线之上，也有一些个股的加速 K 线是以 5 日均线为依托上行的。当交易者很难从日线上寻找到适宜的介入时机时，这时候就需要借助分时图或者通过分钟系统来寻找起涨点。

如图 7-19 中的 A 区为加速开始日（升离 5 日线第一天）。短短的 5 个交易日，股价便从 24 元左右涨升至 37 元多，是典型的加速 K 线。从这张日线图上，交易者很难得到需要分析的技术细节，那么如何寻觅加速 K 线中的买点呢？

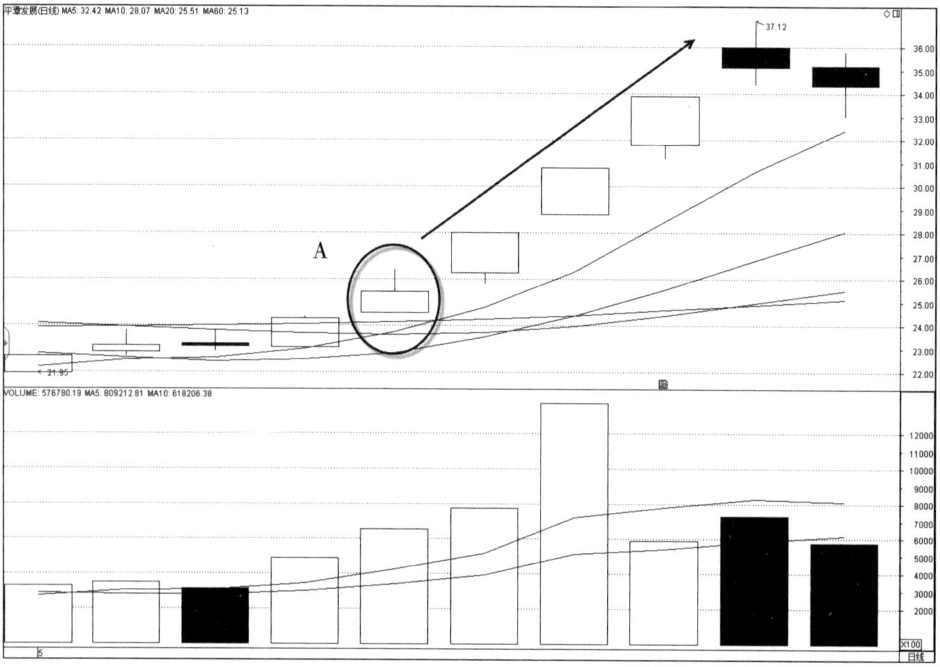

图 7-19　起涨点分析

分析加速 K 线的技术细节，需要知道当天交易情况以及相关数据。既然日线系统不能提供，那么交易者只能从分钟系统或者分时图上来寻觅。图 7-20 所示为 1 分钟系统 K 线图，图中第一日即为图 7-19 中的 A 区加速开始日，以此类推。

图 7-20 中的第一日为该股在图 7-19 中起涨第一日的分钟 K 线。该股高开后盘升，尾盘却有所回落，这种走势并不能确认该股进入加速阶段，也不能成为追涨的技术条件。第二日，该股依然高开，并没有受到前一日尾盘回落的影响。从图中 A 区可见，股价受到下方均线支撑明显。当股价越过前一日高点并转压制为支撑时，则为追涨时机。

交易者可以通过分时图来详细了解这个细节。图 7-21 为第一日分时走势，图中 A 区为当日股价高点出现的位置，即 26.44 元；图 7-22 为第二日分时走势，在 A 区股价高开后略有下探便冲破 26.44 元开始上涨。B 区为股价出现的一个短暂盘整，这里的股价已经远离 26.44 元，且之后股价选择继

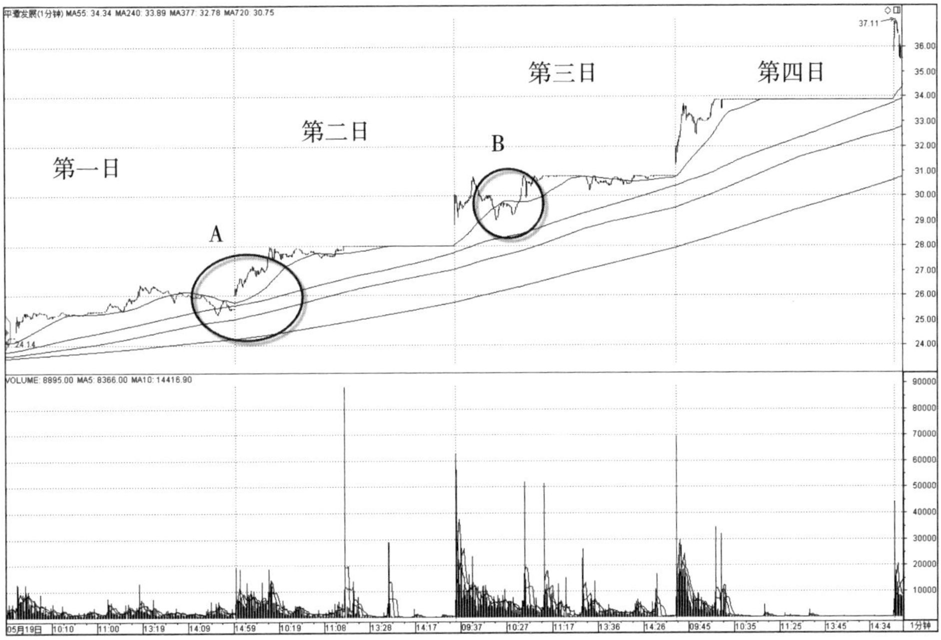

图 7-20　追涨点分析

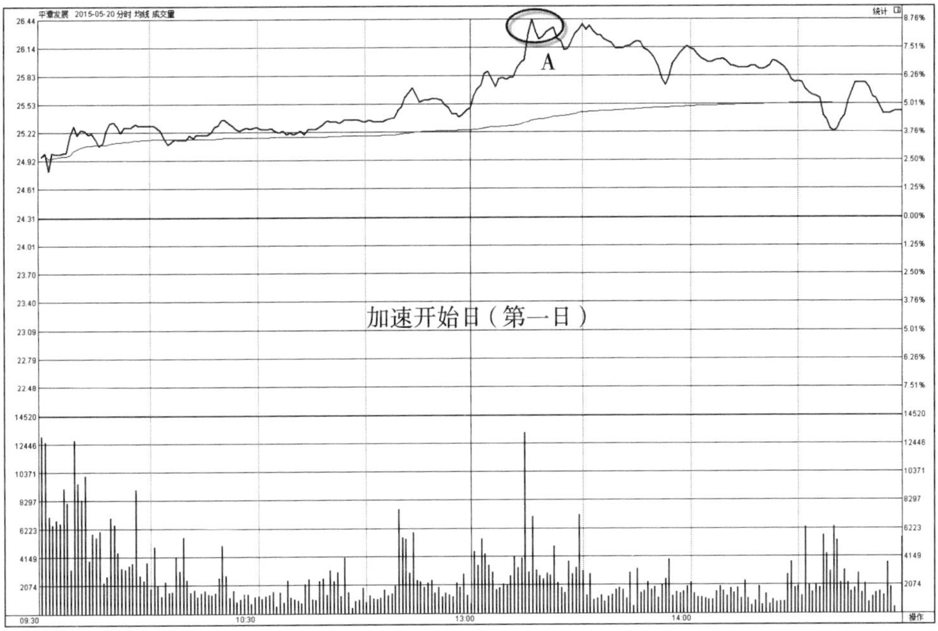

图 7-21　从分时走势分析追涨点

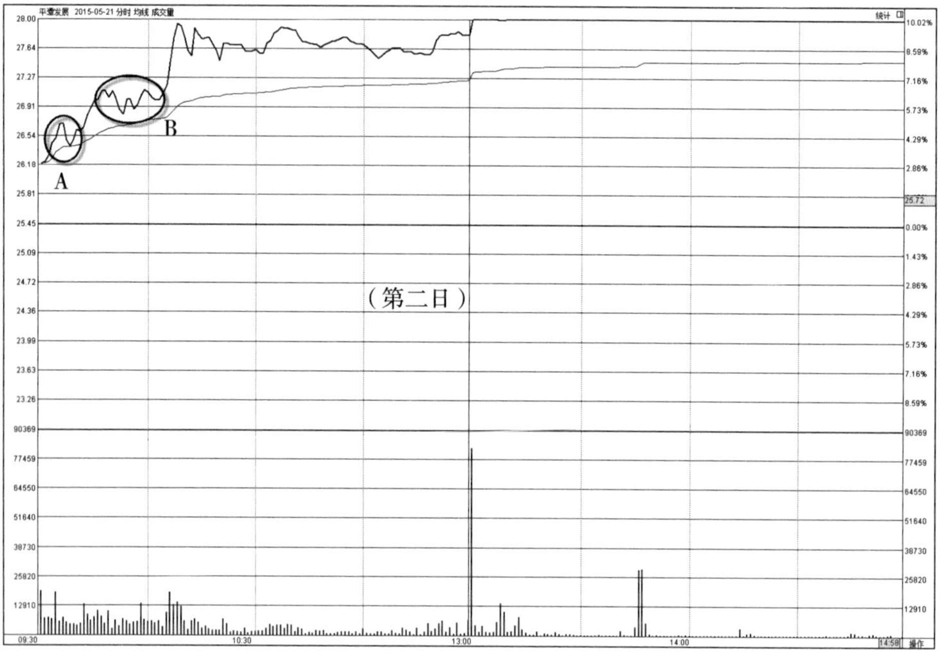

图 7-22　第二日分时走势买点分析

续上涨而不是回落，说明此时的股价明显已经将前一日高点的压制转为支撑，这一点也就是股价的起涨点和交易者的较佳追涨时机。

对于未能及时发现上述起涨时机的交易者来说，图 7-20 中的 B 区，也就是加速第三日，当股价高开后出现振荡，但起涨结构并未被破坏，依然能够得到均线的支撑，股价转升时可适量介入。

第五节　主力送客

主力资金真正开始拉升股价时，会不厌其烦地“劝说”持仓者离开。类似的“劝说”有之前说过的挖坑等方式。还有一种方式也很常见，就是过顶前后的平台。

当股价从低谷中慢慢攀升，接近或超过前一高点时，通常会出现一个平台。用一个形象的说法来描述，这个平台就是主力送客的地方。主力准备享用大餐时，并不想太多的人出现在他的宴席间，所以主力会想法设法请这些不速之客尽快离开。等到拉升开始，也就是酒过三巡、菜过五味之后，主力才会热烈欢迎其他人大驾光临。

如图 7-23 所示，A 区为前期高点，B 区股价接近前期高点时，并未直接突破，也没有向下挖坑，而是以多根实体相对较小的 K 线构筑了一个振荡平台。这个平台具有多种作用，比如消磨持仓者的信心和耐心，为拉升减少浮动筹码，借机吸筹降低成本等。

图 7-23 振荡送客平台示例

B 区的 K 线虽然多数实体较小，但盘局的整体振荡幅度却不小，不然也很难起到恐吓的作用。

主力送客的方式，不仅在过顶之前，也包括过顶之后。如图 7-24 所示，在 A 区股价突破前期高点之后，就出现一个小平台，在随后的盘升中又多次出现平台送客，直至股价开始快速拉升。

主力送客的平台有个量能特征，即 K 线实体虽小，但量能不会萎缩过快，至少和前期股价低谷的量能相近，或者保持盘升放量后的新常量水准。

量能逐渐萎缩，意味着平台渐渐失去效用，那么主力的目的也就基本实现，则股价拉升即将到来。交易者看懂了主力送客的伎俩，不妨在量能渐趋缩小之际低吸入场。

其实就过顶前后的平台而言，和挖坑、填坑后的确认有一定的相似性，但过顶前后的平台，以相对横向运行的角度和实体较小的K线操作，对于清理浮筹方面的作用更为明显。

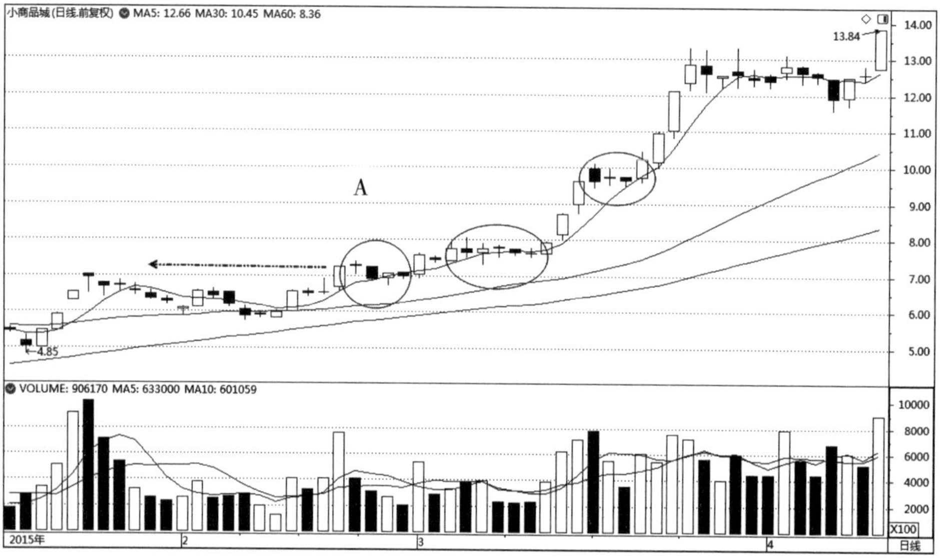

图 7-24 过顶之后的送客平台示例

第六节 无处可退的主力资金

主力资金能够对股价走势产生影响，但并不等于在操作过程中就如履平地，自由发挥。经济环境、技术环境、监管以及市场各方力量一直处于变化与博弈之中，没有谁有百分之百的把握获得全胜。

即使是主力资金，也很有可能在某些特殊时期或者阶段，无法抵御价格跌落到自己的成本线以下，这部分处境尴尬且无处可退的主力资金就是“被套主力”。

当然，被套主力如果是中长期或新入场主力资金，在建仓或者运作过程中，价格在可控范围内跌至成本线以下，这种“被套”只是主力资金交易过程中的正常组成部分，或者说是计划中的一个步骤，并不能认为是被套主力。

对于以短期操作为主的主力资金来说，这种“被套”就非常难以忍受。这部分主力的资金来源，往往源自场外配资或其他融资渠道，对于这部分主力来说，“被套”可能就是致命的，因为按照约定，被套可能会被直接平仓或需要追加保证金。

例如：某私募资金操作广汽集团股票，为维持其净值，避免穿仓风险，使用 6 个证券账户，在尾市交易时间段的最后 5～10 分钟，利用资金优势通过大单连续买入拉抬股价，以影响当日收盘价。

该私募资金之所以甘冒被查处的风险，采取这种较为明显的操纵手法，就是因为股价可能触及平仓线，不得不为之。时代在前进，股票市场在变化，交易方式和交易技术也就需要不断地更新和创新。死抱以往经验或部分过时的传统理论，那么在实战中很有可能会栽大跟头。

在以往的股票市场上，当主力资金被套时，“跟庄”的散户只要咬牙坚持，多数都能等到由亏转盈的那一天，除非主力资金链断裂。但是，在今天的股票市场上，主力资金很有可能因为股价跌落平仓线而被动平仓，由此发生的个股股价暴跌，将不是短时间内能够平息的。所以，采取苦苦持仓死守不再是可行的方法。

如图 7-25 所示，该股股价发生数次大幅度的急速下跌，参与其中的散户交易者除非选择止损，或者通过不断做日内交易降低成本（日内交易需要一定的技术水平，否则不但降不了成本，反而可能垫高成本），否则必然要承受巨幅亏损。

主力资金意外被套，其结局也多有不同。比如：1）被迫进行换庄或联庄；2）被配资方强行平仓；3）通过自救挽回损失等。本文要讲的是通过自救挽回损失的被套主力。

能够通过自救挽回损失并获取盈利的主力资金，也各自具有不同的操作方式。

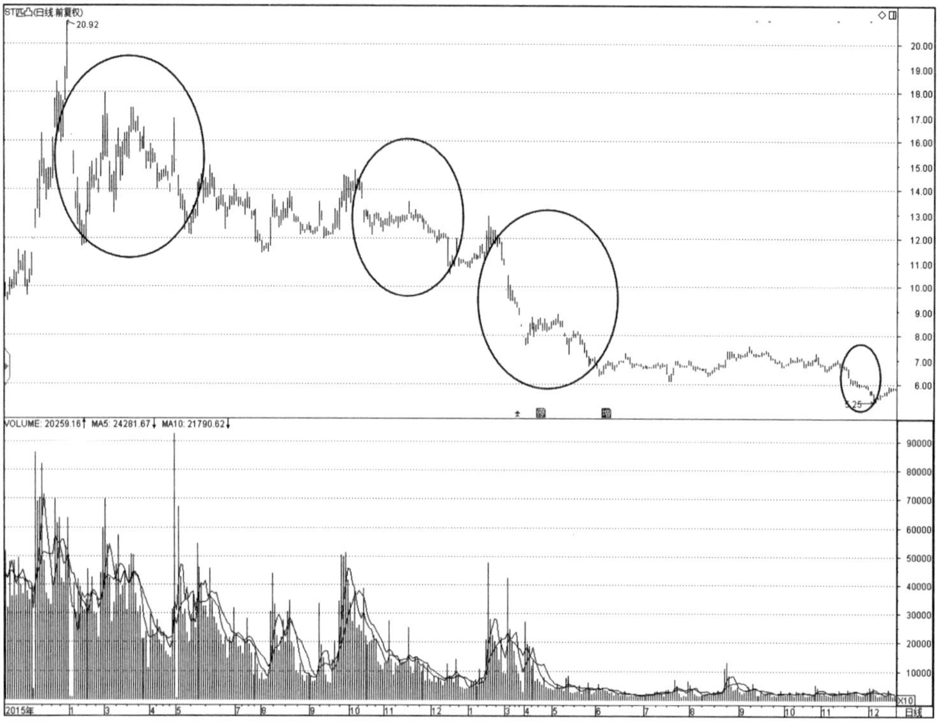

图 7-25 大幅下跌股票示例

一些资金实力相对薄弱的主力，会通过“回补—卖出”这种折返振荡的方式来不断地降低成本，以回避大势继续下跌或者股价连续崩塌带来的风险。这种操作方式其实和散户交易者自救方式很类似，但是主力有资金上优势，其在掌控股价运行上远非散户资金可比拟。

还有一些主力会采用启动急速反弹的方式，以求在短时间内尽快、尽可能多地兑现筹码。这个类型主力的拉升，多数是利用对倒的手法来完成的。

如图 7-26 所示，在 A 区，该股受到大势暴跌的影响，也随之出现了一轮暴跌。在 B 区，该股股价在大势反弹的环境下，展开了急速反弹行情，其反弹高点非常接近暴跌前的股价高点。这个过程中量能明显大于暴跌前，综合技术环境分析，具有明显的对倒拉升迹象。

图 7-27 中为大盘指数 K 线图，A 区即为同期大盘指数暴跌与反弹的情况。将这两张图进行对比，可以看出图 7-26 中个股暴跌后反弹的强度。这

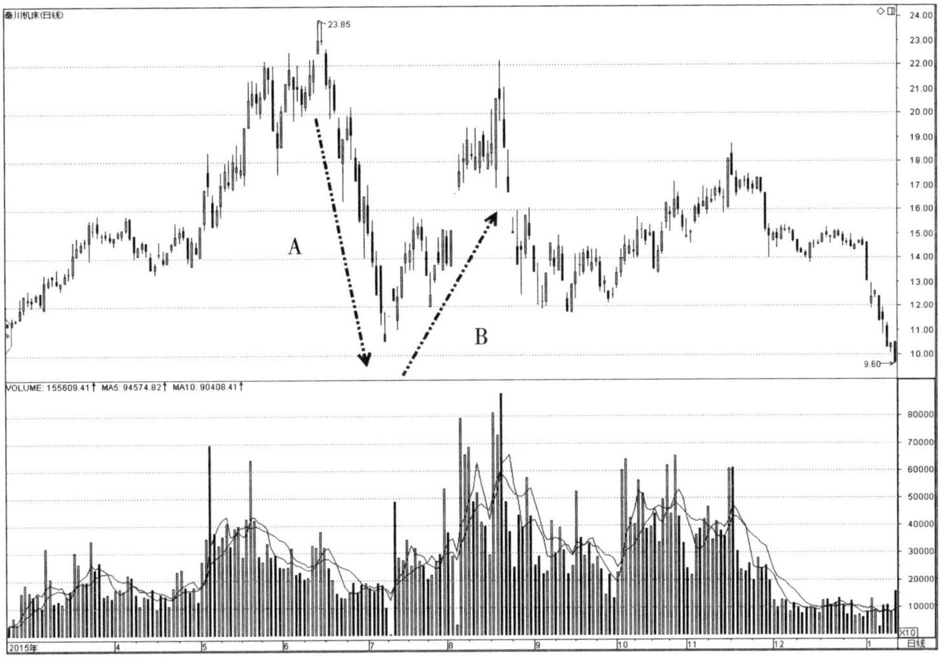

图 7-26 助力自救操作分析

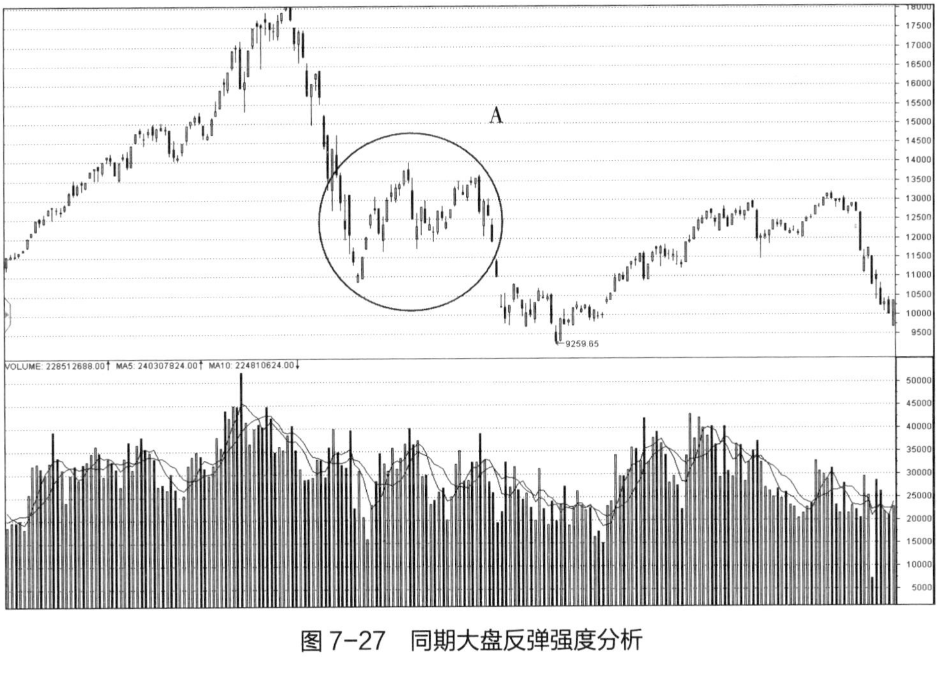

图 7-27 同期大盘反弹强度分析

个案例中，主力资金不甘于被套，也不愿采取较为稳妥但很缓慢的折返方式降低成本，而是采取短线急速反弹并借机逃逸的方式。

资金较为雄厚的主力，就像是大海上航行的航母。对中小船只来说可能导致倾覆的风暴，对于航母来说则很难带来致命的危险。虽然股价一时的跌宕起伏会让人惊心动魄，但对于资金雄厚的主力来说，有时仅是其交易过程中的正常组成部分，暴跌后的股价低点也许正为主力提供了难得的降低成本的机会。

如图 7-28 所示，该股同样受大势暴跌影响，在 A 区也出现大幅暴跌的走势。但之后，该股股价在振荡折返中逐渐形成一条上升通道，最后突破暴跌前的股价高点，稳定运行于原上涨趋势中。

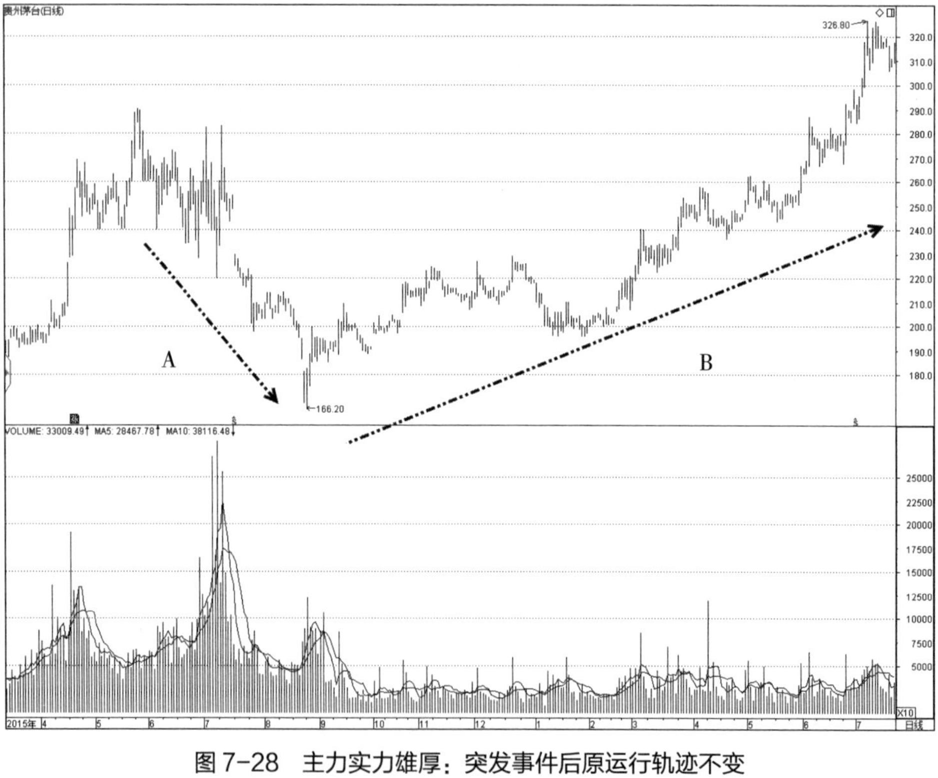

图 7-28　主力实力雄厚：突发事件后原运行轨迹不变

第七节　重温买入理由——当持仓心理将要崩溃时

在主力资金吸筹建仓的过程中，运用的手法可谓林林总总，难以言尽。比如对倒、诱多、诱空等，这些手法在交易中会随着技术环境的改变而产生和其原有含义相反的诸多变化。

例如：某股在分时走势上出现放量拉升然后回落的走势，在技术环境下，这是主力的诱多行为。但在建仓阶段，一些建仓资金也会借用类似的手法，使得分时走势上显示冲高回落的走势，甚至在之后的几个交易日连续出现回落。追买者判断冲高回落为主力的诱多行为后，必然会产生懊悔、忧虑等心理波动，部分人在这种情况下可能就会做出错误的交易行为。

实战中类似的情况还有很多，这些都能够对交易者的心理产生不利影响和恐慌性暗示。例如：平时成交相对稀疏、冷清的个股，突然在卖盘上出现少见的大卖单。更为意外的是，突然冒出来连续中小买单，将大卖单很快就扫掉。

对于这种盘口走势，至少表面上的意义是主力资金开始有所行动了。但是接下来，大卖单被迅速扫掉后，股价仅仅小幅度冲高，便就此开始持续回落。追买者被套且不说，持仓者的心理也会由此发生多次转折：从最初平静持仓，到大卖单被扫掉时满怀希望，再到目前对于主力诱多的悲观判断，无疑会加重持仓者对于后市的担忧和悲观情绪的蔓延、加深。

建仓资金想要的就是这种效果。在接下来的几个交易日，只要保持股价回落趋向，很多心理承受力已经接近极限的交易者，很快就会因崩溃而选择卖出。心理转折与暗示行为并不仅限于建仓期间，在洗盘或出货期间，有些主力同样会采用。

以表面上的诱多行为，实施诱空之实；反复为之，必乱其心。

实战中类似的诡诈行为，其实是主力为刺激交易者产生忧虑或恐惧的心理暗示行为。短期内，甚至是在当日分时走势中，引导交易者心理产生（一次或多次）转折，使其预期落空并转化为对于后势极度悲观的看法。交易者如果沉浸在主力故布的疑阵中难以醒悟，那么接下来所做出的交易行为，必然正中主力下怀。

图 7–29 中，该股经过一波跌势后，在 A 点的反弹高点一度回补部分向下跳空缺口。图 7–30 即为 A 点 K 线当日的分时走势。从图中可见，当日早盘的前一小时，该股放量拉升走势良好，但之后却折返向下，并一直维持至收盘。

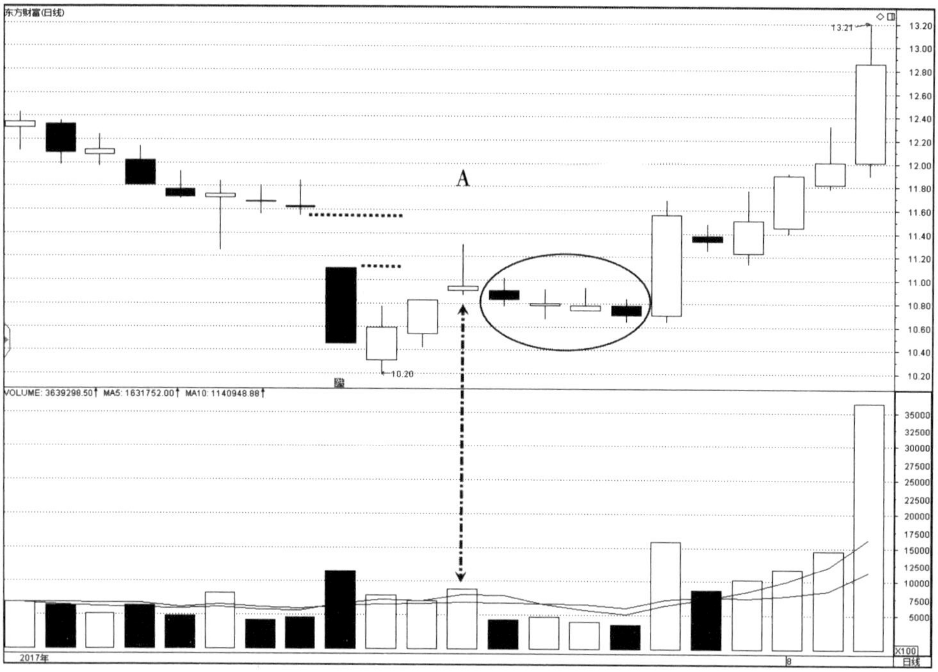

图 7–29　主力拉升前操作行为分析

在这个案例中，图 7–29 中的 A 点，最先给与交易者的是回补缺口、强势上涨的预期，但随着股价的折返向下，这种预期一点点被消减，而忧虑股价下跌等不良情绪开始蔓延、放大。

即使 A 点当日走势未能使持仓者心理发生转折，也必然会留给其强烈的心理暗示，即股价可能转跌。在 A 点之后，该股股价连续四个交易日处于小幅回落的态势，其 K 线都带有上影线或下影线，显示盘中分时走势并不平坦，这是主力反复多次引导交易者心理发生转折所需要的变化。经过类似强化训练后，心态不稳定的持仓者多数会自动交出筹码。

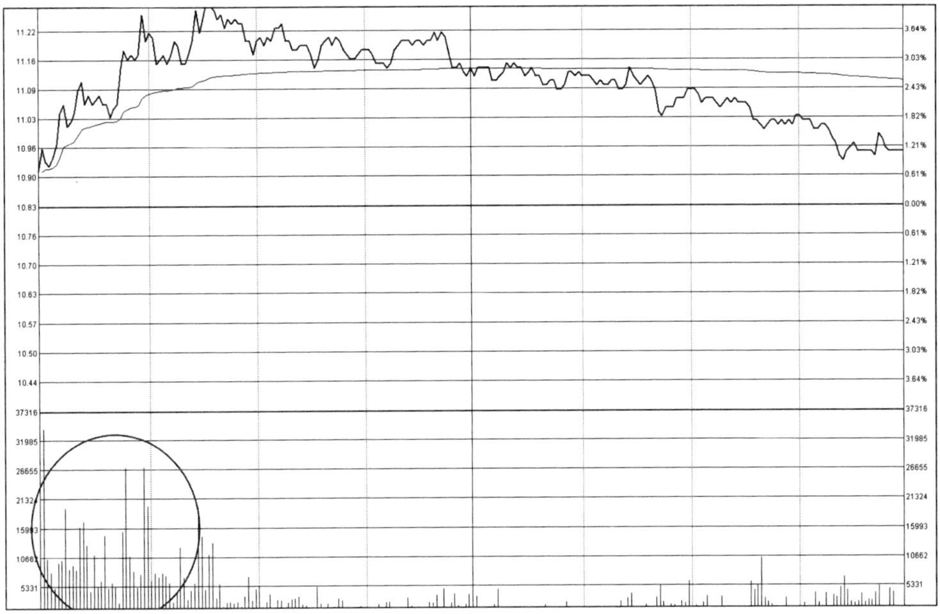

图 7-30 图 7-29A 点分时走势分析

交易者的应对措施：首先是从技术环境上分析判断主力所处阶段，这就找到了分析主力行为的根脚；其次是摒弃跟着股价涨跌进行相应交易的思维和应对模式，否则你永远也看不懂主力想干什么。

当陷于恐怖局面中进而难以看清未来时，交易者不妨回过头，看看走过来的路是否正确，重温当初买入的理由是否改变。如果一切如初，那么抚平将要崩溃的心理，将是交易者急切要做的事，而不是跟随主力所讲的恐怖故事走向终点。

第八节 不必承受的心理折磨

主力资金的操作手法，除了“阴谋”还有“阳谋”。

不少交易者可能都有过这种经历：经过分析能够发现主力筑底、挖坑等行为，但是即便明知道主力在干什么，却还是会在股价反复的折返波动中迷失方向，最终做出错误的交易行为。比如交易者忍受不了股价来来回回的折返，过早卖出持仓股票。之后看着飙升的股价，只能幽幽地叹息：再忍那么一会，巨额的盈利就到手了！该受的罪受了，该享的福却放跑了！

利用股价折返带来的恐惧洗出跟风筹码，或者利用折返带来的反弹希望吸引追涨者进场，都属于主力资金“阳谋”的内容。

折返，是价格常规波动形式，是多空角力的盘中表现。

无论何种角度的上涨、下跌，只要不是封住涨跌停板，那么就存在着折返。涨势中的折返，也可称为回落调整或回档等；跌势中的折返，也称为反弹等。

如图 7–31 所示，当天股价整体呈下跌的势头，但跌势持续过程中，包含着多次小幅度的反弹。这种类型的折返，在跌势途中出现时，最能消耗做多动能，它会将参与该股做多的市场资金尽数套牢。但是，主力采用折返的目的不同，其消耗市场做多动能的意义也不一样。

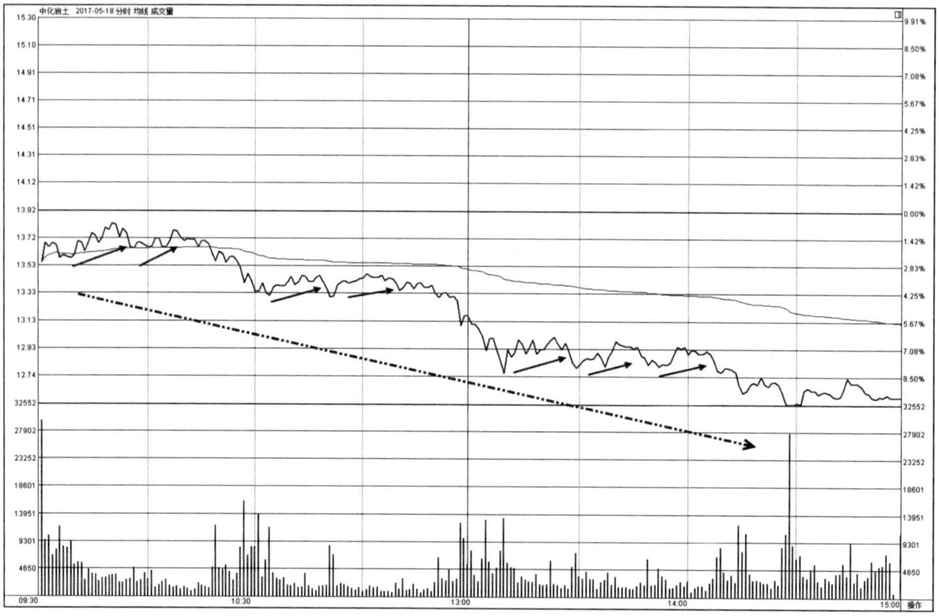

图 7–31　下跌图中的折返：消耗做多动能

交易者应对股价折返的方法，首先是分析折返和股价强度的关系，其次是不可跟随股价运行方向产生相应的情绪与心理波动。

比如：涨势中折返时间短、幅度小，说明做多力量处于优势地位，而这种优势地位延续到之后交易日的概率较大；同时也意味着存在的压力相对较轻，股价之后极有可能进入到快速拉升阶段。

涨势中折返的时间长，说明股价目前的涨升强度不足；折返的幅度大，说明股价遭受的打压相对较重。当然，这二者也有可能只是主力资金的故意而为，需要交易者根据个股的技术环境具体分析。

频繁发生折返，是各方资金逃逸与回归的表现。有人认为目前股价还会继续下跌，也有人认为可以入场抢反弹，市场资金并未达成共识。

无论是在涨势中还是在跌势中，股价反复发生折返，都会令大部分持仓者颇感难熬。在股价的上下颠簸中，一些持仓者的心态会逐渐发生变化：由最初的信心十足，到渐渐地失去耐心，被烦扰情绪缠绕。随着折返幅度加大，时间延长，次数增加，这种情绪会进一步演化为恐惧。

之后，股价折返中的每一次“小跳水”，都仿佛正跳在自己的神经上。几次三番后，持仓者已被累积的恐惧情绪笼罩，会将之前所有正确的买入理由都忘记，只相信股价将要展开大幅下跌。

如图 7-32 所示，该股一直处于振荡盘升的过程中。在这个过程中，股价频繁发生向下的折返。交易者现在看这张静态的 K 线图感觉不到有什么特

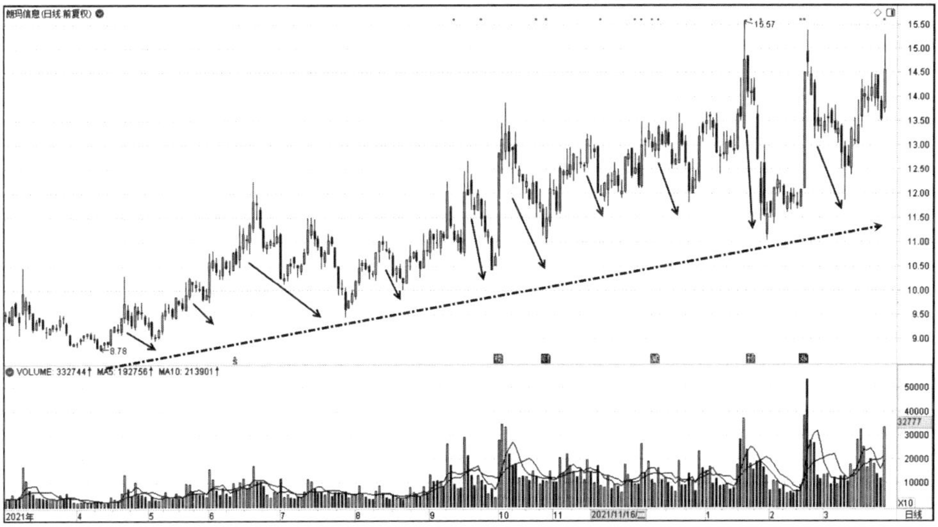

图 7-32 频繁大幅折返示例

别，似乎股价也就是出现一些幅度不等的回落。但如果你是持仓者，尤其是短线交易者或者仓位比较重，那么这些折返会让你如坐针毡，因为股价每一次的“跳水”，都会让你觉得暴跌将要开始。

即使部分持仓者熬过了个股的这种折返，也难逃另一种“折磨”：持仓的个股一直在做这种似乎原地不动“磨蹭”，而指数或者其他个股却纷纷飙升，一时间，交易者会有一种持仓却踏空行情的失落感。

当交易者被恐惧或者失落等不良情绪困扰时，那么随之做出的交易行为，就很难有理想的结果。这也是主力资金常用的“阳谋”，即折返带来的心理上的折磨。

主力资金不但会利用恐惧或者失落情绪，有时还会提供“希望”，让心如死灰的交易者“复活”，只不过主力提供的“希望”，往往都如烟花般一艳而绝。

某些个股在长期熊市行情中运行，一段时间的下跌过后，股价会有一种跌不动的情况，原因大多是因为持仓者的绝望情绪存在，不愿意再进行操作了，即“哀莫大于心死”！

解决这个问题其实很简单，心病要用心来医！既然股价下跌让持仓者绝望，那么就用“希望”来治病。实战中，交易者会看到，某些个股跌到“跌不动了”了，会突如其来出现一根大阳线，或者突然性高开，同时伴以赏心悦目的成交量。如图 7–33 所示。

如果一根大阳能够解决“绝望”的问题，那么主力资金绝不会用两根；如果一个高开就激活持仓者加码买进，那么高开之后就会突然往下跳。解决“绝望”，可以用“希望”，而希望的破灭，无疑是制造恐慌的绝佳原料。于是交易者可以看到，某些原本“跌不动了”的个股，又一次焕发“青春”，加入到下跌的队伍中。

一个技术派交易者，首先要做到的也是最基础的一点，就是心理不能被行情控制，不因涨而买入；不因跌而卖出。能将突发情绪程序化，有固定的应对方式；当恐惧和希望这些情绪在交易过程中能被控制，不影响交易决策时，那么你就成为一名专业交易者了。

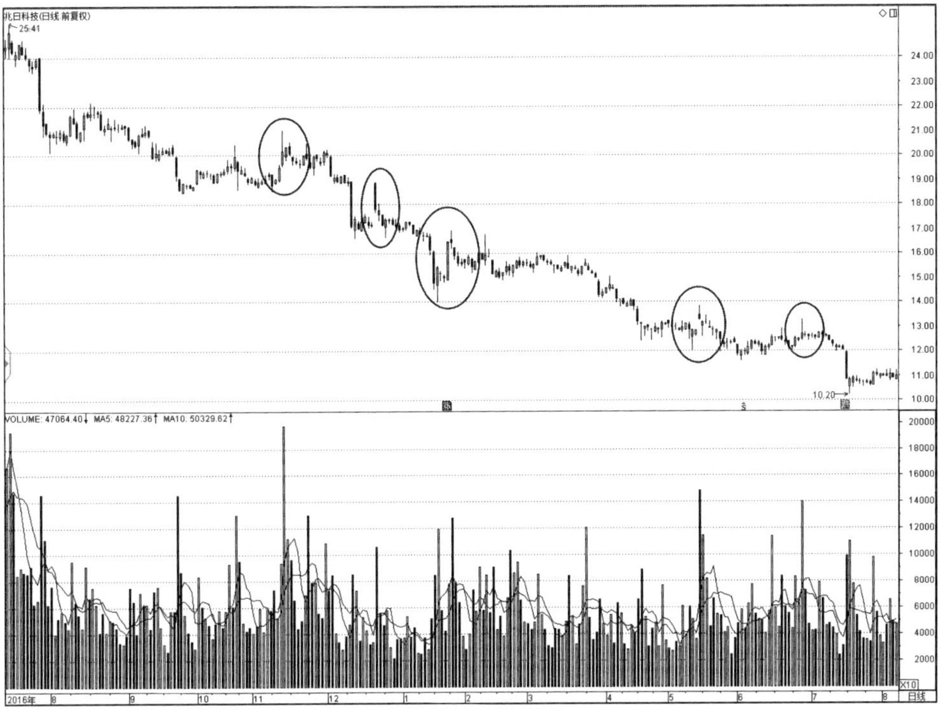

图 7-33 下跌途中的大阳或高开：给与希望

经过技术分析，已经判断出股价正处于折返之中时，交易者又何必跟着主力资金的指挥棒转，不要为不必承受的折磨枉费心机。

第九节 致命的量能消散

量能消散，是指在成交量柱状图中，一段时间内成交量从高到低的一种排列形态。量能消散是一种成交量形态，也是交易者分析量能与股价之间波动关系的一种技术分析对象。

在实战交易中，最让人感到无奈和失望的就是量能消散形态。这种形态的出现，尤其是长时间处于量能消散形态中的个股，往往意味着“东风无力百花残”，让持仓者只能处于被动持仓的套牢状态中。

警惕量能消散这种成交量形态，处于这种形态中的个股多数不是可以短线操作的对象，盲目介入很难盈利退出。

从主力资金逃逸与回归的循环周期来说，量能消散形态是主力资金已经成功逃逸，或者潜伏未动的表现形式。至于主力资金何时回归或者什么时候“苏醒”，对交易者来说是个未知数，只能等待，只能观察。

当然，交易者可以通过技术环境分析提前判断一只处于“量能消散”形态中的个股，究竟是主力资金逃逸的个股，还是主力资金只是在“装死”的个股。如果是后者，那么交易者不妨在股价突然发生跳水时，买一点建仓以等待主力资金“苏醒”。

在上涨趋势较为明确的行情中，一波聚量攻击或变量出现之后，随之而来的量能消散形态一般持续时间不会很长。多数情况下，很快就会迎来下一波聚量攻击或变量急拉。

如图 7-34 所示，左侧该股第一波聚量攻击形态后，随着股价回落调整，成交量也处于量能消散形态。但从图中可以看到，量能消散形态并未持续多长时间，股价与成交量就再次出现聚量攻击形态，而后依然是一个短暂的量能消散形态。随着股价快速拉升，聚量攻击形态升级，但在中途调整阶段，成交量还是呈量能消散。

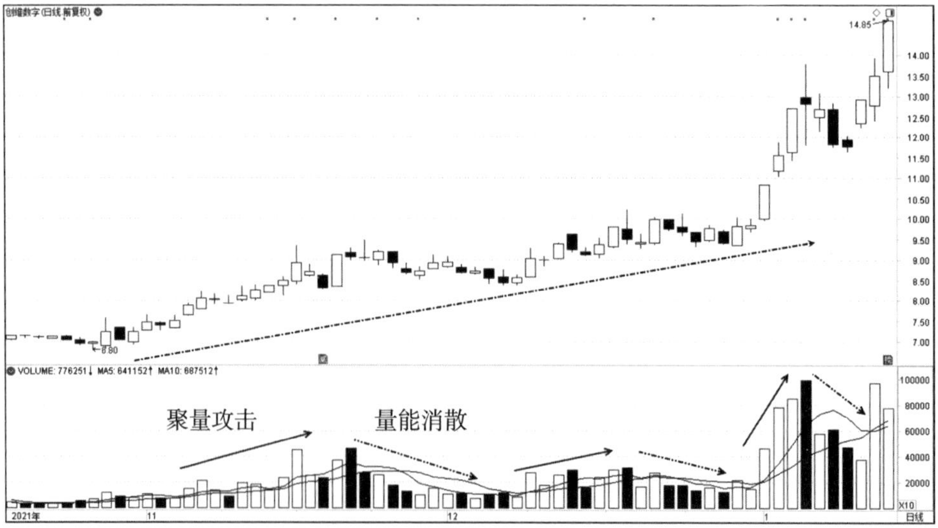

图 7-34　聚量攻击与量能消散

在涨势的初中期运行过程中，量能消散是正常的休整形态，是多方能量不断聚集的过程。但是，一旦量能消散出现后，股价涨升强度不断降低，也有可能诱发大级别调整。

在股价长期大幅上涨的高点，在主力资金逃逸出货的过程中，一波聚量攻击或变量出现之后，接下来的量能消散其实就是在告诫交易者：主力出货大致已经完成。

如图 7-35 所示，该股经过长期大幅度上涨后冲高回落，成交量也从股价高点的聚量形态转化为逐步递减的量能消散形态。

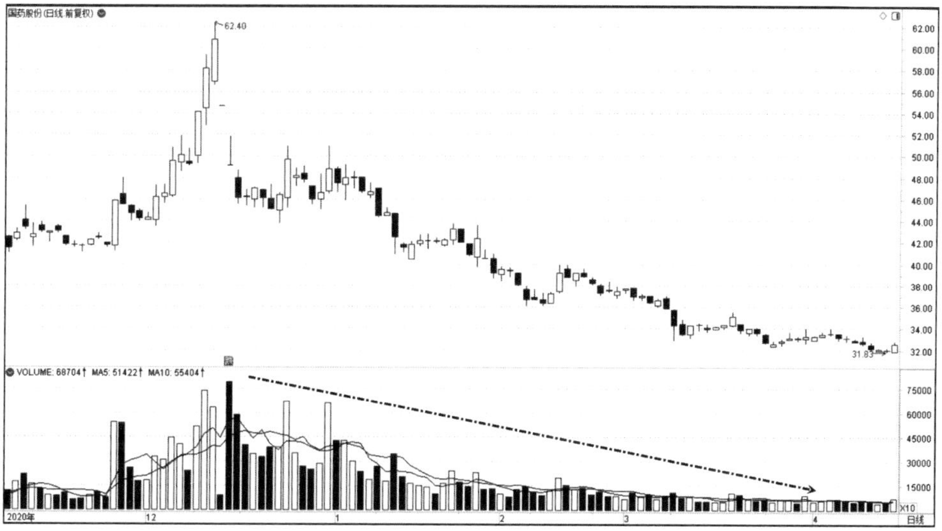

图 7-35　主力资金逃逸后的量能消散走势

当聚量攻击或变量结束后，成交呈量能消散形态。在之后的行情运行中，如果仅仅出现变量形态的上涨，聚量攻击形态难以再次出现，那么预示着主力资金可能已经完成预定仓位的出货任务。在这一前提下，价格的趋势性上涨已经结束，成交量也将由量能消散形态，逐步过渡到较低水平的常量形态。

第十节 厚度空间

厚度空间是均线理论的范畴，是指周期不同的均线彼此之间拉开的距离。均线系统中，多条均线之间形成多个厚度空间，对价格运行趋向具有多层维护和保护的作用；短期过度增大的厚度空间，则会减弱维护作用，反而可能引发价格的逆向运行。

厚度空间形成后，如果保持单向和畅通，那么说明价格的运行趋势必然处于流畅和持续状态；反之厚度空间狭窄或封闭，则价格处于盘整振荡之中。《黄帝内经 · 素问》中说：痛则不通，通则不痛。将其引申到均线厚度空间理论中也非常传神：均线间保持畅通，则趋势明了，易于决断；均线之间狭窄或封闭，则往复振荡，价格趋向或趋势可能发生转折。

一、厚度空间的引力

由多条均线组成的均线系统中，短期均线之间的厚度空间是否畅通，代表了短期价格的运行情况：保持一定厚度的通畅，说明价格目前属于稳定运行阶段；厚度转为狭窄，则说明价格处于盘整振荡阶段；厚度封闭，则短期价格转向。

以此类推，不同时间周期间的均线厚度空间状态，提示的价格运行等级也有较大差别。

图 7-36 中，在 A 区之前，5 日均线和 20 日均线之间保持一个畅通的上行通道，说明价格正处于一个相对稳定的上升态势中。下方的 20 日、60 日、120 日均线保持相应厚度，为趋势上行提供了足够的支撑和保护。

在 A 区时，股价出现一个振荡，5 日均线交叉 20 日均线，二者之间的厚度空间被封闭。这种中短期均线之间厚度空间封闭的情况，在上涨趋势或次级反弹行情中很常见，只要 20 日均线并未在空间封闭后明显转为下行，那么就只是一个以消化获利盘和修复乖离等为目的的短期良性调整。

图 7-36　均线之间厚度空间运行分析

如果 20 日均线在空间封闭后转为下行，那么交易者就需要深思本次调整是否会转为大级别的次级回调，甚至可能由此发生趋势扭转。

在 B 区，随着股价加速上涨，均线系统各级厚度空间增大，随后次级回调出现。在大级别回调或趋势扭转中，股价会先于短期均线冲击均线厚度空间，以寻求支撑和趋向保护。如图中 B 区，股价击穿 60 日均线后，几乎触及 120 日均线。B 区 60 日均线厚度空间被封闭，但 60 日均线并未转为下行，说明这只是一个次级回调行情。

即使 B 区股价触及或击穿 120 日均线，也不等于 120 日均线的厚度空间就一定会被封闭。厚度空间是由均线构成，而不是股价。只要形成厚度空间的均线并未封闭该空间，那么厚度空间就会对股价产生相应的回归引力。厚度空间的引力，也是由价格和均线间的背离所生成。这也是暴跌、暴涨情况下，即使之后出现趋势扭转，但股价在连续击穿数条均线后，大多会迎来强烈反弹或回落的原因。

这种技术细节提醒交易者，在突遇极端行情的情况下，多层厚度空间的存在会对股价形成引力，暂时脱栏狂奔的股价，至少还会有回到“围栏”附近的机会。

如图 7–37 所示，在 A 区股价暴跌，连续击穿多层厚度空间；极端行情下，似乎任何支撑都如纸薄。前面讲过，当市场心理倾向处于情绪宣泄阶段，必然势如洪水猛兽，难以抵挡。

图 7–37　极端情况下厚度空间被击穿走势

但无论是怎样的狂澜，也有平息的时候。价格过度反应后，就会有一个纠偏过程出现，这个过程既是对价格过度反应的修正，也是厚度空间引力在发挥作用。

如图 7–37 中 B 区，暴跌之后，股价迅速展开反击；在 120 日均线附近时，短期均线上攻乏力，尽管股价穿越 120 日均线，但均线系统的整体颓势，已经决定厚度空间引力至此已基本完结。

类似于图 7-37 的案例，在 B 区时，如果短期均线能够持续表现出强度，例如：1）未封闭长期均线的厚度空间；2）迅速上行，重新拉开明显的厚度空间，那么图中出现的可能只是一个巨震形式的次级回调，这也是避免趋势发生扭转的途径之一。

二、强势股的短线买点

“挽弓当挽强，用箭当用长。”短线交易中，以强势股为主要的选择对象，而强势股并不意味着不会跌，学会辨别其中哪些下跌是机会，哪些是风险，是短线交易的基础知识。

不少短线交易者喜欢追涨强势股，但却往往追在短线高点上，一旦强势股回调，便仓皇止损，而止损后却又发现该股已峰回路转，扶摇直上。

其实强势股也存在低吸的机会，但这个机会出现时，多数人却不敢买。强势股回调，多采用日间振荡或以空间换时间的方式，这种方式必然如惊涛骇浪，让人避之惟恐不及。难得的低吸机会却偏偏隐藏在其中。

操作强势股，可关注 5 日均线、10 日均线之间的厚度空间变化。通常来说，能称得上强势股的，必然以大角度保持上涨，脱线是常见形态。如图 7-38 中在 A 区之前，这种状态下，一旦连续性涨停板打开，当天不能再封住，也就是强势个股展开回调的时候到了。

在图 7-38 中 A 区，第一根阴线当天跌停板，这就是强势股以空间换时间的回调方式。当然这只是方式之一种，并不是所有的强势股都会采用这种方式。

被资金狂追的个别强势股，也会采用回调略探 5 日均线便再度起涨的方式。但连续采用这种方式调整的个股，一旦资金失去追涨的欲望，就会直接进入到大级别的下跌中，常说的“断崖式下跌”就往往发生在这种个股上。

在图 7-38 中 A 区，第二根是低开高走的阳线，其低点接近 10 日线，而高点已收复 5 日均线。前面说过，厚度空间是由均线构成的，而不是由股价构成。在 A 区，5 日均线和 10 日均线仍具有相对较大的厚度空间，更为重要的是，能够直接展示价格强度的 5 日均线仍旧维持上行的态势。

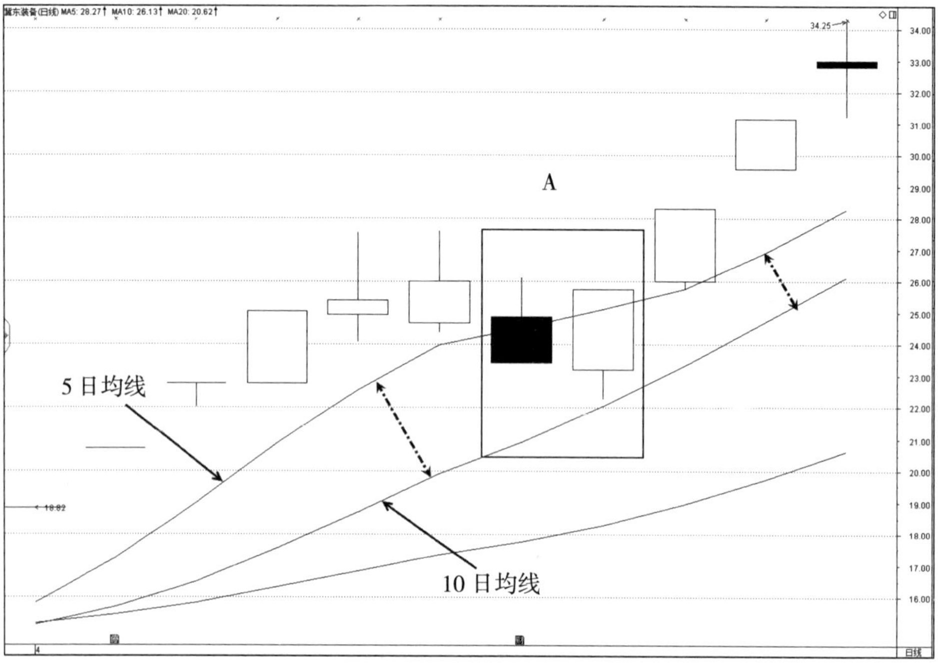

图 7-38 以时间换空间调整

这就说明，A 区第一根阴线的跌停板并未能消耗掉股价上升的强度，探底回升的阳线就是较为适宜的低吸点。

类似于案例中强势股的操作，即使股价跌破 10 日均线，只要 5 日均线未转向，厚度空间未封闭，就说明短线涨升强度并未完全消失，仍可寻机介入。

实战中，如果 5 日均线交叉 10 日均线，厚度空间封闭，就说明该股调整的空间和时间都会出现相应的延长甚至是趋势扭转。

第十一节 股票放量暴跌该怎么办

股价顶部一旦构筑成型，成交量会随着股价的快速下跌而出现由放量到逐步消散的过程，这是空方主导市场趋势或趋向的信号，也是市场对于后势看法从巨大分歧到逐渐统一的过程。

这个阶段最初的放量下跌会很恐怖，但是很多人心理上仍旧未放弃做多，所以往往会失去在第一时间减仓离场的时机。

此后股价下跌过程中，如果成交量开始增加，而股价却仍在下滑，此时不可跟风杀跌。大幅下跌后的增量，说明这个价位区域有资金维护，有望形成阶段性底部或发生反弹行情。

对于在跌势中突然出现的放量反弹，可依照变量形态和相关技术环境来予以判别应对。

放量下跌并不仅在下跌趋势中才会出现，在上涨趋势的底部构筑阶段以及中短期调整时，也往往以这种具有一定恐吓意味的形式出现。

如图 7-39 所示，该股处于涨势的中期调整阶段，在这个回落调整的过程中，数次出现放量下跌的情况，尤其是 A 区的阴线实体极大，伴随着放大的成交量，对于心态不稳的人来说，具有相当大的持仓压力。

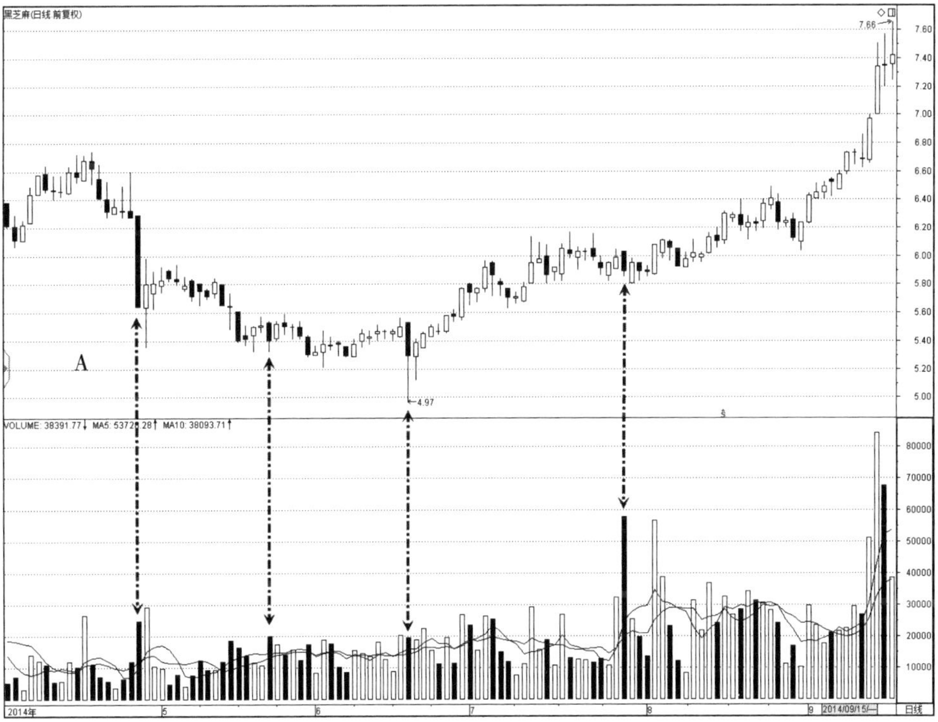

图 7-39　放量下跌行为分析

如果交易者能从技术环境上判断这波下跌的性质，则在一定程度上能避免受到恐慌情绪的困扰。如图 7-39 所示，自 A 区第一次放量下跌出现后，股价虽然在之后创出新低，但股价并没有大幅向下拓展下跌空间，而在之后再度出现的放量下跌中，股价的回升力度不断增强。

如果交易者画一条股价运行重心线，那么就能够看到股价的跌势已在不知不觉中转向平缓甚至到后面的向上运行，这些都显示出有资金在悄悄地吸纳。没有资金的吸纳和维护，该股股价早已不知跌向何处了。

实战中，放量下跌并不可怕，因为多数个股的放量下跌难以持久，通常反弹就在不远处。而且对于短线玩家来说，放量下跌就是短线介入机会来临的信号。放量下跌多由主力引领，由恐慌盘集中杀跌造成，完全由主力出货带来的放量下跌并不常见。实战中，可怕的是难以搞清现状的量能消散形态下的下跌等情况。